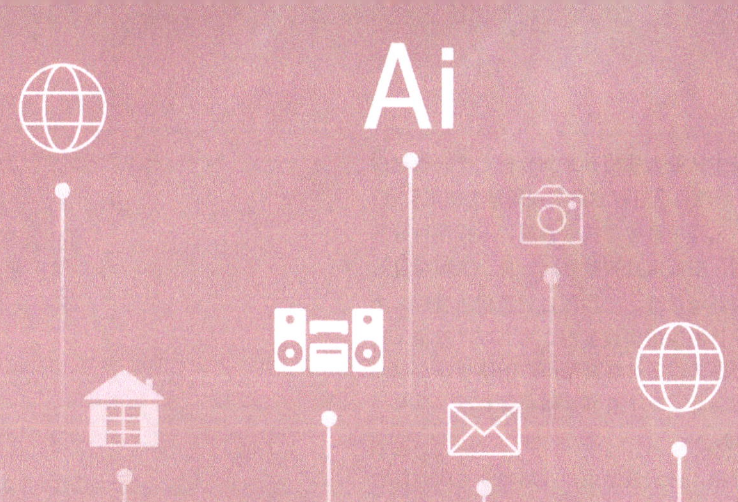

智能建造领域高素质技术技能人才培养系列教材

工程项目智慧管理

广联达科技股份有限公司 组织编写
主 编 温晓慧 赵 婧 谢丹凤
副主编 刘 涛 张 瑜 张 崴 刘 刚
主 审 苗吉军

中国教育出版传媒集团
高等教育出版社·北京

内容提要

本书为智能建造领域高素质技术技能人才培养系列教材之一。教材内容以数字项目管理平台为载体，介绍项目全过程业务实践场景的施工管理。全书包括工程项目智慧管理概述、工程项目智慧技术管理、工程项目智慧进度控制、工程项目智慧成本控制、工程项目智慧合同管理、工程项目智慧质量管理、工程项目智慧安全与环境管理、工程项目智慧信息管理 8 个模块和智能建造在某高品质住宅项目的运用实践案例。本书以“理论 + 智慧实践应用”的方式，将理论知识融入模块任务教学中，围绕贯穿全书的案例工程，结合数字项目管理平台等数字化工具开展情景式教学，培养学生运用理论知识解决实际问题的能力。

本书将信息化手段和课程思政融入传统教学中，在培养学生职业技能的同时，注重学生职业道德的培养。本书可作为应用型本科院校、高职院校智能建造相关专业的教材，还可作为建筑行业从业人员的培训教材和参考用书。

授课教师如需要本书配套的教学课件资源，请登录“高等教育出版社产品信息检索系统”（https://xuanshu.hep.com.cn/）免费下载。

图书在版编目（CIP）数据

工程项目智慧管理 / 广联达科技股份有限公司组织编写；温晓慧，赵婧，谢丹凤主编. -- 北京：高等教育出版社，2024.7

ISBN 978-7-04-061626-2

Ⅰ. ①工… Ⅱ. ①广… ②温… ③赵… ④谢… Ⅲ. ①工程项目管理-教材 Ⅳ. ①F284

中国国家版本馆 CIP 数据核字（2024）第 029338 号

GONGCHENG XIANGMU ZHIHUI GUANLI

策划编辑 温鹏飞	责任编辑 温鹏飞	特约编辑 李 立	封面设计 李卫青
版式设计 杨 树	责任绘图 李沛蓉	责任校对 张 然	责任印制 赵义民

出版发行	高等教育出版社	网　址	http://www.hep.edu.cn
社　址	北京市西城区德外大街 4 号		http://www.hep.com.cn
邮政编码	100120	网上订购	http://www.hepmall.com.cn
印　刷	北京中科印刷有限公司		http://www.hepmall.com
开　本	787mm × 1092mm 1/16		http://www.hepmall.cn
印　张	20.5		
字　数	470 千字	版　次	2024 年 7 月第 1 版
购书热线	010-58581118	印　次	2024 年 7 月第 1 次印刷
咨询电话	400-810-0598	定　价	49.80 元

本书如有缺页、倒页、脱页等质量问题，请到所购图书销售部门联系调换

物 料 号 61626-00

编写委员会

（排名不分先后）

管东芝	陈　鹏	刘启波	郭琳琳	杨雨丝	王瑜玲
王晓青	王春林	杨剑民	张隆隆	兰　丽	邹雪梅
朱仕香	韩　琪	刘　霞	张玲玲	温晓慧	赵　婧
谢丹凤	王建玉	耿立明	李万渠	刘全升	张香成
胡勇强	巩晓花	王鹏飞	赵　丹	韩洪兴	黎　松
孙　克	张　宁	冯改荣	黄　文	陈　慧	齐嘉文
王英杰	胡　敏	张　宁	卢梦潇	欧阳喜玉	闵祥利
林泽昱	冯　峰	刘　钢	王　婷	张　瑜	张　崴
刘　涛	刘　刚	孙瑞志	韩　颖	娄文倩	李浩洋
宋银灏	安楚凝	白宗财	陈　冬	陈丽红	陈　龙
崔　明	党天娇	杜　娇	范　鹤	高铭悦	高　伟
葛树成	郭紫莹	国　利	韩智凡	胡葆华	黄　鸽
贾世龙	金剑青	经翔宇	康东坡	李　冬	李　峰
李　虹	李　俊	李　凯	李　宁	李水泉	李云雷
梁晓丹	梁　怡	廖坤阳	林隐芳	刘洪君	刘建军
刘　莉	刘　宁	刘文恒	刘文华	卢　造	鲁丽华
陆进保	吕　龙	宁宝宽	牛恒茂	彭　芳	彭文浩
钱路宁	石　芳	宋金涛	谭　啸	万　鹏	王　博
王成平	王　晖	王丽芸	王恋星	王璐瑶	王　闹
王　其	王燕星	王应朝	王永发	温雅瑞	吴　斌
吴春杨	徐炳进	徐婵婵	徐艳召	杨　欢	杨　鹏
易建强	尤　忆	于晓娜	曾　晖	张福文	张京晶
张　炜	张雨鸣	赵　昂	赵辰洋	赵梦哲	赵卓辉
钟明灯	周　凯	朱　丽	左岩岩		

序

智能建造是我国建筑业转型升级和实现建筑新型工业化体系的重要过程和核心成果，也是我国信息化社会建设的重要组成部分。自2018年同济大学率先开设智能建造专业至今，全国已有230多所高等院校设置了智能建造相关专业，这充分体现了广大院校对智能建造领域新专业的积极关注和主动参与。智能建造专业是在原有土建类专业基础上引入“机器代人”施工，融合了大数据、人工智能、物联网等新技术、新模式、新平台的新兴跨界融合专业，对实现以“互联网＋建筑业”为标志的建筑业新业态具有积极意义。

随着智能建造相关专业办学点数量的快速增长，院校在人才培养方面也面临着诸多有待破解的难题。在专业培养目标、人才规格、对应岗位等顶层设计基本完成之后，如何开辟产教融合畅通渠道，如何实现“想法与做法相互支撑”，如何设计出教育教学过程中的“有效落地手段”，如何配置好一流的教学平台与资源，已经成为今后一个时期专业建设发展的关键要素。就教材建设而言，亟待解决的问题主要有：一是适应智能建造相关专业教学的教材开发相对滞后，各院校对优质、适用、特色鲜明、成套系编写的教材需求急迫；二是软件应用、自动控制、机电及大数据等“跨界课程”，如何为专业服务、如何进入专业和设计教学空间，也需要高水平的教材来引领；三是与实际工程对接紧密，行动导向或理实一体化的新形态教材整体缺失，对专业与课程的创新发展促进作用不突出。院校亟需一套兼顾“前沿”与“系统”、“交叉”与“专业”、“理论”与“实践”的教材。

近年来，国家和有关部委陆续出台了一系列推动智能建造与建筑工业化协同发展的系列文件，为了服务国家发展战略，紧跟建筑行业转型升级和数字化发展趋势，助力培养新业态背景下行业所需的智能建造人才，高等教育出版社和广联达科技股份有限公司合作组织编写了智能建造领域高素质技术技能人才培养系列教材。系列教材由12本涵盖智能建造相关专业技术和管理领域，并兼顾专业通识和专业拓展功效的教材组成，拟分批陆续出版发行。本套教材有以下三个方面的特点：一是突出了立德树人，系列教材深入贯彻党的二十大报告提出的“深入实施人才强国战略”“努力培养造就更多大师、战略科学家、一流科技领军人才和创新团队、青年科技人才、卓越工程师、大国工匠、高技能人才”的要求，充分挖掘教材的思政元素，将社会主义核心价值观、家国情怀、专业素养和工匠精神融入学习任务中，为培养造就德才兼备的高层次、高素质智能建造技术技能人才提供支撑；二是突出了应用性，系列教材基于对行业发展及岗位能力迁移的整体思考，融入了广联达科技股份有限公司“四流一体”（即业务流、数据流、案例流、教学流）的培养培训模式，建立整体编写框架思维，各本教材通过一个典型的工程案例来展开内容，从项目“立项→设计→施工→交付→运维”的全生命周期中进行业务流、数据流的演示，通过各阶段实体及虚拟数字孪生模型的任务要求，完成各阶段需要产生的成果，形成完整的案例流，达到完整的一体化教学的目的；三是创新了呈现形式，系列教材积极响应教学创新的实际需要，突出职业教育的应用性特色，深入挖掘“项目式、任务式”教材内涵，采用“模块→项目→任务”分层进行整体设计，创新应用了“任务引入→知识准备→任务实施→知识拓展”的教材框架结构，以项目驱动教学活动开展，积极探索“内化于心，外化于形”的理念。

本系列教材在广泛调查研究、认真研讨论证的基础上，由校企协同团队开发编写，相信一定会对智能建造人才培养起到支撑促进作用，成为教师授课的有力助手，学生学习的有效资源，业内人士培训的教学范本。希望本系列教材的出版，能够助力智能建造人才培养体系的完善与优化，为行业培养出更多德才兼备的高层次、高素质智能建造人才，为我国建筑业实现高质量发展、早日建成世界一流的建筑业强国贡献力量。

前言

党的二十大报告指出，培养造就大批德才兼备的高素质人才，是国家和民族长远发展大计。本书紧紧围绕党的二十大精神，将课程思政元素有机融入，体现专创融合目标，为培养造就德才兼备的高素质智能建造技术技能人才提供支撑。

当前，我国经济已由高速增长阶段转向高质量发展阶段，建筑业作为国民经济的支柱产业之一也亟需通过转型升级实现高质量发展，因此需要建筑行业不断融合大数据、云计算、物联网、BIM、人工智能等新一代信息技术和手段，大力推进智能建造技术的发展和应用，并提升从业人员的综合素质和能力。智能建造时代给工程项目管理技术创新带来了新的机遇，数字技术可以为工程项目建设的过程（意向、概念、策划、方案决策、项目设计、建设实施过程、竣工验收、项目后评价、运营服务等）提供支持，可以帮助工程项目进行精细化管理，实现项目的投资、进度、质量、安全等建设目标，并进行实时监测与实时反馈。

本书主要介绍工程项目智慧管理概述、工程项目智慧技术管理、工程项目智慧进度控制、工程项目智慧成本控制、工程项目智慧合同管理、工程项目智慧质量控制、工程项目智慧安全与环境管理、工程项目智慧信息管理、智能建造在某高品质住宅项目的运用实践案例，通过 8 个模块和 1 个实践案例展开相关教学内容。教材以“理论 + 智慧实践应用”的方式，将楚雄职教办公楼工程按项目管理业务活动进行模块任务分解，采用数字项目管理平台展开工程项目管理实战演练。本书涵盖了工程项目智慧管理相关的知识、技能要求，通过任务驱动引导学生探究学习理论知识，并会运用所学知识进行业务实践应用，融理论学习与技能实践于一体，让学生在实践中了解企业生产经营活动和各部门、各岗位之间的逻辑关系，掌握各岗位完成工程项目智慧管理工作所需的职业技能，并在此过程中提升学生的信息化应用能力以及组织、协调、沟通等综合职业素养。

本书由广联达科技股份有限公司组织编写，由青岛理工大学温晓慧、青岛酒店管理职业技术学院赵婧、山东理工大学谢丹凤担任主编，青岛理工大学刘涛、青岛酒店管理职业技术学院张瑜、辽宁科技大学张崴、重庆大江建设工程集团有限公司刘刚担任副主编，具体编写分工如下：温晓慧编写模块一，张崴编写模块二，温晓慧、赵婧、谢丹凤、刘涛、张瑜共同编写模块三，赵婧编写模块四，谢丹凤编写模块五，张瑜编写模块六，刘涛编写模块七，郑州一建集团有限公司王闹编写模块八，刘刚编写实践案例，广联达科技股份有限公司彭芳编写了本书数字化平台操作的场景应用实例。广联达科技股份有限公司崔明，沈阳建筑大学贾世龙，潍坊昌大建设集团有限公司宋金涛、张炜，中国建筑西北设计研究院有限公司温雅瑞、长春工业大学人文信息学院徐艳召等也参与了本书相关内容的设计和编写。

由于编者水平有限，本书难免存在疏漏和不足之处，恳请广大读者批评指正，以便及时修订与完善。

编　者

2024 年 1 月

目录

模块 1

工程项目智慧管理概述

项目 1.1 认识建设工程项目管理

[学习目标]

知识目标

1. 掌握建设工程项目管理的含义。
2. 掌握建设工程项目的组成及分类。
3. 掌握建设工程项目管理的特点。
4. 掌握建设工程项目管理的目标及任务。

能力目标

1. 能识记建设工程项目管理的含义及特点。
2. 能进行建设工程项目组成分解和分类。
3. 能区分建设工程项目管理的目标及任务。

素养目标

1. 培养理论结合实践的应用能力。
2. 提升相应的职业技能及工程项目管理能力。
3. 培养注重实践的务实精神。
4. 培养爱岗敬业的奉献精神。

[思维导图]

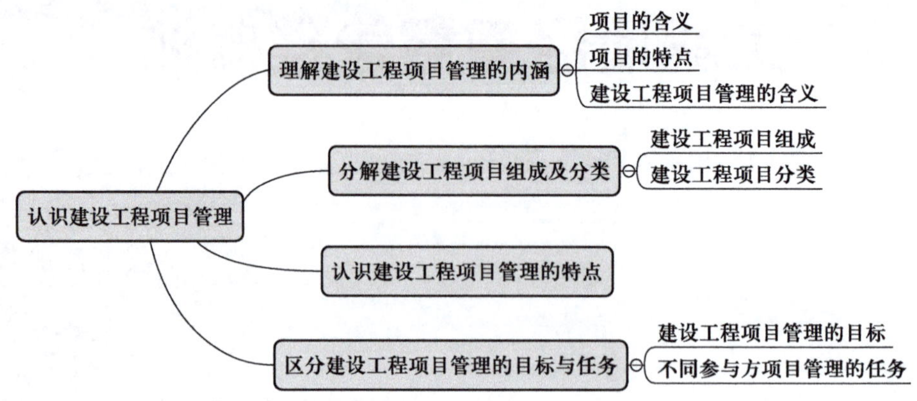

任务 1.1.1 理解建设工程项目管理的内涵

任务 1.1.1、任务 1.1.2

任务引入

楚雄职教办公楼工程为二类办公用地项目，钢筋混凝土框架结构体系，建筑总高度 25.5 m，总建筑面积 7 895.70 m^2，其中地上建筑面积 6 654.24 m^2，地下建筑面积 1 241.46 m^2；地上 5 层，地下 1 层，1~4 层为办公区域，5 层为住宿区；安全等级三级；设计使用年限 50 年；8 度抗震设防。本项目包含建筑、结构、机电、幕墙、装饰等专业，其中结构形式有 4 种，主楼为现浇及装配式结构，报告厅为钢结构，屋顶亭子为木结构。

楚雄职教办公楼按照教学综合楼、校门和行政办公楼、食堂活动房、运动场、小区公路、边坡治理分区段的布置特点，自然形成了 6 个相对独立的施工区段。该工程位于斜坡地带，属侵蚀剥蚀浅丘地貌，原始斜坡地形，坡度为 15°~30°，场区将被改造为三级平台地貌。土层分布厚度大，从地质勘察报告得知，土层厚达 17.75~24 m，这决定了建筑桩基深、工程量大、施工工期较长的特点；多级平台分布，决定了本工程条石用量多，条石地基复杂。两条小区公路，其中一条通向陶家坪接青龙大道，长 483 m，高差 50 m，土方开挖量大，边坡治理多，根据工期要求，总施工天数 365 天，工程预计明年秋季完工，工期紧迫。根据整体情况，楚雄城市建设投资有限公司作为本工程的建设单位如何进行该建设项目管理工作?

知识准备

（1）项目的含义

项目（Project）是指在一定的约束条件下，具有特定目标的一次性任务。它可以是建设一项工程，如建造一栋大楼、一座酒店、一座工厂、一座电站，也可以是完成某项科研课题，或研制一项设备，甚至写一篇论文。

（2）项目的特点

从项目管理的角度而言，项目作为一个专门术语，它具有如下几个基本特点：

① 一个项目必须有明确的目标。

② 任何项目都是在一定的限制条件下进行的，包括资源条件的约束（人力、财力和物力等）和人为的约束，其中质量（工作标准）、进度、费用目标是项目普遍存在的三个主要约束条件。

③ 项目是一次性的任务，由于目标、环境、条件、组织和过程等方面的特殊性，不存在两个完全相同的项目，即项目不可能重复。

④ 任何项目都有其明确的起点时间和终点时间，它是在一段有限的时间内存在的。

⑤ 多数项目在其进行过程中，往往有许多不确定的因素。

（3）建设工程项目管理的含义

项目管理是在有限的时间和资源约束下，为使项目取得成功，运用系统理论和方法对项目及其资源所进行的全过程、全方位的计划、组织、协调与控制，旨在实现项目特定目标的系统化管理过程。按项目管理学（Project Management）的基本理论，没有目标的建设工程不是项目管理的对象。

建设工程项目管理是项目管理的一个大类，其研究对象是建设工程项目。建设工程项目管理的含义有多种表述，英国皇家特许建造学会（CIOB）对其作了如下表述：自项目开始至项目完成，通过项目策划（Project Planning）和项目控制（Project Control），以使项目的费用目标、进度目标和质量目标得以实现。此解释得到许多国家建造师组织的认可，在工程管理业界有相当的权威性。在上述表述中：

①“自项目开始至项目完成”指的是项目的实施期。

②“项目策划”指的是目标控制前的一系列筹划和准备工作。

③“费用目标”对业主而言是投资目标，对施工方而言是成本目标。项目决策期管理工作的主要任务是确定项目的定义，而项目实施期项目管理的主要任务是通过管理使项目的目标得以实现。

我国《建设工程项目管理规范》（GB/T 50326—2017）中对建设工程项目管理进行了界定，认为建设工程项目管理（Construction Project Management）是运用系统的理论和方法，对建设工程项目进行的计划、组织、指挥、协调和控制等专业化活动，简称项目管理。

建设工程项目管理强调的是管理的职能。项目管理就是要对项目进行策划、组织、指挥、协调和控制，而建设工程项目管理除涉及《项目管理知识体系指南（PMBOK 指南）》中界定的 10 个方面之外，还要结合建设工程项目及其管理的特点进行适当扩展。项目管理协会对项目管理的定义是为满足项目的良好落地与运营，将知识、技能、工具以及技术运用于项目建设中。数字化赋能下，工程项目管理指建设方集成不同利益方的知识、技能、工具与技术，将各个领域的先进技术创造性运用于工程项目建设过程，实现项目的实时反馈与实时调整，达到共同的价值诉求。在明确反映数字化时代项目管理特点的同时，强调项目活动要回归价值本身的重要性，有助于项目参与者在不同的项目阶段和层次上反思项目的价值和项目工作的意义，实现项目活动中的自我赋能。

知识拓展

建设工程项目管理的依据

（1）法律

《中华人民共和国建筑法》《中华人民共和国民法典》《中华人民共和国招标投标法》《中华人民共和国土地管理法》《中华人民共和国城市规划法》《中华人民共和国城市房地产管理法》《中华人民共和国环境保护法》《中华人民共和国环境影响评价法》。

（2）行政法规

《建设工程质量管理条例》《建设工程安全生产管理条例》《建设工程勘察设计管理条例》《中华人民共和国土地管理法实施条例》。

（3）部门规章

①《工程监理企业资质管理规定》《注册监理工程师管理规定》《建设工程监理范围和规模标准规定》《建筑工程设计招标投标管理办法》《房屋建筑和市政基础设施工程施工招标投标管理办法》《评标委员会和评标方法暂行规定》。

②《建筑工程施工发包与承包计价管理办法》《建筑工程施工许可管理办法》《实施工程建设强制性标准监督规定》《房屋建筑工程质量保修办法》《房屋建筑工程和市政基础设施工程竣工验收备案管理暂行办法》《建设工程施工现场管理规定》。

（4）规范

《建设工程项目管理规范》（GB/T 50326—2017）。

任务 1.1.2
分解建设工程项目组成及分类

任务引入

楚雄职教办公楼工程项目包含哪些组成部分？按照建设工程项目分类标准，该项目分别属于哪一类别？

知识准备

建设工程项目是指为完成依法立项的新建、改建、扩建等各类工程而进行的有起止时间的、达到规定要求的一组相互关联的受控活动组成的特定过程，包括策划、勘察、设计、采购、施工、试运行、竣工验收和考核评价等。

（1）建设工程项目组成

① 建设项目。建设项目是按一个整体设计组织施工，建成后具有完整的系统，可以独立发挥生产能力或使用价值的建设工程。例如，一所学校的建设，需要有教学场所、学生公寓、食堂、图书馆、运动场等许多单体工程，而这些单体工程及道路、管道等需要总体规划或总体设计，把这些工程统称为建设项目。

② 单项工程。单项工程是建设工程项目的组成部分，是指具有单独的设计文件，可独立组织施工和竣工验收，建成后能够独立发挥生产能力和使用效益的工程。例如，一所学校建设项目中的教学楼、宿舍或图书馆等。

③ 单位工程。单位工程是单项工程的组成部分，是指具有单独的设计文件、独立的施工条件，但建成后不能独立发挥生产能力和效益的工程。例如，建筑工程中的一般土建工程、设备安装工程、电梯安装工程等。

④ 分部工程。分部工程是单位工程的组成部分。一般是按单位工程的结构部位、使用材料、工种或设备种类和型号等的不同而划分的工程。一般建筑工程主要包括地基与基础、主体结构、装饰装修、建筑屋面、给水排水及采暖、建筑电气、智能建筑、通风与空调、电梯、建筑节能等分部工程。

⑤ 分项工程。分项工程是分部工程的组成部分，是形成建筑产品的基本构造要素。一般是按照不同的施工方法、不同的材料及构件规格，将分部工程分解为一些简单的施工过程，是建设工程中最基本的单位内容，即通常所指的各种实物工程量。建筑工程的分项工程一般按构造的不同或按主要工种划分，例如，钢筋混凝土结构分为模板、钢筋、混凝土等分项工程。

⑥ 检验批。检验批是指按同一生产条件或按规定的方式汇总起来供检验用的，由一定数量样本组成的检验体。根据施工及质量控制或专业验收需要，按楼层、施工段、变形缝等进行划分。

（2）建设工程项目分类

① 按建设性质分类，建设工程项目分为新建项目、扩建项目、改建项目、迁建项目、恢复项目。

a. 新建项目是指从无到有、“平地起家”的建设项目。现有企事业和行政单位一般不应有新建项目，有的单位如果基础薄弱需要再兴建的项目，其新增的固定资产价值超过原有全部固定资产价值（原值）3 倍以上时，才算新建项目。

b. 扩建项目是指现有企事业单位在原有场地内或其他地点，为扩大生产能力或增加经济效益而增建的生产车间、独立的生产线或分厂的项目；事业和行政单位在原有的业务系统的基础上扩充规模而进行的新增固定资产项目。

c. 改建项目是指包括挖潜、节能、安全、环境保护等在内的工程项目。

d. 迁建项目是指原有企业、事业单位，根据自身生产经营和事业发展的要求，按照国家调整生产力布局的经济发展战略需要或出于环境保护等其他特殊要求，搬迁到异地的而建设的项目。

e. 恢复项目是指原有企业、事业单位和行政单位，因在自然灾害或战争中使原有固定资产遭受全部或部分报废，需要进行投资重建来恢复生产能力和业务工作条件、生活福利设施等的工程项目。这类项目，无论是按原有规模恢复建设，还是在恢复过程中同时进行扩建，都属于恢复项目。但对尚未建成投产或交付使用的项目，受到破坏后，若仍按原设计重建的，原建设性质不变；如果按新设计重建，则根据设计的内容来确定其性质。

建设工程项目按其性质分成上述五类，在项目总体设计完成以前，其建设性质始终是不变的。

② 按专业分类，依据《建设工程工程量清单计价规范》（GB 50500—2013），建设工程项目可分为房屋建筑与装饰工程、仿古建筑工程、市政工程、通用安装工程、园林绿化工程、矿山工程、构筑物工程、城市轨道交通工程、爆破工程等九个专业。

房屋建筑与装饰工程是指各类房屋建筑及其附属设施和其他配套的线路、管道、设备安装工程及室内外装修工程；仿古建筑工程是指用于模仿与替代古代建筑、传统宗教寺观、传统造景、历史建筑、文物建筑、古村落群，还原历史风貌概况的工程；通用安装工程是指各种设备、装置的安装工程；市政工程是指在城市区、镇（乡）规划建设范围内设置，基于政府责任和义务为居民提供有偿或无偿公共产品和服务的各种建筑物、构筑物和设备工程；园林绿化工程是指建设风景园林绿地的工程；矿山工程包括地面和地下工程；构筑物工程是指不具备、不包含或不提供人类居住功能的人工建造物工程，如水塔、水池、过滤池、澄清池、沼气池等。

③ 按建设总规模和投资分类，基本建设项目可分为大型项目、中型项目、小型项目。更新改造项目分为限额以上项目、限额以下项目。现行的划分的标准如下：

a. 按投资额划分的基本建设项目，属于生产性的工程项目中的能源、交通、原材料部门的项目，投资额度达到 5 000 万元以上为大中型项目；其他部门和非工业项目，投资额度达到 3 000 万元以上为大中型项目。

b. 按生产能力或使用效益划分的工程项目，以国家对各行各业的具体规定作为标准。

c. 更新改造项目只按投资额度标准划分。能源、交通、原材料部门投资额度达到 5 000 万元及其以上的工程项目和其他部门投资额度达到 3 000 万元以上的项目为限额以上项目，否则为限额以下项目。

④ 按投资作用分类，建设工程项目分为生产性建设项目和非生产性建设项目。

a. 生产性建设项目是指直接用于物质生产或直接为物质生产服务的建设项目，包括工业建设项目、农业建设项目、基础设施建设项目、商业建设项目等。

- 工业建设项目，包括工业、国防和能源建设项目。
- 农业建设项目，包括农、林、牧、渔、水利建设项目。
- 基础设施建设项目，包括交通、邮电、通信、地质普查、勘探等建设项目。
- 商业服务建设项目，包括商业服务、饮食、仓储、综合技术服务等建设项目。

b. 非生产性建设项目是指用于满足人民物质、文化、福利需要的建设项目和非物质生产部门的建设项目，包括办公用房、居住建筑、公共建筑、其他工程项目等。

- 办公用房，是指国家各级党政机关、社会团体、企业管理机关的办公用房。
- 居住用房，是指住宅、公寓、别墅等。
- 公共建筑，是指科学、教育、文化艺术、广播电视、卫生、博览、体育、社会福利事业、咨询服务、宗教、金融、保险等建筑。
- 其他工程项目，不属于上述各类的项目。

⑤ 按投资主体分类，建设工程项目分为政府投资工程项目、企业或事业单位投资工程项目、私人投资工程项目、各类投资主体联合投资工程项目。按照其盈利性不同，政府投资项目又分为经营性政府投资项目和非经营性政府投资项目。

⑥ 按建设过程不同分类，建设工程项目分为预备工程项目、筹建工程项目、实施工程项目、建成投产工程项目、收尾工程项目。

⑦ 按行业性质和特点划分，可以分为竞争性项目、基础性项目、公益性项目。

a. 竞争性项目，是指投资效益比较高、竞争性比较强的一般建设项目。

b. 基础性项目，是指具有自然垄断性、建设周期长、投资额大而收益低的基础设施和需要政府重点扶持的一部分基础工业项目，以及直接增强国力的符合经济规模的支柱产业项目。

c. 公益性项目，包括科技、文教、卫生、体育和环保等设施，公、检、法等政法机关以及政府机关、社会团体办公设施，国防建设项目等。

任务 1.1.3 认识建设工程项目管理的特点

任务 1.1.3、任务 1.1.4

任务引入

楚雄职教办公楼项目管理的特点有哪些？

知识准备

（1）建设工程项目管理具有复杂性

建设工程项目管理是以工程项目为对象进行的一系列计划、组织、指挥、协调和控制工作，是一个复杂、庞大的系统工程。参与单位众多，延续时间长，建设规模日趋庞大、复杂，一个大型工程项目的建设周期可能长达十几年甚至几十年，参与单位达到成百上千家，这使项目的沟通、协调工作越来越困难，大大加大了项目管理的难度。工程项目在实施阶段主要在露天作业，受自然条件影响大，施工作业条件差，施工过程设计变更多，组织管理任务繁重，导致项目管理更加复杂。

（2）建设工程项目管理具有创造性

建设项目具有一次性的特点。项目管理者在项目决策和实施过程中，必须从实际出发，结合项目的具体情况，因地制宜地处理和解决工程项目实际问题。因此，项目管理就是将前人总结的建设知识和经验，创造性地运用于工程管理实践。

（3）建设工程项目管理应建立专门的组织机构

工程建设项目管理需对资金、人员、材料、设备等多种资源进行优化配置和合理使用，并需要在不同阶段及时进行调整。对于项目决策和实施过程中出现的各种问题，相关部门都应迅速地做出协调一致的反应，以适应项目时间目标的要求。同时，因各种建设项目在资金来源、规模大小、专业领域等方面都存在较大差异，项目管理组织的结构形式、部门设立、人员配备必然不同，不可能采用单一的模式，而必须按照弹性原则围绕具体任务建立一次性的专门组织机构。

（4）建设工程项目管理方法具有完备的理论体系

现代项目管理方法的理论体系是多学科知识的集成，可以分为哲学方法、逻辑方法和学科方法。哲学方法是辩证地分析事物的两面性、正面效应和反面效应；逻辑方法使用概念、判断、推理等逻辑思维方式，对问题进行归纳、演绎、综合，如逻辑框架法等；学科方法是利用各种学科中常用的研究方法，如文献法、问卷法、蒙特卡罗模拟法、价值工程法、网络技术法等。这些方法在项目的策划与立项、目标控制、后评价等方面得到广泛应用，为项目的科学管理起到关键性作用。

（5）建设工程项目管理的标准是客户的满意度

一个项目能否成功，关键在项目管理，项目成功的标准是客户的满意度。项目的客户是项目的利益相关者，是那些参与该项目或其利益受到该项目影响的个人和组织。项目管理就是要充分考虑相关客户的利益，最大限度地满足客户的要求。

任务 1.1.4 区分建设工程项目管理的目标与任务

任务引入

为了保障楚雄职教办公楼工程项目的顺利进行，如何设定管理目标和任务？

知识准备

建设工程项目是一个复杂的系统，项目管理必须运用系统的理论、观点和方法才能实现项目目标。项目目标也具有系统性，包括功能目标、管理目标和影响目标，如图 1–1 所示。

建设工程项目管理的任务是在项目可行性研究、投资决策的基础上，对勘察设计、建设准备、施工及竣工验收等全过程的一系列活动进行规划、协调、监督、控制和总结评价，通过合同管理、组织协调、目标控制、风险管理和信息管理等措施，保证项目质量、进度、造价等目标得到有效控制。

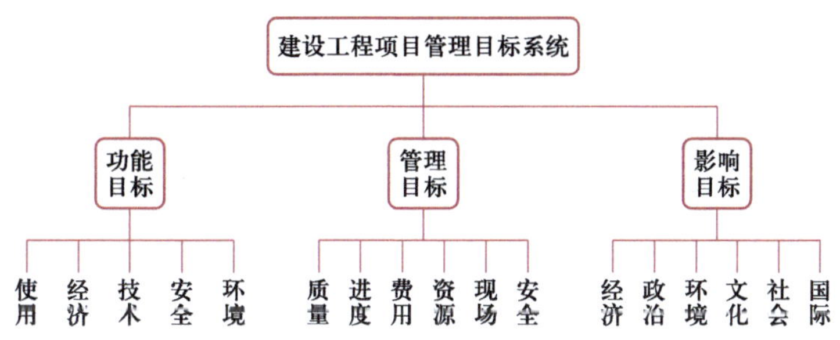

图 1-1　建设工程项目管理目标系统

（1）合同管理

建设工程项目合同体系包括咨询服务合同、工程总承包合同、勘察设计合同、施工合同、材料及设备采购合同、项目管理合同、监理合同、造价咨询合同。

合同管理主要是对各类合同订立和履行过程的管理，包括合同文件的选择，合同条件的谈判、协商，合同书的签订，合同履行过程中的检查、变更、违约和纠纷的处理，以及总结评价等。

（2）组织协调

组织协调是实现项目管理目标必不可少的手段和方法，在项目实施过程中，参与项目的各方需要处理和协调众多的复杂的业务组织关系。组织协调有三个层面：一是外部环境的协调，如与政府部门协调、资源供应及社区环境协调等；二是项目参与单位之间的协调；三是参与单位内部各部门、各层次及个人之间的协调。

（3）目标控制

目标控制是指项目管理人员在动态的环境中为保证既定目标的实现而进行的一系列的检查和调整活动。项目目标控制贯穿于项目的全过程。

（4）风险管理

随着工程项目规模大型化和技术的复杂化，业主及参与各方所面临的风险越来越多，遭遇风险的损失程度越来越大，为保证投资效益，必须对风险进行识别、评估，提出风险对策。

（5）信息管理

信息管理是项目目标控制的基础，其主要任务是及时、准确地向各层级领导、各参与单位，以及各类人员提供所需的不同程度的信息。建设项目的各参与单位应建立完善的信息收集制度，做好信息编目和流程设计工作，实现信息的科学检索和传递，并且利用好现有的信息资源。

（6）环境保护

工程项目建设可以改造环境、为人类造福，优秀的建筑作品可以增添社会景观和历史人文价值，为防止项目在建设中对环境造成破坏，应在工程建设中强化环保意识。项目管理者必须充分研究和掌握国家或地区有关环境保护的法律法规。对环境保护有要求的项目，在可行性研究和项目决策阶段必须提出环境影响评估报告，严格按照工程建设程序向环保行政主管部门报批。在项目实施阶段做到主体工程与环境保护措施同时设计、同时施工、同时投入运行。

建设工程项目从策划到使用过程涉及众多的工作任务，也需要多方参与者共同协作完成项目建设任务，主要的项目参与方包括业主方、设计方、施工承包方、物资供应方、建设项目总承包方等，各方有着各自不同的项目管理目标及任务内容，主要表现在以下方面：

（1）业主方的项目管理目标及任务

业主方是建设工程施工生产各项资源（人力资源、物质资源、知识等）的总集成者和总组织者，监理方、造价咨询方、招投标代理方等都代表业主方的利益，为工程施工提供全方位、全过程的各种咨询服务。业主方项目管理包括投资方和开发方的项目管理，它是全过程项目管理，贯穿于项目从决策到实施的各个环节。

业主方项目管理服务于业主的利益，其项目管理的目标包括项目的投资目标、进度目标和质量目标。项目的投资目标、进度目标和质量目标之间既有矛盾的一面，也有统一的一面，它们之间的关系是既对立又统一的关系。业主方管理工作目标是严格控制工程质量、工期、投资和安全生产，项目管理工作涉及项目实施阶段的全过程，即在设计前的准备阶段、设计阶段、施工阶段、动用前准备阶段和保修期分别进行安全管理、投资控制、进度控制、质量控制、合同管理、信息管理、组织和协调。表 1–1 有 7 行和 5 列，构成业主方 35 个分块项目管理的任务。业主的项目管理是在投资立场上对工程项目建设的全过程进行的科学、有效和必要的管理。其中，安全管理是项目管理中的最重要的任务，因为安全管理关系到人身的健康与安全，而投资控制、进度控制、质量控制和合同管理等则主要涉及物质的利益。

表 1–1　业主方项目管理的任务

项目	设计前的准备阶段	设计阶段	施工阶段	动用前准备阶段	保修期
安全管理					
投资控制					
进度控制					
质量控制					
合同管理					
信息管理					
组织和协调					

业主方项目实施阶段具体任务主要包括以下方面：

① 前期阶段：筹集资金、项目建议书、可行性研究、项目决策、厂址选择、落实外部配套条件等。

② 设计阶段：设计竞赛或设计招标、资质审查评标定标、签订设计合同提供资料、设计三控、组织设计审查上报设计文件和概算文件、审查资金筹措计划和用款计划等。

③ 施工招标阶段：施工和设备招标、资质审查评标定标、签订施工和设备合同、落实开工前准备工作。

④ 施工阶段：编制并组织实施各种计划、组织工程实施、建立报告制度定期向主管部门报告建设情况、做好各项运营生产准备、及时参与验收并提出项目竣工验收申请报告、编制竣工决算报告。若委托监理，其职责还应包括监理招标、签订合同、合同管理等，同时监理承担的职责由合同明确。

⑤ 生产运营阶段：组织管理机构、生产运营管理、按时报送生产信息和统计资料、制订债务偿还计划按时偿还、资产保值按法人章程分配利润、组织后评价提出项目后评价报告。

（2）设计方的项目管理目标及任务

设计单位服务于项目的整体利益和设计方本身的利益，经过智力的投入进行建设项目技术经济方案的综合创作，编制出用以指导建设项目施工安装活动的设计文件。

设计方项目管理的目标包括设计的成本目标、设计的进度目标和设计的质量目标，以及项目的投资目标。

设计方项目管理的任务包括：

① 与设计工作有关的安全管理。

② 设计成本控制和与设计工作有关的工程管理控制。

③ 设计进度控制。

④ 设计质量控制。

⑤ 设计合同管理。

⑥ 设计信息管理。

⑦ 与设计工作有关的组织和协调。

设计方要严格执行工程设计强制性标准和有关设计规范，按时保质提供施工图及有关设计资料，经施工图审查合格后，参与设计交底，图纸会审，并签署公审记录；配合业主招标工作，编制招标技术规格及施工技术要求；审核认可设备供应商及专业分包商的深化设计；派遣具有相应资质、水平和能力的人员担任现场设计代表，及时解决施工中的有关设计问题，并出具设计变更或补充说明；参与隐蔽工程验收和单位工程竣工验收；参与工程质量事故分析，并对因设计造成的质量事故，提出相应的技术处理方案；检查设计文件及施工过程中设计单位参加签署的更改设计的文件材料，确认设计符合国家规范、标准要求，施工单位的工程质量达到设计要求；参与竣工验收检查，陈述工作报告，签署竣工验收报告。

（3）施工承包方的项目管理目标及任务

施工承包方是受业主的委托实施合同规定的施工项目的主要参与方，包括施工总承包方、施工分包方、施工劳务方等不同的层次结构。尽管施工方的角色不同，其管理工作及管理工作的重点不同，但施工方管理工作仍然主要在施工阶段进行，有时也涉及设计准备阶段、设计阶段、动用前的准备阶段和保修阶段。施工承包方主要管理工作目标是保证工程项目质量、工期，降低成本，安全文明施工。一般情况下，其主要任务如下：

① 成本控制。

a. 编制施工成本计划，设定目标成本，并按工程部位进行施工成本分解，确定施工项目人工费、材料费、机械台班费、措施费和间接费的构成。

b. 建立施工成本核算制，明确施工成本核算的原则、范围、程序、方法、内容、责任及要求，并设置核算台账，记录原始数据。

c. 落实施工成本控制责任制，制订成本要素的控制要求、措施和方法。

d. 合理安排施工采购计划，通过生产要素的优化配置，有效控制实际成本。

e. 加强施工调度、施工定额管理和施工任务单管理，控制活劳动和物化劳动的消耗。

f. 采取会计核算、统计核算和业务核算相结合的方法，进行实际成本与责任目标成本的比较分析，实际成本与计划目标成本的比较分析，分析偏差原因，并制订控制的措施。

g. 编制月度施工成本报告，预测后期成本的变化趋势和状况。

② 进度控制。

a. 根据施工合同确定的开工日期和总工期，确定施工进度总目标，并分解为交工分目标，按承包的专业或施工阶段划分分目标。

b. 建立以施工项目经理为责任主体，施工子项目负责人、计划人员、调度人员、作业队长及班组长参加的施工进度控制体系。

c. 编制施工总进度计划和单位工程施工进度计划及相应的劳动力、主要材料、预制构件、半成品和机械设备需要量计划，资金收支预测计划，并向业主报告。

d. 编制年、月、旬、周施工计划，分级落实施工任务，最终通过施工任务书由班组实施。

e. 跟踪和记录施工进度计划的实施，对工程量、总产值、耗用的人工、材料和机械台班等数量进行统计与分析，如果发现进度偏差（不必要的提前或延误），及时找出影响进度的原因。

f. 采取措施及时调整施工进度计划，并不断预测未来进度状况。

③ 质量控制。

a. 编制施工质量计划及施工组织设计文件，建立和完善质量保证体系。

b. 编制测量方案，复测和验收现场定位轴线及高程标桩。

c. 工程开工前及施工过程中，进行书面技术交底，办理签字手续并归档。

d. 组织原材料、构配件、半成品和工程设备的现场检查、验收和测试，并报经监理工程师批准。

e. 组织工序交接检查、隐蔽工程验收和技术复核工作。

f. 严格执行工程变更程序，工程变更事项需经有关方批准后才能实施。

g. 按国家建设施工质量管理有关规定处理施工过程中发生的质量事故。

h. 落实建筑产品或半成品保护措施。

④ 安全控制。

a. 建立安全管理体系和安全生产责任制，编制施工安全保证计划，制订现场安全、劳动保护、文明施工和环保措施。

b. 按不同等级、层次和工作性质，有针对性地分别进行职工安全教育和培训，并做好培训教育记录。

c. 检查各类施工持证上岗人员的资格，落实劳动保护技术措施和防护用品。

d. 按规范要求检查和验收施工机械、施工机具、临时用电设施、脚手架工程，对施工过程中的洞口、临边、高空作业采取安全防护措施。

e. 施工作业人员操作前，组织安全技术交底，双方签字认可。

f. 按有关资料对施工区域周围道路管线采取相应的保护措施。

g. 组织有关专业人员，定期对现场的安全生产状况进行检查和复查，并做好记录。

h. 依法办理从事危险作业职工的意外伤害保险。

⑤ 合同管理。

a. 建立施工合同管理组织体系和各项管理制度，明确合同管理工作职责。

b. 审查合同文本，研究合同条款，分析合同风险，提出防范对策。

c. 参与施工合同的谈判，办理合同签约手续。

d. 跟踪施工合同执行情况，分析进度、成本、质量合同目标的偏差程度，并提出调整方法和措施。

e. 落实工程合同变更。

f. 运用施工合同条件和有关法规，按特定程序处理施工索赔和合同纠纷。

⑥ 信息管理。

信息管理是项目目标控制的基础，其主要任务是及时、准确地向各层级领导、各参与单位，以及各类人员提供所需的不同程度的信息。施工单位应建立完善的信息收集制度，做好信息编目和流程设计工作，实现信息的科学检索和传递，并且利用好现有的信息资源。

⑦ 组织与协调。

a. 参与协调各施工参与方之间的关系。

b. 组织协调与政府各有关部门、社会各方的关系。

c. 办理各类施工证照及审批手续。

（4）物资供应方的项目管理目标及任务

物资供应方作为工程建设的一个重要参与方，其项目管理主要服务于工程的整体利益和供应方自身的利益，供货方的项目管理工作主要在施工阶段进行，但也涉及设计前的准备阶段、设计阶段、动用前的准备阶段和保修阶段，应根据供应合同所界定的任务进行相关的管理，以适应建设工程项目总目标的要求。物资供应方项目管理的目标包括供货的成本目标、供货的进度目标和供货的质量目标。物资供应方在施工阶段同样也涉及成本控制、进度控制、质量控制、安全管理、合同管理和信息管理等方面的工作，其项目管理的主要任务如下：

① 编制物资供应进度计划和质量保证措施。

② 按合同的要求提供物资，及时向业主方提交所供产品的技术资料、产品合格证

明等。

③ 提出与物资供应相关的工程质量、进度、成本等改进措施。

④ 参与施工部门召开的工作协调会议，开展质量体系审核。

⑤ 解决或预防问题发生，及时安排技术人员对发生的问题进行处理。

⑥ 承担在质保期内由于自身原因的维修或更换的义务。

⑦ 服从业主方和工程监理单位的管理，及时向业主方和工程监理提供合同实施进度报告。

⑧ 遵守施工总承包方的现场管理规章，并与有关的施工单位密切协作。

（5）建设项目总承包方的项目管理目标及任务

建设项目总承包方负责承担项目的设计和全部施工任务，其项目管理的目标包括项目的总投资目标和总承包方的成本目标、项目的进度目标和项目的质量目标。建设项目总承包方项目管理的任务包括：

① 安全管理。

② 投资控制和总承包方的成本控制。

③ 进度控制。

④ 质量控制。

⑤ 合同管理。

⑥ 信息管理。

⑦ 与建设项目总承包方有关的组织和协调。

项目 1.2 认识建设工程项目管理的全过程

[学习目标]

知识目标

1. 掌握工程项目建设程序的含义。
2. 掌握建设工程项目的全生命周期管理过程及内容。

能力目标

1. 能识记工程项目建设程序的含义。
2. 能依据基本建设程序管理工程项目。

素养目标

1. 培养科学严谨的态度。
2. 培养自觉遵守法律法规、规范标准的意识，具有良好的职业道德和专业素养。

[思维导图]

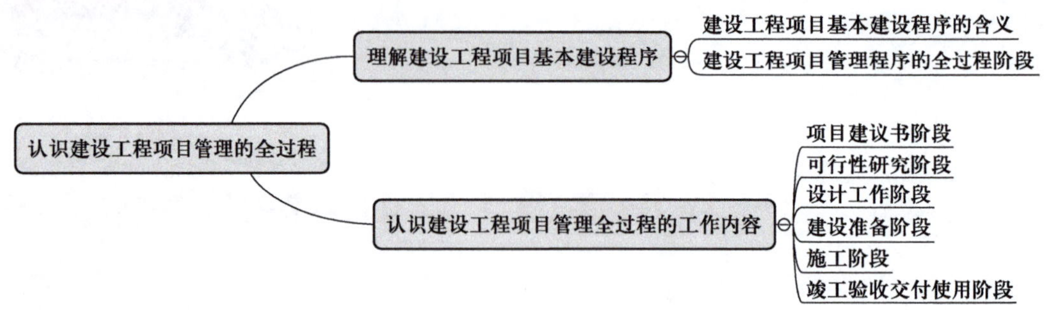

任务 1.2.1 理解建设工程项目基本建设程序

任务引入

为了完成楚雄职教办公楼工程项目建设，该工程应遵循怎样的建设程序开展各项工作？

知识准备

工程项目建设程序是指建设项目从计划、决策、竣工验收，到投入使用的整个建设过程，是由工程建设项目本身的特点和客观规律决定的。图 1-2 为大中型及限额以上基本建设项目程序简图。

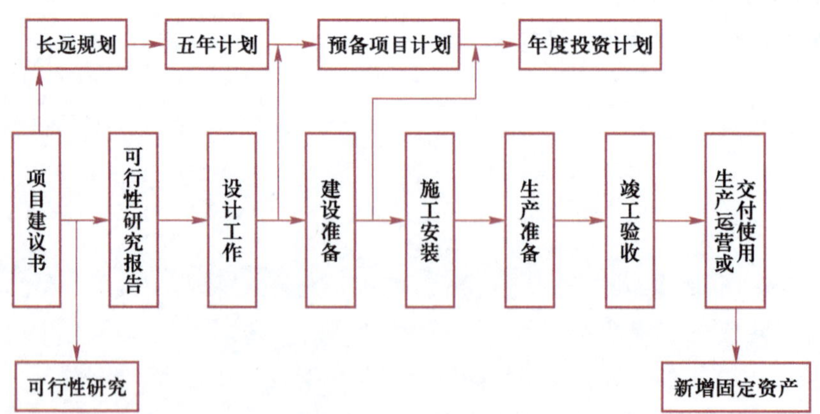

图 1-2　大中型及限额以上基本建设项目程序简图

任务 1.2.2 认识建设工程项目管理全过程的工作内容

任务引入

楚雄职教办公楼工程项目建设全过程中各阶段应如何安排各项工作?

知识准备

(1)项目建议书阶段

项目建议书是业主向国家提出的要求建设某一建设项目的建议文件。项目建议书中需要包含项目提出的必要性和依据，产品方案、拟建规模和建设地点的初步设想，资源情况、建设条件、协作关系的初步分析，投资估算和资金筹措设想，项目的进度安排，经济效益和社会效益的估计。

(2)可行性研究阶段

项目可行性研究要分析和论证建设项目在技术上与经济上是否可行，通过多方案比较，推荐最佳方案。可行性研究报告经批准后，是初步设计的依据，不得随意修改和变更。凡经可行性研究未通过的项目，不得进行下一步工作。可行性研究内容主要包括市场(供需)研究、技术研究和经济研究三项。以工业项目为例，可行性研究报告主要包括项目概况综述(提出背景、建设必要性、研究依据等)，市场需求预测和拟建规模、产品方案，资源及共用设施情况，选址(地区、地点)方案与建设条件，设计方案及协作配套工程，资源、原材料及共用设施情况，环境保护，企业组织、劳动定员、人员培训，建设工期实施进度，投资估算、资金筹措方式，项目的经济评价和社会评价。

(3)设计工作阶段

根据项目情况不同，可以分为两阶段设计和三阶段设计。两阶段设计包括初步设计和施工图设计，三阶段设计包括初步设计、技术设计(扩大的初步设计)和施工图设计。初步设计，不得随意改变被批准的可行性研究报告所确定的建设规模、产品方案、工程标准、建设地址和总投资等控制指标。技术设计，主要针对涉及重大技术问题，如工艺流程、建筑结构、设备选型及数量确定等方面的设计。施工图设计，是指导施工的具体依据，主要包括建筑施工图、结构施工图及建筑设备等图纸。

(4)建设准备阶段

建设准备主要包括以下工作内容：征地、拆迁和场地平整；完成施工用水、电、路等工作；准备必要的施工图纸；组织材料、设备采购订货或招标，组织施工招标、择优选定施工单位；办理各项建设行政手续(建设单位申请批准大中型工程项目开工要经国家发改委统一审核后编制年度大中型建设项目开工计划报国务院批准。建筑工程开工前，建设单位应当按照国家有关规定向工程所在地县级以上人民政府建设行政主管部门申请领取施工许可证；国务院建设行政主管部门确定的小型工程除外），包括开工前的审计、图纸审核、招标前的报批等；编制项目实施管理规划。

（5）施工阶段

施工阶段是从现场开工到工程的竣工、验收交付。在此阶段，工程施工单位、供应商、项目管理（咨询、监理）公司及设计单位按照合同规定完成各自的工程任务，并通力合作，按照实施计划将项目的设计经施工一步步形成符合要求的工程。

（6）竣工验收交付使用阶段

工程建设完成要经过竣工验收才能移交给建设单位，验收时需要施工单位按照设计文件的要求完成规定内容和全部建设任务，自检合格后向建设单位提出申请竣工验收申请，然后由建设单位组织勘察、设计、施工和监理等单位和其他有关方面的专家进行工程验收，对工程实物及技术资料进行全面检查及工程移交。在工程保修期间，施工单位对房屋建筑工程出现的质量不符合工程建设强制性标准以及合同约定等质量缺陷，予以修复。

由于施工的责任，对各类建筑工程及建筑工程的各个部位，都应实行保修。在保修期内，对于建筑产品出现的问题应及时检查并修理。我国房屋建筑工程保修条例规定，各部位保修的期限：基础设施工程、房屋建筑的地基基础工程和主体结构工程，为设计文件规定的该工程的合理使用年限；屋面防水工程、有防水要求的卫生间、房间和外墙面的防渗漏，为5年；供热与供冷系统，为2个供暖期、供冷期；电气管线、给排水管道、设备安装和装修工程，为2年。

建设工程项目在竣工验收交付使用后，承包人应编制回访计划，主动对交付使用的工程进行回访。回访一般采用季节性回访、技术性回访、保修期满前的回访三种形式。

工程项目后评价是指对已经完成的工程项目或规划的目的、执行过程、效益、作用和影响所进行的系统的客观的分析。通过对投资活动实践的检查总结，确定投资预期的目标是否达到，工程项目或规划是否合理有效，工程项目的主要效益指标是否实现，通过分析评价找出成败的原因，总结经验教训，并通过及时有效的信息反馈，为未来工程项目的决策和提高完善投资决策管理水平提出建议，同时也为被评工程项目实施运营中出现的问题提出改进建议，从而达到提高投资效益的目的。工程项目后评价基本内容包括工程项目目标评价、工程项目实施过程评价、工程项目效益评价、工程项目影响评价和工程项目持续性评价。

小启示

工程项目基本建设程序是建设领域各部门包括管理部门应共同遵守的规则或原则。但是，社会实践中，仍有部分企业或个人，为了追求经济利益不遵守基本建设程序，违规进行工程项目建设，甚至引发了严重的工程质量事故，值得我们反思，并且应引以为戒。

项目 1.3 认识建设工程项目智慧管理模式及应用

[学习目标]

知识目标

1. 了解建设工程项目智慧管理模式。
2. 掌握建设工程项目智慧管理应用的内容。

能力目标

1. 能设计建设工程项目智慧管理模式。
2. 能进行建设工程项目智慧管理应用。

素养目标

1. 培养主动学习行业新技术的意识，增强执业荣誉感和使命感。
2. 培养与时俱进的创新精神。

[思维导图]

项目 1.3

认识建设工程项目智慧管理模式及应用
- 认识建设工程项目智慧管理模式
- 开展建设工程项目智慧管理应用
  - 进行数据集成
  - 场地规划，辅助决策
  - 三维设计，保证质量
  - 工程量计算，方便成本管控
  - 施工模拟
  - 数字化监控系统，实现智能建造
  - 竣工信息集成，便于运维管理

任务 1.3.1 认识建设工程项目智慧管理模式

任务引入

楚雄职教办公楼工程项目可以采取什么样的智慧管理模式?

知识准备

建设工程项目需要耗费大量的人力和物力，建设过程往往比较复杂，管理难度相对较大。我国传统工程项目建设管理过程多采用人工管理的方式，费时费力且效率不高，并且容易出现各种各样的问题，已经越来越不能适应项目建设的要求。数字化技术的发展为工程项目智慧管理带来了新的机遇，采用数字化技术融入管理模式，使其成为一种创新智慧管理方式，将大大提高工程项目管理的效率，有力地推动现代化工程项目管理的发展。

数字项目管理是以工程项目为对象进行数字化采集和处理，形成数字信息，并将这些数字信息进行编码、存储和处理，将这些信息应用到工程项目管理中，从数字化技能、数字化协作再到数字化交付，数字化技术对项目管理的影响是多角度、全方位的，可以为项目管理赋予丰富的新内涵。数字项目管理具有实现量化、过程精确、客观科学、效率高、管理预见性强等特点，可以加快进度、节约造价和保证工程质量。数字化项目管理是指用数字的方式完成项目建设过程内容的表示，并对项目实施中的数据进行处理，通过科学分析和处理相关数据实现对工程项目建设过程的管理，最终实现项目的预定目标。但是，数字化管理不同于信息化管理，信息化管理更侧重对信息进行管理，而不对信息进行处理和研究。数字化管理要优于信息化管理，数字化管理在对信息的管理过程中完成信息的分析和研究，通过反馈来完成对工程项目实施过程中的质量、成本、进度等方面的控制，更加有效和全面。数字技术实现了以人为本的新型管理理念，是一种现代的管理技术，能够对企业管理者的决策提供支持，同时也强化了企业与员工之间的交流。

要实现运用数字化来管理工程项目，首先需要将工程项目管理过程和任务数字化，然后搭建数字化项目管理平台，分解模块化管理任务，进行编码处理，便于数字化处理。建立基于建筑信息模型（BIM）的建筑物数字化项目管理平台，是贯穿整个建筑生命周期信息共享的可靠基础，也是相关决策的重要支持。数字时代的项目管理应与BIM技术紧密结合，从设计、招投标、施工、运营等各个环节开发兼容的数据接口，实现多方协调和整体优化。

数字化管理的首要任务就是加强对工程造价的管理。将工程实施过程中所有有关工程造价的数字进行记录存储，并进行详细认真的核算，仔细核对成本、利润、工期、时间等数据，在数字项目管理平台上进行分析，进行工程造价的管控。

在现场的建筑施工中，不时出现各种各样的安全隐患，影响着施工的进度。在施工过程中，要加强数字化管理，通过分析现场的数据，并将现场的数据和数字化后的数据进行及时的比对，利用数字项目管理平台找出存在的差别，并进行详细的审核，在不影响施工安全和工程造价的情况下，保证符合规定的指标。同时也要加强对数字化管理人员的培训，使他们能够重视工程项目期限和施工质量标准之间的辩证统一关系。

在施工过程的数字化管理中，有大量的数据需要采集、传输和处理。数字化管理的正常运行需要企业和施工现场各部门之间建立高效的信息共享。这种数字化平台为企业提供了有利的信息化管理基础，与此同时也对企业提出了要求。信息化的关键是数字网络系统的建立和信息数据库的构建。传统的项目管理主要依靠从业人员的经验，理论无法和实际有效地结合起来。数字化管理可以将施工中的各方面因素综合协调起来，利用数字化的方法完成标准参数和实测参数的比对和分析，可以得出更好的管理举措，使企业更好地掌握工程实际情况。这样做出的决策针对性更强，也更有效、更可靠，并且所有的数据都可以及时地反馈和处理。标准化和数据化的信息处理使管理效率更高。

建筑工程施工数字化管理是指在施工中，收集和处理各种相关的数据，并对这些数据用计算机进行科学的分析处理，最后反馈到相关部门作为管理层的决策依据。数字化的管理运用的是先进的数字处理技术和设备，即通过人机行为的数字化，通过工人的可穿戴设备和视频监控等技术收集人机行为数据，通过人工智能方法进行行为识别，实现对个体工人、个体机械的生产性能和安全性能的评价。这极大地提高了施工管理的效率和水平，使建筑工程施工管理水平跃升到了一个新的发展高度。

任务 1.3.2 开展建设工程项目智慧管理应用

任务引入

楚雄职教办公楼工程项目团队决定利用智慧管理模式进行项目管理，请结合本项目情况思考可以开展哪些方面的智慧管理应用？

知识准备

（1）进行数据集成

建设工程项目智慧管理中可以利用数字化模型对建设项目全生命周期进行管理、优化，通过对信息的录入、提取、更新和修改来支持在建设项目不同阶段、不同利益相关方的集成管理。全过程管理中，可以借助 BIM 模型进行项目数据集合，整合、分析、输出从规划设计至施工运维的数据，为各阶段提供数据依据及参考，帮助项目各相关利益方在全过程中随时共享信息，有效避免出现信息孤岛。

在建筑规划管理阶段，应用 BIM 技术对空间进行分析来理解复杂空间的标准和法规，特别是在与业主讨论需求、选择以及分析最佳方案时，借助 BIM 及相关分析数据，让业主做出关键性的决定。通过 BIM 连贯的信息传递或追溯，大大减少后期详图设计阶段发现不合格需要修改设计导致的巨大浪费。

（2）场地规划，辅助决策

通过 BIM 结合地理信息系统（Geographi Information System，GIS），对施工场地的地形地貌以及地质状况等一切空间信息，进行科学管理和综合分析，帮助工程项目在规划阶段评估场地的使用条件和特点，为领导层做出项目最理想的场地规划、交通流线组织关系、建筑布局等关键决策提供依据。

（3）三维设计，保证质量

在设计管理阶段，设计师以 BIM 作为设计工具，使用三维的思考方式来完成建筑设计，帮助业主随时知道工程项目未来的样子。项目全生命周期都是可视化的，因此项目设计、建造、运营过程中的沟通、讨论、决策都在可视化的状态下进行，项目所创建的虚拟建筑模型已经包含了大量的设计信息（几何信息、材料性能、构件属性等），模型完成后可以将模型导入专业的性能化分析软件，得到相应的分析结果，大大降低了性能化分析的周期，能够及时高效地发现存在的问题，保证设计的质量。

在机电工程深化设计管理过程中，通过机电工程正向设计搭建各专业的完整的 BIM 模型，利用虚拟的三维环境发现设计中的碰撞冲突，更改后再出施工图，以此提高管线综合的设计能力和工作效率。

（4）工程量计算，方便成本管控

通过 BIM 模型所承载的数据，可以真实地提供造价管理需要的工程量信息。在项目策划管理阶段，可以应用模型与专业软件，对各种构件进行快速地统计分析，大大减少了繁琐的人工操作和潜在错误，实现工程量信息与设计方案的一致性。工程项目通过 BIM 获得准确的工程量统计，不仅可用于前期设计过程中的成本估算、在业主预算范围内不同设计方案的探索或者不同设计方案建造成本的比较，还可以用于施工开始前的工程量预算和施工完成后的工程量结算。

（5）施工模拟

在施工管理阶段，通过制订模拟方案，应用 BIM 对项目的重点或难点部分进行可建性模拟，审核承包方提交的施工方案，分析优化施工安装方案。通过对一些重要的施工环节或采用新施工工艺的关键部位、施工现场平面布置等的施工指导措施进行模拟和分析，以提高计划的可行性。同时，利用BIM技术结合施工组织计划进行预演以提高复杂建筑体系的可造性。借助BIM对施工组织的模拟，能直观地了解整个施工安装环节的时间节点和安装工序，并清晰把握在安装过程中的难点和要点，督促施工方进一步对原有安装方案进行优化和改善，提高了施工效率和施工方案的安全性。

通过将BIM与施工进度计划相链接，将空间信息与时间信息整合在一个可视的4D（3D+Time）模型中，直观、精确地反映整个建筑的施工过程。利用施工模拟技术在项目建造过程中更合理地审核施工计划、精确掌握施工进度。同时优化使用施工资源以及科学地进行场地布置，对整个工程的施工进度、资源和质量进行统一管理和控制，大大地缩短了工期、降低了成本、提高了质量。

（6）数字化监控系统，实现智能建造

与传统的设备管理模式相比较，建筑设备数字化的监控技术的管理效率更高，可以实时监控给排水、暖通空调、照明、材料的运输等，还可以监视工人是否按规定操作，监控是否佩戴安全帽和安全带。所以说，数字化的管理监控系统不仅可以方便工作人员对机电设备的监视、控制、调度、操作以及综合管理，还在一定程度上确保了工程建设的质量和安全。

① 劳务实名系统。项目高峰时期作业人员多，人数规模大，且人员流动频繁。在现场人员管控方面，可应用集成各类智能终端设备的劳务实名系统，对建设项目现场劳务工人实现高效管理。项目参与建设人员进场后即刻在劳务系统建立个人档案，绑定身份信息，系统将人员进行分类管理，防范不合规人员进场。办公区、生活区和施工区域均设置门禁系统，刷卡出入，相关刷卡统计信息即时上传，安全帽上装有GPS定位终端，在系统中就能掌控现场的工种配置及人员作业情况。

劳务实名制系统集实名制管理、考勤管理、安全教育管理、视频监控管理、工资监管、后勤管理以及基于业务的各类统计分析等功能，提高项目现场人员管理能力。

② 人员机械定位系统。在现场管控方面，可应用基于GPS定位系统，利用物联网理念通过定位芯片对管理人员和流动式起重设备进行定位，及时了解对象在现场的位置信息，便于监管，实现人员和机械的现场工作时间统计和行走路线留痕。

③ 物料跟踪验收系统。施工现场商品混凝土、预拌砂浆、钢材、水泥、废旧材料等进出场频繁，可运用物联网技术，通过地磅周边硬件智能监控，自动采集精准数据实现物资进出场全方位精益管理。系统运用数据集成和云计算技术，及时掌握一手数据，有效积累、保值、增值物料数据资产。同时物联网结合大数据技术，多项目数据监测，全维度智能分析，随时随地掌控现场、识别风险，零距离集约管控、智能化决策。

④ 塔吊运行监控。针对工程项目塔吊多、分布广的情况，现场塔吊全部联网，通过统一的塔吊监控系统进行作业，对塔吊安全重大危险源均进行实时监控，“预防为主”得到落实；同时塔吊作业时各种数据全过程记录，危险性预警；利用智能系统快速提供各种数据统计分析报表，便于监督和管理。通过塔吊监控系统实现现场安全监控、运行记录、声光报警、实时动态的远程监控，使塔机安全监控成为开放的实时动态监控，起到安全防

护、有效监管、全过程保护的作用。

⑤ 环境监控。在项目环境监控方面，可应用TSP等环境检测系统在线监控设备实现24小时不间断对建筑工地现场总悬浮颗粒物、PM2.5和PM10进行监测，并将监测数据实时传送至监控平台，监测的数据指标包括扬尘浓度、噪声指数、气象要素以及视频画面及气象参数。通过物联网以及云计算技术，实现了实时、远程、自动监控颗粒物浓度以及现场视频、图像的采集；数据通过网络传输，可以在计算机、手机、平板电脑等多个终端访问，并向指定人员定向发送短信及邮件报警消息。

⑥ 质安巡检。质量安全巡检系统以移动端为手段，以海量的数据清单和规范标准为数据基础，现场质量、安全问题实时拍照同步上传，实时系统内通知区域负责人，准确定位整改，后台汇总数据，问题自动统计分析，整改单、通知单等报告一键生成。对施工中的生产行为与安全状态进行具体、实时、有效的管理与控制，通过“事前预测”“事中管控”的方式杜绝事故的发生。

⑦ 进度管控。现代工程项目工期紧，多线并行施工，在进度管控方面，传统项目一般使用横道图等图表控制进度，在项目的智慧建设中，可借助如广联达BIM 5D管控平台等集成管理平台，完成项目进度计划的模拟和资源曲线的查看，直观清晰，方便相关人员进行项目进度计划的优化和资源调配的优化。

在平台上可将日常的施工任务与进度模型挂接，建立基于流水段的现场任务精细管理，通过后台配置，推送任务至施工人员的移动端进行任务分派。同时，工作的完成情况可通过移动端反馈至后台，建立实际进度报告。

（7）竣工信息集成，便于运维管理

在项目全过程管理中，应用BIM将建筑物空间信息和设备参数信息有机地整合起来，从而为业主获取完整的建筑物全局信息提供途径。通过BIM与施工过程记录信息的关联，实现包括隐蔽工程资料在内的竣工信息集成，信息模型集成了构件、设备的厂家、品牌、材质、尺寸等各参数信息，不仅能为后续的物业管理带来便利，并且能在未来进行的翻新、改造、扩建过程中为业主及项目团队提供有效的历史信息。

项目 1.4
建设工程项目智慧管理的组织管理

[学习目标]

知识目标

1. 掌握建设工程项目组织结构模式。
2. 掌握建设工程项目管理任务分工和管理职能分工。
3. 理解建设工程项目智慧管理的组织管理。

能力目标

1. 能搭建建设工程项目组织结构。
2. 能进行建设工程项目管理任务分工和管理职能分工。

素养目标

1. 培养独立思考、不墨守成规、勇于创新、与时俱进的精神。
2. 培养职权清晰、实事求是的工作态度。

[思维导图]

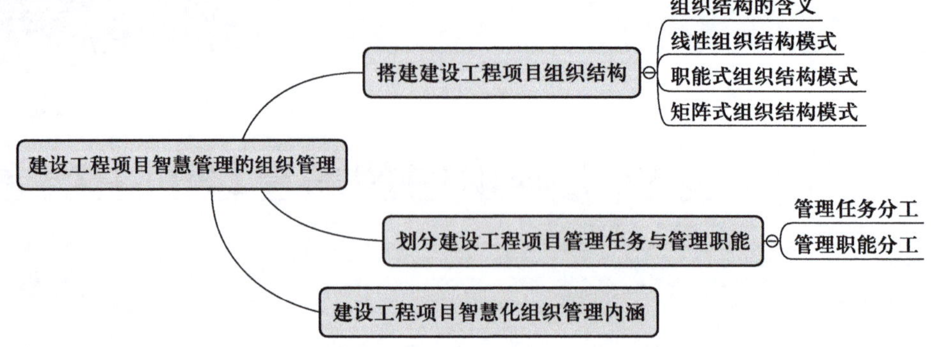

任务 1.4.1 搭建建设工程项目组织结构

任务引入

楚雄职教办公楼工程项目建设过程中应如何建立项目组织结构进行组织管理?

知识准备

建设工程项目管理组织是指在建筑工程项目组织内，由完成各种项目管理工作的人、单位、部门按照一定的规则或规律组织起来的临时性组织机构。通常建设工程项目管理组织的核心是项目经理部或项目管理小组。

组织结构一般又称组织形式，反映了生产要素相结合的结构形式，即管理活动中各种职能的横向分工和层次划分。组织结构运行的规则和各种管理职能分工的规则即是工作制度。

组织结构模式可以用组织结构图来描述，组织结构图是一个重要的组织工具，反映一个组织系统中各组成部门（组成元素）之间的组织关系（指令关系）。组织分工反映了一个组织系统中各子系统或各组织元素的工作任务分工和管理职能分工。组织结构模式和组织分工都是一种相对静态的组织关系。在图 1–3 组织结构图中，矩形框表示工作部门，上级工作部门对其直接下属工作部门的指令关系用单向箭线表示。

常用的组织结构模式包括职能式组织结构、线性组织结构和矩阵式组织结构等。这几种常用的组织结构模式既可以在企业管理中运用，也可在建设项目管理中运用。

（1）职能式组织结构模式

在人类历史发展过程中，当手工业作坊发展到一定的规模时，一个企业内需要设置对人、财、物和产、供、销管理的职能部门，这样就产生了初级的职能组织结构。因此，职能式组织结构是一种传统的组织结构模式。在职能式组织结构中，每一个职能部门可根据它的管理职能对其直接和非直接的下属工作部门下达工作指令。因此，每一个工作部门可能得到其直接和非直接的上级工作部门下达的工作指令，它就会有多个矛盾的指令源。一个工作部门的多个矛盾的指令源会影响企业管理机制的运行，如图 1–4 所示。

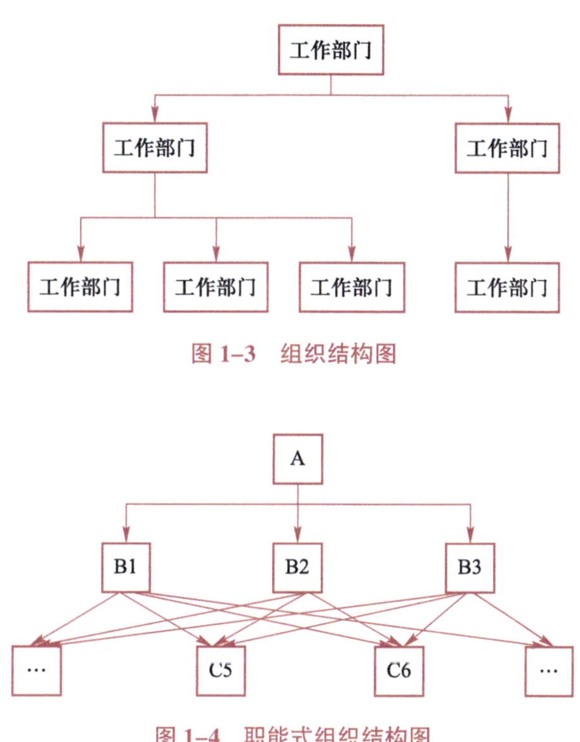

图 1–3　组织结构图

图 1–4　职能式组织结构图

在一般的工业企业中，设有人、财、物和产、供、销管理的职能部门，另有生产车间和后勤保障机构等。虽然生产车间和后勤保障机构并不一定是职能部门的直接下属部门，但是职能管理部门可以在其管理的职能范围内对生产车间和后勤保障机构下达工作指令，这是典型的职能式组织结构。在高等院校中，设有人事、财务、教学、科研和基本建设等管理的职能部门（处室），另有学院、系和研究中心等教学和科研机构，其组织结构模式也是职能式组织结构，人事处和教务处等都可对学院和系下达其分管范围内的工作指令。我国多数的企业、学校、事业单位目前还沿用这种传统的组织结构模式。许多建设项目也还用这种传统的组织结构模式，在工作中常出现交叉和矛盾的工作指令关系，严重影响了项目管理机制的运行和项目目标的实现。

在如图 1–4 所示的职能式组织结构中，A、B1、B2、B3、C5 和 C6 都是工作部门，A 可以对 B1、B2、B3 下达指令；B1、B2、B3 都可以在其管理的职能范围内对 C5 和 C6 下达指令。因此，C5 和 C6 有多个指令源，其中有些指令可能是矛盾的。

（2）线性组织结构模式

在军事组织系统中，组织纪律非常严谨，军、师、旅、团、营、连、排和班的组织关系是按指令逐级下达，一级指挥一级和一级对一级负责。线性组织结构就是来自这种十分严谨的军事组织系统，从组织的最高层到最低层，上下垂直领导。在线性组织结构中，每一个工作部门只能对其直接的下属部门下达工作指令，每一个工作部门也只有一个直接的上级部门，因此，每一个工作部门只有唯一的指令源，避免了由于矛盾的指令而影响组织系统的运行。但在一个较大的组织系统中，由于线性组织结构模式的指令路径过长，有可能会造成组织系统在一定程度上运行的困难。

在国际上，线性组织结构模式是建设项目管理组织系统的一种常用模式，因为一个建设项目的参与单位很多，少则数十，多则数百，大型项目的参与单位将数以千计，在项目实施过程中矛盾的指令会给工程项目目标的实现造成很大的影响，而线性组织结构模式可确保工作指令的唯一性。图 1–5 所示的线性组织结构特点如下：

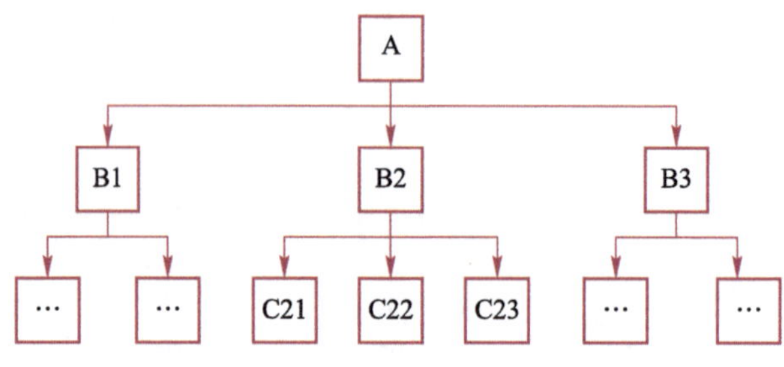

图 1–5　线性组织结构图

① A 可以对其直接的下属部门 B1、B2、B3 下达指令。

② B2 可以对其直接的下属部门 C21、C22、C23 下达指令。

③ 虽然 B1 和 B3 比 C21、C22、C23 高一个组织层次，但是，B1 和 B3 并不是 C21、C22、C23 的直接上级部门，它们不允许对 C21、C22、C23 下达指令。

在该组织结构中，每一个工作部门的指令源是唯一的。

（3）矩阵式组织结构模式

矩阵式组织结构是一种比较新型的组织结构模式。在矩阵式组织结构最高指挥者（部门）下设纵向和横向两种不同类型的工作部门。纵向工作部门如人、财、物、产、供、销等职能管理部门，横向工作部门如生产车间等。一个施工企业，如采用矩阵组织结构模式，则纵向工作部门可以是计划管理、技术管理、合同管理、财务管理和人事管理部门等，而横向工作部门可以是项目部，如图 1–6 所示。

一个大型建设项目如采用矩阵式组织结构模式，则纵向工作部门可以是投资控制、进度控制、质量控制、合同管理、信息管理、人事管理、财务管理等部门，而横向工作部门可以是各子项目的项目管理部，如图 1–7 所示。矩阵式组织结构适宜用于大的组织系统，在上海地铁和广州地铁一号线建设时都采用了矩阵式组织结构模式。

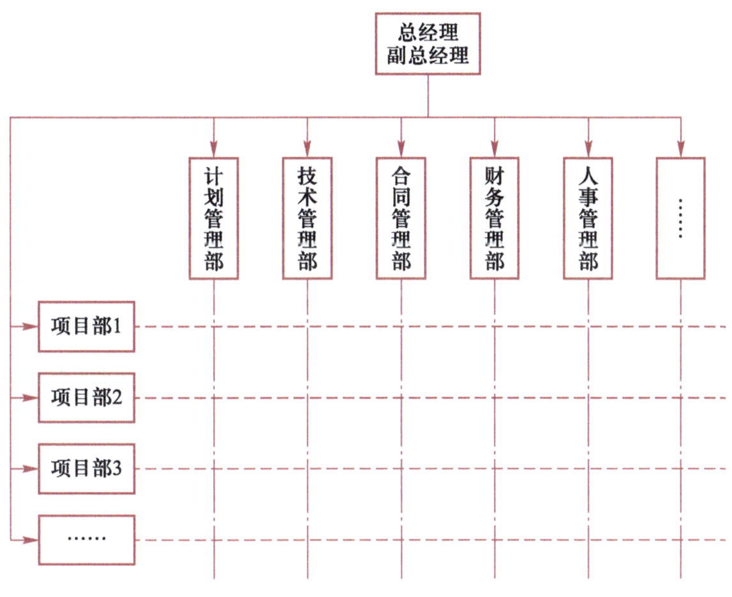

图 1–6　矩阵式组织结构图

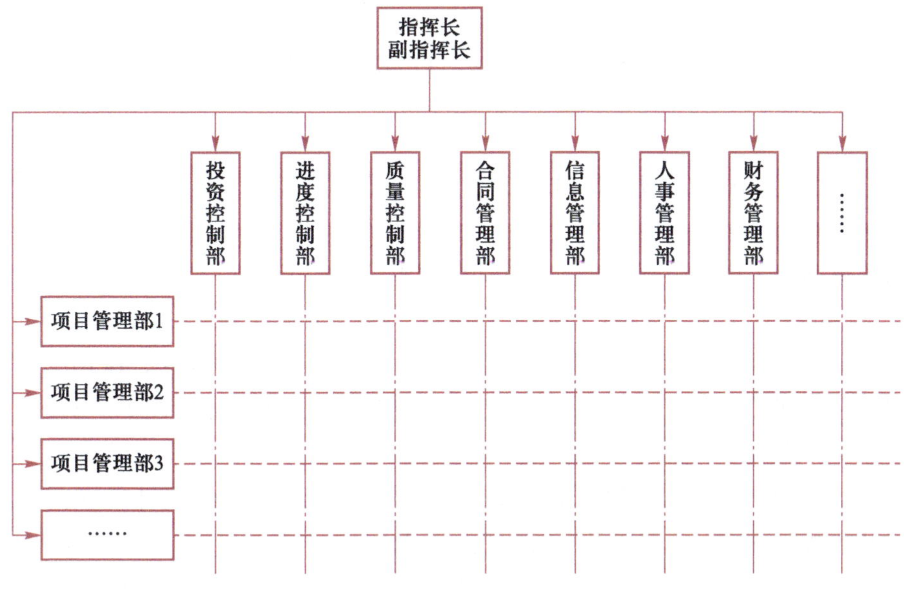

图 1–7　一个大型建设项目采用矩阵式组织结构模式的示例

在矩阵式组织结构中，每一项纵向和横向交汇的工作，如图 1–7 中的项目管理部 1 涉及的投资问题，指令来自纵向和横向两个工作部门，因此其指令源为两个。当纵向和横向工作部门的指令发生矛盾时，由该组织系统的最高指挥者（部门），即图 1–8（a）中 A 进行协调或决策。

在矩阵式组织结构中，为避免纵向和横向工作部门指令矛盾对工作的影响，可以采用以纵向工作部门指令为主［图 1–8（b）］或以横向工作部门指令为主［图 1–8（c）］的矩阵式组织结构模式，这样也可以减轻该组织系统的最高指挥者（部门）的协调工作量。

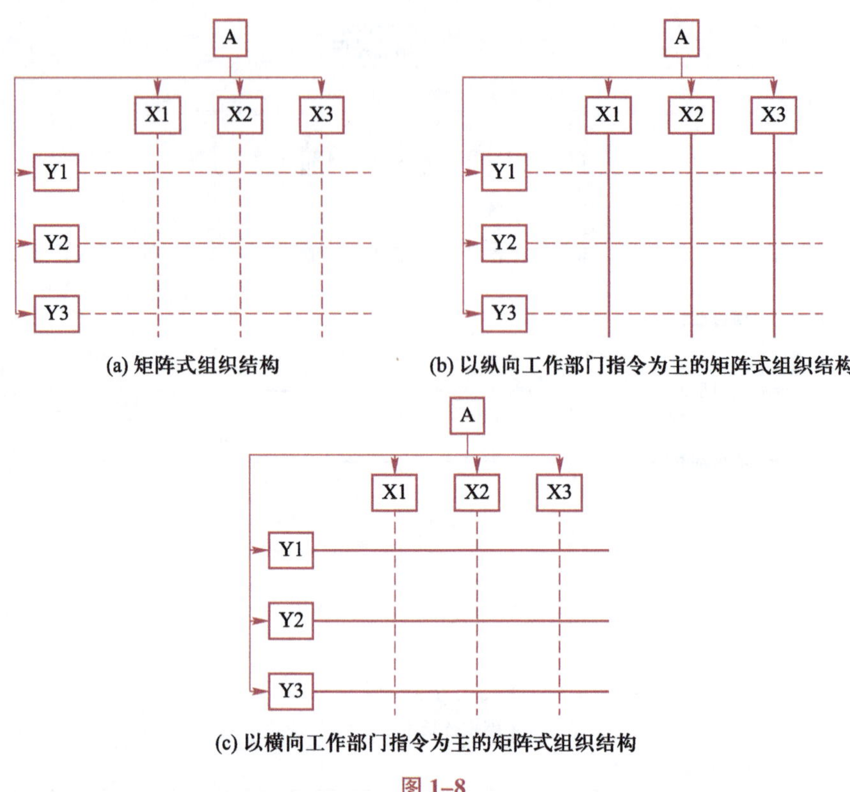

(a) 矩阵式组织结构

(b) 以纵向工作部门指令为主的矩阵式组织结构

(c) 以横向工作部门指令为主的矩阵式组织结构

图 1–8

对一个项目的组织结构进行分解，并用图的方式表示，就形成项目组织结构图（Diagram of Organizational Breakdown Structure，OBS 图），或称项目管理组织结构图。项目组织结构图反映一个组织系统（如项目管理班子）中各子系统之间和各组织元素（如各工作部门）之间的组织关系，反映的是各工作单位、各工作部门和各工作人员之间的组织关系，而项目结构图描述的是工作对象之间的关系。对一个稍大一些的项目的组织结构应该进行编码，它不同于项目结构编码，但两者之间也会有一定的联系。图 1–9 所示是项目组织结构图示例，它属于职能式组织结构。

一个建设工程项目的实施除业主方外，还有许多单位参加，如设计单位、施工单位、供货单位和工程管理咨询单位以及有关的政府行政管理部门等，项目组织结构图应尽可能表达业主方以及项目的参与单位有关的各工作部门之间的组织关系。

业主方、设计方、施工方、供货方和工程管理咨询方的项目管理的组织结构都可以用各自的项目组织结构图予以描述。项目组织结构图应反映项目经理和费用（投资或成本）控制、进度控制、质量控制、合同管理、信息管理和组织与协调等主管工作部门或主管人员之间的组织关系。

图 1–10 所示是一个线性组织结构的项目组织结构图示例，在线性组织结构中每一个工作部门只有唯一的上级工作部门，其指令来源是唯一的。在图 1–10 中表示了总经理不允许对项目经理、设计方直接下达指令，总经理必须通过业主代表下达指令；业主代表也不允许对设计方等直接下达指令，他必须通过项目经理下达指令，否则就会出现矛盾的指

令。项目的实施方（如图 1-10 中的设计方、施工方和甲供物资方）的唯一指令来源是业主方的项目经理，这有利于项目的顺利进行。

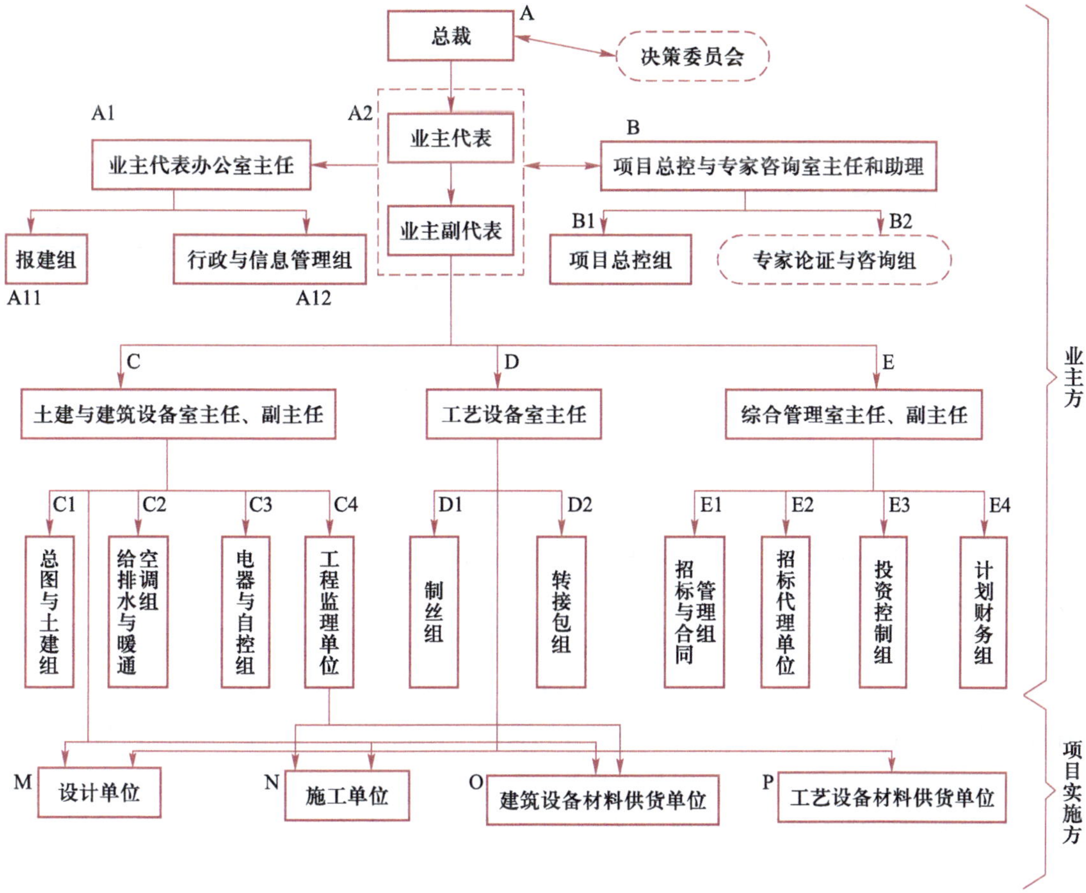

A 总裁
决策委员会
A1 业主代表办公室主任
A2 业主代表
业主副代表
B 项目总控与专家咨询室主任和助理
A11 报建组
A12 行政与信息管理组
B1 项目总控组
B2 专家论证与咨询组
C 土建与建筑设备室主任、副主任
D 工艺设备室主任
E 综合管理室主任、副主任
C1 总图与土建组
C2 给排水与暖通空调组
C3 电器与自控组
C4 工程监理单位
D1 制丝组
D2 转接包组
E1 招标与合同管理组
E2 招标代理单位
E3 投资控制组
E4 计划财务组
M 设计单位
N 施工单位
O 建筑设备材料供货单位
P 工艺设备材料供货单位
业主方
项目实施方

图 1-9　项目组织结构图示例

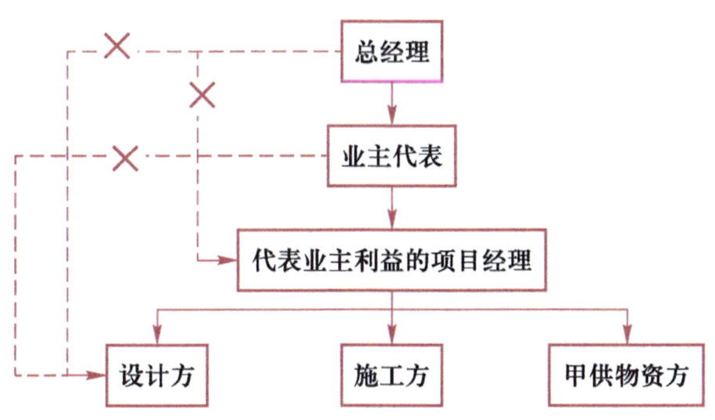

图 1-10　在线性组织结构中不允许出现多重指令

任务 1.4.2
划分建设工程项目管理任务与管理职能

任务引入

楚雄职教办公楼工程项目建设过程中施工组织结构设置项目经理、项目副经理、项目总工程师、施工科、技术科、质检科、安全科、材料科、行政科等成员和部门，需要如何对各成员及部门进行任务分工和职能分工以保障项目顺利进行？

知识准备

（1）管理任务分工

① 管理任务分工分析。

业主方和项目各参与方，如工程管理咨询单位、设计单位、施工单位和供货单位等都有各自的项目管理的任务，上述各方都应根据需要编制各自的项目管理任务分工表和管理职能分工表。

为了编制项目管理任务分工表，首先应对项目实施各阶段的费用（投资或成本）控制、进度控制、质量控制、合同管理、信息管理和组织与协调等管理任务进行详细分解，在项目管理任务分解的基础上定义项目经理和费用（投资或成本）控制、进度控制、质量控制、合同管理、信息管理和组织与协调等主管工作部门或主管人员的工作任务。

在编制项目管理任务分工表前，应结合项目的特点，对项目实施的各阶段的费用（投资或成本）控制、进度控制、质量控制、合同管理、信息管理和组织与协调等管理任务进行详细分解。某项目业主方的部分项目管理任务分解示例如表 1–2 所示。

表 1–2　任务分解表

设计阶段项目管理的任务		
3.1　设计阶段的投资控制		备注
3101	在可行性研究的基础上，进行项目总投资目标的分析、论证	
3102	根据方案设计，审核项目总估算，供业主方确定投资目标参考，并基于优化方案协助业主对估算做出调整	
3103	编制项目总投资切块、分解规划，并在设计过程中控制其执行；在设计过程中，若有必要，及时提出调整总投资切块、分解规划的建议	
3104	审核项目总概算，在设计深化过程中，严格控制在总概算所确定的投资计划值中，对设计概算做出评价报告和建议	
3105	根据工程概算和工程进度表，编制设计阶段资金使用计划，并控制其执行，必要时，对上述计划提出调整建议	

设计阶段项目管理的任务		
3.1　设计阶段的投资控制		备注
3106	从设计、施工、材料和设备等多方面做必要的市场调查分析和技术经济比较论证，并提出咨询报告，如发现设计可能突破投资目标，则协助设计人员提出解决办法，供业主参考	
3107	审核施工图预算，调整总投资计划	
3108	采用价值工程方法，在充分满足项目功能的条件下考虑进一步挖掘节约投资的潜力	
3109	进行投资计划值和实际值的动态跟踪比较，并提交各种投资控制报表和报告	
3110	控制设计变更，注意检查变更设计的结构性、经济性、建筑造型和使用功能是否满足业主的要求	
3.2　设计阶段的进度控制		
3201	参与编制项目总进度计划，有关施工进度与施工监理单位协商讨论	
3202	审核设计方提出的详细的设计进度计划和出图计划，并控制其执行，避免发生因设计单位推迟进度而造成施工单位要求索赔	
3203	协助起草主要甲供材料和设备的采购计划，审核甲供进口材料设备清单	
3204	协助业主确定施工分包合同结构及招投标方式	
3205	督促业主对设计文件尽快做出决策和审定	
3206	在项目实施过程中进行进度计划值和实际值的比较，并提交各种进度控制报表和报告（月报、季报、年报）	
3207	协调室内外装修设计、专业设备设计与主设计的关系，使专业设计进度能满足施工进度的要求	
3.3　设计阶段的质量控制		
3301	协助业主确定项目质量的要求和标准，满足市设计质监部门质量评定标准要求，并作为质量控制目标值，参与分析和评估建筑物使用功能、面积分配、建筑设计标准等，根据业主的要求，编制详细的设计要求文件，作为方案设计优化任务书的一部分	
3302	研究图纸、技术说明和计算书等设计文件，发现问题及时向设计单位提出；对设计变更进行技术经济合理性分析，并按照规定的程序办理设计变更手续，凡对投资及进度带来影响的变更，需会同业主核签	
3303	审核各设计阶段的图纸、技术说明和计算书等设计文件是否符合国家有关设计规范、有关设计质量要求和标准，并根据需要提出修改意见，确保设计质量获得市有关部门审查通过	

② 管理任务分工表。

每一个建设项目都应编制工作任务分工表，这是一个项目的组织设计文件的一部分。业主方和项目参与各方都应该编制各自的项目管理任务分工表。编制项目管理任务分工表的步骤如下：

a. 对管理任务进行详细分解。

b. 确定主管工作部门和主管人员的工作任务。

c. 编制工作任务分工表。

在项目管理任务分解的基础上，定义项目经理和费用（投资或成本）控制、进度控制、质量控制、合同管理、信息管理和组织与协调等主管工作部门或主管人员的工作任务，从而编制管理任务分工表。在表 1–3 管理任务分工表中应明确各项工作任务由哪个工作部门（或个人）负责，由哪些工作部门（或个人）配合或参与。在项目的进展过程中，应根据需要对管理任务分工表进行调整。

表 1–3　管理任务分工表

工作任务	工作部门						
	项目经理部	投资控制部	进度控制部	质量控制部	合同管理部	信息管理部	……

（2）管理职能分工

每一个建设项目都应视需要编制管理职能分工表，管理职能分工表是用表的形式反映项目管理班子内部项目经理、各工作部门和各工作岗位对各项工作任务的项目管理职能分工。表中用拉丁字母表示管理职能。管理职能分工表也可用于企业管理，如表 1–4 所示。

我国多数企业和建设项目的指挥或管理机构，习惯用岗位责任制的岗位责任描述书来描述每一个工作部门的工作任务（包括责任、权利和任务等）。工业发达国家在建设项目管理中广泛应用管理职能分工表，以使管理职能的分工更清晰、更严谨，并会暴露仅用岗位责任描述书时所掩盖的矛盾。如使用管理职能分工表还不足以明确每个工作部门的管理职能，则可辅以使用管理职能分工描述书。

表 1-4　管理职能分工表

工作任务	工作部门									
	项目经理部	投资控制部	进度控制部	质量控制部	合同管理部	信息管理部				

每一个方块用拉丁字母表示管理的职能

任务 1.4.3 理解建设工程项目智慧组织管理内涵

任务引入

楚雄职教办公楼工程如何通过智慧项目组织管理帮助项目高效顺利进行?

知识准备

智慧型组织是基于持续学习，能够透彻了解并预测其生态环境中各种关系（如竞争、合作、竞合或共同进化），且能根据环境的动态变化适时调整自身与环境之间的关系，及时做出对策，从而制定正确的竞争策略和管理方式，并且持续更新、进化的组织。其组织结构多样化，能够根据不同的部门特点采用不同的组织形式，以提高自身环境适应力。

智慧组织管理是基于智慧型组织的内涵，在当前数字化时代的大背景下产生的一个新的名词，当前学术界对其并没有明确的定义。但是工程项目背景下的智慧组织管理，可以理解为基于数字化变革而引起的变化，因此可以从数字化组织管理的角度进行理解。我国著名的管理学教授陈春花对数字化组织管理的解释是目前最为认可的观点，她认为数字化组织管理是数字化时代发展的产物，其实简单来说就是当前互联网技术不断发展和普及，其对企业的组织管理也产生了巨大的影响，而在这种影响下，企业原有组织管理所涉及的诸如管理机构、人员匹配以及规章制度等都会发生转变，在这一过程中组织管理的管控职能逐渐向赋能方向转变、内部竞争逐渐向共生方向转变、组织的简单组合逐渐向协同方向转变。具体来说，数字化组织管理就是在原有组织管理的基础上更为多样化、交互化以及效率化，而体现其特点的在于三个关键词：

一是赋能，以前在整个组织管理当中，主要涉及的是管控问题，管控的确发挥了对绩效积极的作用。因为在这个过程当中，如果能够把组织的流程、体系完整地建立起来，就会发现每个人的角色就能在体系中把自己的职责发挥出来。所以在过去的整个组织管理当中，管控是其中最重要的一个要素。但是在当前这种非常动态的变化环境当中，非常多的企业经营和发展，要有能力不断地应对变化去做改变和调整。如果固化企业内部的流程、角色，甚至功能的分割，那么就会发现它们没有办法组合起来，很好地应对外部的变化。另外，当前有非常多的强个体，非常有创造力，他们自己能够去展示自己的才华。组织更重要的是要发挥他们巨大的作用，这就必须真正给他们去做赋能，而不仅是管控。如果不能赋能，仅是做管控，员工特别是我们称之为强个体的优秀员工就会流失。因此，不能够只做管控，而要向赋能转变。

二是共生，在整个数字时代，可以发现任何一个企业都难以独立创造价值，必须能够跟更多的组织、系统，甚至跟整个外部环境去做共生，去找到自己新的成长空间，这样才能够真正发展起来。这种真正的成长空间和真正的发展，需要组织有能力去跟不同的组织和不同的成员去做共生，而不是以往所体现的竞争关系。

三是协同，在当前整个组织管理当中，必须完成最重要的一个转变就是协同。很多时候可以发现，在一个高速发展的过程当中，最难的是你能不能够跟更多人共同工作，产生最好的效率。我们跟更多人工作产生最好的效率的最重要的部分，其实是来自协同本身。在协同当中，既要求在内部打破部门墙，也要求能够在外部把边界打开，跟更多人合作。如果看看当前成长好的企业，就会发现，其实它的效率很大程度上是来源于协同的效率。所以，当我们讨论今天组织管理发展的根本要求的时候，就必须要看企业能不能更大范围地去做协同，能不能有更大规模的合作，能不能真正地跟更多人组合在一起，重新去组合，去创造价值。

【场景案例】

初始项目组建场景案例请扫二维码学习。

场景案例：
初始项目组建

【习题与思考】

一、单选题

1. 以下属于建设项目的是（　　）。

A. 电梯安装工程　　B. 一栋楼的建设

C. 设备安装工程　　D. 一所学校的建设

2. 企业为扩大生产能力或新增效益而增建的生产车间或工程项目，以及事业和行政单位增建业务用房等，属于（　　）项目。

A. 迁建　　B. 改建　　C. 扩建　　D. 新建

3. 以下属于按建设性质分类的是（　　）。

A. 新建项目、扩建项目、改建项目、迁建项目、恢复项目

B. 房屋建筑与装饰工程、仿古建筑工程、市政工程等工程

C. 大型、中型、小型项目

D. 生产性建设项目和非生产性建设项目

4.（　　）是单项工程的组成部分，是指具有单独的设计文件、独立的施工条件，但建成后不能独立发挥生产能力和效益的工程。

A. 建设项目　　B. 单项工程　　C. 单位工程　　D. 分部工程

5. 项目建议书是项目建设哪个阶段的成果？（　　）

A. 前期策划　　B. 设计和计划过程

C. 施工阶段　　D. 结束阶段

6. 业主方项目管理的目标中，进度目标指（　　）的时间目标。

A. 项目动用　　B. 竣工验收　　C. 联动试车　　D. 保修期结束

7. 工程项目很大，但子项目不多的情况通常采用（　　）项目组织形式。

A. 直线式　　B. 职能式　　C. 直线职能式　　D. 矩阵式

8. 反映一个组织系统中各子系统之间指令关系的是（　　）。

A. 职能分工表　　B. 组织结构图

C. 项目合同图　　D. 工作流程图

9. 作为项目组织中的设计单位是属于项目管理工作中的哪一层次的管理？（　　）

A. 战略决策层　　B. 战略管理层

C. 项目管理层　　D. 实施层

10. 编制项目管理工作任务分工表的目的是明确（　　）。

A. 项目的构成及项目之间的关系

B. 各项工作任务的重要程度

C. 各项任务的负责部门及配合或参与部门（或个人）
D. 各项工作之间的先后关系

二、多选题

1. 以下各选项中，（　　）属于建设工程项目管理任务。
A. 组织协调　　B. 安全管理
C. 环境管理　　D. 物业管理
E. 合同管理
2. 施工方项目管理的任务包括（　　）。
A. 项目的进度管理　　B. 施工的质量控制
C. 施工的信息管理　　D. 施工的成本控制
3. 关于工作任务分工和管理职能分工的说法，正确的有（　　）。
A. 管理职能是由管理过程的多个工作环节组成
B. 在一个项目实施的全过程中，应视具体情况对工作任务分工进行调整
C. 项目职能分工表既可用于项目管理，也可用于企业管理
D. 项目各参与方应编制统一的工作任务分工表和管理职能分工表
E. 编制任务分工表前应对项目实施各阶段的具体管理工作进行详细分解
4. 关于线性组织结构的描述错误的是（　　）。
A. 指令源是唯一的　　B. 指令源有两个
C. 指令路径过长　　D. 适用于大的组织系统
5. 建设工程项目的全生命周期包括项目的（　　）。
A. 决策阶段　　B. 实施阶段
C. 使用阶段　　D. 勘察设计阶段
E. 项目管理阶段

三、简答题

1. 数字项目管理的内涵是什么？
2. 建设工程项目的基本建设程序是什么？
3. 职能式组织结构、线性组织结构和矩阵式组织结构各有什么特点？

模块 2

工程项目智慧技术管理

项目 2.1 认识智慧技术管理的原理及内容

[学习目标]

知识目标

1. 理解建设工程技术管理的概念与内容。
2. 了解施工项目技术管理制度。
3. 掌握智慧技术管理的原理及内容。

能力目标

1. 培养自身综合运用专业技术手段发现、分析和解决问题的能力。
2. 初步具备建设工程项目技术管理能力。

素养目标

1. 提升专业学习兴趣。
2. 激发家国情怀，强化使命担当。

[思维导图]

项目 2.1

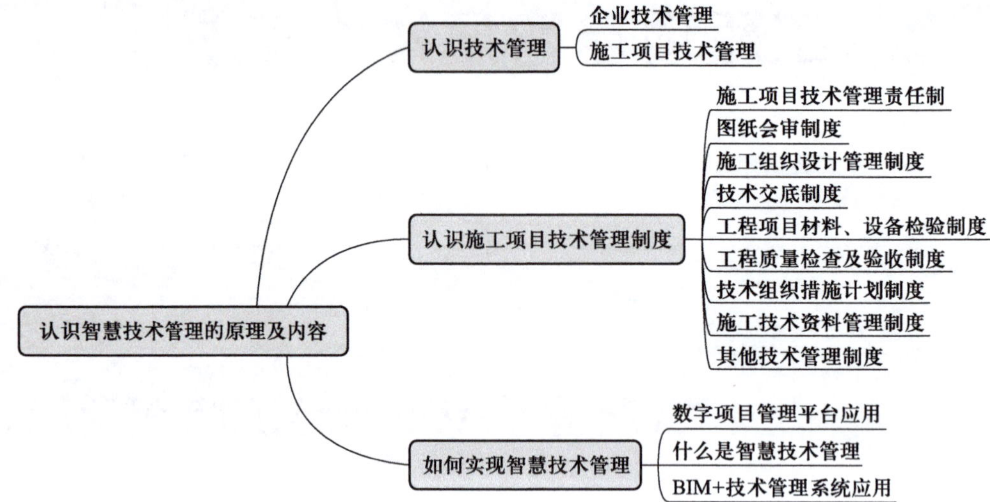

任务 2.1.1 认识技术管理

任务引入

楚雄职教办公楼项目涉及建筑、结构、机电、幕墙、装饰等专业。针对不同专业、不同项目参与方，技术管理工作直接参与到工程的计划、组织、指挥、控制和协调管理工作之中，勘察设计与施工有效衔接、现场摸排与成果数据整理、设计图纸管理、施工组织（方案）管理、现场技术支持、经营技术管理、信息化技术应用等均涉及项目技术管理工作，那么技术管理的内容有哪些?

知识准备

技术管理是企业技术部门及项目经理部在工程项目施工过程中，对各项技术过程和技术工作的各种要素进行科学管理的统称。因此，技术管理通常分为企业技术管理和施工项目技术管理。施工项目技术管理是对施工项目全过程各项技术活动和技术工作的各种要素进行科学管理的总称。施工项目的技术管理既不同于一般的企业技术管理，也不同于一般的施工技术管理，而是工程施工项目全系统、全过程的技术管理，是施工项目成败的关键。

（1）企业技术管理

企业技术管理基础工作是企业的经常性工作。只要企业存在，有生产经营活动，这些工作就存在。如科研与新技术推广管理、材料与施工试验管理、技术质量问题处理管理、技术档案管理等，这些管理工作一般由企业职能部门负责，项目经理部配合。

（2）施工项目技术管理

施工项目技术管理是项目经理部在施工过程中的基本技术管理工作。这部分工作是阶段性的工作，只有当项目经理部存在，有施工生产活动时，这部分工作才会发生。按照施工阶段，可将技术管理工作分为前期技术管理工作、施工过程技术管理工作及项目收尾和保修期内的技术管理工作。其中，前期技术管理工作包括工程技术资料准备、图纸会审、划分分部分项及检验批、编制施工方案等工作；施工过程技术管理工作包括技术交底、各种原材的试验与检验、检验批及分部分项工程验收等工作；项目收尾及保修期内的技术管理工作包括竣工图纸交付、竣工验收资料及竣工备案资料、项目施工技术总结等。按照工作内容，可将技术管理工作分为设计文件管理工作、施工组织设计与方案管理工作、技术交底管理工作、技术创新管理与总结等。

任务 2.1.2 认识施工项目技术管理制度

任务引入

中国建筑行业从上游到中下游，全产业整合速度加快，市场竞争日益激烈。行业蓬勃发展的过程中也出现了诸多老大难项目。这些项目大体上都呈现出“结算办理难”“资料移交难”“质量问题多”等现象，而这“两难一多”的系列问题中，都有着技术管理不足的痕迹。作为企业核心竞争力之一的“技术管理”衔接着建筑工程全生命周期的各阶段工作。那么，如何使现有的技术管理工作更加有效呢？

根据楚雄职教办公楼的施工组织设计文件，施工组织机构如图 2-1 所示，那么本项目的技术管理的负责人是谁？都有哪些技术管理的制度需要明确呢？

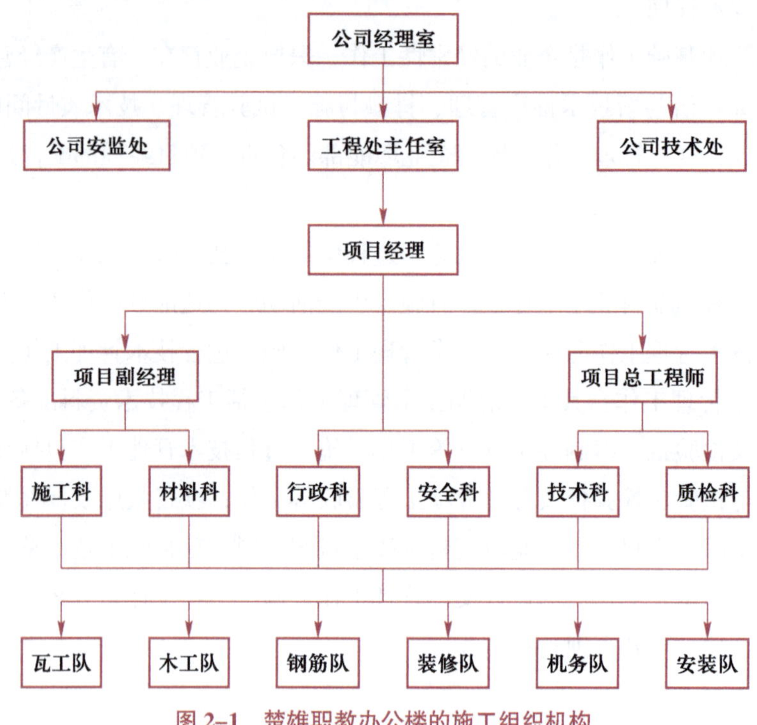

图 2-1　楚雄职教办公楼的施工组织机构

知识准备

施工项目技术管理制度是项目经理部运用系统的观点、理论和方法，对施工项目的技术要素和技术活动过程进行的计划、组织、监督、控制等全过程、全方位的管理，要求项目经理部相关人员共同遵守的办事规程。施工项目技术管理制度应将涉及技术管理范畴的技术要素和技术活动过程一一明确，将管理职能逐一分配到人；明确工作内容和责任，明确横向配合关系，按计划时间、质量标准完成；明确过程中的检查、协调，记录完成情况并进行考核。主要技术管理制度包括：

① 施工项目技术管理责任制。明确技术人员的责任和权限，完成各自担负的技术任务。明确项目技术负责人为责任人，落实各职能人员的职务、责任、权利和义务。明确工作流程和各职能人员之间的配合关系，负责协调体系内的工作和业绩考核工作。

一般施工项目技术组织结构为施工项目技术负责人、专业工程师。

② 图纸会审制度。图纸会审是指各参建单位（建设单位、监理单位、施工单位）在收到设计院施工图设计文件后，对图纸进行全面细致的熟悉，审查出施工图中存在的问题及不合理情况并提交设计院进行处理的一项重要活动。通过图纸会审可以使各参建单位特别是施工单位熟悉、审查设计图纸，了解工程特点、设计意图和关键部位的工程质量要求，是帮助设计单位减少差错的重要手段，避免技术事故和经济的浪费。会审图纸有三方代表：建设单位或其委托的监理单位、设计单位和施工单位。

③ 施工组织设计管理制度。施工组织设计是以工程项目为对象编制的，用以指导施工过程各项活动的技术、经济、组织、协调和控制的综合性文件。基本任务是根据施工项

目的具体要求和合同规定，确定经济合理的施工规划方案，对拟建项目在人力和物力、空间和时间、组织和技术上进行全面合理地安排，以保证按照规定，保质保量如期地完成施工任务。

④ 技术交底制度。技术交底应在单位工程和分部分项工程施工之前进行。它是一项技术性很强的工作，对保证工程质量至关重要。目的是参与施工的人员熟悉了解所担负的工程的特点、设计意图、技术要求、施工工艺和应注意的问题。建立技术交底责任制，加强施工质量检查、监督和管理，从而提高质量。

⑤ 工程项目材料、设备检验制度。对原材料、半成品、设备及各种加工预制品的检查。有的材料及半成品订货时应根据国家规范标准及相关文件要求签订合同，必要时应先鉴定样品，经鉴定合格后样品应预封存，作为材料及半成品验收的依据。材料进场验收由监理、质量员、材料员验证合格后方可使用。

⑥ 工程质量检查及验收制度。按国家施工验收规范质量标准所规定的检查项目，按国家验收规范标准规定的方法，对工程分项、分部、单位工程进行质量检查及验收，并和标准规定相比较，确定工程质量是否符合验收要求。

⑦ 技术组织措施计划制度。技术措施是为了克服生产中薄弱环节，挖掘生产潜力，保证完成生产任务，获得良好的经济效果，在提高技术生活水平方面采取的各种手段和办法。它综合了已有的先进经验或措施，如节约原材料、保证安全、降低成本等措施。

⑧ 施工技术资料管理制度。技术资料是指在施工过程中，存档的各种图样、表格、文字材料、技术交底、变更、洽商等资料。技术资料是评定施工单位的重要依据，也是评定工程质量、竣工核验的重要依据。

⑨ 其他技术管理制度。使用信息化平台带来全新的建筑施工技术管理方式，必然需要更新原有制度，与新的方式配合。对人员的考核与监督也可以按照信息化平台重新制订。

任务 2.1.3
如何实现智慧技术管理

任务引入

楚雄职教办公楼项目的施工项目技术管理工作主要由施工单位楚雄建设发展有限公司承担，结合公司技术部及项目部在施工全过程各阶段角色的不同，在合理控制管理团队规模增长的前提下，如何减轻一线管理人员的工作强度和压力，全面把控工程项目的安全性、优化管理流程、提升管理效率、实现精细化管理，是建筑施工企业在当下面临的重要问题。通过项目智慧管理模式的转变以及管理平台的搭建，可逐步提升建筑施工企业的工程项目风险管控能力，实现工程项目的精细化管理。那么如何实现技术管理智慧化？

知识准备

数字项目管理平台是以BIM建筑模型为基础，通过建筑模型的相关信息数据作为基础，利用三端一云（PC端、手机端、网页端和关联云）与BIM模型相关联，通过数字信息仿真模拟建筑物所具有的真实信息，通过三维建筑模型，实现多专业模型整合，施工现场信息化管理、施工数据积累与分析、信息资源共享等功能。它具有轻量化、专业化、协同化等特点，数字项目管理平台使建筑工程逐步优化并形成标准化的生产管理流程，为项目的进度、技术、质量、安全、成本管控等提供精确模型与准确数据，协助管理人员有效决策和精细化管理。

数字项目管理平台为每个项目技术管理人员提供完善、准确的项目技术信息以及类似项目的案例资源，资源的共享和快速查阅能够提高管理人员整合信息内容的效率，快速提高企业新入职的项目技术管理人员整体的技术水平。数字化信息管理平台采用三端一云（PC端、网页端、手机端和关联云）进行数字化信息管理，分为BIM+技术管理、生产管理、质量管理、安全管理、商务管理等几大模块，如图2–2所示。

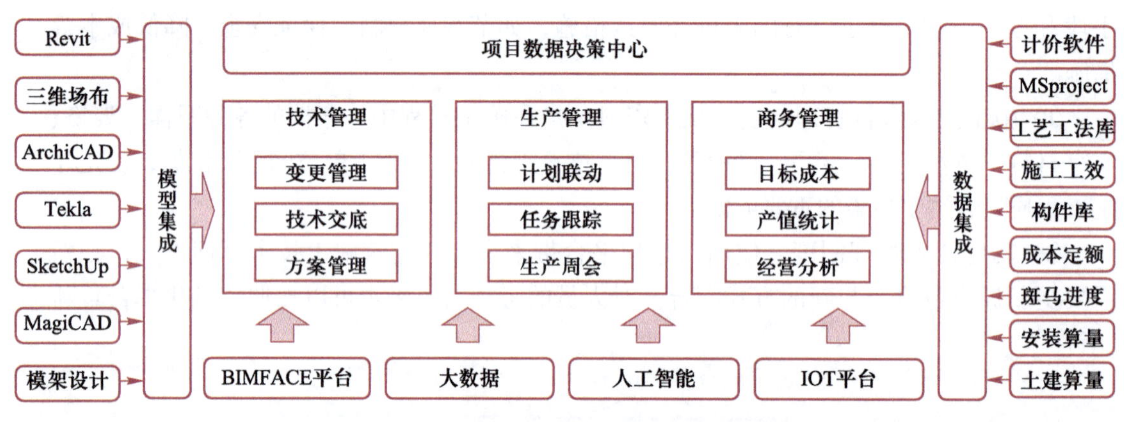

图2–2　数字项目管理平台系统整体框架

智慧技术管理是指利用数字项目管理平台，将BIM、物联网、大数据等信息技术与施工现场管理深度融合，通过改进信息收集与处理方式，优化、替代传统的沟通与管理方式，实现传统施工生产技术变革，提升建筑施工企业现场生产能力。从施工项目计划、建造、设计、进度、劳务管理和移交与收尾管理等业务场景，构建生产技术数字化管理体系，最大化、最优化地配置企业资源，从而提高企业与项目经理部的技术管理水平，降低管理成本，提升企业竞争力和工程建造质量。

BIM+技术管理系统以“管理升级、技术先行”为理念，是集图纸表单协同、技术方案管理及BIM集成与轻量化等多个功能为一体的施工策划和执行管理系统。智慧技术管理的内容包括智慧技术交底、智慧图纸管理、智慧方案管理、智慧变更管理等，如图2–3所示。

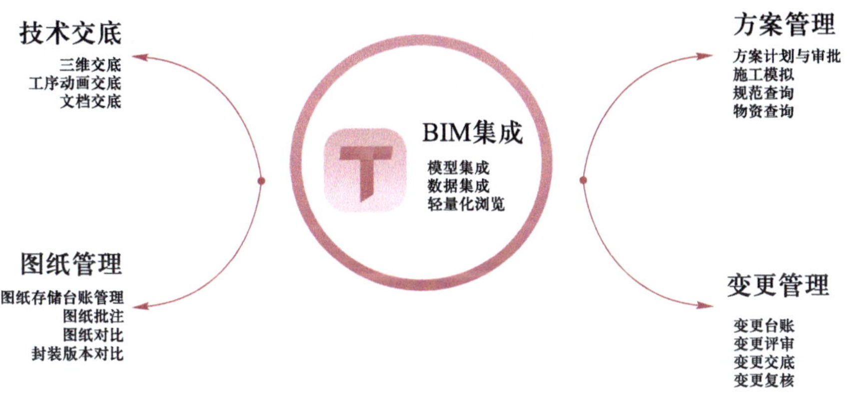

图 2-3 BIM+ 技术管理系统的框架

小启示

谱写高水平社会主义现代化城市建设新篇章

随着中国经济的快速发展，国家对城市建设的要求也越来越高。雄安新区位于河北省保定市、廊坊市、石家庄市交界处，距离北京、天津均约 100 km，是中国历史上规划面积最大、定位最高、标准最严的国家级新区之一。雄安新区从规划开始，就以打造智能城市为目标，坚持数字城市与现实城市同步规划、同步建设，适度超前布局智能基础设施。着力打造人类发展史上数字之城、智慧之城、典范之城的雄安新区，将如何彰显新担当？

从硬件到软件、从现实到数字、从建设到发展，雄安新区正全方位铺就实施路径。

雄安新区建设坚持规划先行。由国家发展改革委、工业和信息化部、住房和城乡建设部联合河北省政府印发实施《河北雄安新区智能城市建设专项规划》；以专项规划为纲领，雄安新区制定印发了《河北雄安新区智能城市建设实施方案》，形成智能城市规划建设思路落地的整体方案，确保智能城市建设有序推进。在此基础上，雄安新区结合城市建设进度，制定实施《智能感知工程部署实施方案》《城市大脑工作方案》《河北（雄安新区）国家数字经济创新试验区建设方案》，印发实施《关于全面推动雄安新区数字经济创新发展的指导意见》，从城市建设到发展等维度形成创新探索的路径。

同时，雄安新区形成了多项新标准。以城市建设为主题，将工程建设标准与智能化标准融合设计，形成了涵盖 3 大类、9 方面、200 余项标准的智能城市建设标准框架。已经印发实施了包括数字道路分级、视频终端复用、多功能信息杆柱、数据资源目录、数据安全、区块链数据协同等 22 项标准。正在研究智能社区、数字标识体系等 20 项标准，指导数字城市建设，检验、评价数字化建设水平、质量和效益，形成数字孪生城市建设发展的模式和经验。

不仅如此，雄安新区还部署了海量的智能设施，利用从零起步的后发优势，前瞻谋划建设全数字道路、5G 网络连续覆盖、城市计算中心等新基建项目，建成智能城市“一中心四平台”（即雄安城市计算中心，以及物联网平台、视频一张网平台、城市信息模型平台和综合数据平台）以及全国首个城市智能基础设施平台体系。

雄安新区是现代化强国建设、民族复兴新征程上高质量发展的领跑者。雄安新区必将切实牢固树立高质量发展目标，贯彻高质量发展要求，不断取得经得起历史检验的成果，成为高质量发展的示范和样板，成为全面建设社会主义现代化国家新征程中的重要载体和新时代高质量发展的标杆。

项目 2.2 认识建设工程项目 BIM 标准与类别

[学习目标]

知识目标

1. 了解国内外 BIM 相关标准。
2. 了解中国 BIM 标准的研究现状及发展历程。

能力目标

1. 具备对国内外研究现状的分析、总结、提炼、归纳的能力。
2. 能分析国内外 BIM 标准的异同并思考我国 BIM 标准方面目前存在的问题。

素养目标

1. 培养求真务实、与时俱进的大局观。
2. 增强对中国特色社会主义共同理想的思想认同和理论自觉。

[思维导图]

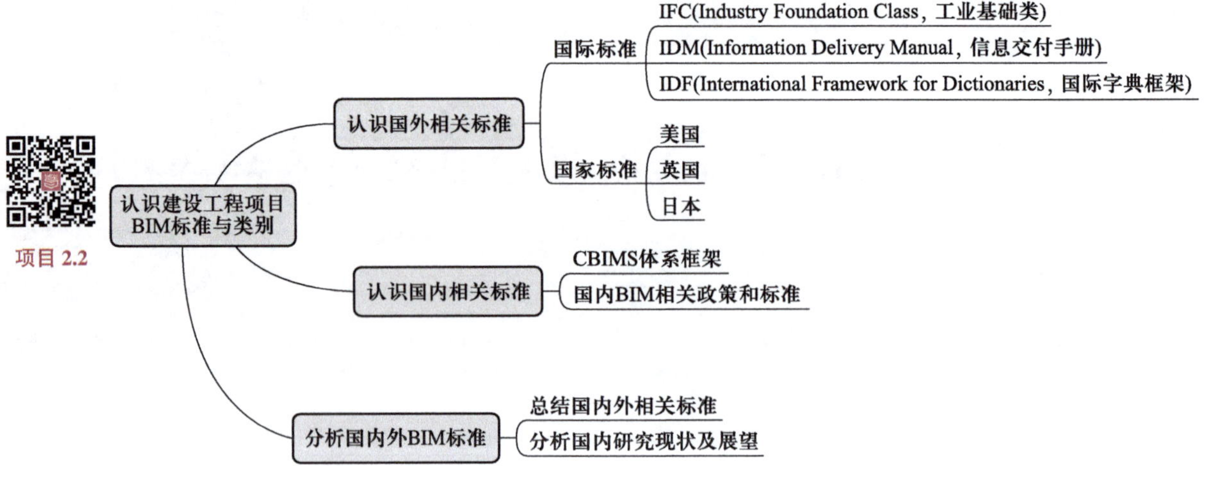

任务 2.2.1 认识国外相关标准

任务引入

楚雄职教办公楼项目利用“BIM+ 技术管理系统”进行技术管控的过程中，需要对各业务线的数据进行统一的查看和分析，也需要利用 BIM 集成的功能给各参与方和政府进行展示。BIM 集成包括进度计划、质量问题、安全问题、图纸问题、项目资料、节点模型、构件工程量、变更表单、交底管理等，因此 BIM 技术的应用涉及建设项目全生命周期的各阶段和众多参与方，要想通过 BIM 来实现建设过程中的协同设计、技术集成与信息共享等目标，就必须制订一套完整的 BIM 相关标准来明确界定和规范操作。当前的研究也显示，现有建筑行业体制、国内标准规范的差异是推广 BIM 应用亟须突破的主要障碍。因此，有必要对 BIM 标准进行一个梳理，有助于了解当前 BIM 标准的发展情况和未来在标准方面需要做哪些进一步的完善。那么，国外的 BIM 相关标准有哪些呢?

知识准备

目前，国际上 BIM 标准主要分为两类：一类是适用于所有国家和地区建设领域的 BIM 标准，这类标准是由国际 ISO 组织认证的国际标准，具有一定的普适性；另一类是各个国家根据本国国情、经济发展情况、建设领域发展情况、BIM 具体实施情况等制定的国家标准，具有一定的针对性。

（1）国际标准

由国际 ISO 组织认证的国际标准主要分为三类：IFC（Industry Foundation Class，工业基础类）、IDM（Information Delivery Manual，信息交付手册）、IFD（International Framework for Dictionaries，国际字典框架），它们是实现 BIM 价值的三大支柱。

① IFC（Industry Foundation Class，工业基础类）。传统的 CAD 图纸上所表达的信息计算机无法识别，IFC 标准解决了这一问题，它类似面向对象的建筑数据模型，是一个计算机可以处理的建筑数据表示和交换标准。IFC 模型包括整个建筑全生命周期内各方面的信息，其目的是支持用于建筑的设计、施工和运行等各阶段中各种特定软件的协同工作。IFC 标准是连接各种不同软件之间的桥梁，很好地解决了项目各参与方、各阶段间的信息传递和交换问题。

1997 年，IAI 推出 IFC1.0 版本，在此后的近二十年间，IFC 标准一直持续不断地发展和完善。至 2015 年 7 月推出 IFC4 Add1 版本为止，一共发布了大小十几次的扩展和更新版本，如图 2–4 所示。

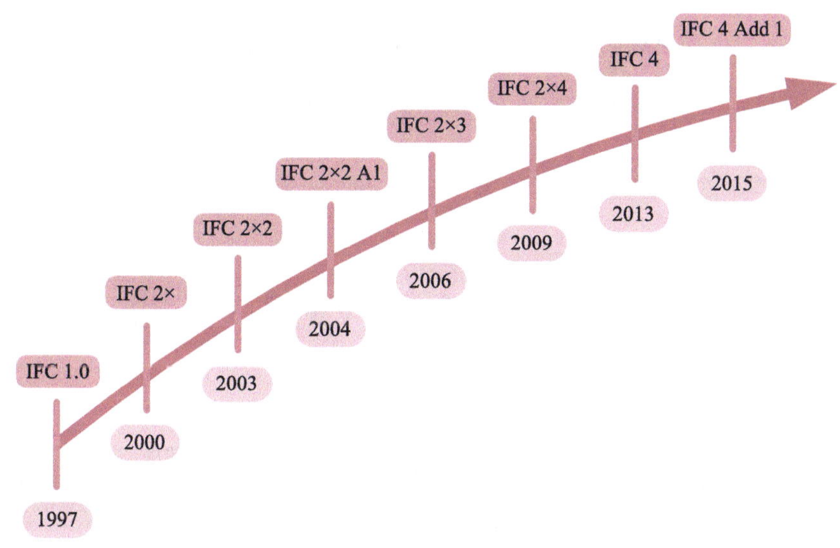

图 2–4　IFC 标准版本的演变

IFC 标准采用与 BIM 软件平台无关的开放数据格式，它是一个基于面向对象思想的数据模型，采用 EXPRESS 语言描述建筑工程信息。

IFC Schema 是 IFC 标准数据模型的基本模式和大纲，它为工程实施过程所有信息的描述和定义提供规范的表达方式。IFC Schema 自下而上分为四个层次，分别为资源层、核心层、交互协作层和领域层，如图 2–5 所示。

② IDM（Information Delivery Manual，信息交付手册）。随着 BIM 技术的不断发展，在其应用过程中还必须保证数据传递和信息共享的完整性、协调性。因此，在 IFC 标准的基础之上又构建了一套 IDM 标准，它能够将各个项目阶段的信息需求进行明确定义并将工作流程标准化，能够降低工程项目过程中信息传递的失真，同时提高信息传递与共享的质量。

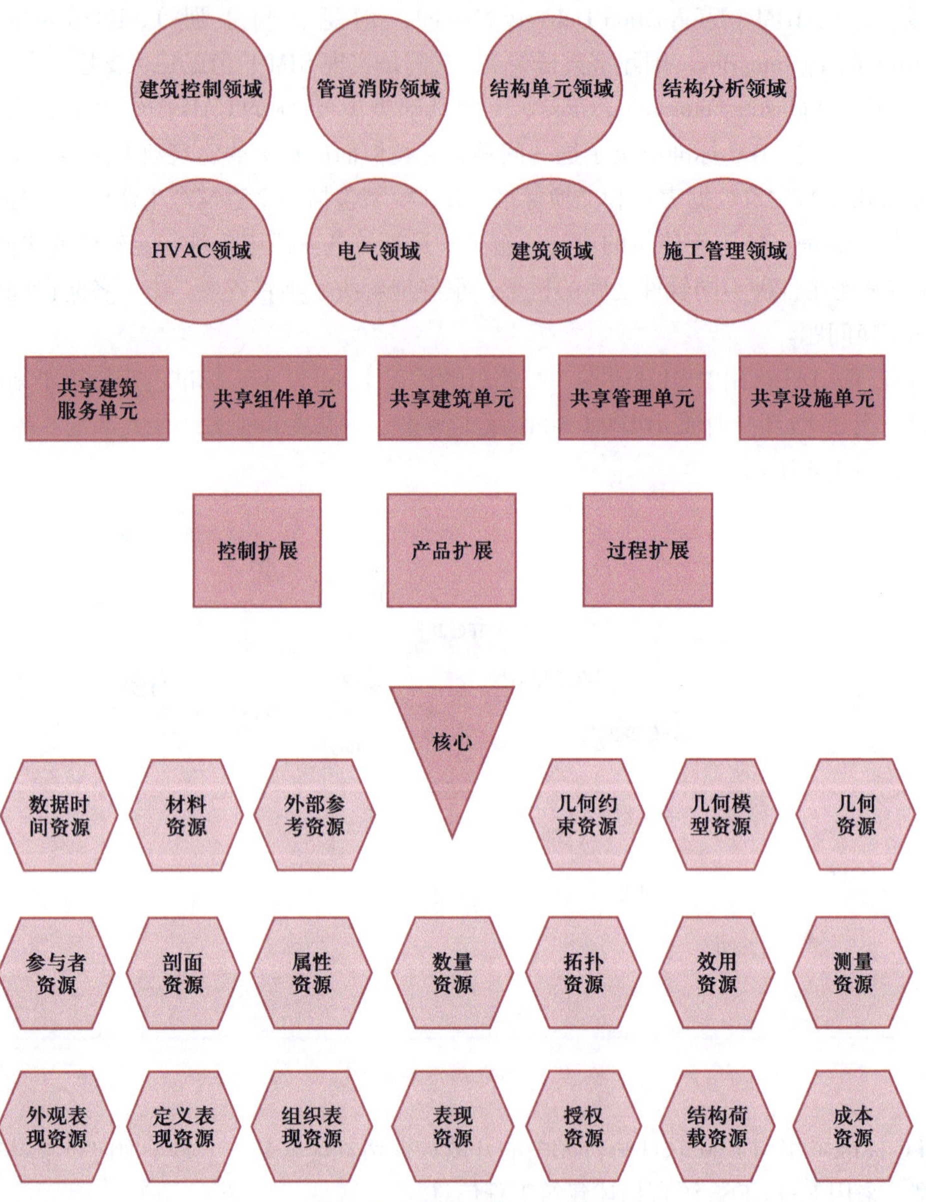

图 2–5 IFC 大纲基本结构

IDM 目的在于针对任意特定的工作流程（标准的或自定义的）识别数据交换需求，并基于数据描述标准（譬如 EXPRESS）描述交换需求，用于辅助实现特定业务流程中各参与方之间的高质量、高效率的信息交换和共享。

图 2–6 展示了 IFC 与 IDM 的关系。其中，图 2–6（a）表示 IFC 标准将整个工程生命期的所有数据都包含在内，以支持所有的信息交换需求。图 2–6（b）所示为不同目标所确立的需要交换的信息只是整体信息的一个子集，这个子集可能跨领域，也可能跨阶段，甚至是既跨领域又跨阶段。

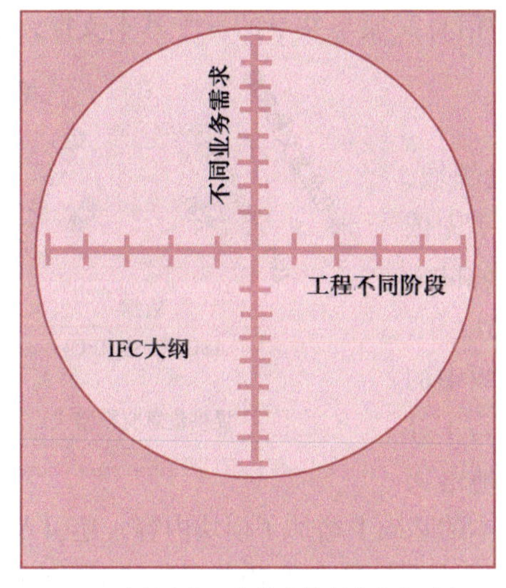

(a) IFC支持全部工程阶段的所有业务需求

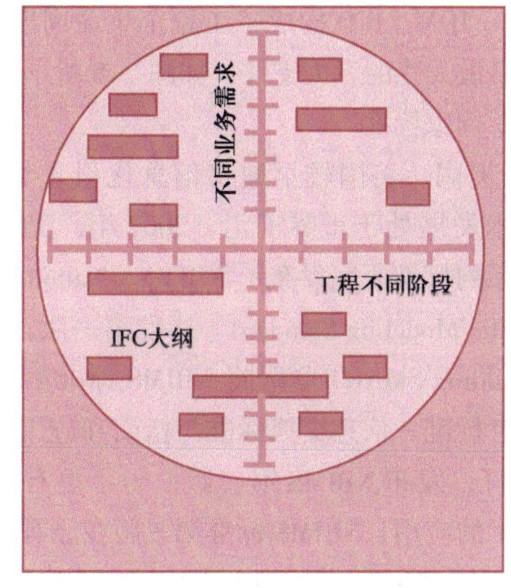

(b) IDM支持工程某个阶段的特定业务需求

图 2-6 IFC 和 IDM 关系

③ IFD（International Framework for Dictionaries，国际字典框架）。由于各个国家、地区间有着不同的文化、语言背景，对于同一事物也有着不同的称呼，所以这就造成软件间的信息交换会有一定阻碍。

仅拥有 IFC 和 IDM 标准，不足以支撑 BIM 在工程全生命周期标准化的要求，还需一个能够在信息交换过程中提供无偏差信息的字典——IFD 标准。它是与语言无关的编码库，储存着 BIM 标准中相关概念对应的唯一编码，为每一位用户提供所需要的无偏差信息，包含了信息分类系统与各种模型之间相关联的机制。IFD 采用了概念和名称或描述分开的做法，引入类似人类身份证号码的 GUID（Global Unique Identifier，全球唯一标识）来给每一个概念定义一个全球唯一的标识码，不同国家、地区、语言的名称和描述与这个 GUID 进行对应，保证所有用户得到的信息的准确性、有用性、一致性，如图 2-7 所示。

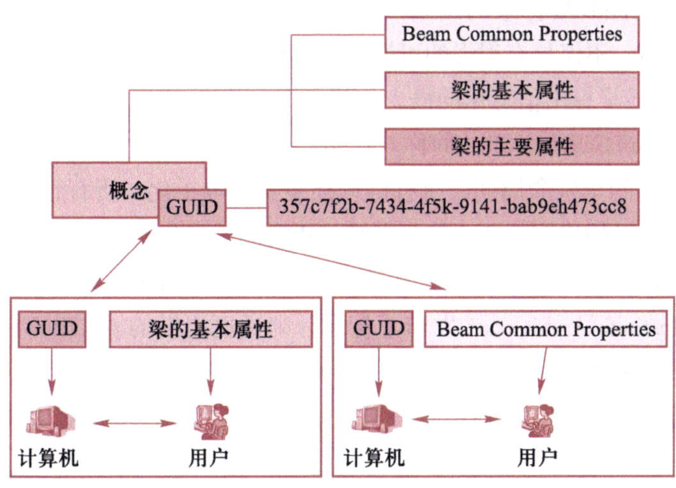

图 2-7 IFD 中全局唯一标识 GUID 概念

IFC、IDM、IFD 构成了工程全生命周期中信息交换与共享的三个基本支撑，是实现 BIM 价值最大化的三大支柱，如图 2-8 所示。

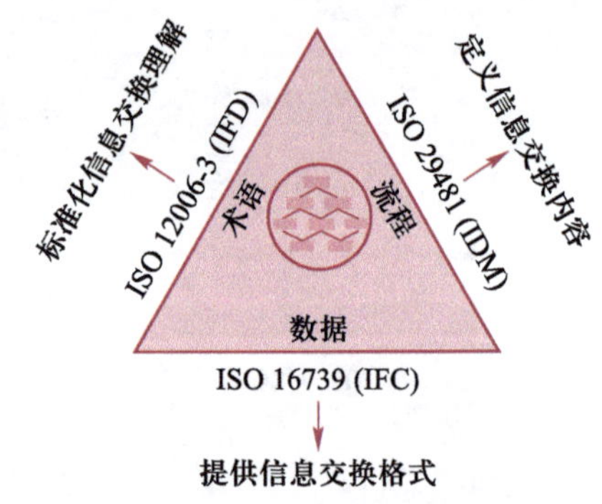

图 2-8 IFC、IFD、IDM 三者关系

（2）国家标准

① 美国。美国较早地将信息化引入建设领域，BIM 技术发展处于世界前沿。2007 年，美国率先依据 IFC 系列标准研究发布了 NBIMS（National Building Information Modeling Standard）标准第一版。2012 年，美国 Building SMART 联盟将 NBIMS 标准第一版中的 BIM 参考标准、信息交换标准与指南和应用进行了补充和修订，发布 NBIMS 第二版；为了更有效地落实 BIM 技术的应用，NBIMS 标准第三版在原有版本的基础上增加了模块内容，还引入了二维 CAD 美国国家标准。之所以引入二维图纸，是因为 BIM 不仅意味着三维甚至更高的维度，应具有将二维、三维等更高数据格式维度进行结合的功能，二维图纸在 BIM 技术实际运用过程中仍旧起着不可替代的作用。美国国家 NBIMS 标准发展较为完善，为每一位用户提供 BIM 过程使用标准化途径，有利于保证用户利益，增加用户对标准的使用信心。美国 BIM 标准一大亮点就是整合交付项目全生命周期各参与方，依据统一标准签订项目所需的所有合同，合理共享项目风险，从某种程度上来说就是进行经济利益再分配。但美国 BIM 标准只停留在理论层面，实际操作经验尚浅。

② 英国。英国政府在较早时候就对 BIM 技术的使用进行强制推行，这也使英国 BIM 标准发展较为迅速。英国在 2009 年正式发布了 *AEC（UK）BIM Standard* 系列标准，系列标准主要由五部分组成，包括项目执行标准、协同工作标准、模型标准、二维出图标准、参考。但是，此系列的 BIM 标准存在一定不足，它们的面向对象仅是设计企业，而不包括业主方和施工方。它是一部 BIM 通用标准，并且与 *AEC(UK)CAD Standard* 有着良好的联系性，为建筑行业从 CAD 模式向 BIM 模式转变提供方便与依据。后又分别于 2011 年 6 月和 9 月发布了基于 Revit 和 Bentley 平台的 BIM 标准。目前，英国建筑业 BIM 标准委员会 AEC 也在致力于适用于其他软件 BIM 标准的编制，如 ArchiCAD、Vectorworks 等。业界对于英国 BIM 标准制定评价非常高，不仅具有很强的可操作性，其应用于实际工程中的经验也较为丰富。

③ 日本。日本最早提出信息化的概念，其于 1995 年开始大力推动建筑业信息化。在此之后，日本发布了建筑信息化标准（简称 CALS/EC）。日本政府对于建筑业信息化管理要求非常高，基于工程项目的全生命周期，所有信息都要实现电子化，所有管理过程实现信息化。所有参与公共项目建设的建筑企业不仅要求满足所需的信息化程度，还要符合一定的标准化要求，如此强制性的规定无疑加速了日本建筑企业科技创新的步伐。2012 年，日本建筑学会 JIA（Japanese Institute Architects）发布了从设计师角度出发的 JIA BIM 导则，明确了 BIM 组织机构以及人员职责要求，调整原来的设计流程变为四阶段设计，达到减少浪费、提高工程效率质量的目的，导则虽然讨论了 BIM 费用承担的问题，但是对于收益分配原则及归属并未明确规定。值得注意的是，日本以 BIM 技术为指导的工程合同一般为固定总价合同，期间的风险由分包商来承担，恰恰与美国应用 BIM 技术为业主带来收益的目的相反。

任务 2.2.2
认识国内相关标准

任务引入

BIM 需要在建筑整个生命周期内的各种软件或平台间交换信息，如 CAD 软件、性能分析软件、施工管理软件、运营管理软件以及审核 WEB 平台。这些软件可能由不同的软件商开发，并建立在不同的技术平台上。要使这些软件能相互提取有关数据，必须形成和采用统一的 BIM 数据标准。前面我们了解了国外 BIM 标准的研究现状，那么我国 BIM 技术的发展是怎样的，我国的 BIM 相关标准和政策有哪些呢？

知识准备

我国在 BIM 技术方面的研究始于 2000 年左右，“十一五”期间，国家科技部主持了“建筑业信息化关键技术研究与应用”重点项目，开展了 BIM 领域各项关键技术的研究。为适应 BIM 标准化工作的需要，中国建筑标准设计研究院参与编制《建筑对象数字化定义》（JG/T 198—2007）行业标准，规定建筑对象数字化定义的一般要求、资源层、核心层及交互层。很多高等院校也对 BIM 标准进行编制，2010 年 11 月清华大学对外公布《中国 BIM 标准框架体系研究报告》，2011 年 12 月由清华大学 BIM 课题组主编的《中国建筑信息模型标准框架研究》（CBIMS）第一版正式发行。CBIMS 的体系结构与 NBIMS 类似，针对目标用户群将标准分为两类：一是面向 BIM 软件开发提出的 CBIMS 技术标准；二是面向建筑工程施工从业者提出的 CBIMS 实施标准，如图 2-9 所示。

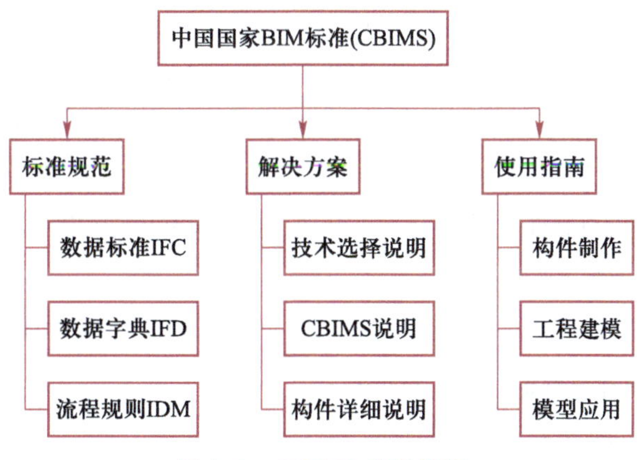

图 2-9　CBIMS 体系框架

2012 年 1 月，住房和城乡建设部印发《关于印发 2012 年工程建设标准规范制订修订计划的通知》（建标〔2012〕5 号）文件，立项了 5 项有关 BIM 的国家标准。随后的 2013 年、2014 年又分别有一些标准立项。时至今日，这些标准基本均已报批完成并开始实施。

中国的 BIM 标准体系初见雏形。

除《制造工业工程设计信息模型应用标准》聚焦的是制造业的数字化外，其他标准可分为三个层次，如图 2–10 所示。

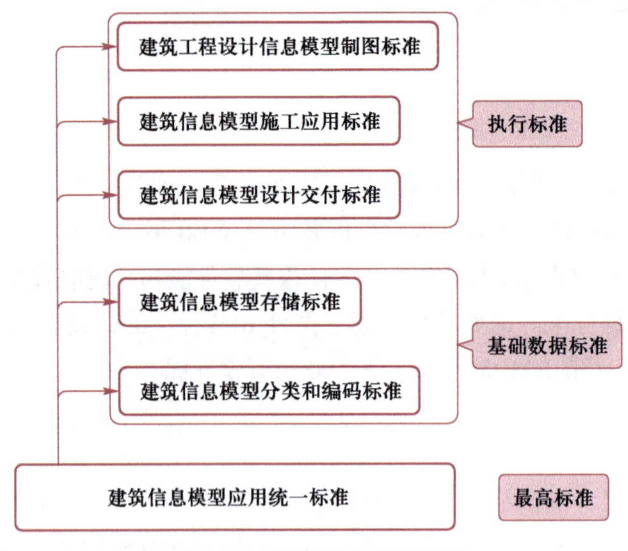

图 2–10　我国 BIM 标准层次

第一层为最高标准：建筑信息模型应用统一标准。

第二层为基础数据标准：建筑信息模型分类和编码标准，建筑信息模型存储标准。

第三层为执行标准：建筑信息模型设计交付标准，建筑信息模型施工应用标准，建筑工程设计信息模型制图标准。

“十二五”至今我国各界对 BIM 技术的推广力度越来越大，部分相关政策和标准见表 2–1。

表 2–1　国内 BIM 相关政策和标准列举

时间	名称	颁发部门	内容要点
2011	《2011—2015 年建筑业信息化发展纲要》	住房和城乡建设部	强调普及应用建设领域信息系统，推广 BIM 技术应用，推动信息化标准建设
2012	《关于印发 2012 年工程建设标准规范制订修订计划的通知》	住房和城乡建设部	制订有关 BIM 的国家标准
2016	《2016—2020 年建筑业信息化发展纲要》	住房和城乡建设部	重点编制和完善建筑行业及企业信息化相关的编码、数据交换、文档及图档交付等基础数据和通用标准；继续推进 BIM 技术应用标准的编制工作，结合物联网、云计算、大数据等新技术在建筑行业的应用，研究制定相关标准
2017.7.1 起实施	《建筑信息模型应用统一标准》（GB/T 51212—2016）	住房和城乡建设部	是我国第一部建筑信息模型应用的工程建设标准，提出了建筑信息模型的基本要求，是建筑信息模型应用的基本标准

续表

时间	名称	颁发部门	内容要点
2018.1.1 起实施	《建筑信息模型施工应用标准》（GB/T 51235—2017）	住房和城乡建设部	从深化设计、施工模拟、预制加工、进度管理、预算与成本管理、质量与安全管理、施工监理、竣工验收等方面提出了建筑信息模型的创建、使用和管理要求
2018.5.1 起实施	《建筑信息模型分类和编码标准》（GB/T 51269—2017）	住房和城乡建设部	该标准与 IFD 关联，基于 Omniclass，面向建筑工程领域，规定了各类信息的分类方式和编码办法，这些信息包括建设资源、建设行为和建设成果。对于信息的整理、关系的建立、信息的使用都起到了关键性作用
2019.6.1 起实施	《建筑信息模型设计交付标准》（GB/T 51301—2018）	住房和城乡建设部	规定了在建筑工程规划、设计过程中，基于建筑信息模型的数据建立、传递和读取，特别是各专业之间的协同，工程各参与方的协作，以及质量管理体系的管控、交付等过程
2019.6.1 起实施	《建筑工程设计信息模型制图标准》（JGJ/T 448—2018）	住房和城乡建设部	在《建筑信息模型设计交付标准》的基础之上，进一步深化和明晰了 BIM 交付体系、方法和要求，在 BIM 表达方面具有可操作意义的约束和引导作用，也为 BIM 模型成为合法交付物提供了标准依据
2019.10.1 起实施	《制造工业工程设计信息模型应用标准》（GB/T 51362—2019）	住房和城乡建设部	制造工业工程设计领域第一部信息模型应用标准，主要参照国际 IDM 标准，面向制造业工厂，规定了在设计、施工、运维等阶段 BIM 具体的应用
2020.7.3	《关于推动智能建造与建筑工业化协同发展的指导意见》	住房和城乡建设部等部门	推动新一代信息技术与建筑工业化技术协同发展，在建造全过程加大建筑信息模型（BIM）、互联网、物联网、大数据、云计算、移动通信、人工智能、区块链等新技术的集成与创新应用。积极应用自主可控的 BIM 技术，加快构建数字设计基础平台和集成系统，实现设计、工艺、制造协同
2020.8.28	《关于加快新型建筑工业化发展的若干意见》	住房和城乡建设部等部门	加快推进 BIM 技术在新型建筑工业化全寿命期的一体化集成应用。充分利用社会资源，共同建立、维护基于 BIM 技术的标准化部品部件库，实现设计、采购、生产、建造、交付、运行维护等阶段的信息互联互通和交互共享
2021.12.12	《“十四五”数字经济发展规划》	国务院	提出深化新型智慧城市建设要求。工业和信息化部推动 BIM、CIM 软件研发，支持国内优势单位开展 BIM 与 CIM 集成技术等关键技术攻关，为城市更新项目的设计、施工、运营等阶段提供数字支持；建成 BIM 测试验证平台，开展 BIM 数据、软件、应用等测试服务，目前已在民用建筑、工业建筑、轨道交通等 7 个领域中完成示范推广

续表

时间	名称	颁发部门	内容要点
2022.1	《“十四五”建筑业发展规划》	住房和城乡建设部	2025 年，基本形成 BIM 技术框架和标准体系。完善 BIM 标准体系。加快编制数据接口、信息交换等标准，推进 BIM 与生产管理系统、工程管理信息系统、建筑产业互联网平台的一体化应用
2022.2.1 起实施	《建筑信息模型存储标准》（GB/T 51447—2021）	住房和城乡建设部	基于 IFC，针对建筑工程对象的数据描述架构做出规定，以便于信息化系统能够准确、高效地完成数字化工作，并以一定的数据格式进行存储和数据交换

未来国家将持续推进建筑业大数据标准体系建设，完善建筑工程勘察设计、施工、运维等全生命周期信息化标准体系，研究统一的 BIM 数据编码和交换标准，保障 BIM 数据互通互用，促进建筑业信息资源共享和数据深度挖掘应用。

任务 2.2.3 分析国内外 BIM 标准

任务引入

《“十四五”建筑业发展规划》对加快智能建造与新型建筑工业化协同发展做了重点部署，提出“夯实标准化和数字化基础。完善模数协调、构件选型等标准，建立标准化部品部件库，推进建筑平面、立面、部品部件、接口标准化，推广少规格、多组合设计方法，实现标准化和多样化的统一。加快推进建筑信息模型（BIM）技术在工程全寿命期的集成应用，健全数据交互和安全标准，强化设计、生产、施工各环节数字化协同，推动工程建设全过程数字化成果交付和应用”。

2025 年，基本形成 BIM 技术框架和标准体系。那么如何完善 BIM 标准体系呢？加快编制数据接口、信息交换等标准，推进 BIM 与生产管理系统、工程管理信息系统、建筑产业互联网平台的一体化应用。作为未来建筑行业的主人公，你会做出哪些努力？

知识准备

目前，国外 BIM 标准主要分成了两个层级：一类是以国家或行业级标准为目标，以美国的 NBIMS 为代表性，从软件技术和工业实施两方面对 BIM 的实现提出标准和指导；另一类是基于某个 BIM 平台软件，以实现项目 BIM 实施过程的规范和统一为目标，以英国和新加坡制定的基于特定软件的实施指南为代表。

现有的国内 BIM 标准基本可分为三类：

第一类：CBIMS 标准框架。它主要是从信息化的角度，从理论层面论述 BIM 标准体系的框架和方法论，它的理论和方法与 NBIMS 标准类似。CBIMS 标准框架可以作为我国国家和行业 BIM 标准编制的理论基础。

第二类：中国国家 BIM 标准系列。它是住房和城乡建设部主持编写的建筑领域国家 BIM 标准，研究思路参照借鉴国际 BIM 标准的同时，还兼顾国内建筑规范规定和建设管理流程要求。

第三类：地方 BIM 标准。地方标准是对国家标准的细化，主要是对地域内建筑 BIM 应用的统一规定。例如，北京市于 2014 年 9 月发布的《民用建筑信息模型设计标准》，上海市于 2015 年 6 月发布的《上海市建筑信息模型技术应用指南（2015 版）》，深圳市于 2015 年 5 月发布的《深圳市建筑工务署政府公共工程 BIM 实施纲要》和《深圳市建筑工务署 BIM 实施管理标准》，以及浙江省于 2016 年 4 月发布的《浙江省建筑信息模型（BIM）技术应用导则》。

目前，国内 BIM 应用的软件主要是国外软件公司开发的，如 Autodesk Revit、Bently、ArchiCAD、Digital Project 等软件，本土软件虽然数量不少，但是未能有一个软件真正满足项目全生命周期的应用。值得一提的是，目前国内有多家大型软件企业开展了 BIM 软件的研发与推广，如斯维尔、广联达、鲁班等。从中国建筑业 BIM 发展的远景来看，国产 BIM 软件的开发是必需的环节。

目前，国内 BIM 领域还普遍存在一个问题，很多软件之间的数据难以实现共享与兼容，这对于提高建筑业的效率来说是很大的障碍。国际上的 BIM 标准大部分是基于 IFC 标准制定的，因此只有通过标准化的数据接口，才能达到数据共享，进而实现 BIM 的价值。国内已有相关的研究，如中国建筑科学研究院开发完成了 PKPM 软件的 IFC 接口等。

我国 BIM 技术相对于发达国家来说起步较晚，标准制定也相对落后，但发展迅速，已经成为支撑建筑业信息化发展的重要技术手段。IFC 标准、IDM 标准、IFD 标准作为国际 BIM 标准的技术支撑，已被行业内所认可，各个国家都依据这三种标准编制了自己国家的 BIM 操作应用指南。我国也参照了国际 BIM 标准编制了 CBIMS 国家标准，然而中国国家 BIM 标准应是具有中国行政管理与技术管理特色的，完全照抄其他国家标准难以适应中国国情。目前，我国的相关 BIM 标准虽已取得一定成就，还存在着标准体系不够完善，BIM 实践应用经验不够深入等问题。例如，对基于 BIM 的装配式建筑还有待研究和探索，实践过程中，由于对 BIM 技术理解和认知的不同，会存在很多争议和分歧，阻碍其发展。工程建设领域从建设规划、招投标，BIM 模型创建和应用，标准化构件生产，基于 BIM 施工建设质量、进度和成本控制，基于 BIM 安全与环境健康管理、合同管理、信息管理，都需要相关规范和标准去引领。

因此，我国 BIM 标准的制定需在政府引导下，紧扣行业、企业标准，营造多方参与的 BIM 应用环境。未来 BIM 标准体系的构建还需要更多的实践经验来指导，同时也需要业内人士共同研究与构建。

小启示

国家“十四五”规划纲要中首次将“加快数字化发展，建设数字中国”单列成篇，可见当前国家对数字化发展前所未有地高度重视。该篇内容分4章，分别从打造数字经济新优势、加快数字社会建设步伐、提高数字政府建设水平、营造良好数字生态等方面明确了数字化发展的基本路径。2020年8月21日，国务院国有资产监督管理委员会印发《关于加快推进国有企业数字化转型工作的通知》，明确了国有企业数字化转型的基础、方向、重点和举措，开启了国有企业数字化转型的新篇章，积极引导国有企业在数字经济时代准确识变、科学应变、主动求变，加快改造提升传统动能、培育发展新动能。把握产业数字化、数字产业化的变革机遇，以“新基建”筑牢发展基石，已经成为产业各界的共识，5G、IoT、AI、云计算、大数据等众多持续演进的创新技术，将赋能各行各业。

“十四五”不是终点，只是一个阶段，数字化转型任重道远，更需要建筑行业相关人士提高认识，真正将数字化技术应用起来。数字化、人工智能等技术为行业提供了非常好的条件，使传统产业焕发了新活力。但是，任何技术都是“双刃剑”，用好了是帮助企业发展，用不好可能会有问题。随着这些技术的发展，生产方式、组织方式、协作关系等将发生变化，只有勇于面对这些新变化、新挑战，紧跟时代发展，做时代的强者，才能真正实现企业转型升级，赋能行业高质量发展。

项目 2.3 选择施工组织方式及划分施工段

[学习目标]

知识目标

1. 掌握三种施工组织方式的特点和区别。
2. 掌握施工段划分原则。

能力目标

1. 能合理选择施工组织方式并灵活运用。
2. 能够在实际工程中根据施工段划分原则划分施工段。

素养目标

1. 关注学科前沿，学习行业新技术。
2. 通过思政案例学习，增强执业荣誉感和使命感。

[思维导图]

项目 2.3

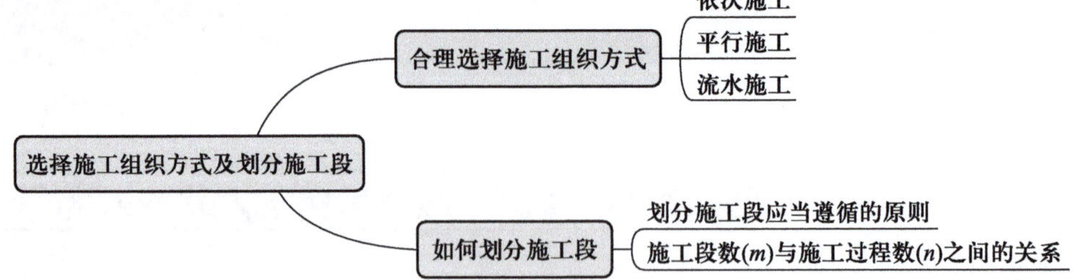

任务 2.3.1 合理选择施工组织方式

任务引入

楚雄建设发展有限公司作为楚雄职教办公楼项目的施工单位，根据本工程的体量和结构形式，如何选择合理的施工组织方式，在较短的工期内保证施工进度呢？

知识准备

（1）依次施工

依次施工又称顺序施工，是按照建筑工程内部各分项、分部工程内在的联系和必须遵循的施工顺序，不考虑后续施工过程在时间上和空间上的相互搭接，而依照顺序组织施工的方式。依次施工是前一个施工过程完成后，下一个施工过程才开始。一个工程全部完成后，另一个工程的施工才开始。

【例 2–1】拟兴建四幢相同的建筑物，其编号分别为Ⅰ、Ⅱ、Ⅲ、Ⅳ。它们的基础工程量都相等，而且均由挖土方、做垫层、砌基础和回填等四个施工过程组成，每个施工过程在每个建筑物中的施工天数均为 5 天。其中，挖土方时，工作队由 8 人组成；做垫层时，工作队由 6 人组成；砌基础时，工作队由 14 人组成；回填土时，工作队由 5 人组成。按照依次施工组织方式，其施工进度计划如图 2–11 中“依次施工”栏所示。

由图 2–11 可以看出，依次施工组织方式具有以下特点：

① 由于没有充分地利用工作面，所以工期长。

② 工作队不能实现专业化施工，不利于提高工程质量和劳动生产率。

③ 专业工作队及其生产工人不能连续作业。

④ 单位时间内投入的资源数量比较少，有利于资源供应的组织工作。

⑤ 施工现场的组织、管理比较简单。

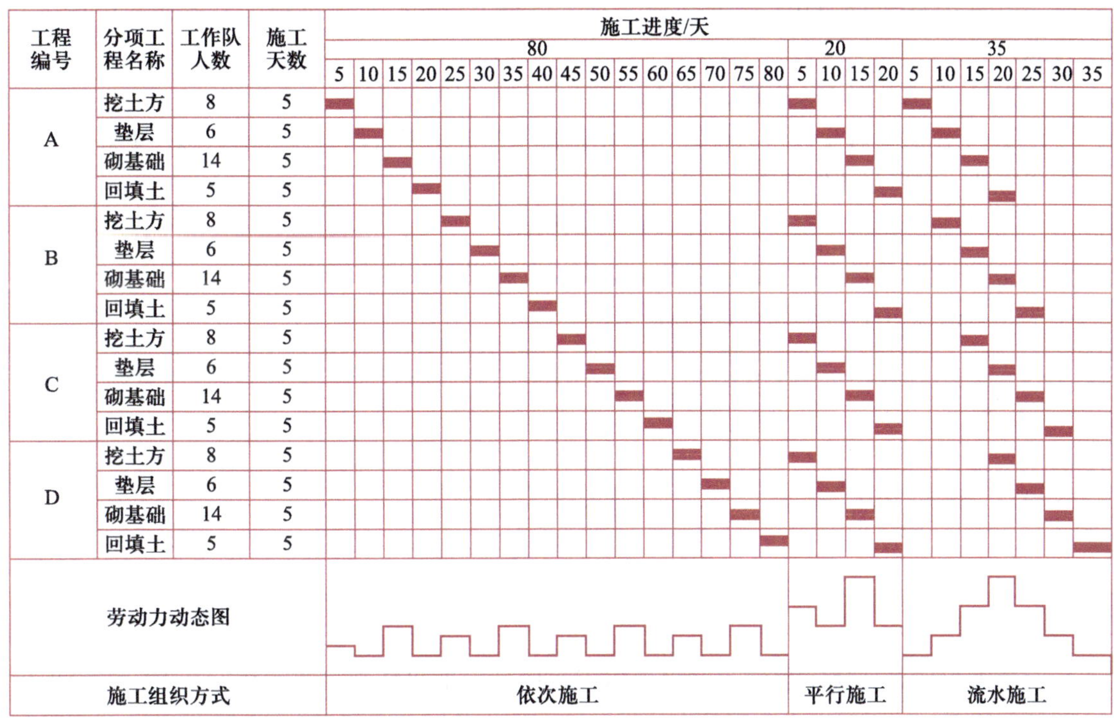

图 2-11 施工组织方式

（2）平行施工

在拟建工程项目任务十分紧迫、工作面允许以及资源能够保证供应的条件下，可以组织几个相同的工作队，在同一时间、不同的空间上进行施工，这样的施工组织方式称为平行施工组织方式。在例 2-1 中，如果采用平行施工组织方式，其施工进度计划如图 2-11 中“平行施工”栏所示。

由图 2-11 可以看出，平行施工组织方式具有以下特点：

① 充分利用了工作面，争取了时间，缩短了工期。

② 工作队不能实现专业化生产，不利于提高工程质量和劳动生产率。

③ 专业工作队及其生产工人不能连续作业。

④ 单位时间内投入施工的资源数量大，现场临时设施也相应增加。

⑤ 施工现场组织、管理复杂。

（3）流水施工

流水施工是将拟建工程的整个建造过程分解为若干个不同的施工过程，按照施工过程成立相应的专业工作队，采取分段流动作业，并且相邻两专业队最大限度地搭接平行施工的组织方式。每个施工过程的施工班组从第一个工程对象开始，连续地、均衡地、有节奏地一个接一个，直至完成最后一个工程对象的施工任务。不同的施工过程，按照工程对象的施工工艺要求先后相继投入施工，并且尽可能相互搭接平行施工。

在例 2-1 中，如果采用流水施工组织方式，其施工进度计划如图 2-11 中“流水施工”栏所示。

由图 2-11 可以看出，与依次施工、平行施工相比较，流水施工组织方式具有以下特点：

① 科学地利用了工作面，争取了时间，工期比较短。

② 工作队及其生产工人实现了专业化施工，可使工人的操作技术熟练，更好地保证工程质量，提高劳动生产率。

③ 专业工作队及其生产工人能够连续作业。

④ 单位时间投入施工的资源较为均衡，有利于资源供应组织工作。

⑤ 为工程项目的科学管理创造了有利条件。

任务 2.3.2 如何划分施工段

任务引入

楚雄职教办公楼工程施工时根据本工程所处的地势特点，遵循从下至上，先治理后开挖的原则，施工时以工程量较大的教学综合楼为关键，实行重点控制，其他分项工程穿插配合，在各施工段中实行流水施工，一旦施工作业面扩大，在无干扰的情况下，其他工程平行作业，齐抓共管，在较短的工期内保证施工进度。那么本工程划分为哪几个分项工程，每个分项工程又如何划分流水段呢？

知识准备

为了有效地组织流水施工，通常把拟建工程项目在平面上划分成若干个劳动量大致相等的施工段落，这些施工段落称为施工段。施工段的数目，通常用 m 表示。

划分施工段的目的和原则。划分施工段是组织流水施工的基础，由于建筑产品生产的单件性，可以说它不适于组织流水施工，但是建筑产品体形庞大的固有特征，又为组织流水施工提供了空间条件，可以把一个体形庞大的“单件产品”划分成具有若干个施工段、施工层的“批量产品”，使其满足流水施工的基本要求；在保证工程质量的前提下，为专业工作队确定合理的空间活动范围，使其按流水施工的原理，集中人力和物力，依次、连续地完成各施工段的任务，为后续专业工作队尽早地提供工作面，达到缩短工期的目的。施工段的划分，在不同的分部工程中，可以采用相同或不同的划分办法。在同一分部工程中最好采用统一的段数，但也不能排除特殊情况，如在单层工业厂房的预制工程中，柱和屋架的施工段划分就不一定相同。

施工段数要适当，段数过多，势必要减少工人数而延长工期；段数过少，又会造成资源供应过分集中，不利于组织流水施工。因此，为了使施工段划分得更科学、更合理，通常应遵循以下原则：

① 专业工作队在各个施工段上的劳动量要大致相等，其相差幅度不宜超过 10%~15%。

② 对多层或高层建筑物，施工段的数目要满足合理流水施工组织的要求，即 $m \geqslant n$。

③ 为了充分发挥工人、主导施工机械的生产效率，每个施工段要有足够的工作面，使其所容纳的劳动力人数和机械台数能满足合理劳动组织的要求。

④ 为了保证拟建工程项目的结构整体完整性，施工段的分界线应尽可能与结构的自然界线（如沉降缝、伸缩缝等）相一致；如果必须将分界线设在墙体中间，应将其设在对结构整体性影响较小的门窗洞口等部位，以减少留槎，便于修复。

⑤ 对于多层的拟建工程项目，既要划分施工段，又要划分施工层，以保证相应的专业工作队在施工段与施工层之间，组织有节奏、连续、均衡地流水施工。

施工段数（m）与施工过程数（n）之间的关系：

当 $m=n$ 时，各专业工作队可以连续施工，施工段上始终有专业工作队工作，直至全部工作完成。施工段上无停歇时间，是比较理想的流水施工组织方案。

当 $m>n$ 时，各专业工作队仍是连续施工，但在施工段上有停歇，可以组织流水施工。

当 $m<n$ 时，对多层建筑物组织流水施工是不适用的，因专业工作队不能连续施工，有窝工现象。

从上述 3 种情况可以看出，要保证专业工作队能够连续作业，施工段数（m）与施工过程数目（n）之间的关系必须满足 $m \geqslant n$ 的要求。

应该指出，当无层间关系或无施工层（如某些单层建筑物、基础工程等）时，施工段数不受 $m \geqslant n$ 的限制，可按前述划分施工段的原则进行确定。

知识拓展

如果是多层建筑物的施工，则施工段数等于单层划分的施工段数乘以该建筑物的施工层数。即：

$$M=M_0 \times \text{施工层数}（M_0 \text{表示每一层划分的施工段数}）$$

例：某 8 层公寓楼，主体施工时，每层划分为 2 个施工段，则该主体分部工程共有多少个施工段？

$$M=M_0 \times \text{施工层数} =2 \times 8=16（\text{段}）$$

小启示

智慧建造管理平台在广州“三馆合一”项目中的应用

广东省“三馆合一”项目（广东美术馆、广东非物质文化遗产展示中心、广东文学馆）位于广州市荔湾区白鹅潭产业金融服务创新区。该项目工程造价 14.5 亿元，于 2020 年 10 月正式开工，项目预计整体在 2023 年 8 月完工。“三馆合一”项目建成后将成为彰显广东特色、具有国际水平的重大标志性公共文化设施，对建设文化强省，提升文化软实力具有重要作用。

中建三局集团有限公司研发的“智慧建造管理平台”，包含工地物联设备管理系统和智慧工地信息管理系统，平台围绕设计、技术、安全、质量、物资、进度等项目建造管理工作，采用 AI（人工智能）、VR（虚拟现实）、MR（混合现实）、BIM、物联网、云计算、5G 等技术，满足了工程项目全过程能耗管理、远程控制、视频监控、门禁实名制、设备运行监测、物料管理等建设需求，以标准化、规范化的管理方式，建立了互联协同、智能生产、科学管理的项目运营环境，提升精细化管理水平。通过智慧建造管理平台在项目推广应用，实施效果显著，经济效益明显。根据实施数据统计，综合节水率约 7.4%、综合节点率约 12.6%。

通过本项目可以看到，科技赋能建筑这一理念，在助力项目建设降本增效提质的同时，推动项目管理更加精细化、科学化，推动建筑行业转型升级。本项目入选了第一批住房和城乡建设部“智能建造新技术新产品创新服务典型案例”。作为未来建筑行业的主人公，我们更需要与时俱进、不断创新。

项目 2.4
体验智慧技术管理应用

[学习目标]

知识目标

1. 了解智慧化技术交底、图纸管理、方案管理、变更管理的应用介绍。
2. 掌握智慧化技术交底、图纸管理、方案管理、变更管理的具体内容、特点及优势。

能力目标

1. 能够熟练利用“BIM+ 技术管理系统”进行智慧技术管理应用。
2. 具备专业理论结合实践的综合能力。

素养目标

1. 关注行业发展，聚焦科学前沿，激发对专业的学习热情。
2. 培养创新思维能力，为今后运用智慧技术管理从事建筑工程相关工作打下坚实的基础。

[思维导图]

项目 2.4

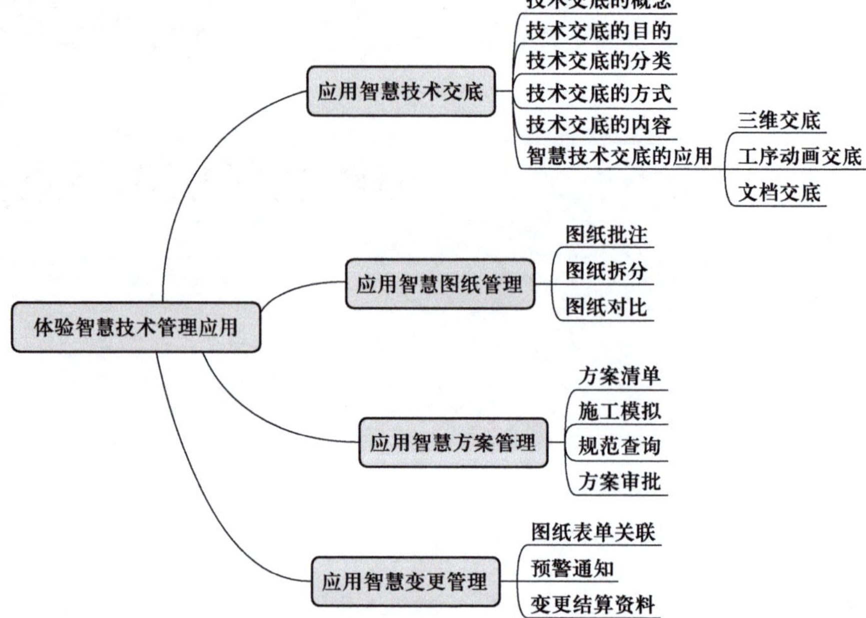

任务 2.4.1 应用智慧技术交底

任务引入

技术交底是使参与工程施工的技术人员与工人熟悉和了解所承担的工程项目特点、设计意图、技术要求、施工工艺及应注意的问题，以便于科学地组织施工，避免技术质量事故的发生，保证工程质量，是技术管理中的重要环节。那么楚雄职教办公楼项目可以开展哪些智慧技术交底？

知识准备

（1）技术交底的概念

技术交底是在单位工程或一个分项工程施工前，由工程项目技术负责人或主管技术领导向参与施工的人员进行的技术性交代，使施工人员对工程特点、技术质量要求、施工方法与措施等方面有一个较详细的了解，以便科学地组织施工，避免技术质量事故的发生。施工技术交底包括设计交底、施工单位总工向各项目负责人的技术交底、技术员向各作业班组及工人的技术交底。

（2）技术交底的目的

建筑工程从施工蓝图变成一个个工程实体，在工程施工组织与管理工作中，首先要使参与施工活动的每一个技术人员，明确本工程的特定的施工条件、施工组织、具体技术要求和有针对性的关键技术措施，系统掌握工程施工过程全貌和施工的关键部位，使工程施工质量达到国家施工验收规范的标准。

对于参与工程施工操作的每一个工人来说，通过技术交底，了解自己所要完成的分部分项工程的具体工作内容、操作方法、施工工艺、质量标准和安全注意事项等，做到施工操作人员任务明确，心中有数；各工种之间配合协作和工序交接井井有条，达到有序地施工，以减少各种质量通病，提高施工质量的目的。因此，施工一项工程，必须在参与施工的不同层次的人员范围内，进行不同内容重点和技术深度的技术交底。特别是对于重点工程、工程重要部位、特殊工程和推广与应用新技术、新工艺、新材料、新结构的工程项目，在技术交底时更需要做内容全面、重点明确、具体而详细的技术支底。

（3）技术交底的分类

技术交底一般是按照工程施工的难易程度、建筑物的规模、结构的复杂程度等情况，在不同层次的施工人员范围内进行技术交底；技术交底的内容与深度也各不相同。主要有以下几类：

① 设计交底。设计单位根据国家的基本建设方针政策和设计规范进行工程设计，经所在地区建设委员会和有关部门审批后，由设计人员向施工单位就设计意图、图纸要求、技术性能、施工注意事项及关键部位的特殊要求等进行技术交底。

② 施工组织交底。施工单位总工程师或主任工程师向施工队或工区施工负责人进行施工方案的技术交底。

③ 分部、分项工程施工技术交底。施工队或工区施工负责人（项目经理）向单位工程负责人、质量检查员、安全员及有关职能人员进行技术交底。单位工程负责人或技术主管工程师向各作业班组长和各工种工人进行技术交底。

（4）技术交底的方式

① 会议交底。施工单位总工程师或主任工程师向施工队或工区施工负责人进行技术交底一般采用技术会议交底形式。

② 书面交底。单位工程技术负责人向各作业班组长和工人进行技术交底，应强调采用书面交底的形式。单位工程负责人根据该项工程施工组织设计或施工方案和上级技术领导的技术交底内容，按照施工及验收规范和规程中的有关技术规定、质量标准和安全要求，本企业的工法和操作规程，结合本工程的具体情况，按不同的分部分项工程的内容，参照分部分项工程工艺标准，详细写出书面技术交底资料，一式几份（一般为一式五份），向工人班组交底。在接受交底后，班组长应在交底记录上签字。两份交工人班组贯彻执行，一份存入工地技术档案，一份技术人员自留。

③ 施工样板交底。对建筑工程中的一些分项（检验批）工程，可以采用样板交底的方法。所谓样板交底，就是按设计图纸中的技术要求、具体做法，在一个自然间、一道墙壁或一块样板上，经交底人进行技术指导，由技术素质较高的工人做出样板，然后对照样板

向班组工人进行交底，重点交底操作要领、质量标准和检查方法。各作业班组还应经常进行质量检查评比，将超过原样板标准的段、自然间等作为新的样板，形成一个既赶超质量标准又提高工效的施工过程，从而促使工程质量不断上升。这种交底比较直观易懂，效果较好。

（5）技术交底的内容

① 总工向项目经理、项目总工技术交底的内容：工程总体情况和各项经济技术指标；施工方法，关键施工技术及实施中存在的问题，特殊工程部位的技术处理细节及其注意事项；施工组织设计、网络计划、进度要求、施工部署、施工机械、劳动力安排与组织；施工质量标准和安全技术。

② 项目总工向单位工程负责人、质检员、安全员技术交底的内容：工程情况和当地地形、地貌、工程地质及各项技术经济指标；设计图纸的具体要求、做法及施工难度；施工组织设计或施工方案的具体要求及实施步骤与方法；施工中具体做法，采用什么工艺标准和本企业哪几项工法；关键部位及实施过程中可能遇到的问题与解决办法；施工进度要求、工序搭接、施工部署与施工班组任务确定；施工中所采用主要施工机械型号、数量及进场时间、作业程序安排等有关问题；新工艺、新结构、新材料的有关操作规程、技术规定及注意事项；施工质量标准和安全技术具体措施及注意事项。

③ 单位工程负责人向班组长、各工种工人技术交底的内容：侧重交清每一个作业班组负责施工的分部分项工程的具体技术要求和采用的施工工艺标准或企业内部标准；各分部分项工程施工质量标准；质量通病预防办法及注意事项；施工安全交底，介绍以往同类工程的安全事故教训及应采取的具体安全对策。

（6）智慧技术交底的应用

传统技术交底采用纸质二维表达方式，存在交底资料不共享、一线人员查阅不便、文字交底不够直观、难以精确表达复杂的构件搭接关系等缺陷。智慧技术交底是以 BIM 模型为基础，通过三维可视化的方式讲解技术参数对施工人员进行技术交底。该方式有效提高了交底内容的直观性和精确度，极大地提高了工作效率。

在传统的工序质量管理、样板引路以及施工现场安全管理方面，也可以应用 BIM 技术提高项目管理水平。通过创建主体、砌筑、机电安装、装饰装修等三维质量样板模型，在关键工序施工前采用该模型进行立体展示交底；通过工程建模及漫游展示功能，进行现场潜在安全隐患排查，并提前做出针对性的安全防护部署；通过 BIM 技术进行基坑支护、高大模板、脚手架等措施性技术方案设计建模，采用虚拟样板模型进行危大工程方案交底，提高危大工程施工标准化水平，为施工现场安全管理保驾护航。

智慧技术交底的应用形式有三维节点模型交底、三维样板间交底、工序动画模拟交底、文档交底。

① 三维交底。三维交底包括节点模型和样板间交底，同步查看规范标准、工艺做法，辅助技术人员指导现场施工，如图 2-12 所示。

② 工序动画交底。通过工序动画模拟，让技术交底更加直观，如图 2-13 所示。

③ 文档交底。文件上传自动生成二维码，方便随时扫码查看，如图 2-14 所示。

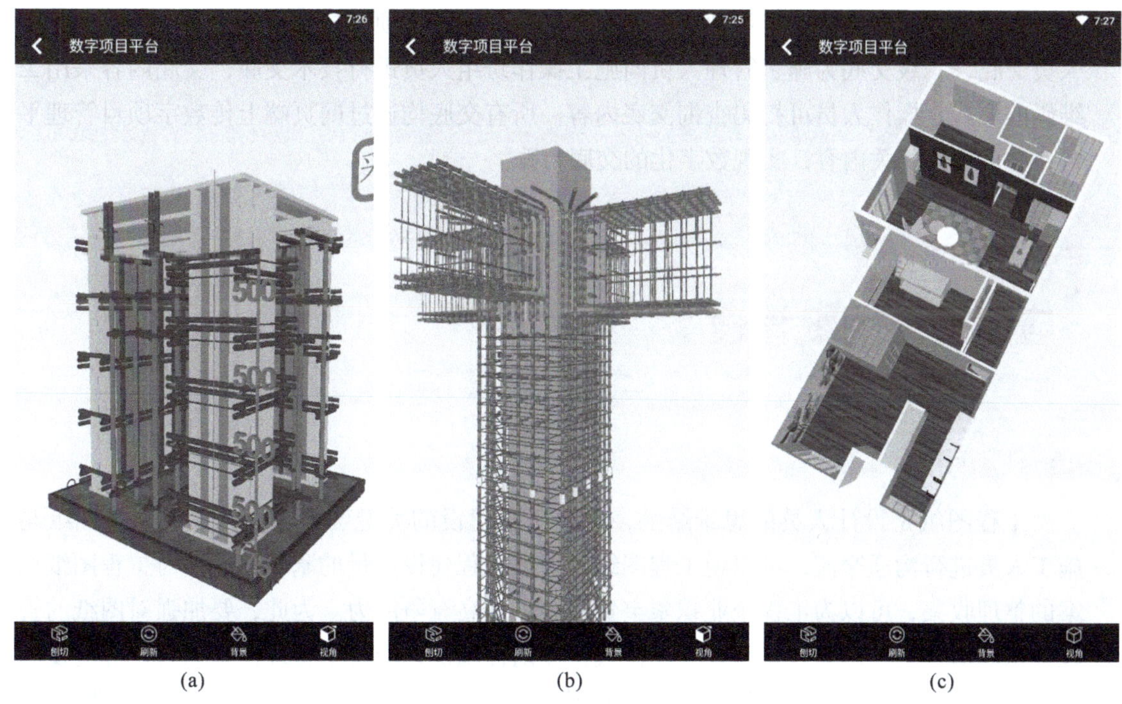

图 2-12　节点模型、样板间交底案例

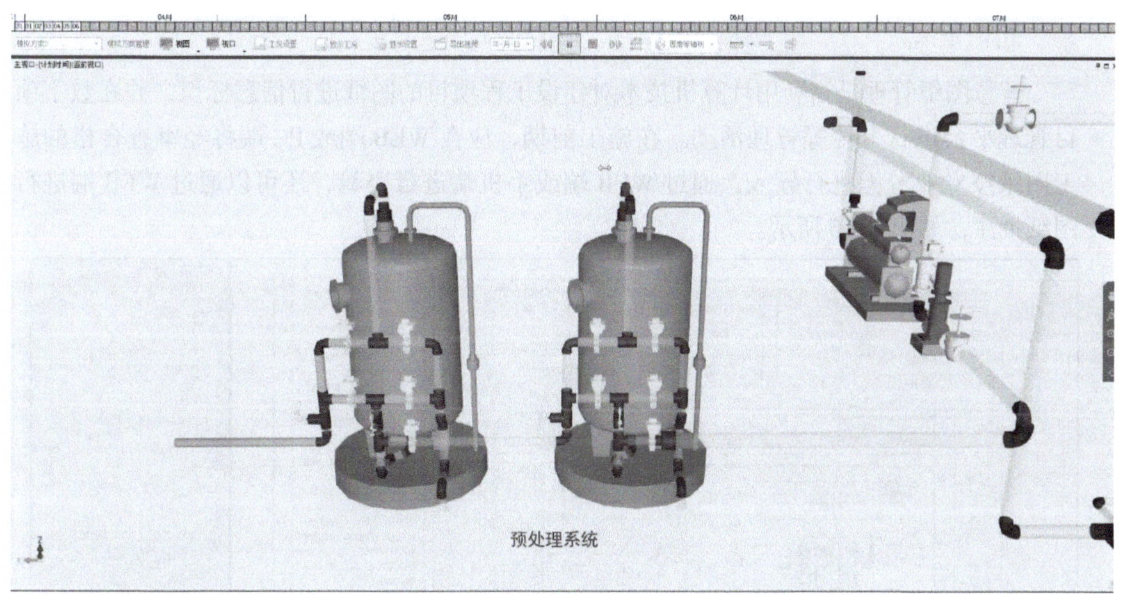

图 2-13　工序动画交底

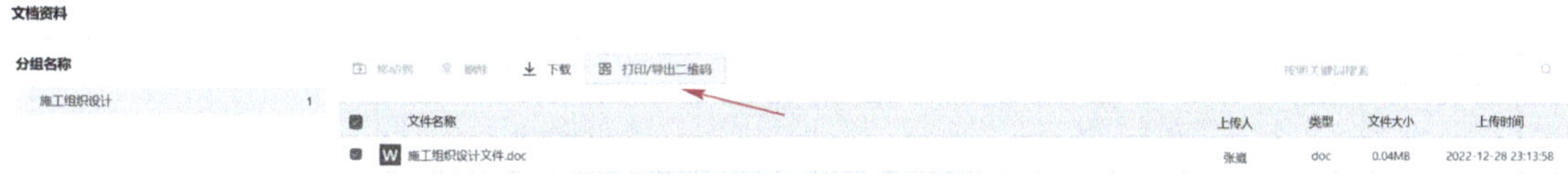

图 2-14　施工组织设计交底

每道工序施工前均应采用两级两底，其中一级交底为项目技术负责人向全体施工管理人员交底，二级交底为施工管理人员向施工操作班组人员进行技术交底，交底内容采用二维码的形式，操作人员可扫码查询交底内容。所有交底均通过网页端上传数字项目管理平台，并可查询相关内容，实现数字化的交底台账。

任务 2.4.2 应用智慧图纸管理

任务引入

工程图纸是设计人员的思维结晶，也是工程建设的关键资料，设计人员通过图纸与施工人员进行沟通交流，可以说工程图纸是保证工程建设质量的基础。通过对工程图纸档案的整理收集，可以为工程企业积累宝贵经验，提高竞争能力。为此，要加强对图纸的管理，采取适合的管理模式，传统管理模式将逐渐被淘汰，而智慧管理模式拥有良好的发展前景，也是工程图纸档案管理的必然发展趋势，要结合实际需求构建出数字化管理系统。那么智慧图纸管理具有哪些特点，又有哪些应用呢？

知识准备

智慧图纸管理是指利用计算机技术对建设工程项目的图纸进行信息标识，并在数字项目管理平台进行上传等管理活动。在施工前期，应在 WEB 端或 PC 端将经审查合格的施工图纸按专业分类进行导入，通过 WEB 端或手机端进行查看，还可以通过 WEB 端进行图纸批注，如图 2–15 所示。

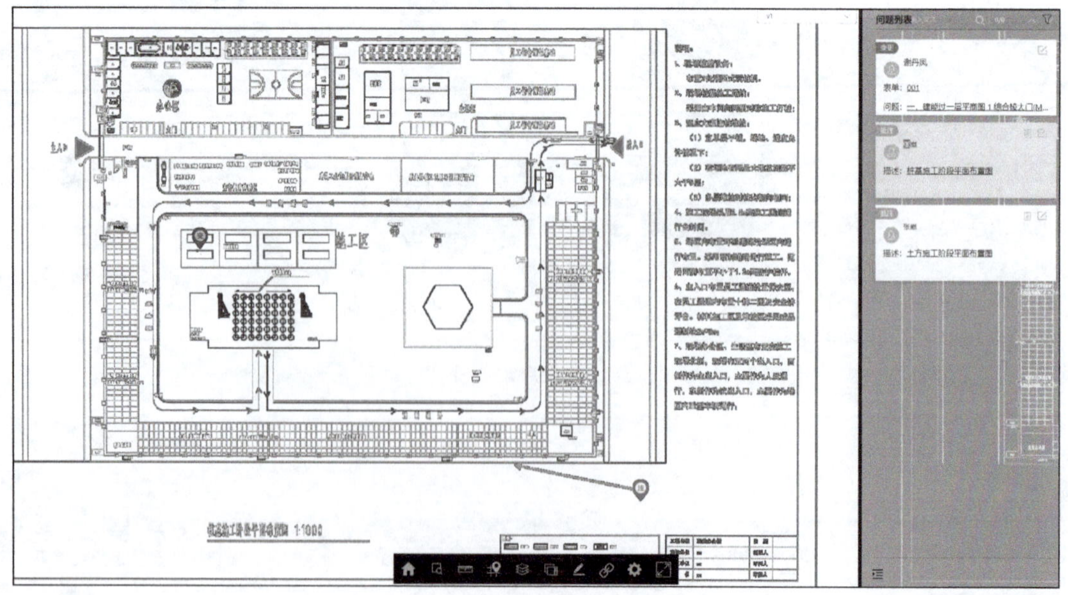

图 2–15 图纸批注

当上传的图纸包含多张图时，可通过图纸拆分功能将一张图纸拆分成多张图纸。拆分后的子图纸可用于查看、添加批注、创建问题，子图纸不支持下载和单独删除，主图纸删除后，子图纸随之删除。上传的图纸支持对比功能，可直接查看对比状态显示成功的对比结果，展示界面如图 2–16 所示，可以快速查看新增图元、删除图元和修改图元。

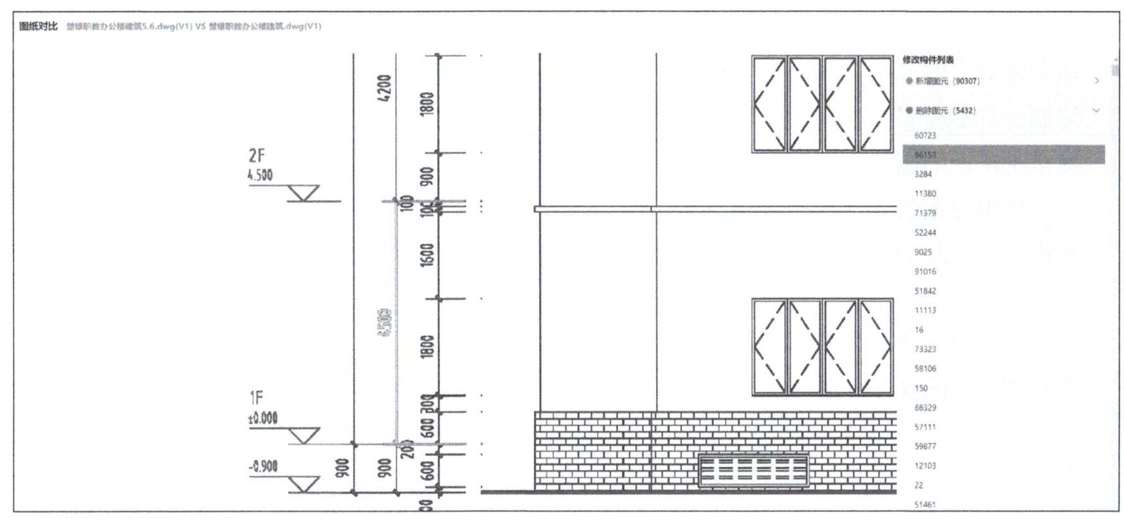

图 2–16　图纸对比

任务 2.4.3 应用智慧方案管理

任务引入

楚雄职教办公楼工程项目施工开始前，按国家有关标准和规定，必须先编制切实可行的施工组织设计和有关工程质量、安全、文明的专项施工方案，使工程有计划、有依据、有目的地进行施工。但由于有些企业管理水平低、思想意识不重视等原因，对方案的管理很不到位，大多数应付了事，使方案完全无法对工程发挥出应有的指导作用。为较好地进行方案管理工作，本工程提出了智慧方案管理，那么具体应用有哪些呢？

知识准备

工程技术方案作为技术人员的主要工作输出，是人机料法环中法的重要依据，是项目得以高质量实施的技术保障。针对项目技术方案存在的各种问题（例如企业级方案管理不清晰易遗漏；方案会签人员多，流程慢；施工策划难推演，问题难暴露；方案编制费时费力；规范规程难引用；解决方案或补充方案不及时等），设计了相应的技术管理系统，用以提高技术方案的管理和审批效率。

智慧方案管理包括方案清单、方案计划管理、方案报审、方案论证、方案交底、方案复核、方案模板库等。

（1）方案清单

针对方案编制效率和质量问题，针对常规施工内容设立了方案模板库，在方案编制过程中，常规施工内容可直接参考或引用标准方案，非常规内容通过特殊评定后方可实施。方案模板库的规模和内容也随着施工技术水平的提升而不断扩充，每年都有新的技术方案纳入标准方案库中。通过方案模板库的建立，提高了方案编制的速度，保证不同技术人员编制的方案质量基本一致。同时，也在一定程度上加快了方案审批速度，实现 3 天完成方案审批流程的高效率管理。

依据方案管理流程及解决方案（图 2–17），企业定义自己的企业方案清单列表及各方案模板（不断积累丰富企业方案模板库），项目可选择编制及查询各方案模板，如图 2–18 所示。

企业级方案预警，显示所有项目方案编制情况及预警方案、超期方案，方便企业级方案管理，如图 2–19 所示。

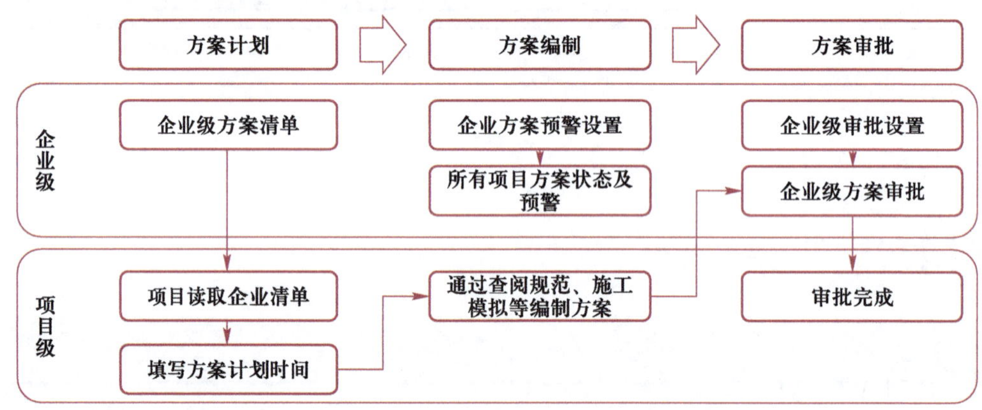

图 2–17　方案管理流程及解决方案

方案清单库

方案类型

施工准备
地基与基础
主体结构
建筑装饰装修
机械设备吊装
安全文明
机电安装工程
创优争杯
其他特殊工程
xZX

从上级新增　新建　删除

序号	方案名称	方案级别	审批工作流	备注	操作
1	桩基础施工方案	专项方案			编辑　删除　上传模板
2	桩基础施工方案	专项方案		开挖深度16m以内的人工挖孔桩及其他桩基础	编辑　删除　上传模板
3	桩基础施工方案（专家论证）	专家论证		开挖深度超过16m的人工挖孔桩	编辑　删除　上传模板
4	基坑支护、土方开挖及降排水施工方案	专项方案		开挖深度超过3m（含3m)小于5m，或虽未超...	编辑　删除　上传模板
5	基坑支护、土方开挖及降排水施工方案（专家论证...	专家论证		开挖深度超过5m（含5m），或虽未超过5m但...	编辑　删除　上传模板
6	防水施工方案	专项方案			编辑　删除　上传模板
7	施工现场临时用电施工组织设计	专项方案		d s d s d d s	编辑　删除　上传模板

图 2–18　企业级方案清单及模板

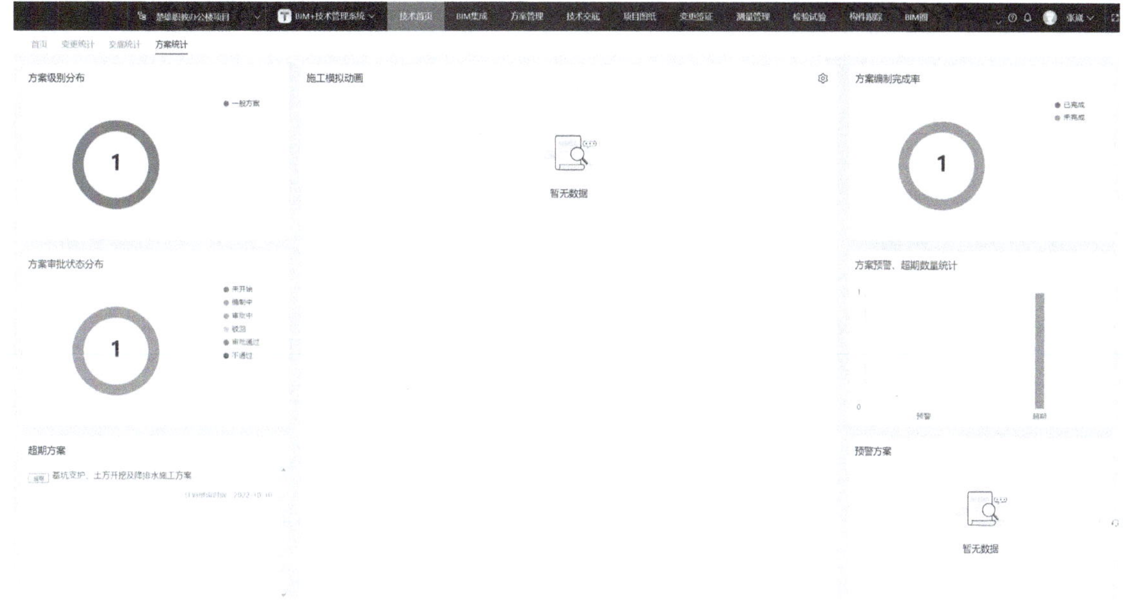

图 2–19　企业级方案管理及预警

（2）施工模拟

根据施工组织设计方案，关联模型与进度计划，通过虚拟施工识别进度计划冲突，输出资源 / 资金曲线，实现资源模拟和平衡，指导后续施工，使总体统筹更加合理，资金资源计划有据可依，如图 2–20 所示。

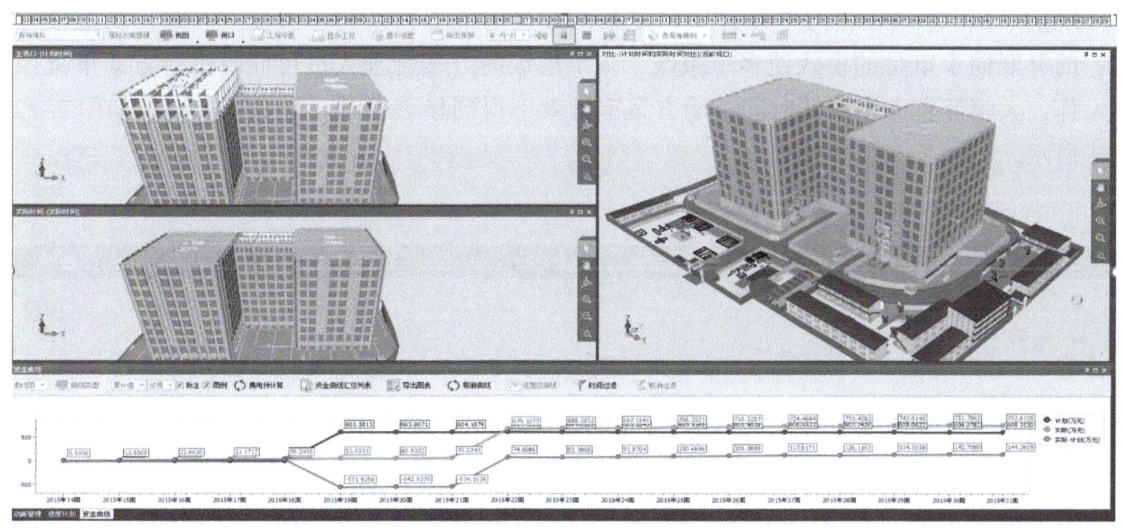

图 2–20　施工模拟项目案例

（3）规范查询

规范按专业—分部工程—章节形成结构化数据，辅助技术人员在编制方案时快速引用，如图 2–21 所示。

图 2–21　规范查询案例

（4）方案审批

针对传统方案审批方式纸质文件多、传递速度慢、流程复杂、效率低下等问题，通过建立技术管理系统，将传统的线下审批改为了线上审批。对编制人员而言，线上审批节省了纸质方案传递的时间，速度更快、效率更高。对审批人员而言，在技术管理系统的 WEB 端、PC 端均可查看项目方案，方案审批更为及时、便捷。同时，线上推行的并联同步审批的模式使多个条线、多个层级的方案管理人员可同时进行方案审批操作，大幅节省方案流转时间，使方案审批效率得到显著提升。方案审批案例如图 2–22 所示。

我的已办列表

流程主题	类别	所属组织	发起时间	发起人	流程名称	发起表单	操作
项目技术员付工-186在2021-04-14 16:44:58发起了测试并行处理回退流程		中建三局集团有限公司工程总承包公司/华北分公司/北京科技中心	2021-04-14 16:44:59	项目技术员付工-186	测试并行处理回退	方案清单	详情
项目技术员付工-186在2021-04-14 16:28:51发起了测试并行处理回退流程		中建三局集团有限公司工程总承包公司/华北分公司/北京科技中心	2021-04-14 16:28:51	项目技术员付工-186	测试并行处理回退	方案清单	详情
项目技术员付工-186在2021-04-14 14:03:42发起了审批流程0412流程		中建三局集团有限公司工程总承包公司/华北分公司/北京科技中心	2021-04-14 14:03:42	项目技术员付工-186	审批流程（验证加签）	方案清单	详情
199在2021-04-13 10:18:19发起了方案审批流程（并行）流程		中建三局集团有限公司工程总承包公司/华北分公司/北京科技中心	2021-04-13 10:18:19	199	三局项目-分公司流程（记录）	方案清单	详情
项目技术员付工-186在2021-04-12 17:35:39发起了方案审批流程（并行）流程		中建三局集团有限公司工程总承包公司/华北分公司/北京科技中心	2021-04-12 17:35:40	项目技术员付工-186	三局项目-分公司流程（记录）	方案清单	详情

图 2–22　方案审批案例

任务 2.4.4
应用智慧变更管理

任务引入

建设工程项目的实施具有复杂性、长期性和动态性特点，任何工程承包合同都不可能预见和覆盖项目实施过程中所有可能的变化，工程变更是不可避免的。工程变更对合同价格和合同工期具有很大的“破坏性”，良好的工程变更管理则有助于建设目标的实现。因此，业主在项目实施阶段对工程变更进行有效的管理具有十分重要的意义。工程变更是一种工程风险，变更和索赔管理实质上是风险管理。众所周知，工程风险对工程项目目标的实现可能是具有灾难性的。风险一旦发生，会直接影响工程项目的投资、进度和质量三大目标的实现。从目前我国工程变更管理的现状来看，建设领域工程变更管理水平普遍不高，对工程变更工作不能有效地进行控制，那么主要存在哪些问题，又该如何采用智慧化的手段解决呢?

知识准备

传统的变更管理目前存在很多问题，包括：变更文件管理不规范；变更洽商文件盖章不齐全、不及时，影响文件效力、结算进度；纸质文件存于资料盒，借阅频繁易丢失；变更传达不到位，下发通知不及时，影响实施进度；变更未交底，实施效果难保障；签收记录未留存，出问题易扯皮等。这无形中增加了成本管控的难度，在竣工决算时也会产生一系列的纠纷与困扰。因此，基于数字化平台的设计变更审批流程应运而生。数字化平台的建立，让设计变更审批手续从线下转为线上，提升了各单位、各部门之间的审批流转效率，有效地解决了组织协调困难以及信息传达滞后等问题，彻底根除了未批先建的隐患。智慧变更管理包括变更台账、变更评审、变更交底、变更复核等审批流程。

变更管理离不开图纸管理，图纸管理作为现场施工技术人员的主要工作，主要工作内容包括组织分包进行图纸会审、设计变更、现场图纸问题协调沟通及相关资料的归档等。由于工程项目周期长、变更多等因素影响，图纸管理过程中存在整理表单工作量大、容易遗忘、过程资料不全等问题。在施工过程中，若发生设计变更，应及时将设计变更通过网页端将图纸导入，将对设计变更的修改部分与图纸进行关联，以便施工管理人员及时掌握设计变更的情况。通过图纸查看相关的变更、会审记录，不遗漏变更，避免返工，如图 2–23 所示。根据工程进度，按生产进度及责任人推送图纸会审及设计变更提醒，减少图纸问题遗漏导致的返工，避免扯皮，如图 2–24 所示。设计变更及工程洽商施工过程记录留痕，单据电子化存档，方便结算有据可依，避免结算损失，如图 2–25 所示。

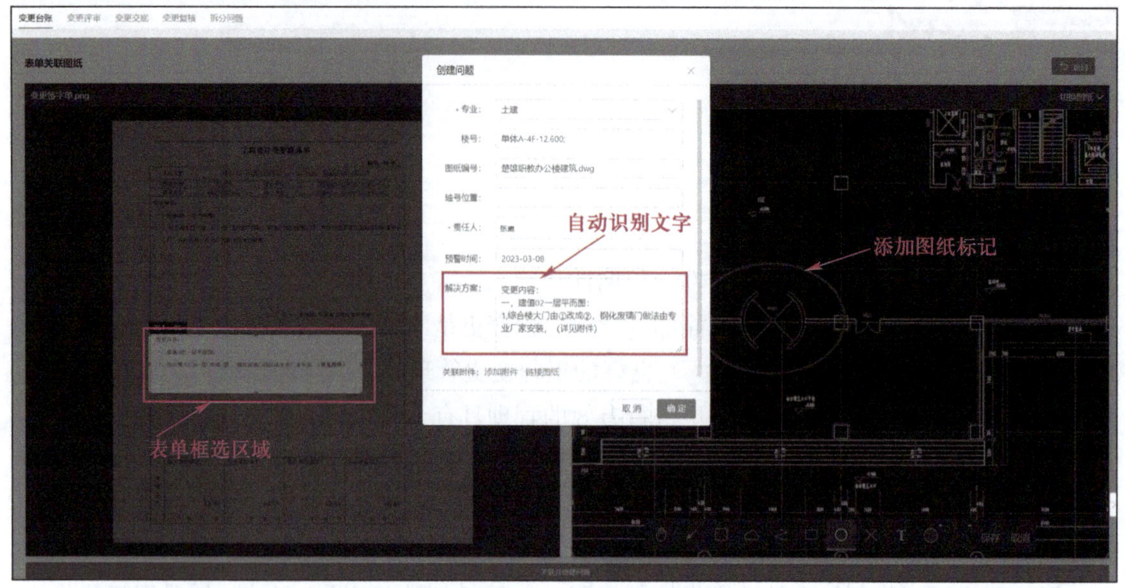

图 2–23　图纸表单关联

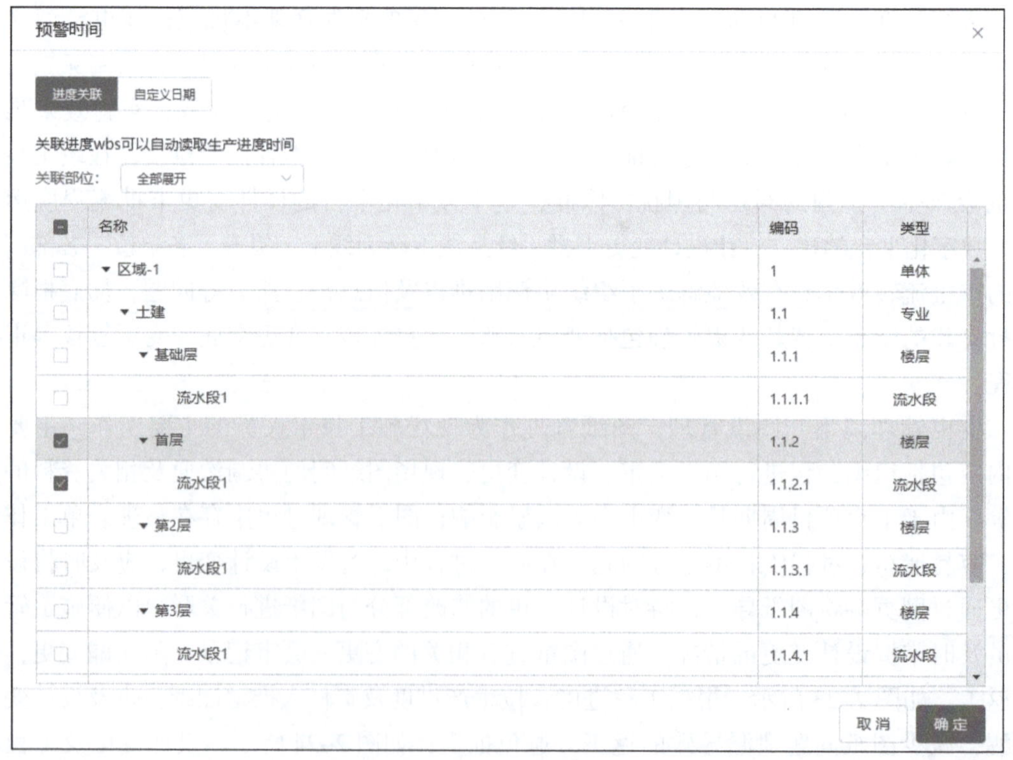

图 2–24　预警提醒

图 2-25　变更结算资料

【场景案例】

地下工程阶段技术交底场景案例请扫二维码学习。

场景案例：地下工程阶段技术交底

【习题与思考】

一、单选题

1. 关于技术管理，下列说法正确的是（　　）。

A. 是企业技术管理基础工作

B. 是项目经理部在施工过程中的基本技术管理工作

C. 施工项目的技术管理就是施工技术管理

D. 是企业技术部门及项目经理部在工程项目施工过程中，对各项技术过程和技术工作的各种要素进行科学管理的统称

2. 下列选项对 IFC 理解正确的是（　　）。

A. IFC 是一个包含各种建设项目设计、施工、运营各个阶段所需要的全部信息的一种基于对象的、公开的标准文件交换格式

B. IFC 是对某个指定项目以及项目阶段、某个特定项目成员、某个特定业务流程所需要交换的信息以及由该流程产生的信息的定义

C. IFC 是对建筑资产从建成到退出使用整个过程中对环境影响的评估

D. IFC 是一种在建筑的合作性设计施工和运营中基于公共标准和公共工作流程的开放资源的工作方式

3. BIM+ 技术管理系统的框架不包括（　　）。

A. 数字例会　　B. 方案交底

C. 变更签证　　D. 图纸管理

4. 建设工程组织流水施工时，其特点之一是（　　）。

A. 同一时间段只能有一个专业队投入流水施工

B. 由一个专业队在各施工段上依次施工

C. 各专业队按施工顺序应连续、均衡地组织施工

D. 施工现场的组织管理简单，工期最短

5. 下列哪项不是划分流水施工段的原则（　　）。

A. 各施工段劳动量大致相等

B. 每个施工段有足够的工作面

C. 多层建筑只需要划分施工段

D. 减少留槎，便于修复

二、多选题

1. 施工过程技术管理工作内容有（　　）。

A. 图纸会审　　B. 技术交底

C. 各种原材的试验与检验　　D. 划分分部分项及检验批

E. 检验批及分部分项工程验收

2. 施工项目技术管理制度包括以下哪些（　　）。

A. 施工项目技术管理责任制　　B. 施工组织设计管理制度

C. 技术交底制度　　D. 工程质量检查及验收制度

E. 安全技术措施管理制度

3. 国际上，由 ISO 组织认证的 BIM 标准主要包括（　　）。

A. IFC　　B. NBIMS

C. IDM　　D. CBIMS

E. IFD

4. 建设工程项目施工过程中，常见的施工组织方式有（　　）。

A. 依次施工　　B. 平行施工

C. 流水施工　　D. 总承包方式

E. 分包方式

5. 对于多层的拟建工程项目，都要划分哪些类型参数？（　　）

A. 工作面　　B. 施工段

C. 施工层　　D. 流水步距

三、判断题

1. 智慧技术管理的内容包括智慧技术交底、智慧图纸管理、智慧方案管理、智慧变更管理等。（　　）

2. CBIMS 标准框架的理论和方法与 NBIMS 标准类似，可以作为我国国家和行业 BIM 标准编制的理论基础。（　　）

3. 组织施工几种方式中，施工工期最短，一次性投入的资源量最集中的方式是流水施工。（　　）

4. 专业工作队在各个施工段上的劳动量要大体相等，其相差幅度不适宜超过 18%~25%。（　　）

5. 智慧化方案管理包括方案清单、方案计划管理、方案报审、方案论证、技术交底、方案审核、方案模板库等。（　　）

四、简答题

1. 简述技术管理的概念及类型。
2. 简述施工项目技术管理的概念及内容。
3. 简述智慧技术管理的概念及内容。
4. 何谓施工段？划分施工段应当遵循的原则有哪些？
5. 简述施工段数（m）与施工过程数（n）之间的关系。

模块 3

工程项目智慧进度控制

项目 3.1 认识建设工程项目进度控制

[学习目标]

知识目标

1. 认识建设工程项目进度控制的内涵。
2. 掌握建设工程项目进度控制的目的。
3. 理解不同利益方的建设工程项目进度控制的任务。

能力目标

1. 能充分理解建设工程项目进度控制的内涵。
2. 能划分管理建设工程项目进度控制的任务。

素养目标

1. 提升建设工程进度控制的管理能力。
2. 培养爱岗敬业的奉献精神。

[思维导图]

项目 3.1

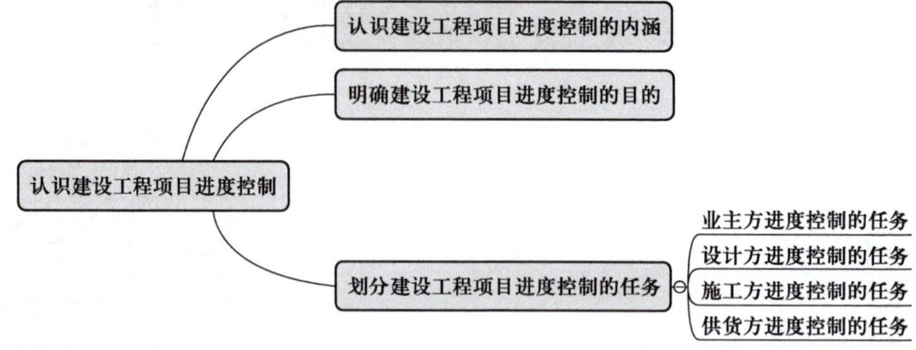

任务 3.1.1 认识建设工程项目进度控制的内涵

任务引入

进度控制是一项重要而复杂的任务，作为楚雄职教办公楼项目的管理人员，你如何认识建设工程项目进度控制?

知识准备

建设工程进度控制是指对工程项目建设各阶段的工作内容、工作程序、持续时间和衔接关系根据进度总目标及资源优化配置的原则编制计划并付诸实施，然后在进度计划的实施过程中经常检查实际进度是否按计划要求进行，并对出现的偏差情况进行分析，采取补救措施或调整、修改原计划后再付诸实施，如此循环，直到建设工程竣工验收交付使用。建设工程项目进度控制的最终目的是确保建设项目按预定的时间动用或提前交付使用。

工程项目工期拖延，使工程不能按期受益，会造成重大损失，影响工程项目的效益。但是只追求加快项目进度，同样会增加大量的额外成本。工程项目建设进度应统一调控，使之与投入资金、设备条件、原材料等方面保持一致，并符合项目所在地的各种自然规律。因此，工程项目进度控制对于工程项目的质量、安全及经济效益具有重要的意义。

建设工程项目的进度控制，是建设工程实施阶段的一项重要而复杂的任务，是实现三大目标控制的重要组成之一。具体来讲，其含义可以从以下两方面理解。

① 建设工程项目进度控制的总目标是实现建设项目按要求的计划时间动用。这个时

间由合同来约定，可以是立项到项目正式启用的整个计划时间，也可能是某个实施阶段的计划时间（如设计阶段或施工阶段的计划工期）。

② 建设工程项目进度控制是贯穿于工程建设的全过程、全方位的系统控制。它涉及建设项目的各个方面，是全面的进度控制。即要对建设的全过程、对整个项目结构、对有关工作实施进度、影响进度的各种因素进行控制和组织协调。

任务 3.1.2 明确建设工程项目进度控制的目的

任务引入

作为楚雄职教办公楼项目的管理人员，你认为建设工程项目进度控制的目的是什么？

知识准备

进度控制的目的是通过控制以实现工程的进度目标。如只重视进度计划的编制，而不重视进度计划必要的调整，则进度无法得到控制。为了实现进度目标，进度控制的过程也就是随着项目的进展，进度计划不断调整的过程。

施工方是工程实施的一个重要参与方，许许多多的工程项目，特别是大型重点建设工程项目，工期要求十分紧迫，施工方的工程进度压力非常大。数百天的连续施工，一天两班制施工，甚至 24 小时连续施工时有发生。不是正常有序地施工，而盲目赶工，难免会导致施工质量问题和施工安全问题的出现，并且会引起施工成本的增加。因此，施工进度控制不仅关系到施工进度目标能否实现，还直接关系到工程的质量和成本。在工程施工实践中，必须树立和坚持一个最基本的工程管理原则，即在确保工程质量的前提下，控制工程的进度。

为了有效地控制施工进度，尽可能摆脱因进度压力而造成工程组织的被动，施工方有关管理人员应加深理解：

① 整个建设工程项目的进度目标如何确定。

② 有哪些影响整个建设工程项目进度目标实现的主要因素。

③ 如何正确处理工程进度和工程质量的关系。

④ 施工方在整个建设工程项目进度目标实现中的地位和作用。

⑤ 影响施工进度目标实现的主要因素。

⑥ 施工进度控制的基本理论、方法、措施和手段等。

任务 3.1.3 划分建设工程项目进度控制的任务

任务引入

建设工程项目管理有多种类型，代表不同利益方的项目管理（业主方和项目参与各方）都有进度控制的任务，但是其控制的目标和时间范畴并不相同，作为楚雄职教办公楼项目的参与者，你如何理解和划分建设工程项目进度控制的任务？

知识准备

业主方进度控制的任务是控制整个项目实施阶段的进度，包括控制设计准备阶段的工作进度、设计工作进度、施工进度、物资采购工作进度，以及项目动用前准备阶段的工作进度。

设计方进度控制的任务是依据设计任务委托合同对设计工作进度的要求控制设计工作进度，这是设计方履行合同的义务。另外，设计方应尽可能使设计工作的进度与招标、施工和物资采购等工作进度相协调。在国际上，设计进度计划主要是各设计阶段的设计图纸（包括有关的说明）的出图计划，在出图计划中标明每张图纸的名称、图纸规格、负责人和出图日期。出图计划是设计方进度控制的依据，也是业主方控制设计进度的依据。

施工方进度控制的任务是依据施工任务委托合同对施工进度的要求控制施工进度，这是施工方履行合同的义务。在进度计划编制方面，施工方应视项目的特点和施工进度控制的需要，编制深度不同的控制性、指导性和实施性的进度计划，以及按不同计划周期（年度、季度、月度和旬）的施工计划等。

供货方进度控制的任务是依据供货合同对供货的要求控制供货进度，这是供货方履行合同的义务。供货进度计划应包括供货的所有环节，如采购、加工制造、运输等。

项目 3.2 建立工程项目进度计划系统

[学习目标]

知识目标

1. 理解建设工程项目进度计划系统。
2. 掌握不同类型建设工程项目进度计划系统。

能力目标

1. 能区分不同类型建设工程项目进度计划系统。
2. 能论证建设工程项目总进度目标。

素养目标

1. 培养求真务实、科学严谨的态度。
2. 提升工程项目总进度目标的管理能力。

[思维导图]

建立工程项目进度计划系统
- 识别建设工程项目进度计划系统
- 区分不同类型建设工程项目进度计划系统
  - 由多个相互关联的不同计划深度的进度计划组成的计划系统
  - 由多个相互关联的不同计划功能的进度计划组成的计划系统
  - 由多个相互关联的不同项目参与方的进度计划组成的计划系统
  - 由多个相互关联的不同计划周期的进度计划组成的计划系统
- 论证建设工程项目总进度目标
  - 项目总进度目标论证的工作内容
  - 项目总进度目标论证的工作步骤

项目 3.2

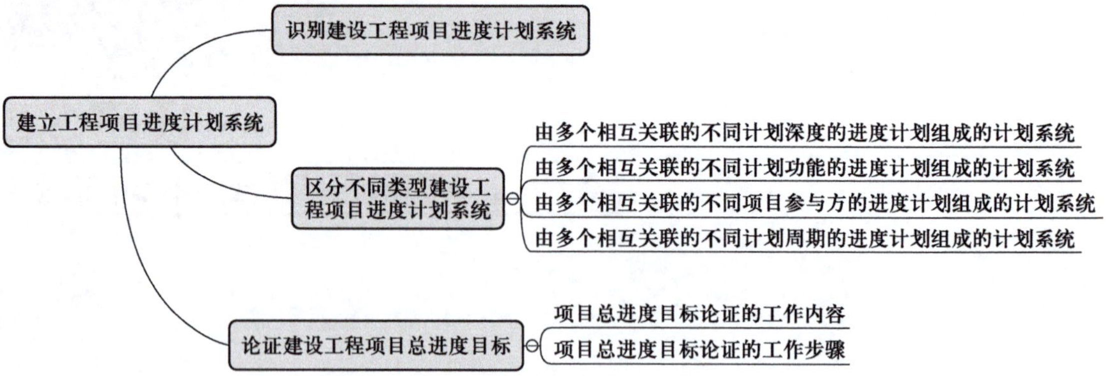

任务 3.2.1 识别建设工程项目进度计划系统

任务引入

建设工程项目是在动态条件下实施的，因此进度控制也是一个动态的管理过程，如何正确识别楚雄职教办公楼项目的进度计划系统？

知识准备

建设工程项目进度计划系统是由多个相互关联的进度计划组成的系统，它是项目进度控制的依据。由于各种进度计划编制所需要的必要资料是在项目进展过程中逐步形成的，因此项目进度计划系统的建立和完善也有一个过程，它是逐步形成的。图 3–1 是一个建设工程项目进度计划系统的示例，这个计划系统有 4 个计划层次。

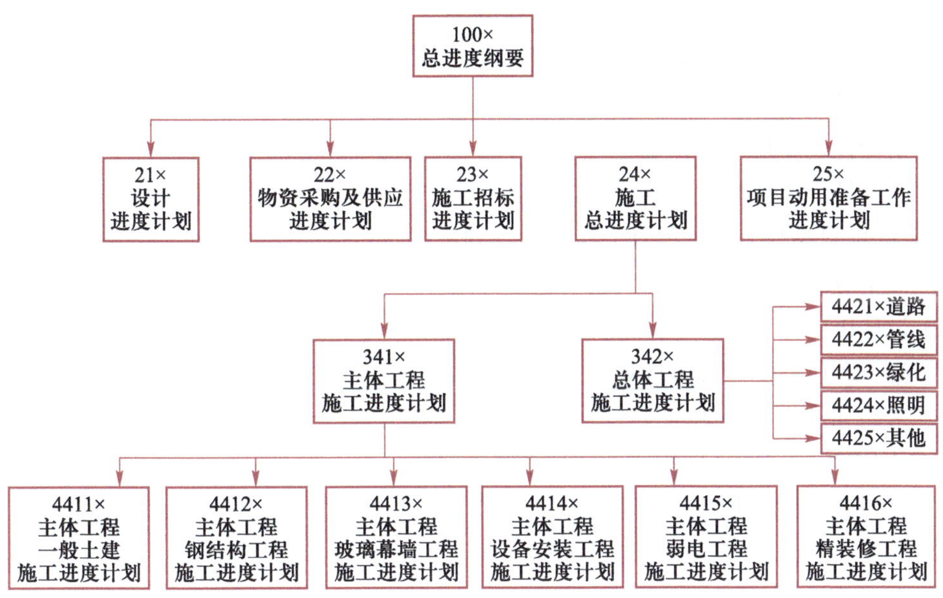

图 3-1　建设工程项目进度计划系统的示例

任务 3.2.2 区分不同类型建设工程项目进度计划系统

任务引入

如何区分楚雄职教办公楼项目中不同类型的进度计划系统呢？

知识准备

根据项目进度控制不同的需要和不同的用途，业主方和项目各参与方可以构建多个不同的建设工程项目进度计划系统。

① 由多个相互关联的不同计划深度的进度计划组成的计划系统。

② 由多个相互关联的不同计划功能的进度计划组成的计划系统。

③ 由多个相互关联的不同项目参与方的进度计划组成的计划系统。

④ 由多个相互关联的不同计划周期的进度计划组成的计划系统等。

图 3-1 所示的建设工程项目进度计划系统示例的第二平面是多个相互关联的不同项目参与方的进度计划组成的计划系统；其第三和第四平面是多个相互关联的不同计划深度的进度计划组成的计划系统。

由不同深度的进度计划构成的计划系统，包括：

① 总进度规划（计划）。

② 项目子系统进度规划（计划）。

③ 项目子系统中的单项工程进度计划等。

由不同功能的进度计划构成的计划系统，包括：

① 控制性进度规划（计划）。

② 指导性进度规划（计划）。

③ 实施性（操作性）进度计划等。

由不同项目参与方的进度计划构成的计划系统，包括：

① 业主方编制的整个项目实施的进度计划。

② 设计进度计划。

③ 施工和设备安装进度计划。

④ 采购和供货进度计划等。

由不同周期的进度计划构成的计划系统，包括：

① 5 年建设进度计划。

② 年度、季度、月度和旬计划等。

任务 3.2.3 论证建设工程项目总进度目标

任务引入

作为项目管理人员，应该如何论证楚雄职教办公楼项目的总进度目标？

知识准备

（1）项目总进度目标论证的工作内容

建设工程项目的总进度目标是指整个工程项目的进度目标，它是在项目决策阶段项目定义时确定的。项目管理的主要任务是在项目的实施阶段对项目的目标进行控制。建设工程项目总进度目标的控制是业主方项目管理的任务（若采用建设项目工程总承包的模式，协助业主进行项目总进度目标的控制也是建设项目工程总承包方项目管理的任务）。在进行建设工程项目总进度目标控制前，首先应分析和论证进度目标实现的可能性。若项目总进度目标不可能实现，则项目管理者应提出调整项目总进度目标的建议，并提请项目决策者审议。

在建设工程项目的实施阶段，项目总进度应包括：

① 设计前准备阶段的工作进度。

② 设计工作进度。

③ 招标工作进度。

④ 施工前准备工作进度。

⑤ 工程施工和设备安装进度。

⑥ 工程物资采购工作进度。

⑦ 项目动用前的准备工作进度等。

建设工程项目总进度目标论证应分析和论证上述各项工作的进度，以及上述各项工作进展的相互关系。

在建设工程项目总进度目标论证时，往往还没有掌握比较详细的设计资料，也缺乏比较全面的有关工程发包的组织、施工组织和施工技术等方面的资料，以及其他有关项目实施条件的资料，因此，总进度目标论证并不是单纯的总进度规划的编制工作，它涉及许多工程实施的条件分析和工程实施策划方面的问题。

大型建设工程项目总进度目标论证的核心工作是通过编制总进度纲要来论证总进度目标实现的可能性。总进度纲要的主要内容包括：

① 项目实施的总体部署。

② 总进度规划。

③ 各子系统进度规划。

④ 确定里程碑事件的计划进度目标。

⑤ 总进度目标实现的条件和应采取的措施等。

（2）项目总进度目标论证的工作步骤

建设工程项目总进度目标论证的工作步骤如下：

① 调查研究和收集资料。

② 项目结构分析。

③ 进度计划系统的结构分析。

④ 项目的工作编码。

⑤ 编制各层进度计划。

⑥ 协调各层进度计划的关系，编制总进度计划。

⑦ 若所编制的总进度计划不符合项目的进度目标，则设法调整。

⑧ 若经过多次调整，进度目标无法实现，则应报告项目决策者。

其中，调查研究和收集资料包括如下工作：

① 了解和收集项目决策阶段有关项目进度目标确定的情况和资料。

② 收集与进度有关的该项目组织、管理、经济和技术资料。

③ 收集类似项目的进度资料。

④ 了解和调查该项目的总体部署。

⑤ 了解和调查该项目实施的主客观条件等。

其中，大型建设工程项目的结构分析是根据编制总进度纲要的需要，将整个项目进行逐层分解，并确立相应的工作目录。

① 一级工作任务目录，将整个项目划分成若干子系统。

② 二级工作任务目录，将每一个子系统分解为若干子项目。

③ 三级工作任务目录，将每一个子项目分解为若干工作项。

整个项目划分成多少结构层，应根据项目的规模和特点而定。其中，大型建设工程项目的计划系统一般由多层计划构成。

① 第一层进度计划，将整个项目划分成若干进度计划子系统。

② 第二层进度计划，将每一个进度计划子系统分解为若干个子项目进度计划。

③ 第三层进度计划，将每一个子项目进度计划分解为若干个工作项的进度计划。整个项目划分成多少计划层，应根据项目的规模和特点而定。

项目的工作编码是指每一个工作项的编码，编码有各种方式，编码时应考虑下述因素。

① 对不同计划层的标识。

② 对不同计划对象的标识（如不同子项目）。

③ 对不同工作的标识（如设计工作、招标工作和施工工作等）。

图 3–2 所示为工作项编码的示例。

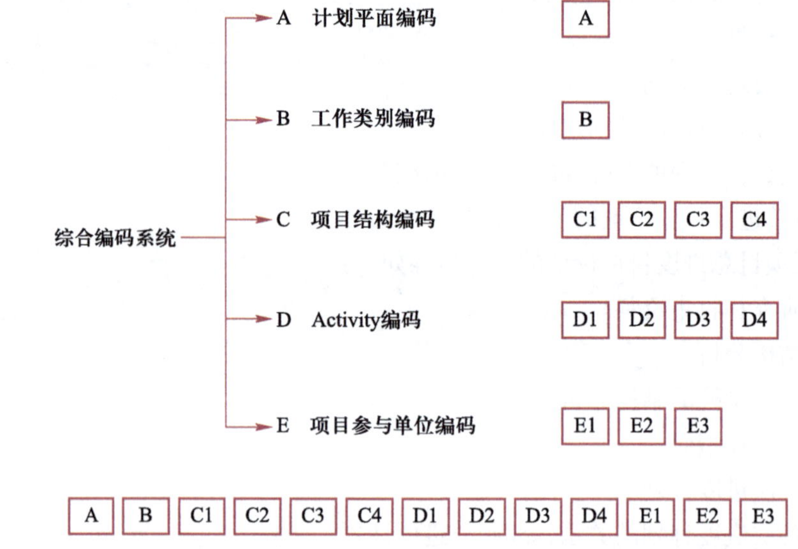

图 3–2 某国际会展中心进度计划的工作项编码（其中 Activity 编码即为工作项编码）

项目 3.3
编制建设工程项目的进度计划

[学习目标]

知识目标

1. 理解不同进度计划编制工具的特点。
2. 掌握不同进度计划的编制方法。
3. 掌握时间参数的计算方法。

能力目标

1. 能根据项目特点和进度计划需求选择合适的编制工具。
2. 能编制双代号网络计划。
3. 能编制单代号网络计划。
4. 能编制时标网络计划。
5. 能编制搭接网络计划。

素养目标

1. 提升科学进度计划的编制能力。
2. 培养理论结合实践的应用能力。

[思维导图]

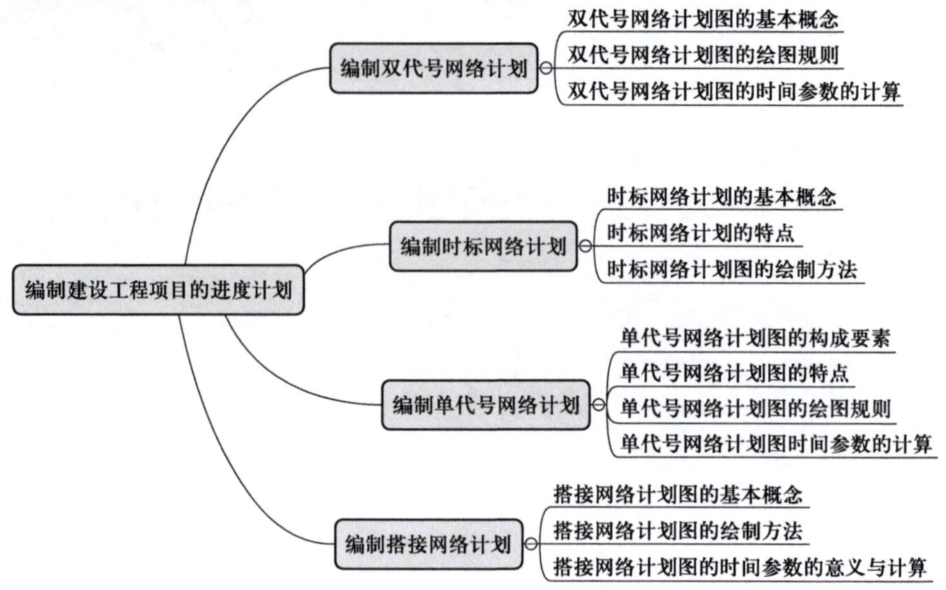

任务 3.3.1
编制双代号网络计划

任务 3.3.1

任务引入

楚雄职教办公楼项目基础工程为桩基工程，分两个施工段组织施工，每个施工段工作内容及持续时间如表 3–1 所示，如何编制双代号网络计划图呢？

表 3–1　基础工程工作内容及持续时间

工作名称	工作代号	持续时间
基础挖土方	A	7 个工作日
人工挖孔桩施工	B	7 个工作日
截桩头、人工清底、验槽	C	3 个工作日
基础垫层、防水层施工	D	3 个工作日
基础底板扎筋	E	3 个工作日
基础支模	F	2 个工作日
基础混凝土浇筑养护	G	1 个工作日

知识准备

（1）双代号网络计划图的基本概念

双代号网络计划图是由箭线、节点等组成的，用以表达各项工作（活动）的先后顺序及彼此之间的制约关系。图 3–3 所示为 1 号楼、2 号楼的车库顶板钢筋混凝土工程的进度计划图。

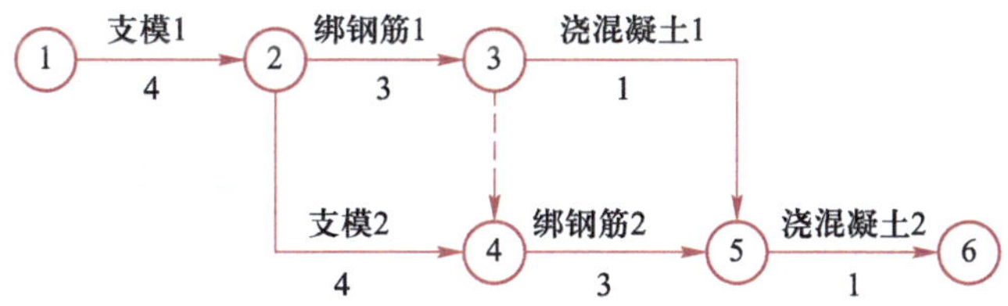

图 3–3　1 号楼、2 号楼车库顶板钢筋混凝土工程双代号网络计划图

① 双代号网络计划图三要素。

a. 箭线。在双代号网络计划图中，箭线表示工作，一条单箭线代表一项具体的工作（活动）。根据进度计划的需求不同，一条箭线可以代表一个工序、一个分项工程、一个分部工程或一个单位工程。箭线要尽量画水平线，也可以用横折线和斜线表示，但要保证箭线大致方向向右。箭线分为实箭线和虚箭线。

- 实箭线，代表一项真实的工作，需要占用时间，但不一定占用资源，用带箭头的实线表示，一般可在箭线的一侧标注工作的名称和持续时间。在双代号网络计划图中，有几项工作，就有几条实箭线。
- 虚箭线，代表一项虚设的、不存在的工作，不消耗时间，也不占用资源，用带箭头的虚线表示。虚工作的作用有两个：一是传达逻辑关系；二是区分工作。图 3–3 中虚箭线的作用是表达逻辑，把节点 3 的含义传递给节点 4，即工作绑钢筋 2 的开始需要工作绑钢筋 1 结束。由于一组节点只能唯一的表示一项工作，图 3–4（b）中虚箭线的作用是区分工作，解决了图 3–4（a）中逻辑表达的错误，1—2 表示工作 A，1—3 表示工作 B。

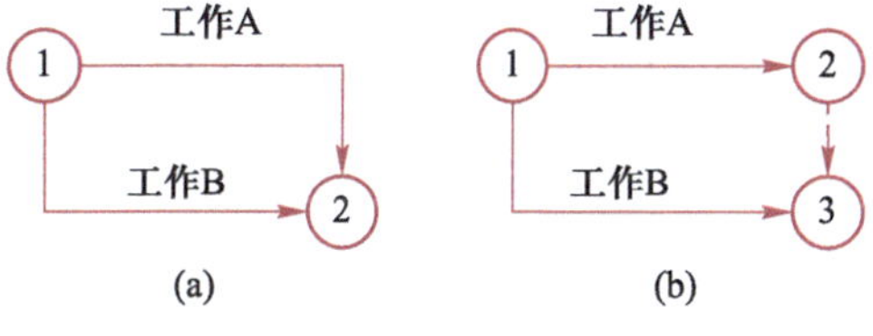

图 3–4　虚箭线区分工作

b. 节点。在双代号网络计划图中，箭线的两端必须连接节点，用带编号的圆圈表示，分别表示该工作的起点和终点。如在图 3–4（b）中，节点①表示工作 A、工作 B 的起点，节点②表示工作 A 的终点，节点③表示工作 B 的终点。在双代号网络计划图中，节点不占用时间，它表示工作开始或结束的瞬间。根据节点的位置不同，可以分为以下三类：

- 起始节点，是整个网络计划图的起点。该节点只有向外的箭线。
- 结束节点，是整个网络计划图的终点。该节点只有向内的箭线。
- 中间节点，既有向内的箭线也有向外的箭线。

c. 线路。在双代号网络计划图中，从起点出发，沿着箭线的方向通过一系列的箭线和节点，到达终点，称为一条线路。如图 3–3 中，①—②—③—⑤—⑥是一条线路。双代号网络计划图可以有多条线路，如图 3–3 中，①—②—③—④—⑤—⑥和①—②—④—⑤—⑥分别是两条线路。

d. 关键线路。在双代号网络计划图中，线路上所有工作持续时间之和称为该线路的持续时间，持续时间最长的线路称为关键线路。关键线路的持续时间即该网络图的计算工期。在一个网络计划图中，关键线路可以是一条，也可以是多条。关键线路上的工作称为关键工作，除关键工作外的工作称为非关键工作。

② 逻辑关系。网络图中，各项工作之间相互制约或相互依赖的关系称为逻辑关系，它包括工艺关系和组织关系。在网络图中，应准确表达各工作之间的逻辑关系。

a. 工艺关系。生产性工作之间由工艺过程决定的，非生产性工作之间由工作程序决定的先后顺序称为工艺关系。

b. 组织关系。工作之间由于组织安排需要或资源（人力、材料、机械设备和资金等）调配需要而确定的先后顺序关系称为组织关系。

网络图必须正确地表达整个工程或任务的工艺流程和各工作开展的先后顺序，以及它们之间相互依赖和相互制约的逻辑关系。因此，绘制网络图时必须遵循一定的基本规则和要求。

（2）双代号网络计划图的绘图规则

① 双代号网络计划图要正确表达逻辑。

② 双代号网络计划图只能有一个起点和一个终点。

③ 双代号网络计划图中，严禁出现循环回路。

④ 双代号网络计划图中，严禁出现带双向箭头或无箭头的连线，如图 3–5(a)、(b) 所示。

⑤ 双代号网络计划图中，严禁在箭线上引入或引出箭线，如图 3–5（c）、(d) 所示。

⑥ 双代号网络计划图中，严禁出现没有箭头节点或没有箭尾节点的箭线。

⑦ 双代号网络计划图中，不允许出现编号相同的节点或工作，箭尾节点的编号要小于箭头节点的编号。

⑧ 双代号网络计划图中，应条理清楚，布局合理。

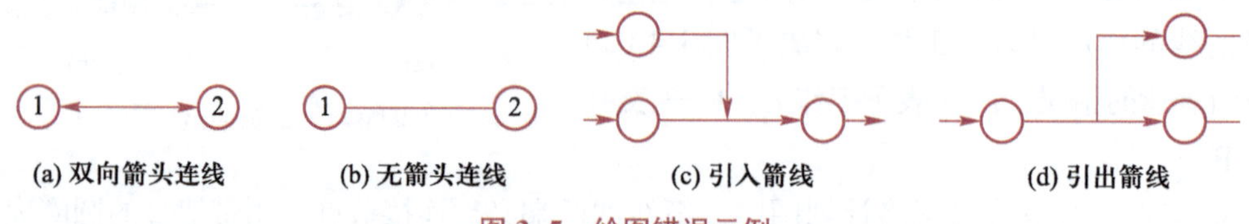

图 3–5　绘图错误示例

（3）双代号网络计划图的时间参数的计算

计算双代号网络计划图的时间参数的目的在于确定网络计划的关键工作、关键线路和计算工期，了解网络计划各项工作潜力，为网络计划的优化、调整和执行提供思路。

① 时间参数的概念。

a. 工作持续时间（D）。工作持续时间是指一项工作从开始到完成所需要的时间。

b. 工期（T）。工期泛指完成任务所需要的时间，一般有以下三种：

- 计算工期。根据网络计划时间参数计算出来的工期，用 T_c 表示；

● 要求工期。任务委托人所要求的工期，用 T_r 表示；

● 计划工期。根据要求工期和计算工期所确定的作为实施目标的工期，用 T_p 表示网络计划的计划工期。T_p 应按下列两种情况分别确定：

当规定了要求工期 T_r 时，$T_p \leq T_r$；

当未规定要求工期 T_r 时，可令 T_p= 计算工期 T_c。

② 双代号网络计划的六个时间参数。

a. 最早开始时间（ES_{i-j}）是指在各紧前工作全部完成后，工作 i—j 有可能开始的最早时刻。

b. 最早完成时间（EF_{i-j}）是指在各紧前工作全部完成后，工作 i—j 有可能完成的最早时刻。

c. 最迟开始时间（LS_{i-j}）是指在不影响整个任务按期完成的前提下，工作 i—j 必须开始的最迟时刻。

d. 最迟完成时间（LF_{i-j}）是指在不影响整个任务按期完成的前提下，工作 i—j 必须完成的最迟时刻。

e. 总时差（TF_{i-j}）是指在不影响总工期的前提下，工作 i—j 可以利用的机动时间。

f. 自由时差（FF_{i-j}）是指在不影响其紧后工作最早开始的前提下，工作 i—j 可以利用的机动时间。

③ 时间参数的计算方法。双代号网络计划时间参数的计算方法一般有按工作计算和按节点计算两种。以下只讨论按工作计算在图上进行计算的方法。

在双代号网络计划图中，箭线代表工作，所以按工作计算时间参数即在箭线上计算，其基本格式如图 3–6 所示。

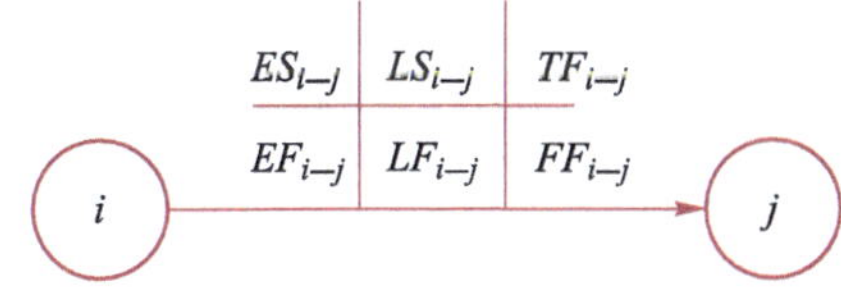

图 3–6　按工作计算时间参数标注格式

a. 工作最早开始时间 ES 和最早结束时间 EF。

● 工作最早时间参数受到紧前工作的约束，故其计算顺序应从起点节点开始，顺着箭线方向依次逐项计算。

● 起始工作的最早开始时间为零，即 ES 起始工作 =0。如图 3–3 中，起始工作“支模板 1”的 ES=0，即第 0 天末开始，也就是第 1 天开始的时刻开始。

● 最早完成时间等于该工作的最早开始时间加上其持续时间，即 $EF=ES+D$，如图 3–3 中，工作“支模板 1”的 EF=0+4=4，即第 4 天末结束。

● 非起始工作的最早开始时间等于各紧前工作的最早完成时间 EF 的最大值，即 ES= max｛EF 紧前工作｝，如图 3–3 中，工作“绑钢筋 2”的紧前工作“支模 2”的 EF=8、“绑钢筋 1”的 EF=7，所以“绑钢筋 2”的 ES=8。

b. 计算工期 T_c。计算工期即通过进度计划算得的工期，计算工期等于结束工作中 EF 的最大值，即 T_c=max｛EF 结束工作｝，如图 3–3 中，计算工期 T_c=12。

c. 最迟开始时间 LS 和最迟结束时间 LF。

● 工作最迟时间参数受到紧后工作的约束，故其计算顺序应从终点节点起，逆着箭线方向依次逐项计算。

• 结束工作的最迟完成时间等于计划工期，即 LF 结束工作 $=T_p$。未规定要求工期时，$T_P=T_c$ 如图 3-3 中，结束工作“浇混凝土 2”的最迟结束时间 $LF=12$。

• 最迟开始时间等于最迟完成时间减去其持续时间，即 $LS=LF-D$。

• 非结束工作的最迟完成时间等于各紧后工作的最迟开始时间 LS 的最小值，即 $LF=\min\{LS$ 紧后工作$\}$，如图 3-3 中，工作“绑钢筋 1”的 $LF=8$。

d. 总时差 TF。某项工作的总时差等于该工作的最迟开始时间减该工作的最早开始时间，或该工作的最迟结束时间减该工作的最早结束时间，即 $TF=LS-ES$ 或 $TF=LF-EF$。

e. 自由时差 FF。

• 某工作的自由时差等于紧后工作最早开始时间的最小值减该工作的最早结束时间，即 $FF=\min\{ES$ 紧后工作$\}-EF$。

• 结束工作的自由时差等于计划工期减本工作的最早结束时间，即 $FF=T_p-EF$。

说明：在双代号网络计划图中，所有参数算得的数字代表该时间的结束时刻。

任务实施

（1）绘图思路

① 按选定的网络图类型和排列方式，确定网络图的合理布局。

② 从起始工作开始，自左至右依次绘制，只有先行工作全部完成后，才能绘制本工作，直至结束工作全部绘完为止。

③ 检查工作和逻辑关系有无错漏，并进行修正。

④ 按网络图绘图规则的要求完善网络图。

⑤ 按网络图的编号要求将节点编号。

（2）绘制双代号网络计划图

楚雄职教办公楼基础工程双代号网络计划图如图 3-7 所示。

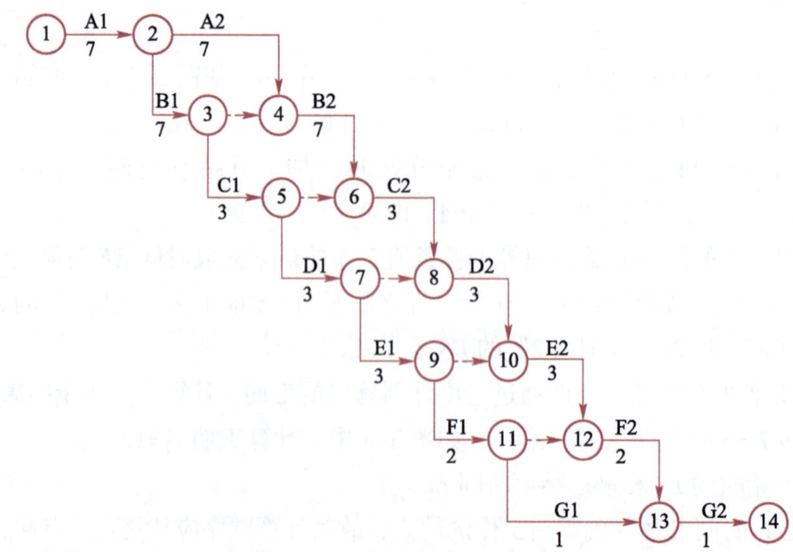

图 3-7　楚雄职教办公楼基础工程双代号网络计划图

任务 3.3.2
编制时标网络计划

任务引入

楚雄职教办公楼项目基础工程为桩基工程，分两个施工段，每个施工段工作内容及持续时间如表 3–1 所示，如何编制时标网络计划图？

知识准备

（1）时标网络计划的基本概念

时标网络计划是将双代号网络计划图绘制在以时间坐标为尺度编制的网络计划，示例如图 3–8 所示。

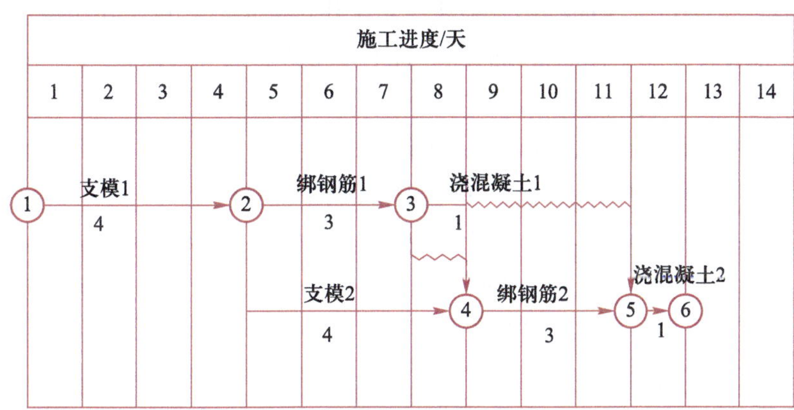

图 3–8　1 号楼、2 号楼车库顶板施工进度时标网络计划图

① 时标网络计划图的含义。在时标网络计划中，节点定位在时间网格上，表示其前序工作的开始、后续工作的结束。节点的位置由其前序工作中，结束时间最晚的时间决定，或者说由后续工作开始时间最早的时间决定。

在时标网络计划图中，以实箭线表示工作，以虚箭线表示虚工作，箭线长度表示工作的持续时间，以波形线表示工作的自由时差。

在时标网络计划图中，没有波形线的那条路线是关键线路。关键线路可以有多条。

② 时标网络计划图的分类。

a. 早时标网络计划。即以节点的最早时间确定节点在时标网格中的位置。

b. 迟时标网络计划。即以节点的最迟时间确定节点在时标网格中的位置。

（2）时标网络计划的特点

时标网络计划是以水平时间坐标为尺度编制的双代号网络计划，其主要特点如下：

① 时标网络计划兼有网络计划与横道计划的优点，它能够清楚地表明计划的时间进程，使用方便。

② 时标网络计划能在图上直接显示出各项工作的开始与完成时间、工作的自由时差及关键线路。

③ 在时标网络计划中可以统计每一个单位时间对资源的需要量，以便进行资源优化和调整。

④ 由于箭线受到时间坐标的限制，当情况发生变化时，对网络计划的修改比较麻烦，往往要重新绘图。但在使用计算机以后，这一问题已较容易解决。

（3）时标网络计划图的绘制方法

① 间接法。先计算双代号网络计划图的时间参数，根据时间参数确定节点位置，画出时标网络计划图，具体步骤如下：

a. 根据工作之间的逻辑关系画出双代号网络计划图。

b. 计算双代号网络计划的时间参数。

c. 根据工期画出有时间标注的网格。

d. 根据算得的时间参数在网格上确定节点的位置。

e. 画工作，从节点依次向外绘出箭线，实工作用实箭线，虚工作用虚箭线，从工作的起点出发，箭线长度为工作的持续时间。若工作起始节点与结束节点之间的时间大于工作持续时间，则用波形线补足。

f. 检查是否有逻辑错误、遗漏节点及工作。

② 直接法。无须计算时间参数，在时间标注网格上直接绘制，具体步骤如下：

a. 根据工作之间的逻辑关系画出双代号网络计划图，并找出关键线路。

b. 在时间标注的网格上从起点开始，依次画出关键线路。

c. 从起始节点开始，按照工作的持续时间，依次补画非关键工作。非关键工作结束节点的位置，由指向该节点的工作中箭头决定，其余的未到达结束节点的工作用波形线补齐。

任务实施

此处我们用直接法绘图，步骤如下。

根据上节绘制的楚雄职教办公楼基础工程双代号网络计划图，找到关键线路有2条，分别为①—②—④—⑥—⑧—⑩—⑫—⑬—⑭和①—②—③—④—⑥—⑧—⑩—⑫—⑬—⑭，确定工期为33天。故绘制工期为33天的网格，如图3-9所示。

① 绘制关键线路。

② 绘制非关键工作。

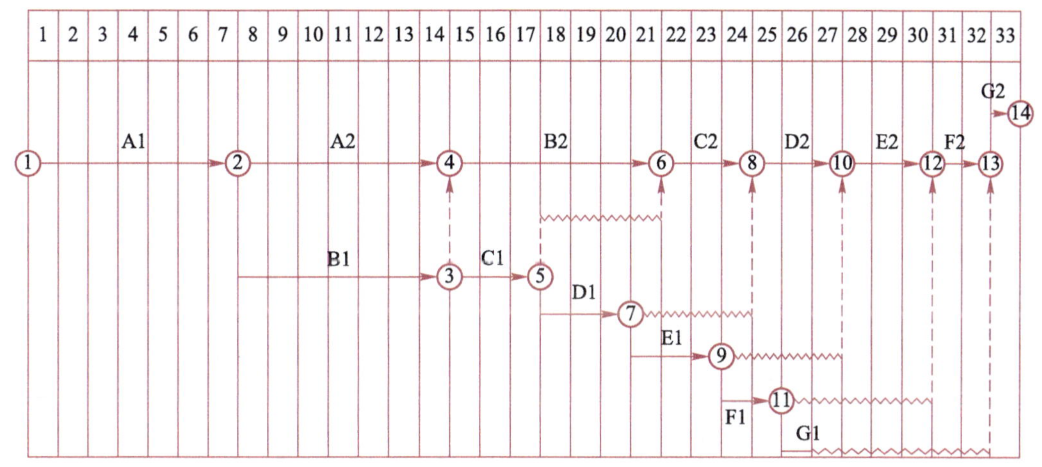

图 3–9 楚雄职教办公楼基础工程时标网络计划图

任务 3.3.3 编制单代号网络计划

任务 3.3.3

任务引入

楚雄职教办公楼项目基础工程为桩基工程，分两个施工段，每个施工段工作内容及持续时间如表 3–1 所示，如何编制单代号网络计划图？

知识准备

（1）单代号网络计划图的构成要素

单代号网络图是以节点及其编号表示工作，以箭线表示工作之间逻辑关系的网络图，并在节点中加注节点编号、工作名称和持续时间，以形成单代号网络计划，如图 3–10 所示。

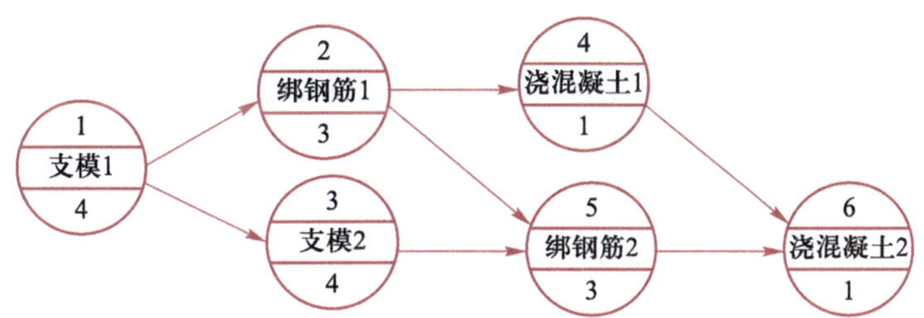

图 3–10 1 号楼、2 号楼车库顶板施工进度单代号网络计划图

① 节点。在单代号网络计划图中，用节点表示工作，一个节点表示一项工作。节点可以用圆圈或矩形表示，并在内部标注上节点编号、工作名称和持续时间，如图 3–11（a）所示。每个节点有唯一的节点编号，一般从 1 开始连续编号。一个网络计划图有一个起点

和一个终点，当网络图有多项起始工作时，需创建一个虚拟的工作节点 St 作为该网络图的起点。网络图有多项结束工作时，需创建一个虚拟工作节点 Fin 作为该网络图的终点，如图 3–11（b）所示。

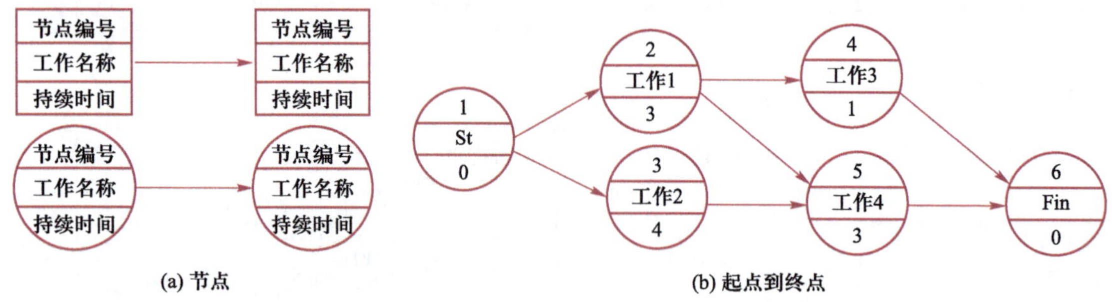

图 3–11　单代号基本结构及网络计划图

② 箭线。在单代号网络计划图中，用实箭线连接节点（图 3–11），表示工作之间的逻辑关系，箭线既不占用时间，也不消耗资源。在单代号网络计划图中，由于节点表示工作，所以不再有虚箭线了，工作之间的逻辑关系直接用实箭线表达。

③ 线路。从起始节点开始，由节点和箭线串联形成的到达终点的路径称为线路。

（2）单代号网络计划图的特点

单代号网络图与双代号网络图相比，具有以下特点：

① 工作之间的逻辑关系容易表达，且不用虚箭线，故绘图较简单。

② 网络图便于检查和修改。

③ 由于工作持续时间表示在节点之中，没有长度，故不够直观。

④ 表示工作之间逻辑关系的箭线可能产生较多的纵横交叉现象。

（3）单代号网络计划图的绘图规则

单代号网络计划图的绘图规则与双代号网络计划图基本一致，此处不再赘述。

（4）单代号网络计划图的时间参数计算

单代号网络计划时间参数意义与双代号网络计划一致，其标注形式如图 3–12 所示。

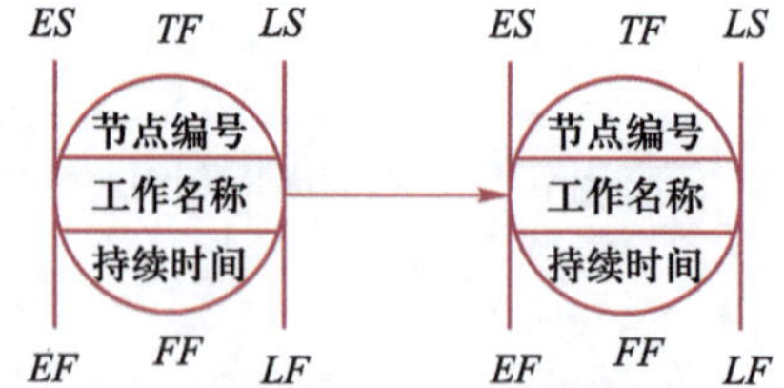

图 3–12　单代号网络计划时间参数标注格式

单代号网络计划时间参数计算方法与双代号网络计划一致，此处不再赘述。

任务实施

单代号网络计划图绘图思路与双代号网络计划图基本一致，此处不再赘述。绘制的单代号网络计划图如图 3–13 所示。

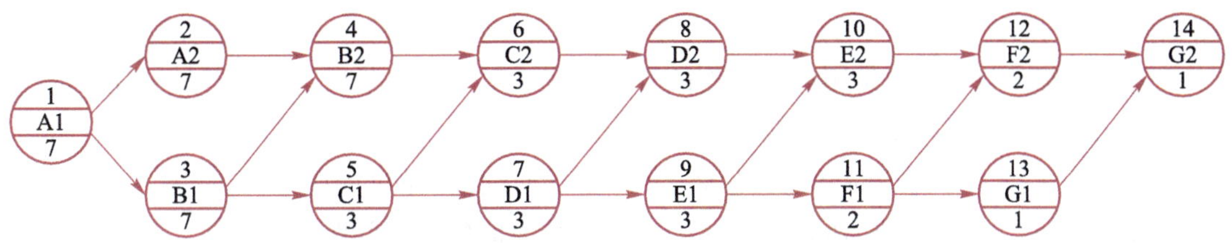

图 3-13 楚雄职教办公楼基础工程单代号网络计划图

任务 3.3.4 编制搭接网络计划

任务引入

任务 3.3.4

楚雄职教办公楼项目基础工程为桩基工程，分两个施工段，每个施工段工作内容及持续时间如表 3-1 所示。已知 $STS_{B,C}$=5 天，$FTF_{C,D}$=2 天，$FTS_{D,E}$=2 天，$STF_{F,G}$=4 天，请计算搭接网络图的时间参数。

知识准备

（1）搭接网络计划图的基本概念

① 概念。在双代号和单代号网络计划中，各项工作按顺序依次进行，即任何一项工作都必须在它的紧前工作全部完成后才能开始。但在实际工程中，存在几项工作搭接的情况，如图 3-14（a）以横道图表示相邻的 A、B 两工作，A 工作进行 2 d 后，B 工作即可开始，而不必要等 A 工作全部完成。这种情况若按依次顺序用网络图表示，就必须把 A 工作分为两部分，即 A1 和 A2 工作，以双代号网络图表示如图 3-14（b）所示，以单代号网络图表示如图 3-14（c）所示。

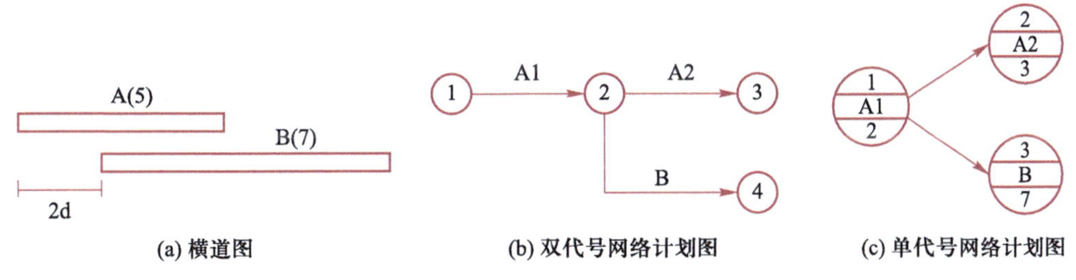

图 3-14 横道图和网络图

为了简单直接地表达这种搭接关系，基于单代号网络图的基本结构，出现了搭接网络计划图。

② 基本构成。搭接网络计划图是在单代号网络计划图的基础上表示的，其基本结构与单代号网络计划图一致。为了表示工作之间的搭接、间歇关系，在工作之间的箭线上标

注工作之间的时距，如图 3–15 所示。

工作的搭接顺序关系是用前项工作的开始或完成时间与其紧后工作的开始或完成时间之间的间距来表示，具体有以下四类：

$FTS_{i,j}$——工作 i 完成时间与其紧后工作 j 开始时间的时间间距；

$FTF_{i,j}$——工作 i 完成时间与其紧后工作 j 完成时间的时间间距；

$STS_{i,j}$——工作 i 开始时间与其紧后工作 j 开始时间的时间间距；

$STF_{i,j}$——工作 i 开始时间与其紧后工作 j 完成时间的时间间距。

（2）搭接网络计划图的绘制方法

搭接网络计划与单代号网络计划的绘制规则、方法完全一致。

（3）搭接网络计划图的时间参数的意义与计算

搭接网络计划中的时间参数基本内容和标注形式与单代号网络计划基本一致，如图 3–16 所示方式。工作之间的时间参数（如 *FTS*、*FTF*、*STS*、*STF* 和时间间隔 *LAG*）标注在箭线的上下方。

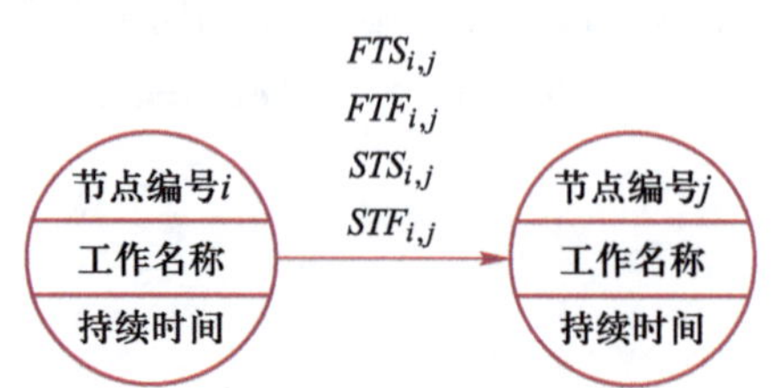

图 3–15　搭接网络图时距标注格式

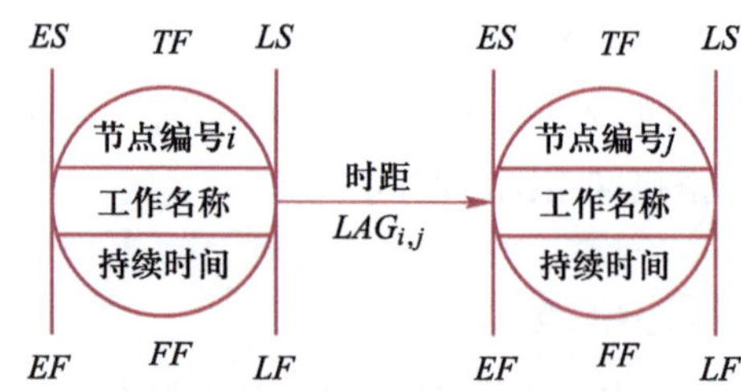

图 3–16　搭接网络计划图时间参数标注格式

① 时间参数的意义。

a. 完成到开始时距（*FTS*）的连接方法。完成到开始时距（*FTS*）的连接方法如图 3–17 所示，表示紧前工作 i 的完成时间与紧后工作 j 的开始时间之间的时距和连接方法。

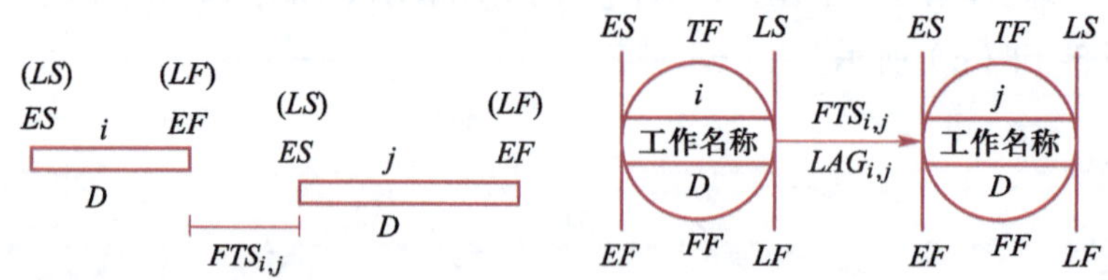

图 3–17　完成到开始时距（*FTS*）的连接方法

例如，楼板混凝土浇筑完成后，需有一定的养护时间才能进行下道工序，这里的等待时间就是 *FTS* 时距。

当 *FTS*=0 时，即紧前工作 i 的完成时间等于紧后工作 j 的开始时间，这时紧前工作与紧后工作紧密衔接；当计划所有相邻工作的 *FTS*=0 时，整个搭接网络计划就成为一般的单代号网络计划。因此，一般的依次顺序关系只是搭接关系中的一种特殊表现形式。

b. 完成到完成时距（*FTF*）的连接方法。完成到开始时距（*FTF*）的连接方法如图 3–18 所示，表示紧前工作 i 的完成时间与紧后工作 j 的完成时间之间的时距和连接方法。

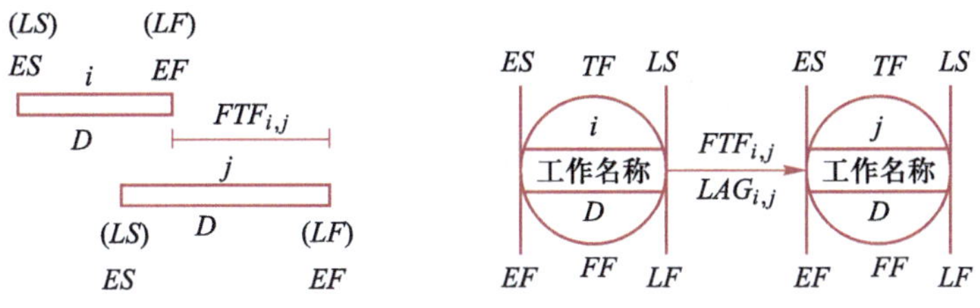

图 3-18　完成到完成时距（*FTF*）的连接方法

例如，柱钢筋绑扎工作有延迟，为了后续工作支模板的正常进行，需要考虑为其留出足够的工作面，这种结束工作之间的时间间隔就是 *FTF* 时距。

c. 开始到开始时距（*STS*）的连接方法。开始到开始时距（*STS*）的连接方法如图 3-19 所示，表示紧前工作 i 的开始时间与紧后工作 j 的开始时间之间的时距和连接方法。

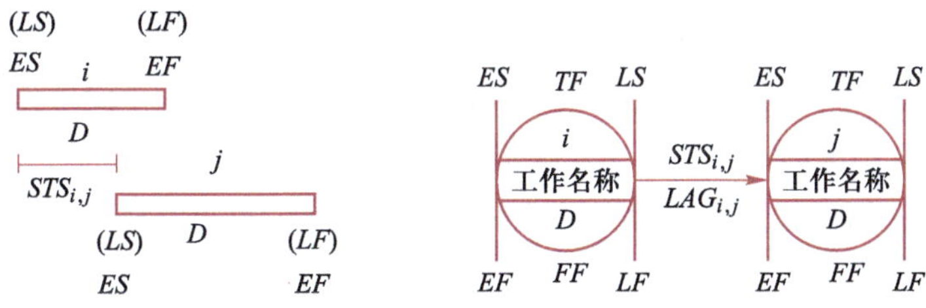

图 3-19　开始到开始时距（*STS*）的连接方法

例如，柱钢筋绑扎和柱模板施工，当柱钢筋绑扎开始一段时间为模板创造了施工条件后，模板即可开始施工。这种开始工作之间的时间间隔就是 *STS* 时距。

d. 开始到完成时距（*STF*）的连接方法。

开始到完成时距（*STF*）的连接方法如图 3-20 所示，表示紧前工作 i 的开始时间与紧后工作 j 的完成时间之间的时距和连接方法。

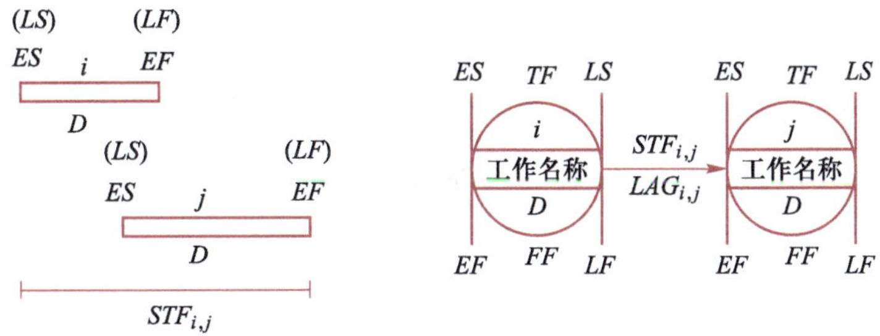

图 3-20　开始到完成时距（*STF*）的连接方法

e. 混合时距的连接方法。在搭接网络计划中，两项工作之间可同时由四种基本连接关系中两种以上来限制工作间的逻辑关系，例如 i、j 两项工作可能同时由 *STS* 与 *FTF* 时距限制，或 *STF* 与 *FTS* 时距限制等。

② 时间参数的计算

a. 最早参数。

- 计算最早时间参数必须从起始节点开始，沿着节点序号依次进行，只有紧前工作计算完毕，才能计算本工作。

- 起始工作最早开始时间都应为零，即 $ES=0$。
- 假设工作 i 结束后开始 j 工作，则工作 j 的开始时间应按下列步骤进行：

相邻时距为 $STS_{i,j}$ 时，$ES_j=ES_i+STS_{i,j}$；

相邻时距为 $FTF_{i,j}$ 时，$ES_j=ES_i+D_i+FTF_{i,j}-D_j$；

相邻时距为 $STF_{i,j}$ 时，$ES_j=ES_i+STF_{i,j}-D_j$；

相邻时距为 $FTS_{i,j}$ 时，$ES_j=ES_i+D_i+FTS_{i,j}$。

- 计算工作最早时间，当出现最早开始时间为负值时，应将该工作 j 与起点节点用虚箭线相连接，并确定其时距为：$STS_{\text{起点节点},j}=0$。
- 工作 j 的最早完成时间 EF_j 为：$EF_j=ES_j+D_j$。
- 当有两种以上的时距（有两项工作或两项以上紧前工作）限制工作间的逻辑关系时，应分别进行计算其最早时间，取其最大值。
- 搭接网络计划中，全部工作的最早完成时间的最大值若在中间工作 k，则该中间工作 k 应与终点节点用虚箭线相连接，并确定其时距为 $FTF_{k,\text{结束工作}}=0$。
- 搭接网络计划计算工期 T_c 由与终点相联系的工作的最早完成时间的最大值决定。

b. 时间间隔 $LAG_{i,j}$

两项相邻工作 i 和 j 之间，在满足时距后，如果还有时间间隔，则时间间隔计算方法如下：

$$LAG_{i,j}=\min\begin{bmatrix} ES_j-EF_i-FTS_{i,j} \\ ES_j-ES_i-STS_{i,j} \\ EF_j-EF_i-FTF_{i,j} \\ EF_j-ES_i-STF_{i,j} \end{bmatrix}$$

c. 总时差

- 搭接网络图的总时差应从结束工作开始，逆着箭线方向依次计算。
- 结束工作的总时差为 $TF=T_p-EF$。
- 非结束工作 i 的总时差为 $TF_i=\min\{TF_j-LAG_{i,j}\}=LS_i-ES_i=LF_i-EF_i$。

d. 自由时差

- 结束工作的自由时差为 $FF=T_p-EF$。
- 非结束工作 i 的自由时差为 $FF_i=\min\{LAG_{i,j}\}$。

e. 最迟完成时间。

- 工作 i 的最迟完成时间 LF_i 应从网络计划的终点节点开始，逆着箭线方向依次逐项计算。当部分工作分期完成时，有关工作的最迟完成时间应从分期完成的节点开始逆向逐项计算。
- 结束工作的最迟完成时间 LF，应按网络计划的计划工期 T_p 确定，即 $LF=T_p$。
- 非结束工作 i 的最迟完成时间 LF_i 为：$LF_i=EF_i+TF_i$。

或

$$LF_i=\min\begin{bmatrix} LS_j-FTS_{i,\ j} \\ LS_j-STS_{i,\ j}+D_i \\ LF_j-FTF_{i,\ j} \\ LF_j-STF_{i,\ j}+D_i \end{bmatrix}$$

f. 关键工作和关键线路的确定。

- 确定关键工作。关键工作是总时差最小的工作。搭接网络计划中，当计划工期等于计算工期时，工作的总时差最小值为零，当要求工期大于计算工期时，总时差最小值为正值。

- 确定关键线路。关键线路是自始至终全部由关键工作组成的线路或线路上总的工作持续时间最长的线路。该线路在网络图上应用粗线、双线或彩色线标注在搭接网络计划中，从起点节点开始到终点节点均为关键工作，且所有工作的时间间隔均为零的线路应为关键线路。

任务实施

任务引入中楚雄职教办公楼基础工程的施工进度计划及时间参数如图 3-21 所示。

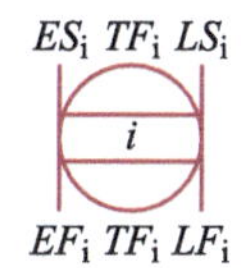

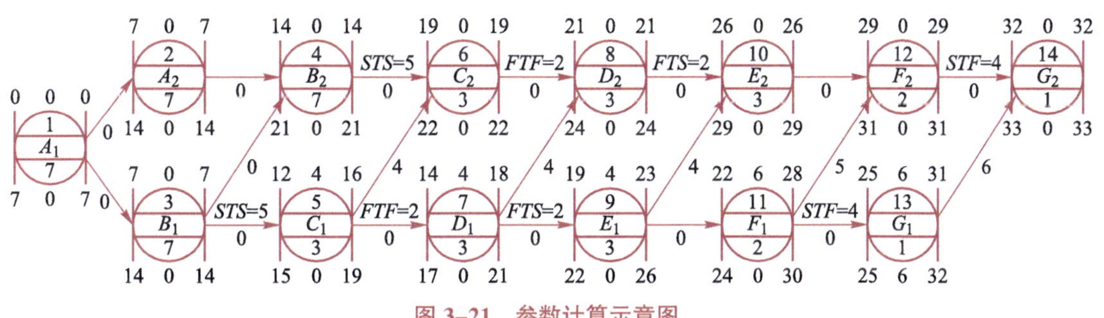

图 3-21 参数计算示意图

项目 3.4 控制建设工程项目的进度计划

[学习目标]

知识目标

1. 熟悉建设工程项目进度控制的原理。
2. 掌握建设工程项目进度计划检查与调整方法。
3. 掌握建设工程项目进度计划调整的措施。

能力目标

1. 能熟练应用数字项目管理平台进行项目进度计划检查。
2. 能熟练运用数字化手段，根据项目实际调整项目进度计划。

素养目标

1. 培养理论结合实践的应用能力。
2. 提升工程项目管理能力。

[思维导图]

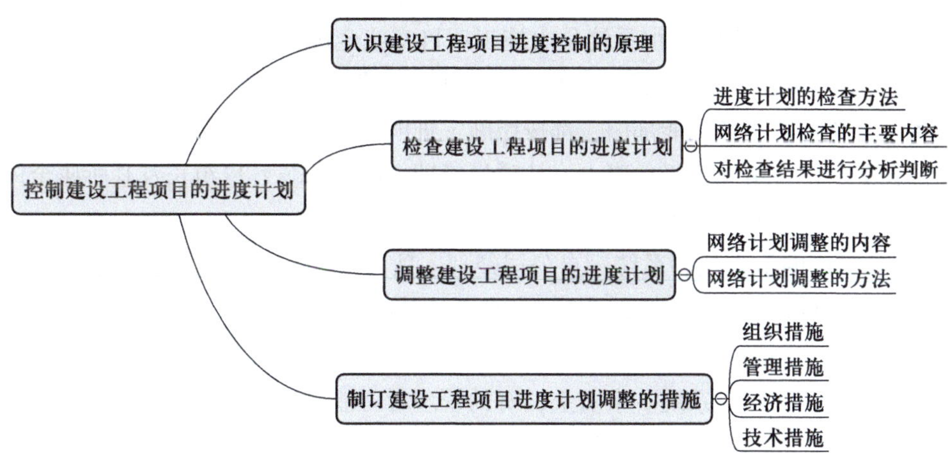

任务 3.4.1 认识建设工程项目进度控制的原理

任务 3.4.1

任务引入

楚雄职教办公楼项目进入施工阶段，发现实际进度与进度计划不一致，需要对项目的进度进行控制。在进行项目控制过程中，需要遵循哪些原理呢？

知识准备

（1）动态控制原理

施工项目进度控制是一个不断进行的动态控制的过程，也是一个循环进行的过程。它从项目施工开始，实际进度出现运动的轨迹，也就是计划进入执行的动态。当实际进度按照计划进度进行时，进度无偏差；当实际进度与计划进度不一致时，会产生超前或落后的偏差。因此项目管理人员应分析偏差的原因，采取相应的措施，调整原来的计划，使两者在新的起点上重合，继续按期进行施工活动，并且尽量发挥组织管理的作用，使实际工作按计划进行。但是在新的干扰因素作用下，又会产生新的偏差。施工进度计划控制就是采用这种动态循环的控制方法。

（2）系统原理

① 施工项目计划系统为了对施工项目实行进度计划控制，首先必须编制施工项目的各种进度计划。包括施工项目总进度计划、单位工程进度计划、分部分项工程进度计划、季度和月（旬）作业计划，这些计划组成一个施工项目进度计划系统。计划的编制对象由

大到小，计划的内容从粗到细。编制时从总体计划到局部计划，逐层进行控制目标分解，以便保证计划控制目标的落实。执行计划时，从月（旬）作业计划开始实施，按目标逐级进行控制，从而达到对施工项目整体进度目标的控制作用。

② 施工项目进度实施组织系统是由施工项目实施全过程的各专业队伍组成，其中各个专业队伍都需要遵照规定的目标去努力完成项目任务。施工项目经理和有关劳动调配、材料设备、采购运输等各职能部门，都按照施工进度规定的要求进行严格管理、落实和完成各自的任务。施工组织各级负责人，从项目经理、施工队长、班组长及其所属全体成员组成了施工项目实施的完整组织系统。

③ 项目进度的检查控制系统，自公司经理、项目经理，一直到作业班组都设有专门职能部门或人员负责检查汇报，统计整理实际施工进度的资料，并与计划进度比较分析和进行调整。当然，不同层次人员负有不同的进度控制职责，需要分工协作，形成一个纵横连接的施工项目控制组织系统。事实上，有的管理者可能是计划的实施者又是计划的控制者。实施是计划控制的落实，控制是计划按期实施的保证。

（3）信息反馈原理

信息反馈是施工项目进度控制的主要环节，施工的实际进度通过信息反馈给基层施工项目进度控制的工作人员，在分工的职责范围内，经过对其加工，再将信息逐级向上反馈，直到主控制室，主控制室整理统计各方面的信息，经比较分析做出决策，调整进度计划，使其符合预定工期目标。若不应用信息反馈原理，缺乏信息反馈，则无法进行计划控制。施工项目进度控制的过程就是信息反馈的过程。

（4）弹性原理

施工项目进度计划工期长、影响进度的因素多，部分因素可根据统计经验，估计影响的程度和出现的可能性，并在确定进度目标时，进行目标的风险分析。计划编制者具备了相关知识和实践经验后，编制施工项目进度计划时就会留有余地，使施工进度计划具有弹性。在进行施工项目进度控制时，便可以利用这些弹性，缩短有关工作的时间，或者改变它们之间的搭接关系，使检查之前拖延的工期，通过缩短剩余计划工期的方法，达到预期的计划目标。这就是施工项目进度控制中对弹性原理的应用。

（5）封闭循环原理

项目的进度计划控制的全过程是计划、实施、检查、比较分析、确定调整措施、再计划。从编制项目施工进度计划开始，经过实施过程中的跟踪检查，收集有关实际进度的信息，比较和分析实际进度与施工计划进度之间的偏差，找出产生偏差的原因和解决办法，确定调整措施，再修改原进度计划，形成一个封闭的循环系统。

（6）网络计划技术原理

在施工项目进度的控制中利用网络计划技术原理编制进度计划，根据收集的实际进度信息，比较和分析进度计划，利用网络计划的工期优化、工期与成本优化和资源优化的理论调整计划。网络计划技术原理是施工项目进度控制的完整的计划管理和分析计算理论基础。

任务 3.4.2 检查建设工程项目的进度计划

任务 3.4.2

任务引入

楚雄职教办公楼项目进入施工阶段，项目进度与原进度计划发生偏差。需要管理人员对项目进度进行检查，找出偏差位置，偏差原因等。根据项目实际，我们需要检查哪些内容，并运用哪些方法进行检查呢？

知识准备

在计划执行过程中，由于组织、管理、经济、技术、资源、环境和自然条件等因素的影响，往往会造成实际进度与计划进度产生偏差，如果偏差不能及时纠正，必将影响进度目标的实现。因此，在计划执行过程中采取相应措施来进行管理，对保证计划目标的顺利实现具有重要意义。

进度计划执行中的管理工作主要有检查并掌握实际进展情况、分析产生进度偏差的主要原因、确定相应的纠偏措施或调整方法。

（1）进度计划的检查方法

1）计划执行中的跟踪检查。

在网络计划的执行过程中，必须建立相应的检查制度，定时定期地对计划的实际执行情况进行跟踪检查，收集反映实际进度的有关数据。

2）收集数据的加工处理。

收集反映实际进度的原始数据量大面广，必须对其进行整理、统计和分析，形成与计划进度具有可比性的数据，以便在网络图上进行记录。根据记录的结果可以分析判断进度的实际状况，及时发现进度偏差，为网络图的调整提供信息。

3）实际进度检查记录的方式。

① 当采用时标网络计划时，可采用实际进度前锋线记录计划实际执行状况，进行实际进度与计划进度的比较。

实际进度前锋线是在原时标网络计划上，自上而下地从计划检查时刻的时标点出发，用点画线依次将各项工作实际进度达到的前锋点连接而成的折线。通过实际进度前锋线与原进度计划中各工作箭线交点的位置可以判断实际进度与计划进度的偏差。前锋线检查计划步骤如下。

a. 绘制时标网络计划。施工项目实际进度前锋线在时标网络计划上进行标示。

b. 绘制实际进度前锋线。从时标网络计划上方时间坐标的检查日期开始绘制，依次连接在相邻工作的实际进展位置点，最后与时标网络计划下方坐标的检查日期相连接。

c. 实际进度与计划进度比较。实际进度与计划进度之间的关系可能存在以下三种情况：

● 工作实际进展位置点落在检查日期的左侧，表明该工作实际进度拖后，拖后的时间为两者之差；

● 工作实际进展位置点落在检查日期的右侧，表明该工作实际进度超前，超前的时间为两者之差；

● 工作实际进展位置点与检查日期重合，表明该工作实际进度与计划进度一致。

● 预测进度偏差对后续工作及总时差的影响。通过实际进度与计划进度的比较，确定进度偏差后，还可以根据工作的自由时差和总时差预测该进度偏差对后续工作及总时差的影响情况。

前锋线法既适用于工作实际进度与计划进度之间的局部比较，又可用来分析和预测施工项目整体进度状况。

② 当采用无时标网络计划时，可在图上直接用文字、数字、适当符号或列表记录计划的实际执行状况，进行实际进度与计划进度的比较。

（2）网络计划检查的主要内容

① 关键工作进度。

② 非关键工作的进度及时差利用情况。

③ 实际进度对各项工作之间逻辑关系的影响。

④ 资源状况。

⑤ 成本状况。

⑥ 存在的其他问题。

（3）对检查结果进行分析判断

通过对网络计划执行情况检查的结果进行分析判断，可为计划的调整提供依据。一般应进行如下分析判断。

① 对时标网络计划宜利用绘制的实际进度前锋线，分析计划的执行情况及其发展趋势，对未来的进度作出预测、判断，找出偏离计划目标的原因及可供挖掘的潜力所在。

② 对无时标网络计划，宜根据实际情况对计划中未完成的工作进行分析判断。

任务 3.4.3 调整建设工程项目的进度计划

任务 3.4.3

任务引入

对楚雄职教办公楼项目根据进度计划检查存在的问题及原因分析，需要完成进度计划的调整。针对不同的情况，我们都可以运用怎样的方法进行调整呢？关键线路的调整需要注意哪些问题呢？

知识准备

（1）网络计划调整的内容

① 调整关键线路的长度。

② 调整非关键工作时差。

③ 增、减工作项目。

④ 调整逻辑关系。

⑤ 重新估算某些工作的持续时间。

⑥ 对资源的投入做相应调整。

（2）网络计划调整的方法

① 调整关键线路的方法。

a. 当关键线路的实际进度比计划进度拖后时，应在尚未完成的关键工作中，选择资源强度小或费用低的工作缩短其持续时间，并重新计算未完成部分的时间参数，将其作为一个新计划实施。

b. 当关键线路的实际进度比计划进度提前时，若不拟提前工期，应选用资源占用量大或者直接费用高的后续关键工作，适当延长其持续时间，以降低其资源强度或费用；当确定要提前完成计划时，应将计划尚未完成的部分作为一个新计划，重新确定关键工作的持续时间，按新计划实施。

② 非关键工作时差的调整方法。

非关键工作时差的调整应在其时差的范围内进行，以便更充分地利用资源、降低成本或满足施工的需要。每一次调整后都必须重新计算时间参数，观察该调整对计划全局的影响。可采用以下几种调整方法：

a. 将工作在其最早开始时间与最迟完成时间范围内移动，来均衡资源使用。

b. 延长工作的持续时间。在自由时差或总时差范围内，适当延长某些工作的持续时间，以降低资源强度或直接费用。

c. 缩短工作的持续时间。缩短某些工作的持续时间，以消除对后续工作的影响，满足后续工作的限制条件。

③ 增、减工作项目时的调整方法。

增、减工作项目时应符合下列规定：

a. 不打乱原网络计划总的逻辑关系，只对局部逻辑关系进行调整。

b. 在增减工作后应重新计算时间参数，分析对原网络计划的影响；当对工期有影响时，应采取调整措施，以保证计划工期不变。

④ 调整逻辑关系。

逻辑关系的调整只有当实际情况要求改变施工方法或组织方法时才可进行。调整时应避免影响原定计划工期和其他工作的顺利进行。

⑤ 调整工作的持续时间。

当发现某些工作的原持续时间估计有误或实现条件不充分时，应重新估算其持续时间，并重新计算时间参数，尽量使原计划工期不受影响。

⑥ 调整资源的投入。

当资源供应发生异常时，应采用资源优化方法对计划进行调整，或采取应急措施，使其对工期的影响最小。

网络计划的调整，可以定期进行，亦可根据计划检查的结果在必要时进行。

任务 3.4.4 制订建设工程项目进度计划调整的措施

任务 3.4.4

任务引入

建设工程项目进度计划调整不仅需要完成网络计划的调整，还应制订相应的调整措施来保证项目实现其进度目标。关于楚雄职教办公楼项目，我们可以制订哪些措施来保障项目实施呢？

知识准备

（1）项目进度控制的组织措施

正如前面所述，组织是目标能否实现的决定性因素，为实现项目的进度目标，应充分重视健全项目管理的组织体系。在项目组织结构中应有专门的工作部门和符合进度控制岗位资格的专人负责进度控制工作。

进度控制的主要工作环节包括进度目标的分析和论证、编制进度计划、定期跟踪进度计划的执行情况、采取纠偏措施以及调整进度计划。这些工作任务和相应的管理职能应在项目管理组织设计的任务分工表和管理职能分工表中标示并落实。

应编制项目进度控制的工作流程：

① 定义项目进度计划系统的组成。

② 各类进度计划的编制程序、审批程序和计划调整程序等。

进度控制工作包含了大量的组织和协调工作，而会议是组织和协调的重要手段，应进行有关进度控制会议的组织设计，以明确以下事项：

① 会议的类型。

② 各类会议的主持人及参加单位和人员。

③ 各类会议的召开时间。

④ 各类会议文件的整理、分发和确认等。

（2）项目进度控制的管理措施

建设工程项目进度控制的管理措施涉及管理的思想、管理的方法、管理的手段、承发包模式、合同管理和风险管理等。在理顺组织的前提下，科学和严谨的管理显得十分重要。

建设工程项目进度控制在管理观念方面存在以下主要问题：

① 缺乏进度计划系统的观念——分别编制各种独立而互不联系的计划，形成不了计划系统。

② 缺乏动态控制的观念——只重视计划的编制，而不重视及时地进行计划的动态调整。

③ 缺乏进度计划多方案比较和选优的观念——缺乏对合理的进度计划的理解，没有考虑资源的合理使用、工作面的合理安排、提高建设质量、有利于文明施工和有利于合理地缩短建设周期等方面。

用工程网络计划的方法编制进度计划必须严谨地分析和考虑工作之间的逻辑关系，通过工程网络的计算可发现关键工作和关键线路，也可知道非关键工作可使用的时差，工程网络计划的方法有利于实现进度控制的科学化。

承发包模式的选择直接关系到工程实施的组织和协调。为了实现进度目标，应选择合理的合同结构，以避免过多的合同交界面而影响工程的进展。工程物资的采购模式对进度也有直接的影响，对此应作比较分析。

为实现进度目标，不但应进行进度控制，还应注意分析影响工程进度的风险，并在分析的基础上采取风险管理措施，以减少进度失控的风险量。常见影响工程进度的风险包括：组织风险；管理风险；合同风险；资源（人力、物力和财力）风险；技术风险等。

重视信息技术（包括相应的软件、局域网、互联网以及数据处理设备）在进度控制中的应用。虽然信息技术对进度控制而言只是一种管理手段，但它的应用有利于提高进度信息处理的效率、有利于提高进度信息的透明度、有利于促进进度信息的交流和项目各参与方的协同工作。

（3）项目进度控制的经济措施

建设工程项目进度控制的经济措施涉及资金需求计划、资金供应的条件和经济激励措施等。为确保进度目标的实现，应编制与进度计划相适应的资源需求计划（资源进度计划），包括资金需求计划和其他资源（人力和物力资源）、需求计划，以反映工程实施的各时段所需要的资源。通过资源需求的分析，可发现所编制的进度计划实现的可能性。若资源条件不具备，则应调整进度计划。资金需求计划也是工程融资的重要依据。

资金供应条件包括可能的资金总供应量、资金来源（自有资金和外来资金）以及资金供应的时间。在工程预算中应考虑加快工程进度所需要的资金，其中包括为实现进度目标将要采取的经济激励措施所需要的费用。

（4）项目进度控制的技术措施

建设工程项目进度控制的技术措施涉及对实现进度目标有利的设计技术和施工技术的选用。不同的设计理念、设计技术路线、设计方案会对工程进度产生不同的影响，在设计工作的前期，特别是在设计方案评审和选用时，应对设计技术与工程进度的关系进行分析比较。在工程进度受阻时，应分析是否存在设计技术的影响因素，为实现进度目标有无设计变更的可能性。

施工方案对工程进度有直接的影响，在决策其是否选用时，不仅应分析技术的先进性和经济合理性，还应考虑其对进度的影响。在工程进度受阻时，应分析是否存在施工技术的影响因素，为实现进度目标有无改变施工技术、施工方法和施工机械的可能性。

项目 3.5 认识智慧进度控制的原理及应用

[学习目标]

知识目标

1. 能理解智慧进度控制的原理与步骤。
2. 认识智慧进度管理的类型。
3. 掌握智慧进度管控的措施。

能力目标

1. 能应用数字化项目管理平台设置里程碑节点、开展数字例会等操作。
2. 会借助现代化进度控制工具进行进度管控。

素养目标

1. 培养注重智慧进度控制的务实意识。
2. 会处理进度拖延与工程延期，提升爱岗敬业精神。

[思维导图]

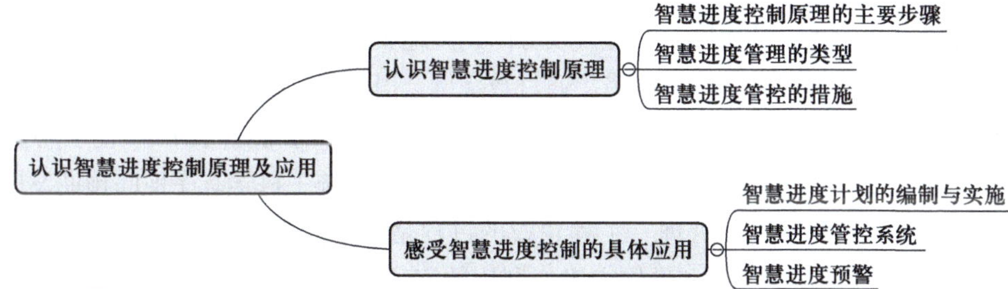

项目 3.5

任务 3.5.1 认识智慧进度控制原理

任务引入

楚雄职教办公楼工程项目，总工期 1 年，2022 年 1 月 1 日开始前期准备，2022 年 12 月 31 日竣工验收。项目进度计划已编制完成，如何根据进度计划对该项目进行智慧管控呢？

知识准备

（1）智慧进度控制原理的主要步骤

智慧进度控制是在传统的进度控制基础上，利用数字化工具进行进度管控，通过数字项目管理平台对项目进度进行整体把控，包括完成里程碑节点的设置、进度计划的下达、进度检查、完工时间预估、风险评估、应对策略、进度计划执行与调整、进度偏差处理。在进度管控的过程中，需要实时地对项目的实际进度和计划进度进行比较，发现超前或落后计划时，分析原因进行改正，使工程进度得到保证。智慧进度控制原理的主要步骤如下：

① 编制项目进度计划。通过进度计划软件编制项目进度计划，将项目的进度计划上传到数字项目管理平台，逐层分解为可执行的管理任务，并落实到每一个任务负责人。

② 设置项目里程碑、交付物。为项目计划设置里程碑，标记项目中重大的时间点、事件或决策点。以可交付物为导向，衡量阶段目标能否实现，并推动项目进入下一阶段，从而保证项目最终达成总目标。

③ 设置前后置关系。为工作和里程碑设置前后置依赖关系，使各项工作之间的关联关系一目了然，可以让项目更清晰有序地推进。

④ 项目计划的执行和监控，进度调整优化。项目管理者可以不断地通过平台反馈和实际施工情况监控项目计划的执行情况，提早发现风险和问题，及时调整资源和计划，保证项目稳定地走向成功。

⑤ 变更记录追踪。自动记录每一条变更，便于追溯过程，不断地完善进度计划。

（2）智慧进度管理的类型

① 系统化智慧进度管理。对于进度控制中需要考虑的施工质量、成本以及安全隐患进行系统化的结合，通过平台的协同化管理模块分门别类地关联各类影响进度的风险，并制订相关解决方案来规避风险或降低风险隐患。通过数字例会提前考虑在施工阶段中可能发生的问题并及时有效地规避，对于期间不可预料的问题以及突变因素进行空间预留，综合考量不同问题所带来的影响，通过数字化、系统化的控制来推进项目施工科学有序地向预期发展。

② 螺旋上升式智慧进度管理。工程建设的过程是一个需要不断优化的过程，需要在实际操作中优化原有方案，制订最优方案。利用数字项目管理平台，在现场施工作业人员上传现场施工情况和进度情况之后，通过数字例会进行商讨，在不断修正的过程中厘清方案内外各因素之间的关系并完善细节，通过实践检验方案的适用性，使方案以螺旋向前的方式优化发展，结果更符合预期效果。

③ 优化向前式智慧进度管理。项目施工的过程中不断修订使方案及时适应变化情况，并更好地应用于实际施工中。检验计划更改是否有效需要科学合理的回检体系，通过这一体系来衡量计划能否满足阶段性工程建设需要，才能使计划有效地应用于实际建设。利用数字项目管理平台中的模拟施工，生成进度模拟曲线，对进度计划进行模拟，分析把控进度管理是否合理，通过科学分析对方案进行有效纠偏，在回检过程中探寻计划的合理性，使施工进度控制进一步规范化和有序化，从而使进度管控达到最优。

（3）智慧进度管控的措施

① 组织措施。通过数字项目管理平台中组织机构模块调整项目组织结构和任务分工，管理职能分工、工作流程组织和项目班子人员等。

② 管理措施。将数字项目管理平台中的进度计划作为调整进度管理的方法和手段，利用人员管理和合同管理模块改变施工管理和强化合同管理。

③ 经济措施。利用数字项目管理平台中的成本模块，导入预算书等文件，生成资金变化曲线，通过观察曲线确定每个施工周期所需要的资金，落实加快工程施工进度所需的资金等。

④ 技术措施。利用施工模拟、工序动画等功能调整设计，改进施工方法和改变施工机具等。

任务 3.5.2 感受智慧进度控制的具体应用

任务引入

楚雄职教办公楼工程项目开工之前，需要编制项目工期计划，由于工作项数量多，编制工期计划过程繁琐。如何快速编制计划、合理确定工期呢？

2022 年 5 月 30 日，项目负责人到施工现场检查进度情况，发现与实际进度相比，工期拖延 1 天，如何对该项目进行智慧进度控制，来保证项目的如期完成呢？

知识准备

（1）智慧进度计划的编制与实施

随着信息技术革命的发展，施工项目进度计划的创建在一定程度上实现了数字化转型。例如利用 project 等软件可编制进度计划。但是随着编制好的进度计划的实施，进度计划的完成情况仍然需要管理人员到计划软件进行人工确认并作出调整，人工确认的过程对进度计划管理的真实性和及时性都产生了极大的考验。

基于智慧进度管理工具编制进度计划，将进度计划与工程项目任务安排进行关联，结合物联网技术实现工作内容的自动确认，从而实现进度计划的自动确认，进而实现进度计划管理的实时确认，有效提高了进度计划管理的真实性和及时性。

具体系统包括进度计划编制系统和进度计划控制系统。项目进度管理软件主要用于创建进度计划，除此之外，还可以进行成本与进度的控制、分析、预测，生成预算费用、资源管理分配等，还可以生成甘特图（又称横道图、条状图）、网络计划图、资源统计、输入及使用表、任务表、任务输入表等一系列相互关联的图表。

（2）智慧进度管控系统

智慧进度管控系统以项目管理理论为基础，在工程项目施工过程中，实施监督工程项目施工过程中的实施情况，获取有关实际进度的信息数据，将其与编制的进度计划进行比对，检查实际进度是否按计划要求进行，分析实际进度与计划进度的偏差，找出偏差产生的原因，并给出解决办法，确定调整措施，至项目最终如期完成。

智慧进度管理依托物联网、云计算、移动互联网等技术，基于项目进度计划可为各岗位员工自动生成日、周、月工作安排，并遵循计划的自动生成、下达、执行、检查监督、绩效考核的 PDCA（计划 – 执行 – 检查 – 处理）循环过程，形成闭环。极大地提升了建筑工程项目的精细化管理水平，保证了工程项目的顺利完成。

进度管控人员可以根据相关的数据信息制订和修改施工的进度计划表，规划最合适的工期计划表，并可依据此定期召开数字工作例会，指出现阶段的施工问题，分析原因并标明施工重点问题，通过数字例会的召开督促施工人员严格遵循施工进度计划表。利用无人机技术进行图像收集，直观展现现场施工进度，根据施工进度计划进行细化调整，系统自动判断施工主要方向，推断影响施工的因素并进行预警，有效调整由人员、材料等原因导致的施工进度延缓，通过精细化分工调整项目建设进度。

（3）智慧进度预警

智慧进度预警是根据进度偏差数据及智慧进度管控平台显示进度预警的警情状态，预警管理包括警情发布、处理的模块。警情信息分为整体预警状态和具体数据。整体进度状态使参与方可实时掌握当前进度状态，通过颜色及相应的文字说明可有效监督。具体数据通过预警指标值、延误工作及相关影响来详细说明预警情况。预警管理中的警情发布和处理功能是为管理人员和施工人员提供预警信息的处理及警情消除功能。预警信息中包括预警指标值、危险等级，以及危险源、预警历史记录等信息。危险源记录延误工作的信息及相应的影响，预警历史记录将各个时期的顶警值通过折线图和记录表的形式反映预警的历史记录，使参与方把握预警的发展趋势。预警发布包括预警发布人、预警值、接收人等信息，预警处理则包括预警单的接受确认、拟采取的消除预警的措施等。

【场景案例】

项目三级计划管理和模拟进度控制场景案例请扫二维码学习。

场景案例：项目三级计划管理和模拟进度控制

【习题与思考】

一、单选题

1. 建设工程进度控制的总目标是（　　）。

A. 合同工期

B. 实现建设项目按要求的计划时间动用

C. 只为加快项目进度，提前交付

D. 计划工期

2. 在工程施工实践中，必须树立和坚持一个最基本的工程管理原则是，在确保（　　）的前提下，控制工程的进度。

A. 确保经济效益　　B. 确保施工进度计划

C. 工程质量　　D. 确保投资限额

3. 由不同功能的进度计划构成的计划系统，不包括（　　）。

A. 控制性进度规划　　B. 项目子系统进度规划

C. 实施性进度计划　　D. 指导性进度规划

4. 总进度纲要的主要内容不包括（　　）。

A. 各子系统进度规划　　B. 总进度规划

C. 确定里程碑事件的计划进度目标　　D. 设计进度计划

5. 双代号网络图的三要素是（　　）。

A. 节点、箭杆和工作作业时间

B. 紧前工作、紧后工作和工作作业时间

C. 箭线、节点、线路

D. 工期、关键线路和非关键线路

6. 关于自由时差和总时差，下列说法不正确的是（　　）。

A. 自由时差为零，总时差必定为零

B. 总时差为零，自由时差必定为零

C. 在不影响总工期的前提下，工作的机动时间为总时差

D. 在不影响紧后工作最早开始的前提下，工作的机动时间为自由时差

7. 在项目的进度控制过程中，不需要遵循的原理是（　　）。

A. 封闭循环原理　　B. 信息反馈原理

C. 系统原理　　D. 可行性原理

8. 非关键工作时差不可以采用（　　）调整方法。

A. 减小工作的实际成本

B. 缩短工作的持续时间

C. 将工作在其最早开始时间与最迟完成时间范围内移动

D. 延长工作的持续时间

9. 智慧进度管控措施不包括（　　）。

A. 通过数字项目管理平台中组织机构模块调整项目组织结构，任务分工，管理职能分工

B. 项目经理部每旬召开一次施工现场会议（邀请业主、监理单位参加），每周召开一次现场工作协调会议

C. 利用平台中的人员管理和合同管理模块改变施工管理和强化合同管理

D. 利用平台中的施工模拟、工序动画等功能调整设计，改进施工方法和改变施工机具等

二、多选题

1. 建设工程项目进度划分为（　　）。

A. 业主方进度控制的任务　　B. 施工方进度控制的任务

C. 监理方进度控制的任务　　D. 供货方进度控制的任务

E. 设计方进度控制的任务

2. 为控制施工进度，施工方管理人员应注意（　　）。

A. 有哪些影响整个建设工程项目进度目标实现的主要因素

B. 施工方在整个建设工程项目进度目标实现中的地位和作用

C. 施工进度控制的基本理论、方法、措施和手段等

D. 施工现场的安全文明施工守则

E. 影响施工进度目标实现的主要因素

3. 根据项目进度控制不同的需要和用途，业主方和项目各参与方可以按（　　）构建工程项目多个不同的进度计划系统。

A. 不同计划深度　　B. 不同项目参与方

C. 不同计划功能　　D. 不同计划周期

E. 不同计划方法

4. 由不同项目参与方的进度计划构成的计划系统包括（　　）。

A. 业主方编制的整个项目实施的进度计划

B. 设计进度计划

C. 单项工程进度计划

D. 采购和供货进度计划等

E. 施工和设备安装进度计划

5. 以下关于关键工序、关键线路的描述正确的是（　　）。

A. 关键线路是网络计划所有线路中费用最省的一条线路

B. 关键线路是网络计划所有线路中总持续时间最长的线路

C. 关键线路是网络计划所有线路中全部由关键工作构成

D. 关键线路是网络计划所有线路中不存在虚工序的线路

E. 关键线路是网络计划所有线路中工作持续时间最大的工作所在的线路

6. 双代号网络施工计划的优点是（　　）。

A. 可根据网络图计算出资源按日需要量

B. 时间长短及工期一目了然

C. 工作关系十分清楚

D. 可找出关键线路

E. 可上机计算，优化调整

7. 进度计划执行中的管理工作主要包括（　　）。

A. 确定纠偏措施或调整方法

B. 分析进度计划的可行性

C. 分析产生进度偏差的主要原因

D. 确定管理人员比例

E. 检查并掌握实际进展情况

8. 下列哪些是智慧进度控制原理的步骤（　　）。

A. 设置前后置关系　　B. 变更记录追踪

C. 设置项目里程碑、交付物　　D. 确定纠偏措施

E. 编制项目进度计划

三、判断题

1. 工程项目工期严重拖延后，为保证工程按期受益，可增加大量额外成本加快项目进度。（　　）

2. 进度控制的目的是通过控制以实现工程的进度目标。（　　）

3. 由不同周期的进度计划构成的计划系统，包括 8 年建设进度计划；年度、季度、月度和旬计划等。（　　）

4. 总进度目标论证不是单纯的总进度规划的编制工作。（　　）

5. 双代号网络计划图中，实箭线代表真实的工作，占用时间，但不一定占用资源。（　　）

6. 在时标网络计划中，没有波形线的那条路线是关键线路。关键线路仅一条。（　　）

7. 非关键工作时差调整时，可缩短工作持续时间，以消除对后续工作的影响，满足后续工作的限制条件。（　　）

8. 在选择施工方案时，分析其技术的先进性和经济合理性即可。（　　）

9. 智慧进度预警是根据进度偏差数据及智慧进度管控平台显示进度预警的警情状态，预警管理包括警情发布、处理的模块。（　　）

四、简答题

1. 建设工程进度控制的最终目的是什么？
2. 业主方进度控制的任务是什么，包括哪些阶段？
3. 对项目进行工作编码时，应考虑哪些因素？
4. 双代号网络计划的时间参数中，总时差和自由时差该如何理解？
5. 单代号网络图与双代号网络图相比，有哪些特点？
6. 前锋线法适用于哪种情况？
7. 智慧进度管理的类型有哪些？

模块 4 工程项目智慧成本控制

项目 4.1 认识建设工程项目成本管理

[学习目标]

知识目标

1. 熟悉建设工程项目成本管理的含义。
2. 掌握建设工程项目成本管理的特点。
3. 掌握建设工程项目成本管理的任务。

能力目标

1. 能够根据项目实际明确成本管理任务。
2. 能够根据实际工程背景选择成本管理方法。

素养目标

1. 培养成本意识、信息素养、创新思维。
2. 培养自我管理能力和精益求精的工匠精神。

[思维导图]

项目 4.1

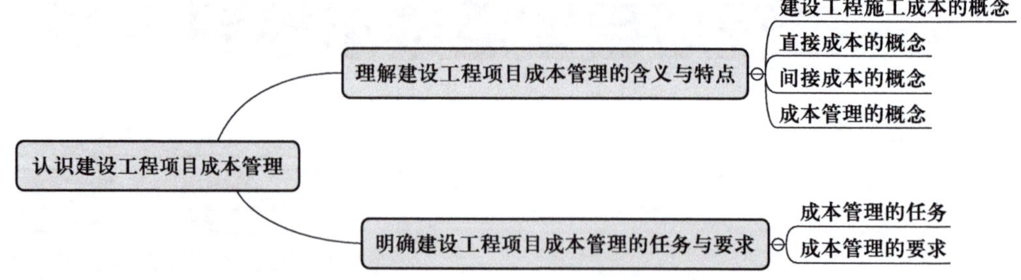

任务 4.1.1 理解建设工程项目成本管理的含义与特点

任务引入

楚雄职教办公楼项目进入施工阶段，在此阶段除需考虑项目进度与质量管理外，还应完成项目的成本管理。项目施工阶段成本管理都包含哪些内容呢？成本管理又具有区别于其他管理内容的哪些特点呢？

知识准备

（1）工程项目成本管理的含义

施工成本是指在建设工程项目的施工过程中所发生的全部生产费用的总和，包括：所消耗的原材料、辅助材料、构配件等费用；周转材料的摊销费或租赁费；施工机械的使用费或租赁费；支付给生产工人的工资、奖金、工资性质的津贴以及进行施工组织与管理所发生的全部费用支出等。建设工程项目施工成本由直接成本和间接成本组成。

直接成本是指施工过程中耗费的构成工程实体或有助于工程实体形成的各项费用支出，是可以直接计入工程对象的费用，包括人工费、材料费和施工机具使用费等。

间接成本是指准备施工组织和管理施工生产的全部费用支出，是非直接用于也无法直接计入工程对象但为进行工程施工所必须发生的费用，包括管理人员工资、办公费、差旅交通费等。

成本管理就是要在保证工期和质量满足要求的情况下，采取相应管理措施，包括组织措施、经济措施、技术措施、合同措施，把成本控制在计划范围内，并进一步寻求最大限度地节约成本。

（2）工程项目成本管理的特点

① 事先能动性。项目成本管理不是一般意义上的会计成本核算，成本核算只是对实

际发生成本的记录、归集和计算，表现为对成本结果的事后管理，并作为对下一循环的控制依据。假如一个施工项目没有进行事先的管理，而仅在项目结束或进行到相当阶段才对已经发生的成本进行核算，那显然已为时过晚。因此施工项目总结出的“先算后干，边干边算，干完再算”的经验，就鲜明地体现了施工项目成本管理的事先能动性特点。

② 综合优化性。所谓成本管理的综合优化是指避免把项目成本管理作为孤立的工作加以对待，通过运用事物相互联系、相互作用的观点，将施工项目成本管理作为项目管理系统中一个有机的子系统来对待，这种特征是由施工项目成本管理在施工项目管理中的特定地位所决定的。因此，施工项目成本管理的过程，必然要求其与项目的工期管理、质量管理、技术管理、分包管理、预算管理、资金管理、安全管理紧密结合起来，从而组成施工项目成本管理的完整网络。

③ 动态跟踪性。所谓动态跟踪，就是说施工项目成本管理必须对事先所设定的成本目标及相应的措施的实施过程自始至终进行监督、控制和调整、修正。例如，建材价格的提高、工程设计的修改、建筑功能的调整、因业主责任引起的工期延误、资金的到位情况、国家规定的预算定额的调整、人工、机械安装等价格的上涨等，都使施工项目成本的实际水平处于不稳定的环境中。

任务 4.1.2 明确建设工程项目成本管理的任务与要求

任务引入

楚雄职教办公楼项目进入施工阶段，在此阶段除需考虑项目进度与质量管理外，还应完成项目的成本管理。作为项目管理人员，该阶段的成本管理都包含哪些任务呢？在完成成本任务时，需要注意哪些要求？

知识准备

成本管理的任务包括成本预测、成本决策、成本计划编制、成本控制、成本核算、成本分析、成本考核。

（1）成本预测

施工项目成本预测是指施工企业及其项目经理部有关人员凭借历史数据和工程经验，运用一定方法对施工项目未来的成本水平及其可能的发展趋势做出科学估计，其实质就是在工程施工以前对施工项目的成本进行的估算。成本预测的目的：一是为挖潜节约指明方向，作为计划期降低施工成本的参考；二是为企业内部各责任单位降低成本指出途径，作为编制增产节约计划和制订降低成本措施的依据。预测时，通常是对项目计划工期内影响成本的因素进行分析，比照近期已完工程项目或将完工项目的单位成本，预测这些因素对工程成本的影响程度，估算出工程的单位成本或总成本。施工项目成本预测构成了施工项目成本管理的第一个工作环节。

（2）成本决策

成本预测和成本决策是施工项目成本管理水平高低的重要标志。施工项目成本决策是对项目施工生产活动中与成本相关的问题作出判断和选择。它是在施工项目成本预测的基础上，运用一定的专门方法，结合决策人员的经验和判断能力，对未来的成本水平、发展趋势以及可能采取的经营管理措施所做出的逻辑推断和定量描述，其实质就是工程项目实施前对成本进行核算。通过成本预测可以寻求降低项目成本、提高经济效益的途径。施工项目成本预测是进行施工项目成本决策和编制成本计划的基础。

（3）成本计划编制

施工项目成本计划是以施工生产计划和有关成本资料为基础，对计划期施工项目的成本水平所作的筹划，是对施工项目制订的成本管理目标。施工项目成本计划是施工项目成本决策结果的延伸，是将成本决策结果数据化、具体化。它是以货币形式编制施工项目在计划期内的生产费用、成本水平以及为降低成本所采取的主要措施和规划的书面方案，它是建立施工项目成本管理责任制、开展成本控制和核算的基础。成本计划是目标成本的一种形式。施工项目成本计划一经颁布，便具有约束力，可以作为计划期施工项目成本工作的目标，并被用来作为检查计划执行情况、考核施工项目成本管理工作业绩的依据。

（4）成本控制

成本控制是在施工过程中，对影响成本的各种因素加强管理，并采取各种有效措施，将实际发生的各种消耗和支出严格控制在成本计划范围内；通过动态监控并及时反馈，严格审查各项费用是否符合标准，计算实际成本和计划成本之间的差异并进行分析，进而采取多种措施，减少或消除损失浪费。

建设工程项目施工成本控制应贯穿于项目从投标阶段开始直至保证金返还的全过程，它是企业全面成本管理的重要环节。成本控制可分为事先控制、事中控制（过程控制）和事后控制。

（5）成本核算

项目管理机构应根据项目成本管理制度明确项目成本核算的原则、范围、程序、方法、内容、责任及要求，健全项目核算台账。

施工成本核算包括两个基本环节：一是按照规定的成本开支范围对施工成本进行归集和分配，计算出施工成本的实际发生额；二是根据成本核算对象，采用适当的方法，计算出该施工项目的总成本和单位成本。

施工成本核算一般以单位工程为对象，但也可以按照承包工程项目的规模、工期、结构类型、施工组织和施工现场等情况，结合成本管理要求，灵活划分成本核算对象。

（6）成本分析

成本分析是在成本核算的基础上，对成本的形成过程和影响成本升降的因素进行分析，以寻求进一步降低成本的途径，包括有利偏差的挖掘和不利偏差的纠正。成本分析贯穿于成本管理的全过程，它是在成本的形成过程中，主要利用项目的成本核算资料（成本信息），与目标成本、预算成本以及类似项目的实际成本等进行比较，了解成本的变动情况；同时也要分析主要技术经济指标对成本的影响，系统地研究成本变动的因素，检查成本计划的合理性，并通过成本分析，深入研究成本变动的规律，寻找降低项目成本的途径，以便有效地进行成本控制。成本偏差的控制，分析是关键，纠偏是核心，因此要针对分析得出的偏差发生原因采取切实措施，加以纠正。

（7）成本考核

所谓成本考核，就是施工项目完成后，对施工项目成本形成中的各级单位成本管理的成绩或失误所进行的总结与评价。成本考核的目的在于鼓励先进、鞭策落后，促使管理者认真履行职责，加强成本管理。企业按施工项目成本目标责任制的有关规定，将成本的实际指标与计划、定额、预算进行对比和考核，评定施工项目成本计划的完成情况和各责任单位的业绩，并依此给予相应的奖励和处罚。通过成本考核，做到有奖有惩，奖罚分明，才能有效地调动企业的每一个职工在各自的施工岗位上努力完成目标成本的积极性，为降低施工项目成本和增加企业的积累，做出自己的贡献。

施工项目成本管理系统中每一个环节都是相互联系和相互作用的。成本预测是成本决策的前提，成本计划是成本决策所确定目标的具体化。成本控制则是对成本计划的实施进行监督，保证决策的成本目标实现，而成本核算又是成本计划是否实现的最后检验，它所提供的成本信息又对下一个施工项目成本预测和决策提供基础资料。成本考核是实现成本目标责任制的保证，是实现决策的目标的重要手段。

知识拓展

按成本计价的定额标准分类，施工项目成本分为预算成本、计划成本和实际成本。

① 预算成本。预算成本是按建筑安装工程实物量和国家或地区或企业制定的预算定额及取费标准计算的社会平均成本或企业平均成本，是以施工图预算为基础进行分析、预测、归集和计算确定的。预算成本包括直接成本和间接成本，是控制成本支出、衡量和考核项目实际成本节约或超支的重要尺度。

② 计划成本。计划成本是在预算成本的基础上，根据企业自身的要求，如内部承包合同的规定，结合施工项目的技术特征、自然地理特征、劳动力素质、设备情况等确定的标准成本，亦称目标成本。计划成本是控制施工项目成本支出的标准，也是成本管理的目标。

③ 实际成本。实际成本是工程项目在施工过程中实际发生的可以列入成本支出的各项费用的总和，是工程项目施工活动中劳动耗费的综合反映。

项目 4.2 认识施工阶段成本管理与控制

[学习目标]

知识目标

1. 熟悉建设工程项目成本管理与控制的原则。
2. 掌握建设工程项目成本控制的依据和程序。
3. 掌握建设工程项目成本管理的措施。
4. 掌握建设工程项目成本管理与控制的方法。

能力目标

1. 能够根据项目实际理清项目成本管理所需依据文件。
2. 能够根据实际工程背景构建项目成本管理程序。
3. 能够根据项目实际选择工程成本管理方法。

素养目标

1. 具有信息化素养和沟通协作能力。
2. 具有规划意识和较强的团队合作精神。

[思维导图]

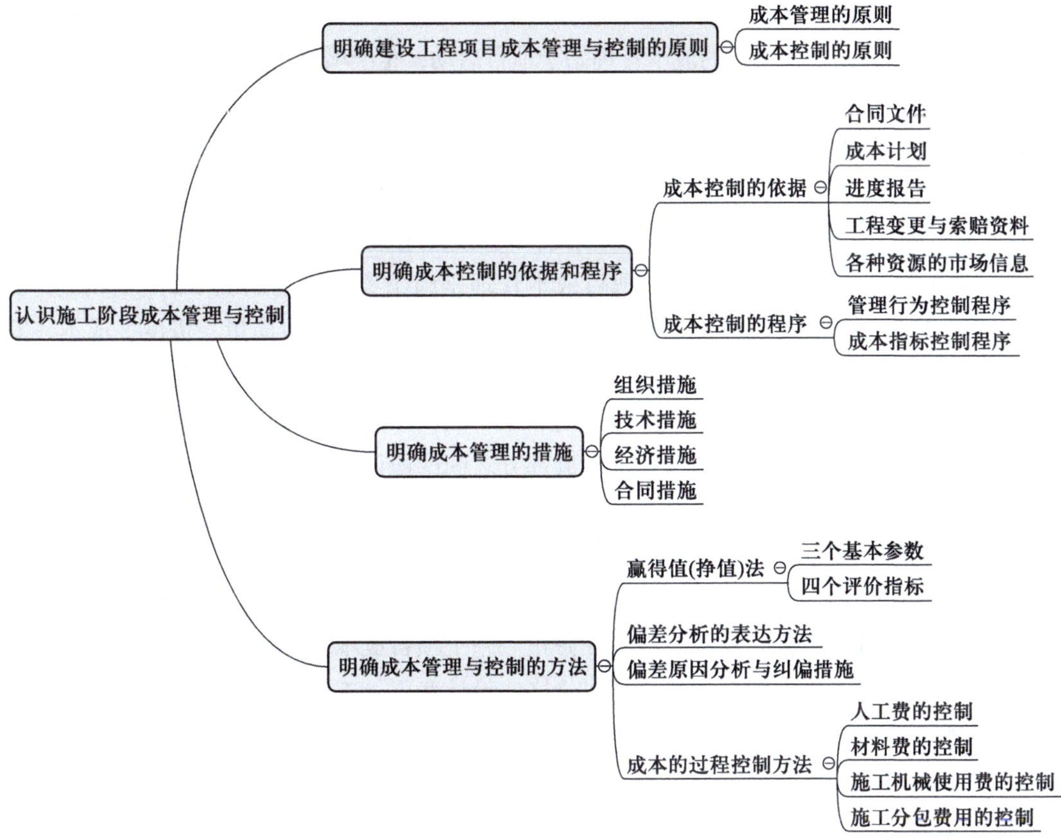

任务 4.2.1 明确建设工程项目成本管理与控制的原则

任务 4.2.1

任务引入

在施工项目成本管理中，作为项目成本管理人员应在成本管理与控制的基本原则下完成项目成本控制。楚雄职教办公楼项目成本管理与控制的原则都有哪些呢？在实际操作过程中需要注意哪些问题呢？

知识准备

（1）成本管理的原则

施工项目成本管理是企业成本管理的基础和核心。施工项目经理部在对项目施工过程进行成本管理时，应遵循以下基本原则：

① 全过程成本管理原则。全过程成本管理理论是在基于活动的成本管理（Activity Based Costing，ABC）的思想上发展起来的。从活动的角度看，工程项目的建设是由一系列的过程构成的，可以按照工程项目的过程与组成及分解规律去实现对项目的全过程成本管理。对于项目总承包企业而言，工程项目的成本管理始于项目启动，止于项目建成交付使用，项目成本管理包括项目投标成本估算、项目设计、项目施工成本计划、项目设备材料采购与施工分包、项目施工安装以及竣工验收结算等各阶段的成本管理，当然，具体内容则应按照承发包合同约定的范围而有所不同。按照全过程成本管理的原则，企业应以施工安装阶段的成本为核心，充分考虑各个过程之间的相互影响和相互作用，以及这种相互作用对工程项目总成本的影响。

② 系统性成本管理原则。施工项目成本管理是施工项目管理系统中的一个子系统，成本管理的目标必须为实现整个项目管理的总目标服务。施工项目质量、进度、成本、安全管理等各个子系统之间是相互影响和相互作用的，存在着相互依赖和相互制约的关系。系统工程提出“整体大于部分简单之和”的原理，强调必须从整体角度全面地思考和分析问题，系统思想的核心就是要实现各个构成部分之间的协调工作。因此，在成本管理中要与其他相关管理活动相协调，要考虑对其他子系统的影响，也要考虑其他子系统对成本管理的影响。同时，成本管理子系统内部各种关系的协调也非常重要。

③ 动态成本管理原则。成本的动态管理就是对事先设定的成本目标及相应措施的实施过程自始至终进行监督、控制、调整和修正。施工项目成本的过程要素受到各种因素的影响，具有高度的不确定性，如建筑材料价格、设计变更、工程延期、资金到位情况等都会直接影响工程的实际成本。对于这些不确定性因素，需要在成本管理中进行主动控制，预先分析目标偏离的可能性，拟定和采取各项预防措施以保证计划目标的实现，并且随时关注、反馈成本，及时采取措施纠正偏差。有效的动态管理可以合理利用资金，减少或避免不必要的经济纠纷和损失。

④ 成本管理责任制原则。施工企业应建立以项目经理为核心的目标成本责任制度，实行项目成本的独立核算和考核。为了实行系统性成本管理，必须对工程项目施工成本进行层层分解，为分级、分工、分人的成本责任制作保证。项目经理应对施工企业下达的成本指标负责，班组和个人应对项目经理部的成本目标负责，做到层层保证，并进行定期考核评定。成本管理责任制的关键是划清责任，并与奖惩制度挂钩，鼓励各部门、班组和个人共同关注项目成本。

⑤ 成本管理科学化原则。成本管理是企业管理学中一个重要内容，企业管理要实行科学化，必须把有关自然科学和社会科学中的理论、技术和方法运用于成本管理。例如，在施工项目成本管理中，可以运用预测与决策方法、目标管理方法、不确定性分析方法和价值工程等来进行管理。此外，施工项目成本管理的科学化还体现在：企业在进行施工成本核算时必须贯彻执行国家现行财务制度和会计制度，正确执行工程计量规范、成本开销范围和计算方法等有关规定，保证施工项目成本的合理性、真实性和可比性。

（2）成本控制的原则

① 开源与节流相结合的原则。降低项目成本，需要一面增加收入，一面节约支出。

因此，在成本控制中，也应该坚持开源与节流相结合的原则。要求做到：每发生一笔金额较大的成本费用，都要查一查有无与其相对应的预算收入，是否支大于收，在经常性的分部分项工程成本核算和月度成本核算中，也要进行实际成本与预算收入的对比分析，以便从中探索成本节超的原因，纠正项目成本的不利偏差，提高项目成本的降低水平。节流即节约，是提高项目经济效益的核心，是成本控制的一项基本原则。节约绝不是消极的限制与监督，而是要积极创造条件，从提高项目的科学管理水平入手。为了更好地贯彻开源与节流原则，不但要加强成本的反馈控制和事后检查分析，还应着眼于成本的事前控制，优化施工方案，深入研究项目的设计文件和具体施工条件，拟定预防成本失控的技术、组织和合同措施，消除成本控制的先天不足，做到防患于未然，有效地发挥前馈控制的作用。

② 全面控制原则。施工项目成本控制中要遵循的全面性原则，有两方面的含义。

第一，施工项目全员成本控制项目成本是一项综合性很强的指标，它涉及项目组织中每一个部门、单位和班组的工作业绩，也与每个职工的切身利益有关。因此，项目成本的高低需要大家关心，施工项目成本管理（控制）也需要项目建设者群策群力。要降低成本、实现成本计划，就必须充分调动每个部门或单位（从项目经理部到施工队、班组）及每个职工（从项目经理到技术人员、管理人员和工人）控制成本、关心成本的积极性和主动性，仅靠项目经理和专业成本管理人员等少数人的努力是无法取得预期效果的。在加强专业成本管理的基础上，要求在项目施工过程中，人人、处处、事事都要按照费用标准、定额、预算或计划来进行成本控制，只有做到专群结合控制成本，才能有效地降低成本，全面完成施工项目的成本计划。项目成本的全员控制，并不是抽象的概念，而应该有一个系统的实质性内容，其中包括各部门、各单位的责任网络和班组经济核算等，防止成本控制人人有责又都人人不管。

第二，施工项目全过程成本控制系统工程的思想给施工项目成本控制工作的启迪之一就是成本控制工作的全过程性，即施工项目成本的全过程控制，是指在工程项目确定以后，自施工准备开始，经过工程施工，到竣工交付使用后的保修期结束，其中每一项经济业务，都要纳入成本控制的轨道。首先，成本控制工作要随着项目施工进展的各个阶段连续进行，既不要疏漏，又不能时紧时松，使施工项目成本自始至终地被有效控制，不能等到花钱的时候才想到或才进行成本控制；其次，成本控制工作要考虑项目整个生命周期的总成本，如在施工阶段制订最佳的施工方案，按照设计要求和技术规范施工，不但能充分利用项目组织现有的资源，减少施工过程中的成本费用支出，而且，由于工程质量得到保证，减少了工程竣工移交后的保修费用，甚至可能减少了用户在使用阶段的维修保养费用，这样的节约才是真正的节约。

③ 动态控制原则。动态控制原则又称中间控制原则，对于具有一次性特点的施工项目成本来说，应该特别强调项目成本的中间控制。因为施工准备阶段的成本控制，只是根据上级要求和施工组织设计的具体内容确定成本目标、编制成本计划、制订成本控制的方案，为今后的成本控制做好准备。而竣工阶段的成本控制，由于成本盈亏已经基本成定局，即使发生了偏差，也来不及纠正。因此，把成本控制的重心放在基础、结构、装饰等主要施工阶段上是十分必要的。

④ 责、权、利相结合的原则。要使成本控制真正发挥及时、有效的作用，必须严格按照经济责任制的要求，贯彻责、权、利相结合的原则。在项目施工过程中，一方面，项目经理、工程技术人员、管理人员及各单位和生产班组都有一定的成本控制责任，从而形成整个项目的成本控制责任网络。另一方面，各部门、各单位、各班组在肩负成本控制责任的同时，还应享有成本控制的权利，即在规定的权利范围内可以决定某项费用能否开支、如何开支和开支多少，以行使对项目成本的实质性控制。此外，为充分调动每个成本中心的主动性和积极性，项目经理还必须定期对各部门、各单位、各班组在成本控制中的业绩进行检查和考评，并与工资分配紧密挂钩，实行有奖有罚。实践证明，只有责、权、利相结合的成本控制，才是名实相符的项目成本控制，才能收到预期的效果。

⑤ 目标管理原则。目标管理是贯彻执行计划的一种方式，它把计划的方针、任务、目的和措施等逐一加以分解，提出进一步的具体要求，并分别落实到执行计划的有关部门、单位，甚至个人。目标管理的内容包括：目标的设定和分解，目标的责任到位和执行，检查目标的执行结果，修正目标和评价目标。成本控制作为目标管理的一项重要内容，其工作的开展要遵循目标管理的原理。必须以目标成本为依据，作为对项目各种经济活动进行控制和指导的准绳，力求做到以最少的成本支出，获得最佳的经济效益。

目标管理的基本思想和工作方法是 PDCA 循环，PDCA 是 Plan（计划）、Do（实施）、Check（检查）和 Action（处理）四个英文单词的缩写。一个施工项目是一个大循环，下属的施工队、工段、班组或个人，都有各自的 PDCA 循环，上一级的 PDCA 循环是下一级 PDCA 循环的依据，下一级的 PDCA 循环又是上一级 PDCA 循环的具体贯彻。通过这些大环套小环、大小循环一起运行，一层一层地解决问题，把项目成本管理的各项工作有机地联系起来，彼此协同，互相促进。

⑥ 例外管理原则。例外管理是西方国家现代管理常用的方法，它起源于决策科学中的“例外”原则，当前则被更多地用于成本指标的日常控制。在项目施工过程的诸多活动中，有许多活动是例行的，如施工任务单和限额领料单流转程序等，这些活动通常是通过制度来保证其顺利进行的。对于那些不经常出现的问题，我们称之为“例外”问题。这些例外问题，往往是关键性问题，对成本目标的顺利完成影响重大，必须予以高度重视。

知识拓展

在成本管理中，属于例外问题的常有以下四种。

（1）成本项目的重要性

重要性是根据成本差异金额的大小来定的。一般来说，只有在金额上具有重要意义的差异，才是例外问题，才需要给予特别重视。这个金额的确定，应当根据施工项目的具体情况规定，如差异额达到目标成本 10% 以上即视为例外。必须指出，这里所说的差异，既包括有利差异，又包括不利差异。实际成本低于目标成本过多并不一定是好事，它可能给后续分部分项工程或作业带来不利影响，或者导致工程质量低，除可能带来返工和增加保修费用支出外，还会影响施工企业的信誉。当然，在达到计价文件和承包合同要求的前提下，追求成本的有利差异，是施工项目成本管理工作的最终目标。

（2）成本项目的一贯性

尽管有些成本差异未达到或超过规定的百分率或最低金额，但一直在控制线的上下限附近徘徊，也应视为例外。因为这可能表示，原来的成本标准已经过时或不准确，应该根据实际情况及时进行调整。

（3）控制能力

凡是项目管理人员无法控制的成本项目，即使发生较大的差异，也不应视之为例外。如土地拆迁补偿费、临时租赁费用的上升及通货膨胀的发生等。

（4）成本项目的特殊性

凡对项目施工全过程都有影响的成本项目，即使差异没有达到重要性的地位，也应受到成本管理人员的密切注意。如片面强调节约机械维修费用，在短期内虽然可以降低成本，但由于维修不及时或不足可能造成未来的停工修理，从而影响正常施工，导致延长工期，这些损失可能远比节约的维修费用大得多。

对于以上例外问题，应进行重点、深入地检查和分析，并采取相应的积极措施加以纠正。

任务 4.2.2 明确成本控制的依据和程序

任务 4.2.2

任务引入

在进行项目施工成本控制过程中，项目的成本管理人员需要根据相关工程材料进行管理与控制。成本管理与控制有着严格的流程。楚雄职教办公楼项目成本控制过程中，应遵循什么样的流程呢？哪些依据是不可或缺的呢？

知识准备

成本控制是在项目成本的形成过程中，对生产经营所消耗的人力资源、物资资源和费用开支进行指导、监督、检查和调整，及时纠正将要发生和已经发生的偏差，把各项生产费用控制在计划成本的范围之内，以保证成本目标的实现。

（1）成本控制的依据

项目管理机构实施成本控制的依据包括合同文件、成本计划、进度报告、工程变更与索赔资料、各种资源的市场信息。

① 合同文件。成本控制要以合同为依据，围绕降低工程成本这个目标，从预算收入和实际成本两方面，研究节约成本、增加收益的有效途径，以求获得最大的经济效益。

② 成本计划。成本计划是根据项目的具体情况制订的成本控制方案，既包括预定的具体成本控制目标，又包括实现控制目标的措施和规划，是成本控制的指导文件。

③ 进度报告。进度报告提供了对应时间节点的工程实际完成量，工程成本实际支出情况等重要信息。成本控制工作正是通过实际情况与成本计划相比较，找出两者之间的差别，分析偏差产生的原因，从而采取措施改进以后的工作。此外，进度报告还有助于管理者及时发现工程实施中存在的隐患，并在可能造成重大损失之前采取有效措施，尽量避免损失。

④ 工程变更与索赔资料。在项目的实施过程中，由于各方面的原因，工程变更与索赔是很难避免的。工程变更一般包括设计变更、进度计划变更、施工条件变更、技术规范与标准变更、施工次序变更、工程量变更等。一旦出现变更，工程量、工期、成本都有可能发生变化，从而使成本控制工作变得更加复杂和困难。因此，成本管理人员应当通过对变更与索赔中各类数据的计算、分析，及时掌握变更情况，包括已发生工程量、将要发生工程量、工期是否拖延、支付情况等重要信息，判断变更与索赔可能带来的成本增减。

⑤ 各种资源的市场信息。根据各种资源的市场价格信息和项目的实施情况，计算项目的成本偏差，估计成本的发展趋势。

（2）成本控制的程序

要做好成本的过程控制，必须制订规范化的过程控制程序。成本的过程控制中，有两类控制程序：一是管理行为控制程序；二是指标控制程序。管理行为控制程序是对成本全过程控制的基础，指标控制程序则是成本进行过程控制的重点。两个程序既相对独立又相互联系，既相互补充又相互制约。

① 管理行为控制程序。管理行为控制的目的是确保每个岗位人员在成本管理过程中的管理行为符合事先确定的程序和方法的要求。从这个意义上讲，首先要清楚企业建立的成本管理体系是否能对成本形成的过程进行有效地控制，其次要考察体系是否处在有效的运行状态。管理行为控制程序就是为规范项目成本的管理行为而制订的约束和激励体系，内容如下：

a. 建立项目成本管理体系的评审组织和评审程序。成本管理体系的建立不同于质量管理体系，质量管理体系反映的是企业的质量保证能力，由社会有关组织进行评审和认证；成本管理体系的建立是企业自身生存发展的需要，没有社会组织来评审和认证。因此企业必须建立项目成本管理体系的评审组织和评审程序，定期进行评审和总结，持续改进。

b. 建立项目成本管理体系运行的评审组织和评审程序。项目成本管理体系的运行有一个逐步推行的渐进过程。一个企业的各分公司、项目管理机构的运行质量往往是不平衡的。因此，必须建立专门的常设组织，依照程序定期地进行检查和评审。发现问题，总结经验，以保证成本管理体系的保持和持续改进。

c. 目标考核，定期检查。管理程序文件应明确每个岗位人员在成本管理中的职责，确定每个岗位人员的管理行为，如应提供的报表、提供的时间和原始数据的质量要求等。要把每个岗位人员是否按要求去履行职责作为一个目标来考核。为了方便检查，应将考核指标具体化，并设专人定期或不定期地进行检查。

d. 制订对策，纠正偏差。对管理工作进行检查的目的是保证管理工作按预定的程序和标准进行，从而保证项目成本管理能够达到预期的目的。因此，对检查中发现的问题，要及时进行分析，然后根据不同的情况，及时采取对策。

② 成本指标控制程序。能否达到成本目标，是成本控制成功的关键。对各岗位人员的成本管理行为进行控制，就是为了保证成本目标的实现。项目成本指标控制程序如下。

a. 确定成本管理分层次目标。在工程开工之初，项目管理机构应根据公司与项目签订的《项目承包合同》确定项目的成本管理目标，并根据工程进度计划确定月度成本计划目标。

b. 采集成本数据，监测成本形成过程。在施工过程中要定期收集反映成本支出情况的数据，并将实际发生情况与目标计划进行对比，从而保证有效控制成本的整个形成过程。

c. 找出偏差，分析原因。施工过程是一个多工种、多方位立体交叉作业的复杂活动，成本的发生和形成是很难按预定的目标进行的，因此，需要及时分析偏差产生的原因，分清是客观因素（如市场调价）还是人为因素（如管理行为失控）。

d. 制订对策，纠正偏差。过程控制的目的就在于不断纠正成本形成过程中的偏差，保证成本项目的发生是在预定范围之内。针对产生偏差的原因及时制订对策并予以纠正。

e. 调整改进成本管理方法。用成本指标考核管理行为，用管理行为来保证成本指标。管理行为的控制程序和成本指标的控制程序是对项目成本进行过程控制的主要内容，这两个程序在实施过程中，是相互交叉、相互制约又相互联系的。只有把成本指标的控制程序和管理行为的控制程序相结合，才能保证成本管理工作有序、富有成效地进行，如图 4-1 所示。

小启示

成本控制过程中，需要严格依据成本控制的相关材料，充分论证成本降低的可能性，保证最低成本的合理性。绝不能因片面地追求低成本而降低工程质量的标准。

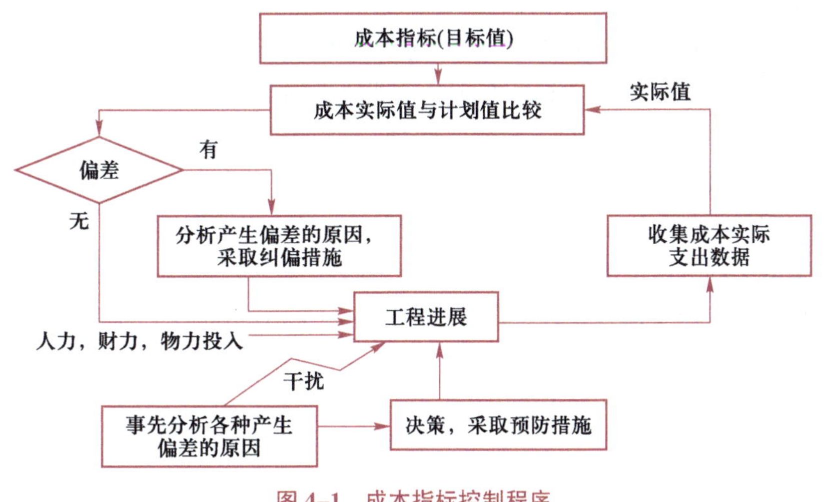

图 4-1　成本指标控制程序

任务 4.2.3
明确成本管理的措施

任务 4.2.3

任务引入

楚雄职教办公楼在实施过程中，会采用不同的方法措施对其成本进行管理。那么成本管理的措施都有哪些呢？项目成本管理过程中如何选择最优措施达到预期目标呢？

知识准备

为了取得成本管理的理想成效，应当从多方面采取措施实施管理，通常可以将这些措施归纳为组织措施、技术措施、经济措施和合同措施。

（1）组织措施

组织措施是从成本管理的组织方面采取的措施。成本管理是全员的活动，如实行项目经理责任制，落实成本管理的组织机构和人员，明确各级成本管理人员的任务和职能分工、权力和责任。成本管理不仅是专业成本管理人员的工作，各级项目管理人员都负有成本控制责任。

组织措施的另一方面是编制成本管理工作计划，确定合理详细的工作流程。要做好施工采购计划，通过生产要素的优化配置、合理使用、动态管理，有效控制实际成本；加强施工定额管理和施工任务单管理，控制活劳动和物化劳动的消耗；加强施工调度，避免因施工计划不周和盲目调度造成窝工损失、机械利用率降低、物料积压等问题。成本管理工作只有建立在科学管理的基础之上，具备合理的管理体制，完善的规章制度，稳定的作业秩序，完整准确的信息传递，才能取得成效。组织措施是其他各类措施的前提和保障，而且一般不需要增加额外的费用，运用得当可以取得良好的效果。

（2）技术措施

施工过程中降低成本的技术措施包括：进行技术经济分析，确定最佳的施工方案；结合施工方法，进行材料使用的比选，在满足功能要求的前提下，通过代用、改变配合比、使用外加剂等方法降低材料消耗的费用；确定最合适的施工机械、设备使用方案；结合项目的施工组织设计及自然地理条件，降低材料的库存成本和运输成本；应用先进的施工技术，运用新材料，使用先进的机械设备等。在实践中，也要避免仅从技术角度选定方案而忽视对其经济效果的分析论证。

技术措施不仅对解决成本管理过程中的技术问题是不可缺少的，而且对纠正成本管理目标偏差也有相当重要的作用。因此，运用技术纠偏措施的关键，一是要能提出多个不同的技术方案；二是要对不同的技术方案进行技术经济分析比较，选择最佳方案。

（3）经济措施

经济措施是最易为人们所接受和采用的措施。管理人员应编制资金使用计划，确定、分解成本管理目标。对成本管理目标进行风险分析，并制订防范性对策。在施工中严格控制各项开支，及时准确地记录、收集、整理、核算实际支出的费用。对各种变更，应及时做好增减账，落实业主签证并结算工程款。通过偏差分析和对未完工程的预测，发现一些潜在的可能引起未完工程成本增加的问题，及时采取预防措施。因此，经济措施的运用绝不仅是财务人员的事情。

（4）合同措施

采用合同措施控制成本，应贯穿整个合同周期，包括从合同谈判开始到合同终结的全过程。对于分包项目，首先是选用合适的合同结构，对各种合同结构模式进行分析、比较，在合同谈判时，要争取选用适合于工程规模、性质和特点的合同结构模式。其次，在合同的条款中应仔细考虑一切影响成本和效益的因素，特别是潜在的风险因素。通过对引起成本变动的风险因素的识别和分析采取必要的风险对策，如通过合理的风险分摊方式增加承担风险的个体数量以降低损失发生的比例，并最终将这些策略体现在合同的具体条款中。在合同执行期间，合同管理的措施既要密切注视对方合同执行的情况，以寻求合同索赔的机会，同时也要密切关注自己履行合同的情况，以防被对方索赔。

任务 4.2.4
明确成本管理与控制的方法

任务 4.2.4

任务引入

对楚雄职教办公楼的成本管理和控制，赢得值（挣值）法是一种主要的方法。在运用赢得值法的过程中都需要提取哪些参数呢？我们又应该如何运用赢得值法来完成成本管理和控制呢？

知识准备

（1）赢得值（挣值）法

赢得值法（Earned Value Management，EVM）作为一项先进的项目管理技术，最初是美国国防部于 1967 年首次确立的。目前，国际上先进的工程公司已普遍采用赢得值法进行工程项目的费用、进度综合分析与控制。用赢得值法进行费用、进度综合分析控制，基本参数有三项，即已完工作预算费用、计划工作预算费用和已完工作实际费用。

① 赢得值法的三个基本参数。

a. 已完工作预算费用。已完工作预算费用为 BCWP（Budgeted Cost for Work Performed），是指在某一时间已经完成的工作（或部分工作），以批准认可的预算为标准所需要的资金总额，由于发包人正是根据这个值为承包人完成的工作量支付相应的费用，也就是承包人获得（挣得）的金额，故称赢得值或挣值。

$$已完工作预算费用（BCWP）=\sum（已完成工作量 \times 预算单价）$$

b. 计划工作预算费用。计划工作预算费用，简称 BCWS（Budgeted Cost for Work Scheduled），即根据进度计划，在某一时刻应当完成的工作（或部分工作），以预算为标准所需要的资金总额。一般来说，除非合同有变更 BCWS 在工程实施过程中应保持不变。

$$计划工作预算费用（BCWS）=\sum（计划工作量 \times 预算单价）$$

c. 已完工作实际费用。已完工作实际费用，简称 ACWP（Actual Cost for Work Performed），即到某一时刻为止，已完成的工作（或部分工作）所实际花费的总金额。

$$已完工作实际费用（ACWP）=\sum（已完成工作量 \times 实际单价）$$

② 赢得值法的四个评价指标。

在这三个基本参数的基础上，可以确定赢得值法的四个评价指标，它们都是时间的函数。

a. 费用偏差 CV（Cost Variance）。

费用偏差（CV）= 已完工作预算费用（BCWP）- 已完工作实际费用（ACWP）

当费用偏差 CV 为负值时，即表示项目运行超出预算费用；当费用偏差 CV 为正值时，表示项目运行节支，实际费用没有超出预算费用。

b. 进度偏差 SV（Schedule Variance）。

进度偏差（SV）= 已完工作预算费用（BCWP）- 计划工作预算费用（BCWS）

当进度偏差 SV 为负值时，表示进度延误，即实际进度落后于计划进度；当进度偏差 SV 为正值时，表示进度提前，即实际进度快于计划进度。

c. 费用绩效指数（CPI）。

费用绩效指数（CPI）= 已完工作预算费用（BCWP）/ 已完工作实际费用（ACWP）

当费用绩效指数（CPI）<1 时，表示超支，即实际费用高于预算费用。

当费用绩效指数（CPI）>1 时，表示节支，即实际费用低于预算费用。

d. 进度绩效指数（SPI）。

进度绩效指数（SPI）= 已完工作预算费用（BCWP）/ 计划工作预算费用（BCWS）

当进度绩效指数（SPI）<1 时，表示进度延误，即实际进度比计划进度慢。

当进度绩效指数（SPI）>1 时，表示进度提前，即实际进度比计划进度快。

费用（进度）偏差反映的是绝对偏差，结果很直观，有助于费用管理人员了解项目费用出现偏差的绝对数额，并依此采取措施，制订或调整费用支出计划和资金筹措计划。但是，绝对偏差有其不容忽视的局限性。如同样是 10 万元的费用偏差，对于总费用 1 000 万元的项目和总费用 1 亿元的项目而言，其严重性显然是不同的。因此，费用（进度）偏差仅适合于对同一项目作偏差分析。费用（进度）绩效指数反映的是相对偏差，它不受项目层次的限制，也不受项目实施时间的限制，因而在同一项目和不同项目比较中均可采用。

（2）偏差分析的表达方法

偏差分析可以采用不同的表达方法，常用的有横道图法、表格法和曲线法。

① 横道图法。用横道图法进行费用偏差分析，是用不同的横道标识已完工作预算费用（BCWP）计划工作预算费用（BCWS）和已完工作实际费用（ACWP）横道的长度与其

金额成正比例。横道图法具有形象、直观、一目了然等优点，它能够准确表达出费用的绝对偏差，而且能直观地表明偏差的严重性。但这种方法反映的信息量少，一般在项目的较高管理层应用。

② 表格法。表格法将项目编号、名称、各费用参数以及费用偏差数综合归纳入一张表格中，并且直接在表格中进行比较。由于各偏差参数都在表中列出，使费用管理者能够综合地了解并处理这些数据，如表 4–1 所示。

表 4–1 费用偏差分析表

项目编码	（1）	001	002	003
项目名称	（2）	填充墙 1	填充墙 2	填充墙 3
单位	（3）			
预算（计划单价）	（4）			
计划工作量	（5）			
计划工作预算费用（BCWS）	（6）=（4）×（5）	30	40	50
已完成工作量	（7）			
已完工作预算费用（BCWP）	（8）=（7）×（4）	40	40	50
实际单价	（9）			
其他款项	（10）			
已完工作实际费用（ACWP）	（11）=（7）×（9）+（10）	40	50	50
费用局部偏差	（12）=（8）–（11）	0	–10	0
费用绩效指数（CPI）	（13）=（8）÷（11）	1	0.8	1
费用累计偏差	（14）=∑（12）		–10	
进度局部偏差	（15）=（8）–（6）	10	0	0
进度绩效指数（SPI）	（16）=（8）÷（6）	1.33	1	1
进度累计偏差	（17）=∑（15）		10	

用表格法进行偏差分析具有如下优点：

a. 灵活、适用性强。可根据实际需要设计表格，进行增减项。

b. 信息量大。可以反映偏差分析所需的资料，从而有利于费用控制人员及时采取针对性措施，加强控制。

c. 表格处理可借助于计算机，从而节约大量数据处理所需的人力，并大大提高速度。

③ 曲线法。在项目实施过程中，以上三个参数可以形成三条曲线，即计划工作预算费用（BCWS）、已完工作预算费用（BCWP）、已完工作实际费用（ACWP）曲线，如图 4–2 所示。

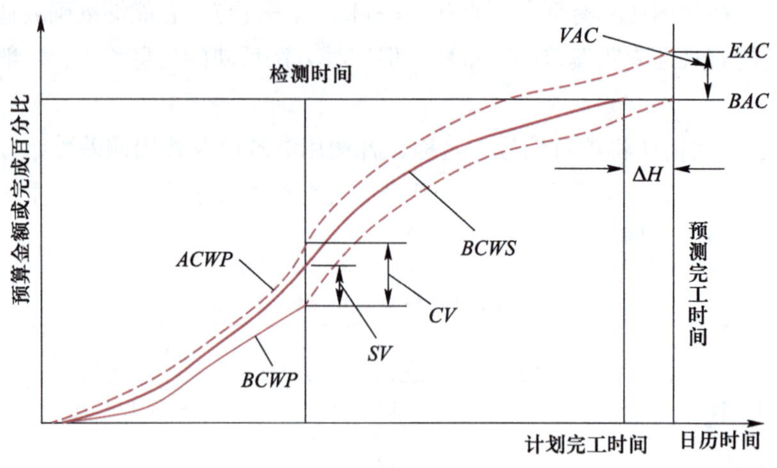

图 4–2　曲线法

图中，*CV=BCWP–ACWP*，由于两项参数均以已完工作为计算基准，所以两项参数之差，反映项目进展的费用偏差。

SV=BCWP–BCWS，由于两项参数均以预算值（计划值）作为计算基准，所以两者之差，反映项目进展的进度偏差。

采用赢得值法进行费用、进度综合控制，还可以根据当前的进度、费用偏差情况，通过原因分析，对趋势进行预测，预测项目结束时的进度、费用情况。

$$VAC=BAC-EAC$$

式中　*BAC*（Budget at Completion）——项目完工预算，指编制计划时预计的项目完工费用。

EAC（Estimate at Completion）——预测的项目完工估算，指计划执行过程中根据当前的进度、费用偏差情况预测的项目完工总费用。

VAC（Variance at Completion）——预测项目完工时的费用偏差。

（3）偏差原因分析与纠偏措施

① 偏差原因分析。在实际执行过程中，最理想的状态是已完工作实际费用（ACWP）、计划工作预算费用（BCWS）、已完工作预算费用（BCWP）三条曲线靠得很近、平稳上升，表示项目按预定计划目标进行。如果三条曲线离散度不断增加，则可能出现较大的费用偏差。

偏差分析的一个重要目的就是要找出引起偏差的原因，从而采取有针对性的措施，减少或避免相同问题的再次发生。在进行偏差原因分析时，首先应当将已经导致和可能导致偏差的各种原因逐一列举出来。导致不同工程项目产生费用偏差的原因具有一定共性，因而可以通过对已建项目的费用偏差原因进行归纳、总结，为该项目采取预防措施提供依据。一般来说，产生费用偏差的原因有以下几种，如图 4–3 所示。

② 纠偏措施。通常要压缩已经超支的费用，而不影响其他目标是十分困难的，一般只有当给出的措施比原计划已选定的措施更为有利，例如使工程范围减少或生产效率提高等，费用才能降低。通常包括以下六种情况：

a. 寻找新的、效率更高的设计方案。

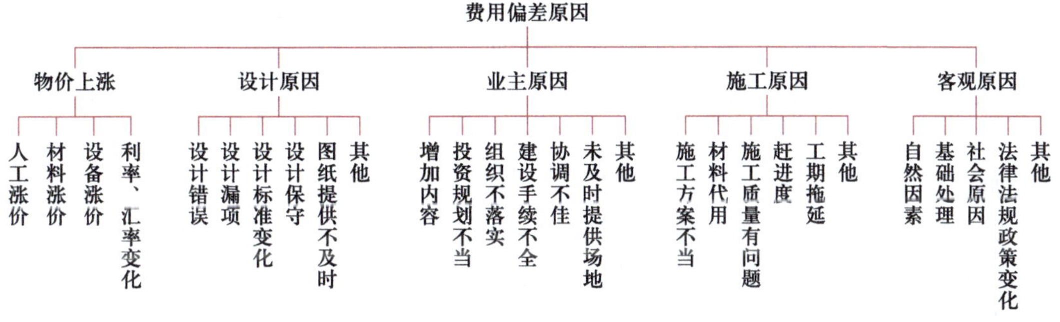

图 4-3　费用偏差原因

b. 购买部分产品，而不是采用完全由自己生产的产品。

c. 重新选择供应商，但会产生供应风险，另外选择需要时间。

d. 改变实施过程。

e. 变更工程范围。

f. 索赔，如向业主、承（分）包商、供应商索赔以弥补费用超支。

（4）成本的过程控制方法

施工阶段是成本发生的主要阶段，这个阶段的成本控制主要是通过确定成本目标并按计划成本组织施工，合理配置资源，对施工现场发生的各项成本费用进行有效控制，其具体的控制方法如下：

① 人工费的控制。人工费的控制实行量价分离的方法，将作业用工及零星用工按定额工日的一定比例综合确定用工数量与单价，通过劳务合同进行控制。

a. 人工费的影响因素。

• 社会平均工资水平。社会平均工资水平取决于经济发展水平。由于我国改革开放以来经济迅速增长，社会平均工资也有大幅增长，从而导致人工单价的大幅提高。

• 生产消费指数。生产消费指数的提高会导致人工单价的提高，以减少生活水平的下降，维持原来的生活水平。

• 劳动力市场供需变化。劳动力市场如果供不应求，人工单价就会提高；供过于求，人工单价就会下降。

• 政策影响。政府推行的社会保障和福利政策也会影响人工单价的变动。

• 技术影响。经会审的施工图、施工定额、施工组织设计等决定人工的消耗量。

b. 控制人工费的方法。加强劳动定额管理，提高劳动生产率，降低工程耗用人工工日，是控制人工费支出的主要手段。

制定先进合理的企业内部劳动定额，严格执行劳动定额，并将安全生产、文明施工及零星用工下达到作业队进行控制。全面推行全额计件的劳动管理办法和单项工程集体承包的经济管理办法，以不超出施工图预算人工费指标为控制目标，实行工资包干制度。认真执行按劳分配的原则，使职工个人所得与劳动贡献相一致，充分调动广大职工的劳动积极性，以提高劳动效率。把工程项目的进度、安全、质量等指标与定额管理结合起来，提高劳动者的综合能力，实行奖励制度。

提高生产工人的技术水平和作业队的组织管理水平，根据施工进度、技术要求，合理搭配各工种工人的数量，减少和避免无效劳动。不断地改善劳动组织，创造良好的工作环境，改善工人的劳动条件，提高劳动效率。合理调节各工序人数安排情况，安排劳动力时，尽量做到技术工不做普通工的工作，高级工不做低级工的工作，避免技术上的浪费，既要加快工程进度，又要节约人工费用。

加强职工的技术培训和多种施工作业技能的培训，不断提高职工的业务技术水平和熟练操作程度，培养"一专多能"的技术工人，提高作业工效。提倡技术革新和推广新技术，提高技术装备水平和工厂化生产水平，提高企业的劳动生产率。

实行弹性需求的劳务管理制度。对施工生产各环节上的业务骨干和基本的施工力量，要保持相对稳定。对短期需要的施工力量，要做好预测、计划管理，通过企业内部的劳务市场及外部协作队伍进行调剂。严格做到项目部的定员随工程进度要求及时进行调整，实行弹性管理。要打破行业、工种界限，提倡"一专多能"，提高劳动力的利用效率。

② 材料费的控制。材料费控制同样按照量价分离原则，控制材料用量和材料价格。

a. 材料用量的控制。在保证符合设计要求和质量标准的前提下，合理使用材料，通过定额控制、指标控制、计量控制、包干控制等手段有效控制物资材料的消耗，具体方法如下：

- 定额控制。对于有消耗定额的材料，以消耗定额为依据，实行限额领料制度。
- 指标控制。对于没有消耗定额的材料，则实行计划管理和按指标控制的办法。根据以往项目的实际耗用情况，结合具体施工项目的内容和要求，制订领用材料指标，以控制发料。超过指标的材料，必须经过一定的审批手续方可领用。
- 计量控制。准确做好材料物资的收发计量检查和投料计量检查。处理超储积压的材料、构配件。这样可以盘活储备资金，加速流动资金的周转。
- 包干控制。在材料使用过程中，对部分小型及零星材料（如钢钉、钢丝等）根据工程量计算出所需材料量，将其折算成费用，由作业者包干使用。

b. 材料价格的控制。

材料价格主要由材料采购部门控制。由于材料价格是由买价、运杂费、运输中的合理损耗等所组成，因此控制材料价格，主要是通过掌握市场信息，应用招标和询价等方式控制材料、设备的采购价格。尽量就地取材，选择最经济的运输方式，选择最低费用的包装，尽量做到采购的材料、构配件直接进入施工现场，减少中间环节，减少业务提成。

施工项目的材料物资，包括构成工程实体的主要材料和结构件，以及有助于工程实体形成的周转使用材料和低值易耗品。从价值角度看，材料物资的价值约占建筑安装工程造价的60%以上，因此，对材料价格的控制非常重要。由于材料物资的供应渠道和管理方式各不相同，所以控制的内容和所采取的控制方法也将有所不同。

c. 控制材料、构配件的质量。坚持做到"三证"不全不能进入施工现场和仓库，确保材料、配件的质量，同时也减少了次品的损失。

③ 施工机械使用费的控制。合理选择施工机械设备，合理使用施工机械设备对成本控制具有十分重要的意义，尤其是高层建筑施工。据某些工程实例统计，高层建筑地面以上部分的总费用中，垂直运输机械费用占 6%~10%。由于不同的起重运输机械各有不同的特点，因此在选择起重运输机械时，首先应根据工程特点和施工条件确定采取的起重运输机械的组合方式。在确定采用何种组合方式时，首先应满足施工需要，其次要考虑费用的高低和综合经济效益。

施工机械使用费主要由台班数量和台班单价两方面决定，因此为有效控制施工机械使用费支出，应主要从以下两个方面进行控制。

a. 台班数量。根据施工方案和现场实际情况，选择适合项目施工特点的施工机械，制订设备需求计划，合理安排施工生产，充分利用现有机械设备，加强内部调配，提高机械设备的利用率。

保证施工机械设备的作业时间，安排好生产工序的衔接，尽量避免停工、窝工，尽量减少施工中所消耗的机械台班数量。

核定设备台班定额产量，实行超产奖励办法，加快施工生产进度，提高机械设备单位时间的生产效率和利用率。

加强设备租赁计划管理，减少不必要的设备闲置和浪费，充分利用社会闲置机械资源。

b. 台班单价。加强现场设备的维修、保养工作。降低大修、经常性修理等各项费用的开支，提高机械设备的完好率，最大限度地提高机械设备的利用率，避免因使用不当造成机械设备的停置。

加强机械操作人员的培训工作。不断提高操作技能，提高施工机械台班的生产效率。

加强配件的管理。建立健全配件领发料制度，严格按油料消耗定额控制油料消耗，做到修理有记录，消耗有定额，统计有报表，损耗有分析。通过经常分析总结，提高修理质量，降低配件消耗，减少修理费用的支出。

降低材料成本。做好施工机械配件和工程材料采购计划，降低材料成本。

成立设备管理领导小组，负责设备调度、检查、维修、评估等具体事宜。对主要部件及其保养情况建立档案，分清责任，便于尽早发现问题，找到解决问题的办法。

④ 施工分包费用的控制。分包工程价格的高低，必然对项目管理机构的施工项目成本产生一定的影响。因此，施工项目成本控制的重要工作之一是对分包价格的控制。项目管理机构应在确定施工方案的初期就要确定需要分包的工程范围，决定分包范围的因素主要是施工项目的专业性和项目规模。对分包费用的控制，主要是要做好分包工程的询价、订立平等互利的分包合同、建立稳定的分包关系网络、加强施工验收和分包结算等工作。要求做到严格限额领料和退料手续，加强劳动管理，避免窝工、返工，从而提高劳动效率。机组还应严格控制燃料、动力费和经常修理费，坚持机械的维修保养制度，保持设备的完好率、利用率和出勤率，达到提高机械设备使用效率的目的。

知识拓展

限额领料定额控制方法的介绍。

（1）限额领料的形式

① 按分项工程实行限额领料。按分项工程实行限额领料，就是按照分项工程进行限额，如钢筋绑扎、混凝土浇筑、砌筑、抹灰等，它是以施工班组为对象进行的限额领料。

② 按工程部位实行限额领料。按工程部位实行限额领料就是按工程施工工序分为基础工程、结构工程和装饰工程，它是以施工专业队为对象进行的限额领料。

③ 按单位工程实行限额领料。按单位工程实行限额领料，就是对一个单位工程从开工到竣工全过程的建设工程项目的用料实行的限额领料，它是以项目管理机构或分包单位为对象开展的限额领料。

（2）限额领料的依据

① 准确的工程量。它是按工程施工图纸计算的正常施工条件下的数量，是计算限额领料量的基础。

② 现行的施工预算定额或企业内部消耗定额。它是制定限额用量的标准。

③ 施工组织设计。它是计算和调整非实体性消耗材料的基础。

④ 施工过程中发包人认可的变更洽商单。它是调整限额量的依据。

（3）限额领料的实施

① 确定限额领料的形式。施工前，根据工程的分包形式，与施工单位确定限额领料的形式。

② 签发限额领料单。根据双方确定的限额领料形式以及有关部门编制的施工预算和施工组织设计，将所需材料数量汇总后编制材料限额数量，经双方确认后下发。

③ 限额领料单的应用。限额领料单一式三份：一份交保管员作为控制发料的依据；一份交使用单位，作为领料的依据；一份由签发单位留存，作为考核的依据。

④ 限额量的调整。在限额领料的执行过程中，会有许多因素影响材料的使用，如工程量的变更、设计更改、环境因素等。限额领料的主管部门在限额领料的执行过程中要深入施工现场，了解用料情况，根据实际情况及时调整限额数量，以保证施工生产的顺利进行和限额领料制度的连续性、完整性。

⑤ 限额领料的核算。根据限额领料形式，工程完工后，双方应及时办理结算手续，检查限额领料的执行情况，对用料情况进行分析，按双方约定的合同，对用料节超进行奖罚兑现。

项目 4.3
明确施工成本计划编制的原则与方法

[学习目标]

知识目标

1. 掌握施工成本计划编制的原则。
2. 掌握施工成本计划编制的方法。

能力目标

1. 能够根据实际工程项目选择施工成本计划的编制方法。
2. 能够根据实际项目编制施工成本计划。

素养目标

1. 培养精益求精的工匠精神，能够进行有效的人际沟通和协作。
2. 具有安全意识和创新思维。

[思维导图]

项目 4.3

- 明确施工成本计划编制的原则与方法
  - 明确施工成本计划编制的原则
  - 选择施工成本计划的编制方法
    - 按施工成本组成编制施工成本计划
    - 按项目组成编制施工成本计划
    - 按工程进度编制施工成本计划

任务 4.3.1 明确施工成本计划编制的原则

任务引入

为保证项目在既定目标成本之内完成，在楚雄职教办公楼项目实施过程中应编制成本计划来指导成本管理实施。成本计划有多种编制方法，作为成本管理者，在成本计划编制过程中都应遵循哪些原则？又需要注意哪些问题呢？

知识准备

项目成本计划一般由施工单位编制。施工单位应围绕施工组织设计或相关文件进行编制，以确保对施工项目成本控制的适宜性和有效性。具体可按成本组成（如人工费、材料费、施工机具使用费和企业管理费等）、项目结构（如各单位工程或单项工程）和工程实施阶段（如基础、主体、安装、装修等或月、季、年等）进行编制，也可以将几种方法结合使用。为了编制出能够发挥积极作用的成本计划，在编制成本计划时应遵循以下原则：

（1）从实际情况出发

编制成本计划必须根据国家的方针政策，从企业的实际情况出发，充分挖掘企业内部潜力，使降低成本指标既积极可靠，又切实可行。施工项目管理部门降低成本的潜力在于正确选择施工方案、合理组织施工、提高劳动生产率、改善材料供应、降低材料消耗、提高机械利用率、节约施工管理费用等。

（2）与其他计划相结合

成本计划必须与施工项目的其他计划（如施工方案、生产进度计划、财务计划、材料供应及消耗计划）等密切结合，保持平衡。一方面，成本计划要根据施工项目的生产、技术组织措施、劳动工资、材料供应和消耗等计划来编制；另一方面，其他各项计划指标又影响着成本计划，所以其他各项计划在编制时应考虑降低成本的要求，与成本计划密切配合，而不能单纯考虑单一计划本身的要求。

（3）采用先进技术经济指标

成本计划必须以各种先进的技术经济指标为依据，并结合工程的具体特点，采取切实可行的技术组织措施作保证。只有这样，才能编制出既有科学依据，又切实可行的成本计划，从而发挥成本计划的积极作用。

（4）适度弹性

成本计划应留有一定的余地，保持计划的弹性。在计划期内，项目管理机构的内部或外部环境都有可能发生变化，尤其是材料供应、市场价格等具有很大的不确定性，这给拟定计划带来困难。因此在编制计划时应充分考虑这些情况，使计划具有一定的适应环境变化的能力。

任务 4.3.2 选择施工成本计划的编制方法

任务引入

在项目实施过程中应编制成本计划指导成本管理的实施。成本计划有多种编制方法，作为楚雄职教办公楼项目的成本管理者，应该如何选择编制方法才能有效完成成本控制呢？采用不同方法编制成本计划时还应注意哪些问题呢？

知识准备

施工成本计划的编制以成本预测为基础，关键是确定目标成本。计划的编制需结合施工组织设计的编制过程，通过不断地优化施工技术方案和合理配置生产要素，进行工、料、机消耗的分析，制订一系列节约成本和挖潜措施，确定施工成本计划。一般情况下，施工成本计划总额应控制在目标成本的范围内，并使成本计划建立在切实可行的基础上。

施工总成本目标确定之后，还需通过编制详细的实施性施工成本计划把目标成本层层分解，落实到施工过程的每个环节，有效地进行成本控制。施工成本计划的编制方式有按施工成本组成编制施工成本计划、按项目组成编制施工成本计划、按工程进度编制施工成本计划。

（1）按施工成本组成编制施工成本计划

施工成本可以按成本组成分解为直接成本（又称直接费）和间接成本（又称间接费），直接成本又可进一步分解为人工费、材料费、施工机械使用费和措施费，可以编制按施工成本组成分解的施工成本计划，如图 4–4 所示。

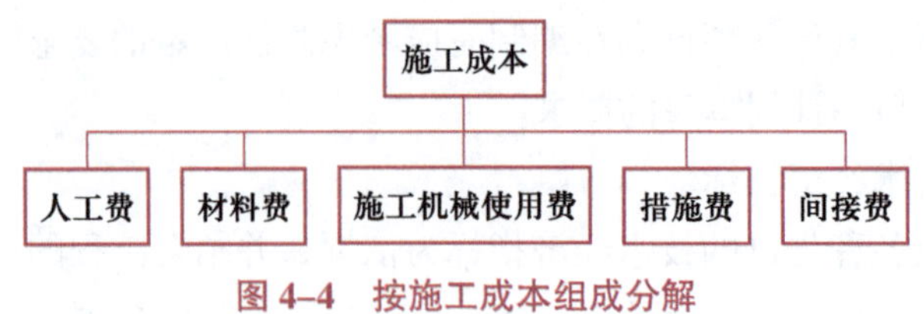

图 4–4　按施工成本组成分解

（2）按项目组成编制施工成本计划

大、中型工程项目通常是由若干单项工程构成的，而每个单项工程包括了多个单位工程，每个单位工程又是由若干个分部分项工程所构成。因此，首先要把项目总施工成本分解到单项工程和单位工程中，再进一步分解为分部工程和分项工程，如图 4–5 所示。

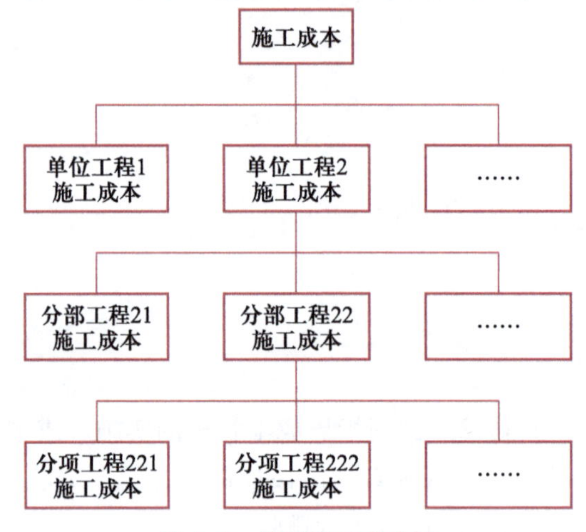

图 4–5　按项目组成分解

在完成施工项目成本目标分解之后，接下来就要具体地分配成本，编制分项工程的成本支出计划，从而得到详细的成本计划表。

在编制成本支出计划时，要在项目总的方面考虑总的预备费，也要在主要的分项工程中安排适当的不可预见费，避免在具体编制成本计划时，可能发现个别单位工程或工程量表中某项内容的工程量计算有较大出入，使原来的成本预算失实，并在项目实施过程中对其尽可能地采取一些措施。

（3）按工程进度编制施工成本计划

编制按工程进度的施工成本计划，通常可利用控制项目进度的网络图进一步扩充而得到。即在建立网络图时，一方面确定完成各项工作所需花费的时间，另一方面同时确定完成这一工作的合适的施工成本支出计划。在实践中，将工程项目分解为既能方便地表示时间，又能方便地表示施工成本支出计划的工作是不容易的，通常如果项目分解程度对时间控制合适的话，则对施工成本支出计划可能分解过细，以至于不可能对每项工作确定其施工成本支出计划；反之亦然。因此在编制网络计划时，在充分考虑进度控制对项目划分要求的同时，还要考虑确定施工成本支出计划对项目划分的要求，做到二者兼顾。

小结：以上三种编制施工成本计划的方式并不是相互独立的。在实践中，往往是将这几种方式结合起来使用，从而可以取得扬长避短的效果。例如，将按项目组成分解项目总施工成本与按施工成本构成分解项目总施工成本两种方式相结合，横向按施工成本构成分解，纵向按项目组成分解，或相反。这样做既有助于检查各分部分项工程施工成本构成是否完整，有无重复计算或漏算，还有助于检查各项具体的施工成本支出的对象是否明确或落实，并且可以从数字上校核分解的结果有无错误。还可将按项目组成分解项目总施工成本计划与按时间分解项目总施工成本计划结合起来，一般纵向按项目组成分解，横向按时间分解。

项目 4.4
认识智慧成本控制的原理、意义及应用

[学习目标]

知识目标

1. 熟悉智慧成本控制的原理。
2. 掌握建设工程项目智慧成本控制的方法。

能力目标

1. 能够运用数字化技术完成项目成本控制。
2. 能够运用数字化技术完成项目成本管理。

素养目标

1. 具有信息素养、创新精神和良好的成本管理意识。
2. 具有精益求精的工匠精神和较强的集体意识。

[思维导图]

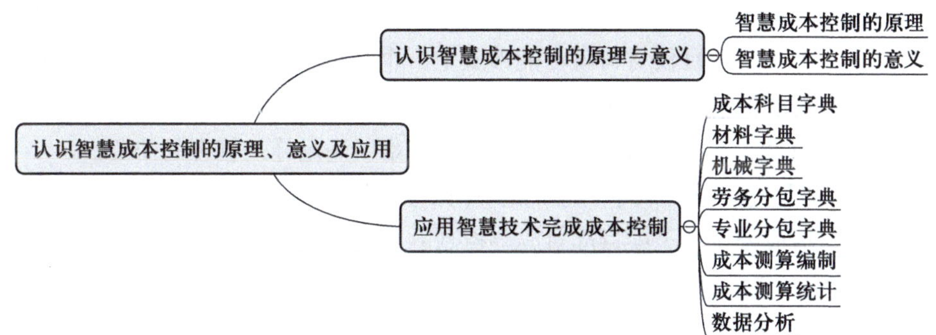

项目 4.4

任务 4.4.1 认识智慧成本控制的原理与意义

任务引入

项目管理数字化、智慧化是工程管理的发展方向。在楚雄职教办公楼成本控制运行中，数字化管理技术与方法是怎样提高管理效率与效果的呢？我们应该如何开展智慧成本控制工作？

知识准备

（1）智慧成本控制的原理

利用计算机及网络技术为预测未来和进行正确决策提供科学依据，提高管理水平，实现施工管理信息化，从而提升项目管理水平和效能。

信息技术是企业利用科学方法对经营管理信息进行收集、存储、加工、处理，并辅助决策的技术的总称。计算机技术是信息技术主要的、不可缺少的手段。显然，前者包含后者。使用计算机的现代化施工管理，不仅可以快速、有效、自动而有系统地存储、修改、查找及处理大量的信息，而且能够对施工过程中因受各种自然及人为因素的影响而发生的施工进度、质量、成本变动进行跟踪管理。

（2）智慧成本控制的意义

建筑企业良好的社会信誉和施工质量无疑能增强企业的市场竞争优势，但是，就充分竞争的建筑行业、高度同质化的施工产品来说，价格因素越来越成为决定业主选择承建商的最重要因素。因此，如何降低施工项目运营成本，加强施工项目成本管理是当前建筑企业增强竞争力的重要课题之一。而目前，由于体制、激励机制、项目地域分散及人力资源等诸多方面的原因，施工项目成本管理存在的问题主要有以下方面：

① 施工项目地域分布跨度大、施工周期长，公司很难全面地、及时地对项目的成本管理情况有清晰的监控。

② 项目成本涉及工程施工管理中的进度计划、合同管理、材料费用、机具费用、人工费用等。如一个施工项目仅材料就可能涉及上百个品种、规格，材料管理的数据量非常庞大、复杂，在传统的施工管理中需用手工操作大量的材料计划、验收单、调拨单，不仅工作量非常大，而且成本核算的时效性和准确性都难以满足施工管理的需要。

③ 项目经理及施工员对成本管理的意识参差不齐，项目施工的设计变更、施工变更等可变因素多，造成公司甚至项目部对成本控制的力度及效果不尽如人意。

④ 由于体制和激励机制等原因，严重的信息不对称使投机者有生存的空间，从而加大了产生道德风险的可能性。一些项目经理在成本管理中控制不力，甚至人为加大项目成本。

施工管理信息化是适应建筑行业的特点和发展趋势，以先进的管理理念和方法为指导，依托现代计算机工具，建立的一套操作性强、高速实时、信息共享的操作体系。施工管理信息化以项目管理为主线，以成本管理为核心，贯穿于工程施工全过程。在其应用过程中，形由各管理层次、各部门实时参与、信息共享、相互协作，从而实现建筑企业财务和资金统筹管理的整体应用系统。

施工项目成本管理信息化也就当然成为施工管理信息化的焦点和突破口。为了更有效地完成施工项目成本管理，从而在激烈的市场竞争中保持建筑企业竞争的价格优势，在施工管理中引入成本管理信息系统是必要的，也是可行的。

施工项目成本管理信息系统的应用及其控制流程和系统结构信息网络化的进一步发展，不仅缩短了信息传递的过程，使上级有可能获取实时地现场信息并作出快速反应。同时，由于网络技术的发展和应用，也大大提高了工程信息的透明度，削弱了信息的不对称性，对中间管理层次形成压力，从而有效地实现施工项目成本管理。

任务 4.4.2 应用智慧技术完成成本控制

任务引入

在楚雄职教办公楼成本控制运行中发现，项目成本控制具有管控难、核算难、统计工作量大、数据采集失真等问题。那么智慧技术中有哪些内容能为楚雄职教办公楼成本控制服务呢？

知识准备

企业成本管理过程中存在管控难、核算难、统计工作量大、数据采集失真等问题，智慧管理平台的出现可以帮助解决这些问题。数字项目管理平台采用云端 + 客户端的产品形态，满足企业、项目不同层级经营口人员的管理需要，主要包含目标成本编制、过程成本统计核算和经营情况分析，实现成本管控“横到边”的管理广度。另外，系统可兼容广联达相关产品的数据（如计价、算量），实现成本管控“纵到底”的管理深度。

（1）成本科目字典

企业会根据成本统计需要建立和维护成本科目（用于归集工程项目成本的费用列项），通过商务成本科目和财务核算会计成本科目的统一，实现业务财务资金统计口径一致。

分子公司或项目在使用过程中，若出现字典库中没有的项，可对缺少项进行新增，不断更新完善成本科目字典。

（2）材料字典

企业层级会对经常使用的材料进行归类整理及维护，以形成统一的材料字典库，方便各项目使用及企业归集分析材料数据。

但各项目部在施工过程中仍会发现一些材料字典库中没有的材料类别或材料，企业会逐步把这部分新增材料进行重新归类整理，不断更新材料字典。

（3）机械字典

企业层级会对经常使用的机械设备进行归类整理及维护，以形成统一的机械设备字典库，方便各项目使用及企业归集分析材料数据。但各个项目部在施工过程中仍会发现一些机械设备字典库中没有的项，企业会逐步把这部分新增机械设备进行重新归类整理，不断更新机械设备字典。

（4）劳务分包字典

企业层级会对劳务分包项目及劳务分包项目下包含的明细进行归类整理及维护，以形成统一的劳务分包字典库，方便各项目使用及企业归集分析材料数据。各个项目部在施工过程中仍会发现一些字典库中没有的项，企业会逐步把这部分新增项进行重新归类整理，不断更新劳务分包字典。

（5）专业分包字典

企业层级会对专业分包项目及其下包含的明细项进行归类整理及维护，以形成统一的专业分包字典库，方便各项目使用及企业归集分析材料数据。

（6）成本测算编制

负责编制完成本测算相关内容后，需要提交给上级，上级进行审阅，由公司或者项目部在工具端编制目标责任成本，编制完毕后提交到企业端进行查看。实现数据在线存储、共享，为后续项目提供参考依据。

（7）成本测算统计

归集各项目编制的成本测算统计文件，提交给上级，上级进行审阅，由公司或者项目部在工具端编制目标责任成本，编制完毕后提交到企业端进行查看。

（8）数据分析

横向对比各类工程的成本费用、工程的用工用料单价，以判断当前工程成本费用编制是否合理。

① 单项目的成本测算及目标利润情况分析，并了解该项目需要重点关注的开源和节

流项。

② 单项目的经济指标、工料消耗指标分析，为决策层提供宏观决策、为管理层提供项目监管的指导作用。

③ 多项目各类工程的成本费用、经济指标、工料消耗指标、工料价格指标横向对比，以判断当前工程成本费用编制是否合理。

【场景案例】

项目策划阶段目标成本编制场景案例请扫二维码学习。

场景案例：项目策划阶段目标成本编制

【习题与思考】

一、单选题

1. 施工项目成本预测构成了施工项目成本管理的第（　　）个工作环节。

A. 一　　B. 二

C. 三　　D. 四

2.（　　）是以货币形式编制施工项目在计划期内的生产费用、成本水平以及为降低成本所采取的主要措施和规划的书面方案。

A. 成本预测　　B. 成本决策

C. 成本计划编制　　D. 成本控制

3.（　　）是施工过程中耗费的构成工程实体或有助于工程实体形成的各项费用支出。

A. 直接成本　　B. 间接成本

C. 定额成本　　D. 工程成本

4. 成本预测是成本决策的前提，（　　）是成本决策所确定目标的具体化。

A. 成本计划　　B. 成本控制

C. 成本核算　　D. 成本分析

5.（　　）是编制成本管理工作计划，确定合理详细的工作流程。

A. 组织措施　　B. 技术措施

C. 经济措施　　D. 合同措施

6.（　　）是根据项目的具体情况制订的成本控制方案。

A. 合同文件　　B. 成本计划

C. 进度报告　　D. 工程变更资料

7. 项目成本计划一般由（　　）编制。

A. 建设单位　　B. 设计单位

C. 施工单位　　D. 审计单位

二、多选题

1. 施工项目成本管理水平高低的重要标志是（　　）。

A. 成本预测　　B. 成本决策

C. 成本核算　　D. 成本分析

E. 成本考核

2. 成本控制可分为（　　）。

A. 事先控制

B. 预算控制

C. 过程控制

D. 事后控制

E. 决策控制

3. 成本控制的原则（　　）。

A. 开源与节流相结合的原则

B. 全面控制原则

C. 动态控制原则

D. 责、权、利相结合的原则

E. 目标管理原则

4. 目标管理的内容包括（　　）。

A. 目标的设定和分解

B. 目标的责任到位和执行

C. 目标实施过程监控

D. 检查目标的执行结果

E. 修正目标和评价目标

5. 目标管理的基本思想和工作方法（　　）。

A. 计划

B. 实施

C. 检查

D. 研讨

E. 处理

6. 成本管理的措施包括（　　）。

A. 组织措施

B. 技术措施

C. 经济措施

D. 合同措施

E. 商务措施

7. 施工成本计划的编制方式（　　）。

A. 按分部工程编制

B. 按施工成本组成编制

C. 按项目组成编制

D. 按工程进度编制

E. 按分项工程编制

8. 直接成本又可进一步分解为（　　）。

A. 人工费

B. 材料费

C. 施工机械使用费

D. 措施费

E. 总承包管理费

三、判断题

1. 成本控制可分为事先控制、事中控制（过程控制）和事后控制。（　　）

2. 成本计划是目标成本的一种形式。（　　）

3. 施工项目成本决策是进行施工项目成本预测和编制成本计划的基础。（　　）

4. 直接成本是指准备施工组织和管理施工生产的全部费用支出。（　　）

5. 施工项目成本管理是企业成本管理的基础和核心。（　　）

6. 进度报告提供了对应时间节点的工程实际完成量，工程成本实际支出情况等重要信息。（　　）

7. 在项目的实施过程中，工程变更与索赔是可以避免的。（　　）

8. 能否达到成本目标，是成本控制成功的关键。（　　）

9. 施工成本可以按成本组成分解为直接成本（又称直接费）和间接成本（又称间接费）。（　　）

10. 施工成本计划的编制以成本预测为基础，关键是确定目标成本。（　　）

四、简答题

1. 简述施工项目成本计划的含义。
2. 成本控制的依据包括哪些内容？
3. 简述成本指标的控制程序。
4. 简述编制成本计划时应遵循的原则。
5. 如何按项目组成编制施工成本计划？

五、案例分析题

某工程项目施工合同于 2015 年 12 月签订，约定的合同工期为 20 个月，2016 年 1 月开始正式施工，承包人按合同工期要求编制了混凝土结构工程施工进度时标网络计划（图 4–6），并经专业监理工程师审核批准。

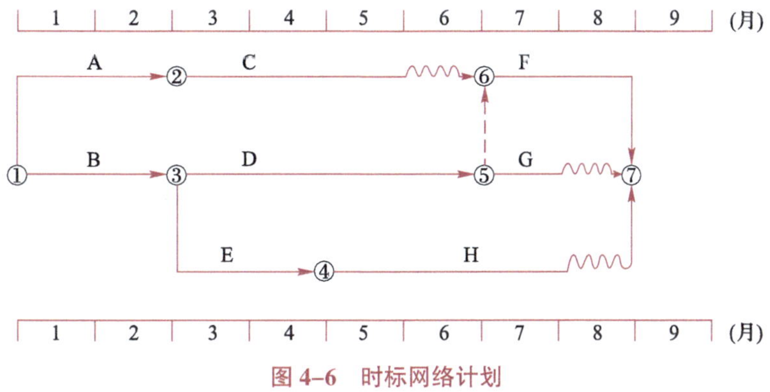

图 4–6　时标网络计划

该项目的各项工作均按最早开始时间安排，且各工作每月所完成的工程量相等。各工作的计划工程量和实际工程量见表 4–2。工作的实际工作持续时间与计划工作持续时间相同。

表 4–2　计划工程量和实际工程量　　单位：m^3

工作	A	B	C	D	E	F	G	H
计划工程量	8 600	9 000	5 400	10 000	5 200	6 200	1 000	3 600
实际工程量	8 600	9 000	5 400	9 200	5 000	5 800	1 000	5 000

合同约定，混凝土结构工程综合单价为 1 000 元 /m^3 按月结算。结算价按项目所在地混凝土结构工程价格指数进行调整，项目实施期间各月的混凝土结构工程价格指数见表 4–3。

表 4–3　工程价格指数

时间	2015 年 12 月	2016 年 1 月	2016 年 2 月	2016 年 3 月	2016 年 4 月	2016 年 5 月	2016 年 6 月	2016 年 7 月	2016 年 8 月	2016 年 9 月
混凝土结构工程价格指数 %	100	115	105	110	115	110	110	120	110	110

施工期间，由于发包人原因使工作的开始时间比计划的开始时间推迟 1 个月，并由于工作 H 工程量的增加使该工作的工作持续时间延长了 1 个月。

问题：

1. 请按施工进度计划编制资金使用计划（即计算每月和累计计划工作预算费用），并简要写出其步骤。

2. 计算工作各月的已完工作预算费用和已完工作实际费用。

3. 计算混凝土结构工程已完工作预算费用和已完工作实际费用。

4. 列式计算 8 月末的费用偏差（CV）和进度偏差（SV）。

模块 5

工程项目智慧合同管理

项目 5.1 走进工程项目合同管理的世界

[学习目标]

知识目标

1. 理解建设工程合同的含义、特征与作用。
2. 弄懂工程项目合同的签订顺序。

能力目标

1. 遵循合同管理制度，按流程签订合同。
2. 增强理论联系实际的能力。

素养目标

1. 培养诚实守信、知法守法的意识。
2. 培养爱岗敬业精神。

[思维导图]

项目 5.1

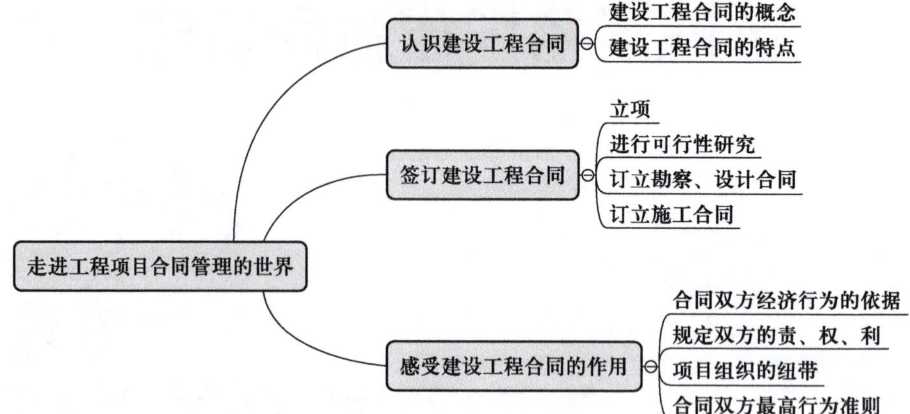

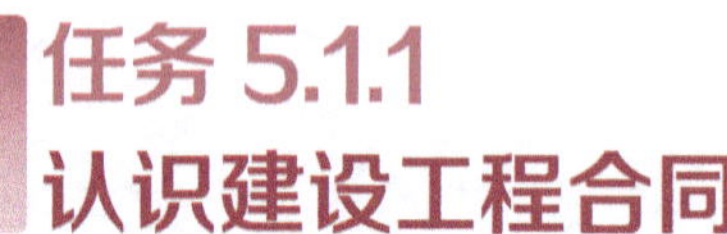

任务 5.1.1 认识建设工程合同

任务引入

楚雄职教办公楼工程项目，建设单位 A 与勘察单位 B 签订工程勘察合同，与设计单位 C 签订工程设计合同，与施工单位 D 签订施工总承包合同；单位 A 委托工程咨询公司 E 作为监理单位，与之签订委托监理合同。你能画出合同关系图吗？这其中存在几类合同呢？

该工程桩基础采用高压旋喷桩技术，经总监理工程师审核批准，施工单位 D 将桩基础工程分包给专业基坑施工单位 F，由于合同洽谈时期处于新冠疫情期间，单位 D 与单位 F 口头达成一致意见，单位 D 承诺将桩基础工程分包给单位 F，没有签订书面协议，请问这种做法正确吗？

知识准备

（1）建设工程合同的概念

建设工程合同是一类特殊的承揽合同，又称基本建设工程承揽合同。它是建设工程的发包人为完成工程建设的任务，与承包人订立的合同，承包人应按照发包人的要求完成工程建设，发包人按照合同要求接受该建设工程并支付价款。《中华人民共和国合同法》第 269 条规定：“建设工程合同是承包人进行工程建设，发包人支付价款的合同。建设工程合同包括工程勘察、设计、施工合同。”

建设工程合同的主体分为发包人、承包人。

“发包人”也称发包单位、建设单位、业主、甲方或项目法人，是指在建设工程合同中委托承包人进行工程的勘察、设计、施工任务的建设单位，发包人最主要的义务是向承包人支付相应的价款。

“承包人”是指在建设工程合同中负责工程的勘察、设计、施工任务的一方当事人，承包人最主要的义务是进行工程建设，即进行工程的勘察、设计、施工等工作。

（2）建设工程合同的特点

① 建设工程合同主体的严格性。建设工程涉及人们的生命安全和国家重大财产的安全，所以国家严格规定了从事建设工程行业的从业资格。发包人对需要建设的工程，应经过计划管理部门审批，落实投资计划，并且应当具备相应的协调能力。承包人是有资格从事工程建设的企业，而且应当具备相应的勘察、设计、施工等资质，不能越级承包工程。

② 建设工程合同标的的特殊性。建设工程合同的标的是各类建筑产品，建筑产品是不动产。承包人所完成的工作成果不仅不可动，而且需长期存在并发挥作用，建筑产品的类别庞杂，其外观、结构、使用功能都各不相同，这就要求每一个建筑产品都需单独设计和施工，建筑产品单体性生产。这些决定了建设工程合同标的的特殊性且相互间不可替代。

③ 建设工程合同制订的计划性和程序性。由于工程建设对于国家经济发展、公民工作生活有重大影响，所以国家对建设工程的投资和程序有严格的管理程序，建设工程合同的订立和履行也必须遵守国家关于基本建设程序的规定。

④ 建设工程合同的要式性。建设工程合同的履行期限长，工作环节多，涉及面广，双方权利、义务应通过书面合同形式予以确定，不采用书面形式订立的建设工程合同不能有效成立。建设工程合同应当采用书面形式。

任务 5.1.2 签订建设工程合同

任务引入

楚雄城市建设投资有限公司（简称单位 A）拟开发楚雄职教办公楼项目，单位 A 作为建设单位，先与施工总承包单位 B 签订了施工总承包合同，然后分别与勘察单位 C、设计单位 D 签订了工程勘察合同和设计合同。单位 A 与施工单位 B、勘察单位 C、设计单位 D 签订合同的时间顺序是否正确？各类建设工程合同产生的先后顺序是怎样的呢？

知识准备

建设工程合同的签订顺序与基本建设程序一致，随着建设工程的开展逐步完成合同的签订。一般情况下，建设工程合同的签订顺序如下：

（1）立项

由业务主管部门或建设单位提出项目建议书，对工程方案、选址、资源、资金筹措、经济效益提出初步设想，并报国家计划部门批准。

（2）进行可行性研究

项目建议书被国家计划部门批准后，成立筹建委员会，委托有关机构对工程方案、选址、资源、资金筹措、经济效益进行可行性研究，编制计划任务书，并报国家计划部门审批。

（3）订立勘察、设计合同

《中华人民共和国民法典》第 794 条规定："勘察、设计合同的内容一般包括提交有关基础资料和概预算等文件的期限、质量要求、费用以及其他协作条件等条款"。

（4）订立施工合同

勘察、设计合同履行后，依据被批准的技术设计、施工图和总概算等订立建筑、安装合同。《中华人民共和国民法典》第 795 条规定："施工合同的内容一般包括工程范围、建设工期、中间交工工程的开工和竣工时间、工程质量、工程造价、技术资料交付时间、材料和设备供应责任、拨款和结算、竣工验收、质量保修范围和质量保证期、相互协作等条款。"

政府和公有制企业、事业单位投资的新建、改建、扩建和技术改造工程项目的施工，除某些不适宜招标的特殊工程外，均应实行招标投标。因此，建设工程合同的订立一般采取招标投标的方式，即严格地经过招标、投标和决标 3 个阶段。

任务 5.1.3 感受建设工程合同的作用

任务引入

楚雄职教办公楼项目，建设单位与设计单位签订工程设计合同，与施工单位签订施工总承包合同，采用总价包干的计价方式，除非发生合同中约定的事项，否则不调整工程价款。请思考：合同中的计价方式，对甲乙双方是否都有约束作用？当双方发生经济责任争执的时候，合同可以作为解决争执的依据吗？

知识准备

合同在现代建筑工程中发挥着越来越重要的作用，其主要体现在以下几个方面：

① 合同确定了工程实施和工程管理的主要目标，尤其体现在工期、工程质量、工程规模以及工程价格等方面，是合同双方在工程中进行各种经济行为的依据。

② 合同规定了双方在合同实施过程中的经济责任、利益和权力，可以利用合同保护自己的权益，限制和制约对方。

③ 合同是工程项目组织的纽带，协调统一项目各参加者的行为。

④ 合同是工程建设过程中双方的最高行为准则和解决争执的依据。

小启示

2017 年，为规范建筑市场秩序、维护建设工程施工合同当事人的合法权益，住房和城乡建设部、国家工商行政管理总局制定了《建设工程施工合同（示范文本）》。但是目前迅速膨胀的建筑市场中仍有很多乱象存在，建设合同又是一个非常庞大的体系，牵涉的各方利益错综复杂，这就对合同管理提出了更高的要求。因此，作为未来的合同管理人员，我们更需要认真学习相关合同管理的知识，养成诚实守信、知法守法的良好意识，有效规避未来可能出现的合同风险。

项目 5.2 区分建设工程合同的种类与内容

[学习目标]

知识目标

1. 认识建设工程合同的分类方式。
2. 弄懂各类建设工程合同所包含的内容。

能力目标

1. 能区分建设工程合同种类。
2. 能熟练审查合同内容，提升建设工程合同管理能力。

素养目标

1. 培养认真审查合同内容的意识。
2. 具备健康的职业价值观。

[思维导图]

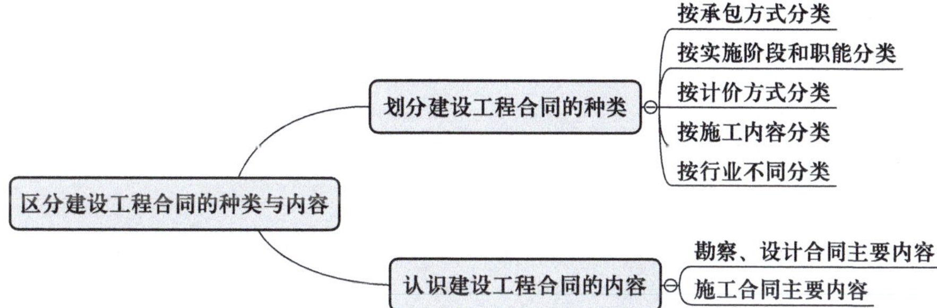

项目 5.2

任务 5.2.1 划分建设工程合同的种类

任务引入

楚雄职教办公楼项目，建设单位 A 与施工单位 B 签订土建施工合同，与施工单位 C 签订桩基础施工合同，与施工单位 D 签订设备安装合同，与施工单位 E 签订装修合同，与施工单位 F 签订室外道路工程施工合同。以上合同是按照什么方式分类的？你能列举出其他分类方式吗？

知识准备

建设工程合同按照工程不同的方式、阶段、内容通常可作如下分类：

① 按承包方式分类：工程总承包合同、承包合同、专业分包合同、劳务分包合同。

② 按工程实施的不同阶段和职能分类：勘察合同、设计合同、施工合同。

③ 按工程计价方式分类：固定价合同、可调价合同、成本加酬金合同。

④ 按施工内容分类：主体结构合同、地基与基础合同、设备安装合同、装修合同、电梯合同、室外道路合同、园林绿化合同等。

⑤ 按行业的不同分类：建筑工程合同、市政工程合同、水利工程合同、公路工程合同、铁路工程合同、通信工程合同、航空工程合同、港口工程合同。

知识拓展

工程总承包合同，即发包人将建设工程的勘察、设计、施工等工程建设的全部任务一并发包给一个具备相应的总承包资质条件的承包人。

承包合同，指总承包人就工程的勘察、设计、建筑安装任务分别与勘察人、设计人、施工人订立的勘察、设计、施工承包合同。

专业分包合同，指施工总承包企业将其所承包工程中的专业工程发包给具有相应资质的其他建筑企业完成的合同。

劳务分包合同，指施工总承包企业或者专业承包企业将其承包工程中的劳务作业发包给劳务分包企业完成的合同。

任务 5.2.2 认识建设工程合同的内容

任务引入

楚雄职教办公楼项目，建设单位 A 与施工单位 B 签订工程总承包合同。在合同签订时尚不能准确计算出工程价款，由于建设单位 A 与施工总承包单位 B 已经合作多次，双方相互信任，于是决定工程竣工时再具体商议工程价款的计算原则。请问此合同签订过程中是否有问题？你能指出问题所在并提出建议吗？

知识准备

建设工程合同需要清楚地写明发包人与承包人的名称、法定代表人、工商登记号、住所及联系方式等基本情况，还要写明竣工验收后的阶段，双方如何进行结算等。以下，就勘察、设计合同和施工合同来阐述合同的主要内容。

（1）勘察、设计合同主要内容

根据《中华人民共和国民法典》第 794 条规定："勘察、设计合同的内容一般包括提交有关基础资料和概预算等文件的期限、质量要求、费用以及其他协作条件等条款。"具体内容如下：

① 建设工程名称、规模、投资额、建设地点。

② 勘察设计范围、进度、质量。

③ 建设单位必须提供资料的内容、技术要求及期限。

④ 勘察设计成果的进度及资料份数以及取费标准及支付办法。

⑤ 双方责任与违约责任条款，双方约定解决争议的方法，鉴定事项及其他事项。

（2）施工合同主要内容

目前我国的建筑工程施工合同借鉴了国际上广泛使用的FIDIC土木工程施工合同条件，主要由协议书、通用条款、专用条款三部分组成，并附有三个附件：承包人承揽工程项目一览表、发包人供应材料设备一览表、工程质量保修书。

根据《中华人民共和国民法典》第795条规定：“施工合同的内容一般包括工程范围、建设工期、中间交工工程的开工和竣工时间、工程质量、工程造价、技术资料交付时间、材料和设备供应责任、拨款和结算、竣工验收、质量保修范围和质量保证期、相互协作等条款”。主要内容如下：

① 工程范围。当事人应在合同中附上工程项目一览表及其工程量，主要包括建筑栋数、结构、层数、资金来源、投资总额以及工程的批准文号等。

② 建设工期。合同里应标明工程的开工日期、竣工日期。

③ 中间交工工程的开工和竣工时间。一项整体的建设工程，往往由许多的中间工程组成，中间工程的完工时间，影响着后续工程的开工，制约着整个工程的顺利完成，在施工合同中需对中间工程的开工和竣工时间作明确约定。

④ 工程质量。工程质量是指工程的等级要求，是施工合同中的核心内容。工程质量往往通过设计图纸和施工说明书、施工技术标准加以确定。工程质量条款是明确施工人施工要求，确定施工人责任的依据，是施工合同的必备条款。

⑤ 工程造价。工程造价因采用不同的定额计算方法，会产生巨大的价款差额。在以招标投标方式签订的合同中，应以中标时确定的金额为准；如按初步设计总概算投资包干时，应以经审批的概算投资中与承包内容相应部分的投资（包括相应的不可预见费）为工程价款；如按施工图预算包干，则应以审查后的施工图总预算或综合预算为准。在建筑、安装合同中，能准确确定工程价款的，需予明确规定。如在合同签订当时尚不能准确计算出工程价款的，尤其是按施工图预算加现场签证和按时结算的工程，在合同中需明确规定工程价款的计算原则，具体约定执行的定额、计算标准，以及工程价款的审定方式等。

⑥ 技术资料交付时间。工程的技术资料，如勘察、设计资料等，是进行建筑施工的依据和基础，发包方必须将工程的有关技术资料全面、客观、及时地交付给施工人，才能保证工程的顺利进行。

⑦ 材料和设备的供应责任。即在施工过程中所需要的材料和设备由哪一方当事人负责提供。

⑧ 拨款和结算。施工合同中，工程价款的结算方式和付款方式因采用不同的合同形式而有所不同。在一项建筑安装合同中，采用何种方式进行结算，需双方根据具体情况进行协商，并在合同中明确约定。对于工程款的拨付，需根据付款内容由当事人双方确定，具体有如下四项：预付款、工程进度款、竣工结算款、保修扣留金。

⑨ 竣工验收。对建设工程的验收方法、程序和标准，国家制定了相应的行政法规予以规范。

⑩ 质量保修范围和质量保证期。施工工程在办理移交验收手续后，在规定的期限内，因施工、材料等原因造成的工程质量缺陷，要由施工单位负责维修、更换。国家对建筑工程的质量保证期限一般都有明确要求。

建设工程的保修范围应当包括地基基础工程、主体结构工程、屋面防水工程和其他工程，以及电气管线、上下水管线的安装工程，供热、供冷工程等项目。质量保证期是指工程各部分正常使用的期限，在实践中也称质量保修期。质量保证期应当与工程的性质相适应，当事人应当按照保证工程合理寿命年限内的正常使用，维护使用者合法权益的原则确定质量保证期，但不得低于国家规定的最低保证期限。

⑪ 相互协作条款。施工合同与勘察、设计合同一样，不仅需要当事人各自积极履行义务，还需要当事人相互协作，协助对方履行义务。例如双方当事人在施工前的准备工作，施工人及时向发包人提出开工通知书、施工进度报告书、对发包人的监督检查提供必要的协助等；再如在施工过程中及时提交相关技术资料、通报工程情况、完工时及时检查验收等。当事人还可以约定其他协作条款，如施工准备工作的分工、工程变更时的处理办法、合理化建议的处理、工期顺延的约定、临时设施工程等。

⑫ 违约责任。因施工人的原因致使建设工程质量不符合约定的，施工人应承担以下责任。

a. 无偿修理或者返工、改建。这是违约责任中的实际履行责任。承包人根据不合格工程的具体情况，予以或修理或返工或改建，使之达到合同约定的质量要求。承包人修理、返工、改建所支出的费用，均由其自行承担。

b. 逾期违约责任。即因承包人的原因使工程质量不合格的，虽经承包人修理、返工、改建后，达到了合同约定的质量标准，但因修理、返工、改建导致工程逾期交付的，与一般的履行迟延相同，承包人应当承担迟延履行的违约责任，赔偿发包人因此遭受的损失。

小启示

关于合同内容的确定，合同制定方会刻意隐瞒或谎报某些条款，以此来促进合同的签订。对此我们应树立权利意识、规则意识，提升契约精神，提高运用法治方式维护自身权利、化解矛盾纠纷的法治素养与能力。

知识拓展

审查建筑工程施工合同的关键点：

① 合同招投标要求、承包方主体资格。

② 工程承包范围。

③ 开工日期的成立标志。

④ 组成合同文件的顺序。

⑤ 监理工程师、发包人派驻工程师的权限。

⑥ 安全文明施工的约定。

⑦ 工期顺延的约定。

⑧ 隐蔽工程和中间验收程序。

⑨ 合同价款的确定方式。

项目 5.3 合同实施与控制

[学习目标]

知识目标

1. 对合同策划的内容有较好把握。
2. 弄懂工程变更的内容、种类、程序。
3. 理解工程签证、索赔的含义。

能力目标

1. 能够按照变更的程序正确处理变更。
2. 能运用所学知识进行合理范围内的工程索赔。

素养目标

1. 能够获取信息并利用信息。
2. 提升建设工程法律意识。

[思维导图]

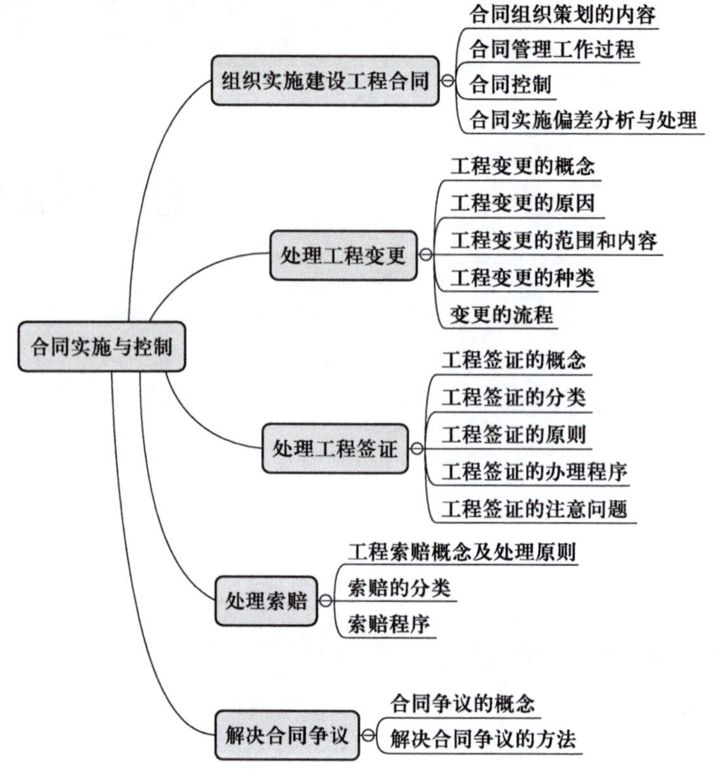

任务 5.3.1 组织实施建设工程合同

任务 5.3.1、任务 5.3.2

任务引入

楚雄职教办公楼项目，由于工期紧张，招标时间仅设置 10 天，工程量清单由业主提供，投标人据此进行报价。合同采用固定总价合同形式，要求报价中的材料价格调整独立计算。本工程初期，业主方负责人制订项目总目标，做合同总策划。但由于该负责人曾是从事经营工作的，没有工程背景，仅按市场状况作计划，急切地想上这个项目，并想压缩工期，所以将计划期、编标期、设计期、施工准备期缩短。请指出问题所在，并具体分析这样做对合同实施与控制会产生怎样的影响。

知识准备

（1）合同组织策划的内容

建设工程合同的组织核心是建设单位，也就是业主方。业主方合同策划的目的是通过合同来保证项目目标的顺利实现。业主方在进行合同策划时主要会考虑如下几个问题：

采用什么样的方式把工程委托出去，是委托一个总承包单位，还是把工程分成多个标段平行委托给多个承包商？

如果把工程分解为多个独立的合同，每个合同的工程范围是多大？采用哪种合同类型？

在合同条款中，应该考虑设置哪些专用条款？在时间、组织、技术、价格等方面需要做什么特殊约定等。

合同实施的组织策划是组织论的应用手段，用图或表等形式表示各种组织关系，它包括合同结构图、组织结构图、工作任务分工表、管理职能分工表以及工作流程图等。

> **小启示**
>
> 如果是平行委托多个承包商，需要签订多个合同，切勿因一些利益关系的存在而构成拆标行为。

（2）合同管理工作过程

建设单位进行合同组织策划，包括确定招标方式、工期、合同类型、合同条件，编制招标文件和合同文件。

进行招标投标工作，确定中标单位，建设单位与中标单位签订工程合同。

实施过程中的合同控制，包含合同分析和交底、合同实施过程的监督与跟踪、合同实施状况的诊断、工程变更和索赔管理等。

项目结束后的合同管理评价工作。

（3）合同控制

合同控制是指合同管理组织为保证合同所约定的各项义务的全面完成及各项权利的实现，以合同分析的成果为基础，对整个合同实施过程进行全面监督、跟踪检查、诊断对比和纠正的管理活动。

合同控制是核心，合同控制与其他控制是包容与被包容的关系，其他控制与合同控制协调一致，合同控制较其他控制更具动态性。

（4）合同实施偏差分析与处理

合同实施过程中，可能会产生偏差，例如实际工期与合同工期不完全一致，实际成本状况与合同金额有所不同等。当出现偏差时，需要分析原因，有针对性地采取措施减小偏差。合同实施的偏差分析包含三方面：

① 产生偏差的原因分析。

② 合同实施偏差的责任分析。

③ 合同实施趋势分析。合同实施的偏差处理通常从组织措施、技术措施、经济措施、管理措施这几个方面展开。

任务 5.3.2 处理工程变更

任务引入

楚雄建设发展有限公司（施工单位，乙方）与楚雄城市建设投资有限公司（建设单位，甲方）签订了楚雄职教办公楼项目的施工总承包合同，办公楼的结构类型为剪力墙结构，开工前，施工单位提交了详细的施工组织设计并得到批准。在工程施工过程中，乙方根据监理工程师的指示将屋面防水做法进行了更改。这种情况属于工程变更吗？工程变更的原因有哪些？工程变更的种类有哪些？工程变更的流程是什么？

知识准备

（1）工程变更的概念

工程变更是指在工程项目实施过程中，由监理人按合同约定的程序签发的，对招标文件中的原设计或经监理人批准的施工方案中的材料、工艺、尺寸、技术指标、工程量、施工方法等的改变。这些改变会引起合同工作内容的增减、合同工程量的变化、设计更改、结构尺寸或标高的更改、施工成本等变化。

（2）工程变更的原因

工程变更一般主要有以下几个方面的原因：

① 业主新的变更指令，对建筑的新要求。如业主有新的意图，业主修改项目计划、削减项目预算等。

② 由于设计人员、监理方人员、承包商事先没有很好地理解业主的意图，或设计的错误，导致图纸修改。

③ 工程环境的变化，预定的工程条件不准确，要求实施方案或实施计划变更。

④ 由于产生新技术和知识，有必要改变原设计、原实施方案或实施计划，或由于业主指令及业主责任的原因造成承包商施工方案的改变。

⑤ 政府部门对工程新的要求，如国家计划变化、环境保护要求、城市规划变动等。

⑥ 由于合同实施出现问题，必须调整合同目标或修改合同条款。

（3）工程变更的范围和内容

根据《中华人民共和国标准施工招标文件》中的通用合同条款的规定，除专用合同条款另有约定外，在履行合同中发生以下情形之一，应按照本条规定进行变更：

① 取消合同中任何一项工作，但被取消的工作不能转由发包人或其他人实施；

② 改变合同中任何一项工作的质量或其他特性；

③ 改变合同工程的基线、标高、位置或尺寸；

④ 改变合同中任何一项工作的施工时间或改变已批准的施工工艺或顺序；

⑤ 为完成工程需要追加的额外工作；

⑥ 在履行合同过程中，承包人可以对发包人提供的图纸、技术要求以及其他方面提出合理化建议。

（4）工程变更的种类

① 承包商提出的工程变更。承包方出于施工便利、施工设备限制、节约工程成本或加快工程施工进度等原因，可以要求变更设计。

② 业主方提出变更。业主方根据自己的实际需要提出的变更。

③ 监理工程师提出工程变更。监理工程师根据施工现场的施工条件、施工难易程度等各方面原因，综合考虑认为需要的变更。

④ 工程相邻地段的第三方提出变更。例如，当地政府和群众提出的变更设计。

⑤ 设计方提出变更。设计单位对原设计有新的考虑或为进一步完善设计等提出变更设计。

知识拓展

按工程变更的性质和费用影响来分类一般可分为三类：

① 第一类变更（重大变更）。包括改变技术标准和设计方案的变动：如结构形式的变更、隧道位置的变更、重大防护设施及其他特殊设计的变更。

② 第二类变更（重要变更）。包括不属于第一类范围的较大变更：如标高、位置和尺寸变动；变动工程性质、质量和类型等。

③ 第三类变更（一般变更）。变更原设计图纸中明显的差错、碰、漏；不降低原设计标准下的构件材料代换和现场必须立即决定的局部修改等。

（5）工程变更的流程

① 提出工程变更申请报告。

② 填报变更原因、相关图纸和变更工程量和造价等。

③ 监理公司审核工程变更必要性和可行性，审核工程变更造价合理性，审核工程变更对工期的影响，并签署审核意见；设计单位审核工程变更相关图纸是否满足设计规范，是否符合原设计要求，并签署审核意见。

④ 建设单位按相关规定的审批权限进行申报或批复。

⑤ 建设单位项目主管按上级领导批复意见向监理公司出具工程变更审批意见，明确变更是否执行。

⑥ 监理公司下发工程变更通知令，在变更通知中明确变更工程项目的详细内容、变更工程量、变更项目的施工技术要求、质量标准、相关图纸，明确变更工程的预算造价和工期影响。

⑦ 承包商按工程变更通知令执行工程变更，如承包商对工程变更持有异议，承包商也应遵照执行，并在 7 日内向监理公司提交争议问题，协商解决。

任务 5.3.3 处理工程签证

任务 5.3.3

任务引入

楚雄职教办公楼项目在土方施工过程中遇到了坚硬岩石，由于甲方在前期提供的资料中并未说明此地有岩石，开挖工作变得艰难，由此造成了实际效率比原计划低得多，经测算影响工期 3 个月。此时发生的签证属于什么签证？还有哪些签证？签证的原则以及办理程序是什么？

知识准备

（1）工程签证的概念

工程现场签证是指工程发承包双方在施工过程中出现与合同规定的情况、条件不符的事件时，针对施工图纸、设计变更所确定的工程内容以外，施工图预算或预算定额取费中未包含，而施工过程中确须发生费用的施工内容所办理的签证，互相书面确认的签证即可成为工程结算增减工程造价的凭据。

（2）工程签证的分类

工程签证常见的有工程技术签证、工程工期签证、工程经济签证、工程隐蔽签证。

① 工程技术签证。常用于施工组织设计方案、技术措施的临时修改或涉及的价款数额较大等的工程签证。

② 工程工期签证。常用于因材料、设备进退场时间及业主等造成的延期开工、暂停开工、工期延误的工程签证。

③ 工程经济签证。常用于因场地、环境、业主要求、合同缺陷、违约、设计变更或施工图错误等造成业主或承包商经济损失的工程签证。

④ 工程隐蔽签证。常用于基坑验槽记录、软地基处理、钢筋隐蔽验收等对工程结算影响较大、资料缺失无法补救时的工程签证。

知识拓展

现场经济签证包括：① 零星用工；② 零星工程；③ 临时设施增补项目；④ 隐蔽工程签证；⑤ 窝工、非施工单位原因停工造成的人员、机械经济损失；⑥ 议价材料价格认价单；⑦ 其他需要签证的费用。

工期签证包括：① 停水、停电签证；② 非施工单位原因停工造成的工期拖延。

（3）工程签证的原则

① 准确计算原则。工程量签证要尽可能做到详细、准确计算工程量。

② 实事求是原则。凡是无法计算工程量的内容，可只签所发生的人工工日或机械台班数量，但应严格把握，实际发生多少签多少，不得将其他因素考虑进去，以增大数量进行补偿。

③ 及时处理原则。现场签证应抓紧时间及时处理，避免现场签证日期与实际情况不符或引起不必要的纠纷。

④ 避免重复原则。在办理签证时，必须注意签证单上的内容与合同承诺、预算定额计价、工程量清单计价等所包含的内容是否有重复，对重复项目内容不得再计算签证费用。

⑤ 废料回收原则。凡是拆除和措施性工程中发生的材料或设备需要回收的，应签明回收单位，并由回收单位出具证明。

⑥ 现场跟踪原则。凡是费用数额较大的签证，在费用发生之前，承包商应与现场监理人员及造价审核人员一同到现场察看。

⑦ 授权适度原则。分清签证权限，加强签证管理，签证必须将签认人与签认有效性等事项在合同中予以明确。

（4）工程签证的办理程序

① 建设单位、设计单位、施工单位任何一方提出设计变更 / 签证。

② 提议单位召集设计、施工、监理、造价公司洽商，确定方案，设计、施工、监理、管理单位分别在设计变更、签证洽商表上签字认可。

③ 管理公司内部审批，审批后报建设单位。

④ 建设单位审批后，由管理公司代表在洽商表上签字。

⑤ 设计单位根据工作联系单进行变更设计。

⑥ 施工单位根据设计变更等进行施工。

（5）工程签证注意问题

加强现场签证管理，严格把控签证程序，明确企业内部责任，把现场签证费用缩小到最小限度，应注意以下问题：

① 现场签证必须是书面形式，并且规范签证，细化签证内容，格式手续齐全。

② 凡预算定额内有规定的项目不得签证。

③ 现场签证内容在项目、数量、单价方面应明确、清楚、合理。

④ 现场签证要及时处理，在施工中随发生随签证，一事一签证，避免出现逾期的情况。

⑤ 甲、乙双方代表应认真对待现场签证工作，提高责任感，遇到问题双方协商解决，及时签证，及时处理。

任务 5.3.4
处理索赔

任务引入

任务 5.3.4、任务 5.3.5

楚雄城市建设投资有限公司（建设单位）欲开发楚雄职教办公楼建设项目，与楚雄建设发展有限公司（施工单位）签订施工总承包合同，开工前，施工单位提交了详细的施工组织设计并得到批准。在施工过程中出现下列事件：

① 因施工机器故障，使工期延误 3 天，6 人窝工。

② 因下大雨，工期延误 2 天，15 人窝工。

根据双方商定，人工费定额为 90 元 / 工日。施工单位向建设单位提出工期赔偿 5 天，费用 4 320 元索赔的要求。

问题：

① 施工单位的上述要求是否合理？为什么？

② 经工程师认定的索赔工期是多少天？

③ 如果工程师未在收到报告后 28 天内给予答复意见或确认，工期延长多少天，结算时费用补偿为多少？

知识准备

（1）工程索赔概念及处理原则

工程索赔是指在合同履行过程中，对于并非自己的过错，而是应由对方承担责任的情况造成的实际损失向对方提出经济补偿和（或）时间补偿的要求。

在处理索赔问题时，一般应遵循以下原则：① 索赔必须以合同为依据，工程师依据合同和事实对索赔进行处理是其公平性的重要体现；② 及时、合理地处理索赔；③ 加强主动控制，减少工程索赔。

（2）索赔的分类

① 按索赔目的分类：工期索赔、经济索赔。

② 按索赔处理分类：单项索赔、综合索赔。

③ 按索赔对象分类：承包人与发包人之间的索赔、承包人与分包人之间的索赔、承包人或发包人与供货人之间的索赔，承包人或发包人与保险人之间的索赔。

（3）索赔程序

① 索赔事件发生后 28 天内，向监理工程师发出索赔意向通知。

② 发出索赔意向通知后的 28 天内，向监理工程师提交补偿经济损失和（或）延长工期的索赔报告及有关证据资料，例如施工日记、来往信件、气象资料、会议纪要、工程进度计划、工程成本核算资料等。

③ 监理工程师在收到承包人送交的索赔报告和有关资料后，于 28 天内给予答复。

④ 当该索赔事件持续进行时，承包人应当阶段性向监理工程师发出索赔意向通知。在索赔事件对工程的影响结束后，应在合同约定的时间（市场惯例是 28 天）内向监理工程师提交最终索赔报告和相关资料。

⑤ 监理工程师在收到承包人送交的索赔报告和有关资料后，28 天内未予答复或未对承包人做进一步要求，视为该项索赔已经认可。

⑥ 业主依据工程实际情况、索赔事件原因、责任范围和合同条款等，审核索赔处理意见。

承包商接受经业主审定的索赔处理意见，监理工程师签发有关证书，索赔处理结束。如果承包商不同意业主的处理决定，则应通过合同纠纷解决方式解决索赔争端。

任务 5.3.5 解决合同争议

任务引入

楚雄职教办公楼工程项目，建设单位 A 将其保温工程发包给保温公司 B 进行施工，施工过程中产生争议，保温公司 B 起诉建设单位 A 未按约定支付工程进度款，并无故将其赶出施工现场，构成违约，要求解除双方之间的施工合同，并就实际完工部分追索工程款。建设单位 A 抗辩称，其不支付保温公司 B 工程款并将其赶出施工现场的原因是，保温公司 B 施工的工程质量不合格，且已自行对不合格的工程进行了修缮。解决合同纠纷有哪些方法？

知识准备

（1）合同争议的概念

合同争议是指合同当事人对于自己与他人之间的权利行使、义务履行与利益分配有不同的观点、意见、请求的法律事实。

（2）解决合同争议的方法

合同争议也称合同纠纷，是指合同当事人对合同规定的权利义务产生了不同的理解。合同争议的解决方法有四种，即和解、调解、仲裁和诉讼。

在争议发生后，首先通过和解、调解来解决；如果协商调解解决不成功，则进入司法程序，进入司法程序时，就同一纠纷，不能同时使用仲裁和诉讼两种方式。

小启示

某施工企业在与工人签订的合同中写明，在施工过程中，工人出现人身意外伤害，该施工公司不予赔偿。但在《中华人民共和国民法典》中有明确的规定，工人出现人身等重大伤害，施工单位应承担责任，因此上述条款为无效条款。针对该案例，我们应该提高自身的法律素养，懂得权利的正当性、可行性、界限性，在法定范围内主张和行使自己的权利，勇敢地捍卫自己的权利。

项目 5.4 运用智慧合同管理建设工程

[学习目标]

知识目标

1. 理解传统合同与电子合同的区别。
2. 掌握智慧化合同管理的功能。

能力目标

1. 具有智慧化理念以及实际应用能力。
2. 能运用智慧化合同管理平台处理变更。

素养目标

1. 具有数字化、智慧化的创新意识。
2. 提升从事本专业工作的使命感与责任感。

[思维导图]

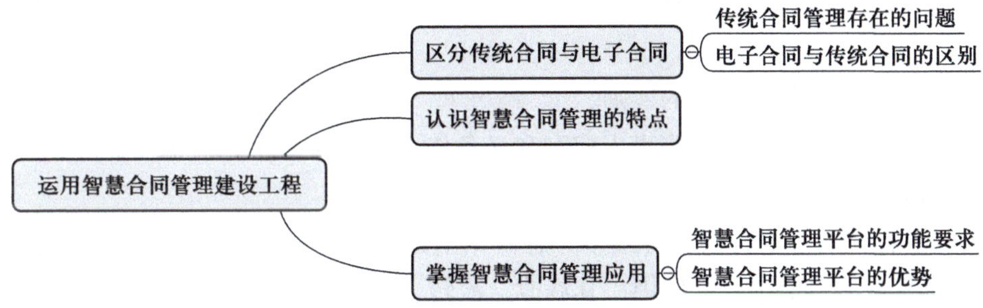

任务 5.4.1 区分传统合同与电子合同

任务 5.4.1、任务 5.4.2

任务引入

楚雄城市建设投资有限公司（简称 A 公司）在开发楚雄职教办公楼项目时，与各单位签订了包括勘察合同、设计合同以及施工、监理合同在内的各项合同。然而，在项目推动过程中，随着签订合同数量增多，工作效率却逐渐变慢，且错误率不断上升。为改善合同管理困境，通过咨询专业人士，A 公司决定采用电子合同。那么传统合同与电子合同的不同之处都有哪些呢？

知识准备

（1）传统合同管理存在的问题

传统的合同管理主要依靠人工来操作，不仅会占用法务工作者大量的精力，还会造成信息不通畅、工作效率低、流程执行慢、风险把控难等问题。传统合同存在以下问题：

① 合同起草效率低。各业务类别和各分支机构的合同文本格式不一，现有模板难以全覆盖，影响起草效率。

② 合同审核工作量大。合同审批流程冗长，时间、人力、沟通成本高，效率低；合同审核涉及部门和人员多，审核角度、标准不统一；合同审核工作量大，人工逐份比对审阅，耗时耗力。

③ 合同风险管理难度高。信息难以全面收集评估，合同易出现涉嫌假冒、伪造、篡改等状况，阴阳合同难分辨；合同金额大、条款复杂，人工查验难以及时发现法律漏洞。

④ 合同数据管理不统一。合同往往分散存储于各个业务系统之中，无法有效整合，统一管理；合同数据没有形成数字资产，企业无法通过合同数据直观看到经营现状，预测营收。

⑤ 合同履约管理不到位。

a. 无法有效管理账期，及时跟进收付款情况，帮助企业降本增效。

b. 无法有效跟踪合同到期情况，合同跟进状态不明显、归类不及时，续签合同不知情。

（2）电子合同与传统合同的区别

电子合同虽然也是对合同当事人权利和义务作出约定的文件，但其载体和操作过程不同于传统书面合同，例如：

① 电子合同的订立合同双方或多方在网络上运作，可以互不见面。合同内容等信息记录在计算机或磁盘等中介载体中，其修改、流转、存储等过程均在计算机内进行。

② 表示合同生效的传统签字盖章方式被数字签名（即电子签名）所代替。

③ 传统合同的生效地点一般为合同成立的地点，而采用数据电文形式订立的合同，收件人的主营业地或所在地为合同成立的地点。

任务 5.4.2 认识智慧合同管理的特点

任务引入

楚雄职教办公楼建设项目中，建设单位 A 引入智慧合同管理思想，将传统纸质合同升级为电子合同，大大减少了人力成本与资源成本，提升了合同管理效率。这一改变体现出了电子合同的哪些特点？智慧合同管理在其中发挥了什么作用？

知识准备

传统合同和电子合同的区别，决定了电子合同有显而易见的优势，而这些优势使合同数字化程度快速发展，在各行业的运用中越来越广泛，市场认知度越来越高，应用场景也越来越丰富。智慧合同管理特点如下：

① 运营成本低。采用智慧合同管理后相较传统纸质合同运营成本低，省去了传统合同消耗的纸张、油墨、快递、仓储、人力等各类成本。

② 操作便捷。采用智慧合同管理后可全程线上操作，支持授权管理，减少了传统合同面签或邮寄的麻烦；签订更加规范，使用标准数字签名和在线统一印章，保证合同不可篡改；电子合同在线签署、存储，并且能一键检索、查阅、下载，不需要像传统合同一般需靠人力查找。

③ 全面合同风险管控，安全易管理。合同以数据形式保存，存储及传输过程中采用加密技术处理，确保信息接口规范，严防数据泄密，进行合同全生命周期风险管控，保障合同信息安全。和依靠人工管理的传统合同相比，智慧合同管理可抵御自然或人为因素导致的合同数据丢失以及泄密风险。

④ 合同智能拟稿、审批，更高效。支持多种起草方式、格式合同、在线编辑、范本引用；分角色审批要点提示，让合同审得更准；大数据解析合同文本，提示风险建议修改；语音助手、人脸识别、手写签批等，使合同审批更便捷、安全。

⑤ 绿色环保。传统合同需要耗费大量纸张、油墨等材料，可重复利用率低，而数字化合同从拟定、签署到管理的全程无纸化，达到绿色环保的发展目标。

任务 5.4.3 掌握智慧合同管理应用

任务 5.4.3

任务引入

楚雄城市建设投资有限公司开发的楚雄职教办公楼项目，在与各合作单位签订合同时大多使用电子合同形式，并积极将数字化合同管理平台引入日常办公中，组织内部员工共同学习，以平台为基点，通过智慧化、数字化思想实现高效、安全、环保的合同签订与合同管理，其中合同管理平台提供的哪些功能可以助力企业实现新时代智慧合同管理？

知识准备

建筑类企业向数字化方向转型，建设工程项目向数字孪生方向发展，电子合同及相应软件成为企业与项目数字化转型必不可少的工具。采用电子合同签署方式，既能实现无纸化办公，又能提高合同管理效率，优化合同签署流程。

（1）电子合同平台的功能要求

电子合同软件是在线合同订立的平台，需要具备实名认证功能、合同签署功能、合同存储和管理功能。

电子合同签署是电子合同软件的核心，主要是合同双方在线签约，包括创建合同文件、在线编辑、在线签署等，快至一分钟即可完成签约，比纸质合同签署高效便捷。电子合同签署完成后在云端存储和管理，不用担心合同会丢失、损坏等情况，而且可以随时随地在线查看、归档、下载等，大大提升了合同管理的便捷性。有一点是需要提起注意的，就是要采取足够的措施保障合同存储的安全性。

（2）电子合同的功能优势

① 模板管理。提供多种行业合同模板、条款库，让用户直接调用。引用模板后，拟稿人只需专注于具体的内容上，大大提升合同的拟定效率和质量。

② 协同评审。支持跨部门跨组织多人在线协作进行合同文本评审，支持多轮修改对应多版本，彼此不覆盖，留痕可追溯。

③ 相对方管理。提供相对方管理，确保签约主体双方的合法性，为企业提供安全有保障的签署流程，合同一旦进行签署，将自动生成电子证据进行存储，发生合同纠纷时，可以作为法律证据。

④ 智能提醒。履行跟踪将合同信息结构化，通过合同关键字、状态快速查询合同履约情况，使用邮件、短信、站内信进行合同相关信息提醒，保障合同法律效力持续有效，规避出现违约责任。

⑤ 合同台账。提供合同全景看板，支持高级搜索，快速掌握合同全局情况。使决策者及时掌握经营、管理执行情况，满足企业经营、管理活动的需要，并支持与外部系统对接，解决企业存量合同管理问题。

⑥ 文档管理。所有的合同文件及附件均上传平台，形成合同文档，方便随时调取使用。

⑦ 合同变更管理。当发生工程变更时，按变更程序进行办理变更，在平台上进行处理，并同步关联对应的合同。

小启示

电子合同集合同起草、审批、签订、履约、归档、统计全生命周期管理为一体，使用电子签章，非常便捷。但现实中可能存在某些个体利用网络，伪造电子签章，为自己谋取利益，最终必然会付出对应的代价。我们应该明白尽管现在网络十分发达，但也要树立法律意识，网络不是法外之地，不可违法犯法。

【场景案例】

项目建设阶段合同与变更管理场景案例请扫二维码学习。

场景案例：项目建设阶段合同与变更管理

【习题与思考】

一、单选题

1. 合同争议的解决顺序为（　　）。

A. 和解—调解—仲裁—诉讼　　B. 调解—和解—仲裁—诉讼

C. 和解—调解—诉讼—仲裁　　D. 调解—和解—诉讼—仲裁

2. 工程施工索赔程序包括：① 索赔谈判与调解合同；② 索赔证据的准备；③ 索赔要求的提出；④ 索赔仲裁与诉讼；⑤ 索赔文件的评审；⑥ 索赔文件的编写；⑦ 索赔文件的报送。正确的顺序应是（　　）。

A. ③—②—⑦—⑥—⑤—①—④　　B. ③—②—⑥—⑦—⑤—①—④

C. ①—③—②—⑥—⑦—⑤—④　　D. ①—③—②—⑦—⑥—⑤—④

3. 工程总承包合同的当事人是指（　　）。

A. 建设单位和设计单位　　B. 设计单位和施工单位

C. 建设单位和总承包单位　　D. 施工单位和总承包单位

4. 施工总承包合同的协议书内容不包括（　　）。

A. 工程概况　　B. 组成合同的文件

C. 材料设备供应　　D. 合同价款

二、多选题

1. 国际工程承包合同争议解决的方式包括（　　）。

A. 协商　　B. 调解

C. 仲裁　　D. 诉讼

E. 单方面解除合同

2. 建设工程合同的种类主要包括（　　）。

A. 建设工程勘察合同　　B. 建设工程设计合同

C. 建设工程施工合同　　D. 建设工程租赁合同

E. 建设工程监理合同

3. 建设工程合同订立的基本原则（　　）。

A. 主体平等原则　　B. 合同自由自愿原则

C. 权利义务公平对等原则　　D. 诚实信用原则

E. 守法和维护社会公益

4. 工程变更按照提出变更的当事人来分类主要包括（　　）。

A. 承包商提出的工程变更　　B. 业主方提出变更

C. 监理工程师提出工程变更　　D. 工程相邻地段的第三方提出变更

E. 设计方提出变更

三、判断题

1. 建设工程应当采用书面合同。（　）
2. 建设工程合同是一种从属合同。（　）
3. 工程变更审批的步骤一般包括意向通知、资料收集、费用评估、价格协商、签发变更令。（　）
4. 工程签证是工程合同的重要依据。（　）
5. 建设工程合同的承包人必须是法人。（　）
6. 发包人在施工过程中负责管理施工控制网点。（　）

四、简答题

1. 建设工程合同按不同的方式有哪些分类？合同内容包括哪些？
2. 工程变更的要求可能来自何方？其变更程序如何？
3. 简述工程索赔的内容。

模块 6

工程项目智慧质量管理

项目 6.1 认识建设工程项目质量管理与控制

[学习目标]

知识目标

1. 理解建设工程项目质量的概念。
2. 理解建设工程项目质量管理与控制的概念。
3. 明确各方质量控制的责任。

能力目标

1. 能分解质量控制的目标。
2. 能区分建设各方的质量控制责任和义务。

素养目标

1. 提升质量管理技术及工程项目管理能力。
2. 提升爱岗敬业精神。

[思维导图]

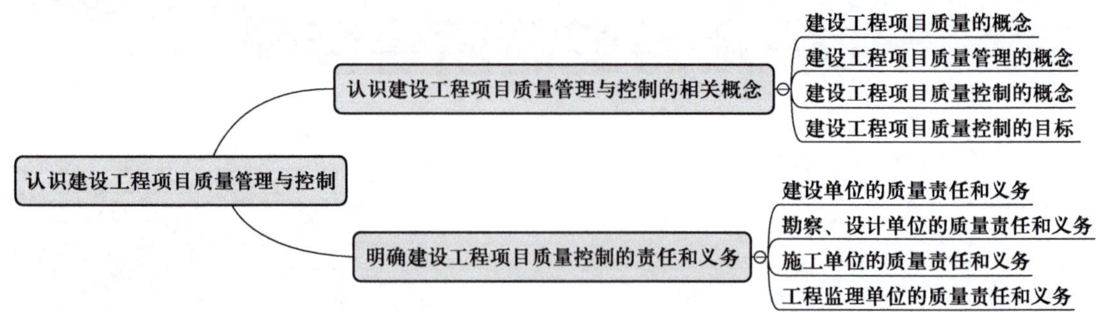

任务 6.1.1
认识建设工程项目质量管理与控制的相关概念

任务 6.1.1

任务引入

楚雄职教办公楼项目的施工单位为楚雄建设发展有限公司。施工单位提出了“在‘质量、安全第一’的前提下，‘优质、快速’地完成施工任务”的目标。质量目标是通过一系列的质量控制活动实现的，作为该项目的质量员，需要采取哪些质量控制活动？

知识准备

建设工程质量管理是工程项目管理的主要控制目标之一。

（1）建设工程项目质量的概念

我国现行质量标准《质量管理体系—基础和术语》（GB/T 19000—2016）中关于质量的定义是：一个关注质量的组织倡导一种通过满足顾客和其他有关各方的需求和期望来实现其价值的文化，这种文化将反映在其行为、态度、活动和过程中。通过该定义可知，建设工程项目质量不应只是建筑实体的安全性、耐久性、可靠性、环境协调性等，还强调生产过程的规范性、安全性，更强调建筑实体满足顾客的能力，包括适用性、经济性、舒适性等需求。

（2）建设工程项目质量管理的概念

建设工程项目质量管理是指在工程项目实施过程中，项目参与各方关于质量的指挥和控制活动，是围绕着使工程项目满足质量要求、实现质量目标而开展的策划、组织、计划、实施、检查、监督和审核等所有管理活动的总和，它是工程项目的建设、勘察、设计、施工、监理等单位的共同职责。项目质量目标的完成，需要项目参与各方的项目经理共同做好本职工作。

（3）建设工程项目质量控制的概念

质量控制是质量管理的一部分，是致力于满足质量要求的一系列相关活动。这些活动主要包括：

① 设定质量目标并分解。按照质量要求，确定需要达到的质量标准和控制的区间、范围、区域，并分解到具体的工作任务中，形成目标体系。

② 测量检查。在项目实施过程中，随时追踪质量目标的完成情况，测量实际成果满足所设定目标的程度。

③ 评价分析。评价质量控制的能力和效果，分析偏差产生的原因。

④ 纠正偏差。对不满足设定目标的偏差，及时采取针对性措施纠正偏差。

也就是说，质量控制是在具体的条件下围绕着明确的质量目标，通过行动方案和资源配置的计划、实施、检查、纠偏和监督，进行事前预控、事中控制和事后控制，致力于实现预期质量目标的系统过程。

（4）建设工程项目质量控制的目标

建设工程项目质量控制的目标，就是实现由项目决策所决定的项目质量目标，使项目的适用性、安全性、耐久性、可靠性、经济性及与环境的协调性等方面满足业主需要并符合国家法律、行政法规和技术标准、规范的要求。项目的质量涵盖设计质量、材料质量、设备质量、施工质量和影响项目运行的环境质量等，各项质量均应符合相关的技术规范和标准的规定，满足业主方的质量要求。

由于项目的质量目标最终是由项目工程实体的质量来体现的，而项目工程实体的质量最终是通过施工作业过程直接形成的，设计质量、材料质量、设备质量往往也要在施工过程中进行检验。因此，施工质量控制是项目质量控制的重点。

任务 6.1.2 明确建设工程项目质量控制的责任和义务

任务 6.1.2

任务引入

楚雄职教办公楼项目的施工单位为楚雄建设发展有限公司。为保证质量，不仅施工单位要在项目设置专职质量员，建设单位、设计单位、勘察单位、监理单位等一系列参与到项目建设活动中的单位都应为其建设活动的质量负责，各相关单位的质量员的具体职责要求是什么呢？

知识准备

《中华人民共和国建筑法》和《建设工程质量管理条例》规定，建设工程项目的建设单位、勘察单位、设计单位、施工单位、工程监理单位都要依法对建设工程质量负责，尤其要突出建设单位首要责任和落实施工单位主体责任。

（1）建设单位的质量责任和义务

① 建设单位应当将工程发包给具有相应资质等级的单位，并不得将建设工程肢解发包。

② 建设单位应当依法对工程建设项目的勘察、设计、施工、监理以及与工程建设有关的重要设备、材料等的采购进行招标负责。

③ 建设单位必须向有关的勘察、设计、施工、工程监理等单位提供与建设工程有关的原始资料。原始资料必须真实、准确、齐全。

④ 建设工程发包单位不得迫使承包方以低于成本的价格竞标，不得任意压缩合理工期；不得明示或者暗示设计单位或者施工单位违反工程建设强制性标准、降低建设工程质量。

⑤ 建设单位应当将施工图设计文件上报县级以上人民政府建设行政主管部门或者其他有关部门审查；施工图设计文件未经审查批准的，不得使用。

⑥ 实行监理的建设工程，建设单位应当委托具有相应资质等级的工程监理单位进行监理。

⑦ 建设单位在领取施工许可证或者开工报告前，应当按照国家有关规定办理工程质量监督手续。

⑧ 按照合同约定，由建设单位采购建筑材料、建筑构配件和设备的，建设单位应当保证建筑材料、建筑构配件和设备符合设计文件和合同要求；建设单位不得明示或者暗示施工单位使用不合格的建筑材料、建筑构配件和设备。

⑨ 涉及建筑主体和承重结构变动的装修工程，建设单位应当在施工前委托原设计单位或者具有相应资质等级的设计单位提出设计方案；没有设计方案的，不得施工。房屋建筑使用者在装修过程中，不得擅自变动房屋建筑主体和承重结构。

⑩ 建设单位收到建设工程竣工报告后，应当组织设计、施工、工程监理等有关单位进行竣工验收。建设工程经验收合格的，方可交付使用。

⑪ 建设单位应当严格按照国家有关档案管理的规定，及时收集、整理建设项目各环节的文件资料，建立健全建设项目档案，并在建设工程竣工验收后，及时向建设行政主管部门或者其他有关部门移交建设项目档案。

（2）勘察、设计单位的质量责任和义务

① 从事建设工程勘察、设计的单位应当依法取得相应等级的资质证书，在其资质等级许可的范围内承揽工程，并不得转包或者违法分包所承揽的工程。

② 勘察、设计单位必须按照工程建设强制性标准进行勘察、设计，并对其勘察、设计的质量负责；注册建筑师、注册结构工程师等注册执业人员应当在设计文件上签字，对设计文件负责。

③ 勘察单位提供的地质、测量、水文等勘察成果必须真实、准确。

④ 设计单位应当根据勘察成果文件进行建设工程设计。设计文件应当符合国家规定的设计深度要求，并注明工程合理使用年限。

⑤ 设计单位在设计文件中选用的建筑材料、建筑构配件和设备，应当注明规格、型

号、性能等技术指标，其质量要求必须符合国家规定的标准，有特殊要求的建筑材料、专用设备、工艺生产线等除外，设计单位不得指定生产、供应商。

⑥ 设计单位应当就审查合格的施工图设计文件向施工单位做出详细说明。

⑦ 设计单位应当参与建设工程质量事故分析，并对因设计造成的质量事故提出相应的技术处理方案。

（3）施工单位的质量责任和义务

① 施工单位对建筑工程的施工质量负责。施工单位应完善质量管理体系，建立岗位责任制度，设置质量管理机构，配备专职质量负责人，加强全面质量管理；推行工程质量安全手册制度，推进工程质量管理标准化，将质量管理要求落实到每个项目和员工；建立质量责任标识制度，对关键工序、关键部位隐蔽工程实施举牌验收，加强施工记录和验收资料管理，实现质量责任可追溯；施工单位不得转包或者违法分包工程。

② 建设工程实行总承包的，总承包单位应当对全部建设工程质量负责。

③ 总承包单位依法将建设工程分包给其他单位的，分包单位应当按照分包合同的约定对其分包工程的质量向总承包单位负责。总承包单位与分包单位对分包工程的质量承担连带责任。

④ 施工单位必须按照工程设计图纸和施工技术标准施工，不得擅自修改工程设计，不得偷工减料。施工单位在施工过程中发现设计文件和图纸有差错的，应当及时提出意见和建议。

⑤ 施工单位必须按照工程设计要求、施工技术标准和合同约定，对建筑材料、建筑构配件、设备和商品混凝土进行检验，检验应当有书面记录和专人签字；未经检验或者检验不合格的，不得使用。

⑥ 施工单位必须建立、健全施工质量的检验制度，严格工序管理，做好隐蔽工程的质量检查和记录。隐蔽工程在隐蔽前，施工单位应当通知建设单位和建设工程质量监督机构。

⑦ 施工人员对涉及结构安全的试块、试件以及有关材料，应当在建设单位或者工程监理单位监督下现场取样，并送具有相应资质等级的质量检测单位进行检测。

⑧ 施工单位对施工中出现质量问题的建设工程或者竣工验收不合格的建设工程，应当负责返修。

⑨ 施工单位应当建立健全教育培训制度，加强对职工的教育培训；未经教育培训或者考核不合格的人员，不得上岗作业。

（4）工程监理单位的质量责任和义务

① 工程监理单位应当依法取得相应等级的资质证书，在其资质等级许可的范围内承接工程监理业务，并不得转让工程监理业务。

② 工程监理单位与被监理工程的施工承包单位以及建筑材料、建筑构配件和设备供应单位有隶属关系或者其他利害关系的，不得承担该项建设工程的监理业务。

③ 工程监理单位应当依照法律、法规以及有关技术标准、设计文件和建设工程承包合同，代表建设单位对施工质量实施监督、管理，并对施工质量承担监理责任。

④ 工程监理单位应当选派具备相应资格的总监理工程师和监理工程师进驻施工现场，未经监理工程师签字的建筑材料、建筑构配件和设备不得在工程上使用或者安装，施工单位不得进行下一道工序的施工。未经总监理工程师签字，建设单位不得拨付工程款，不得进行竣工验收。

⑤ 监理工程师应当按照工程监理规范的要求，采取旁站、巡视和平行检验等形式，对建设工程实施监理。

项目 6.2
控制建设项目质量控制点

[学习目标]

知识目标

1. 理解质量控制点的含义。
2. 掌握质量控制点的设置原则。
3. 掌握质量控制点的重点控制对象。

能力目标

1. 能控制质量控制点质量。
2. 能按流程控制质量控制点。

素养目标

1. 培养严谨、认真的工作态度。
2. 培养理论结合实践的应用能力。

[思维导图]

项目 6.2

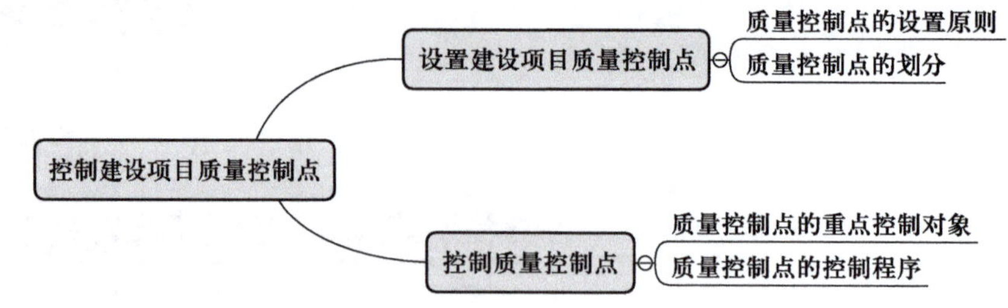

任务 6.2.1 设置建设项目质量控制点

任务引入

楚雄职教办公楼桩基形式采用人工挖孔桩基础，筏板基础大体积混凝土约 50 780 m^3，混凝土强度等级为 C，抗渗等级为 P，地下室外墙的导墙混凝土强度等级和抗渗等级同筏板一致，外墙导墙上翻 450 mm 留设施工缝，与筏板基础同时浇筑完成。

为控制施工质量，施工过程中进行强夯数字化监测，采用高精度定位技术，结合传感器和控制模块等装置，如图 6–1 所示。在施工过程中对夯击遍数、夯锤落距、夯点位置、沉降量变化等进行记录和计算，并对数据进行存储、分析及上传。

试分析为保证施工质量，在本项目基础施工过程中还应重点检查、监测什么数据?

知识准备

质量控制点是在质量活动中需要重点控制的对象。在施工过程中，有些部位、工序或流程的质量对最终的工程产品的质量影响较大，我们把这些位置设置为施工质量控制点，是施工质量控制的重点对象。

（1）质量控制点的设置原则

质量控制点一般选择那些施工难度大、技术要求高、对工程质量影响大或是发生质量问题时危害大的对象。一般选择下列部位或环节作为质量控制点：

① 施工过程中，对建筑产品质量形成有重要影响的关键工序或环节，如电气装置的高压电器和电力变压器、钢结构的梁柱板节点、关键设备的设备基础、压力试验、垫铁敷设等。

② 工序的关键质量特性，如焊缝的无缝检测、设备安装的水平度和垂直度的偏差等。

③ 施工中的薄弱环节或质量不稳定的工序、部位等，如焊条烘干、坡口处理等。

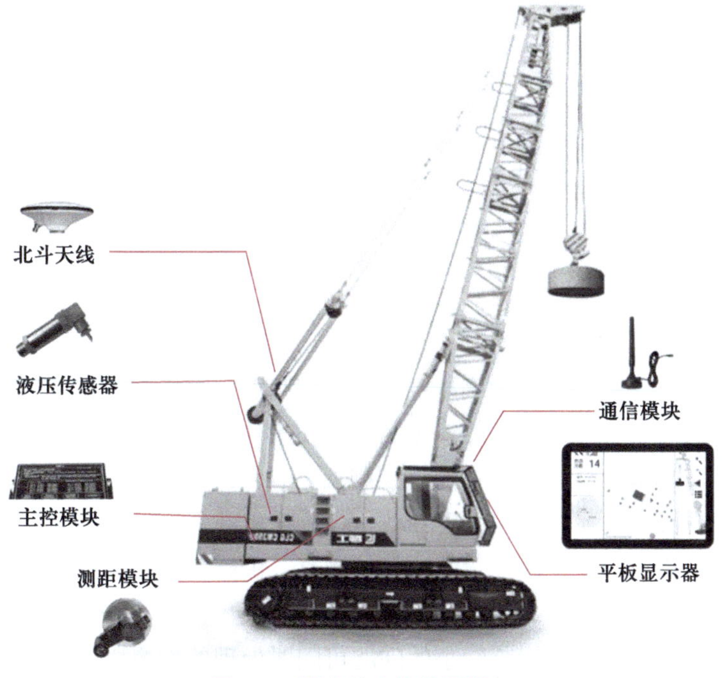

图 6–1　强夯数字化检测设备

④ 质量特性的关键因素，如管道安装的坡度、平行度的关键因素是施工人员，冬季焊接施工的焊接质量关键因素是环境因素等。

⑤ 对后续工程（后续工序）施工质量或安全有较大影响的工序、部位或对象。

⑥ 隐蔽工程。

⑦ 采用新工艺、新技术、新材料的部位或环节。

显然，是否设置为质量控制点，主要是视其对质量特性影响的大小、危害程度以及其质量的保证难度大小而定。表 6–1 为建筑工程质量控制点设置的一般位置。

表 6–1　建筑工程质量控制点设置的一般位置

分项工程	质量控制点
工程测量定位	标准轴线桩、水平桩、龙门板、定位轴线、标高
地质、基础（含设备基础）	基坑（槽）尺寸、标高、土质、地基承载力，基础垫层标高，基础位置、尺寸、标高，预埋件、预留洞孔的位置、标高、规格、数量，基础杯口弹线
砌体	砌体轴线，皮数杆，砂浆配合比，预用洞孔、预埋件的位置、数量，砌块排列
模板	位置、标高、尺寸，预留洞孔位置、尺寸，预埋件的位置，模板的承载力、刚度和稳定性，模板内部清理及隔离剂情况
钢筋混凝土	水泥品种、强度等级，砂石质量，混凝土配合比，外加剂掺量，混凝土振捣，钢筋品种、规格、尺寸、搭接长度，钢筋焊接、机械连接，预留洞、孔及预埋件规格、位置、尺寸、数量，预制构件吊装或出厂（脱模）强度，吊装位置、标高、支承长度、焊缝长度

续表

分项工程	质量控制点
吊装	吊装设备的起重能力、吊具、索具、地锚
钢结构	翻样图、放大样
焊接	焊接条件、焊接工艺
装修	视具体情况而定

（2）质量控制点的划分

根据各控制点对工程质量的影响程度，质量控制点分为 A、B、C 三级。

A 级控制点：影响装置、设备的安全运行，使用功能或运行后出现质量问题时必须停车才可处理或合同协议有特殊要求的质量控制点，必须由施工、监理和业主三方质检人员共同检查确认并签证。

B 级控制点：影响下道工序质量的质量控制点，由施工、监理双方质检人员共同检查并确认签证。

C 级控制点：对工程质量影响较小的问题可随时处理的次要质量控制点，由施工方质检人员自行检查确认。

项目质量控制点的设立必须由业主项目部、监理公司、施工方、质监站等共同讨论并会签后执行。

任务 6.2.2 控制质量控制点

任务引入

楚雄职教办公楼项目筏板养护施工完毕后出现了大量裂缝，总工程师立即组织大家分析原因，你认为可能是哪些方面原因导致产生裂缝呢？

知识准备

（1）质量控制点的重点控制对象

对于质量控制点，要根据其重要质量特性的影响因素，选择质量控制点的重点部位、重点工序和重点的质量因素等作为质量控制点的重点控制对象，进行重点预控和监控。质量控制点的重点控制对象主要包括以下几个方面：

① 人的行为。某些操作或工序，应以人为重点控制对象，如高空、高温、水下、易燃易爆、构件吊装作业以及操作要求高的工序和技术难度大的工序等，都应从人的生理、心理、技术能力等方面进行控制。

② 材料的质量与性能。这是直接影响工程质量的重要因素。特别是在某些工程中对质量有重大影响的材料，如钢结构工程中使用的高强度螺栓、某些特殊焊接作业中使用的焊条、直接影响混凝土工程质量的水泥，都应重点控制其材质与性能。施工中应严格把控其进场检验以及相应的性能测定试验、复验，以及施工过程中的操作规程、间歇等技术要求的执行情况。

③ 施工方法与关键操作。某些直接影响工程质量的关键操作应作为控制的重点，如预应力钢筋的张拉工艺操作过程及张拉力的控制，是可靠地建立预应力值和保证预应力构件质量的关键。同时，那些易对工程质量产生重大影响的施工方法，也应列为控制的重点，如大模板施工中模板的稳定和组装问题，液压滑模施工时支撑杆稳定问题，装配式混凝土结构构件吊运、吊装过程中吊具、吊点、吊索的选择与设置问题等。

④ 施工技术参数。如混凝土的水胶比和外加剂掺量、回填土的含水量、砌体的砂浆饱满度、防水混凝土的抗渗等级、建筑物沉降与基坑边坡稳定监测数据、大体积混凝土内外温差及混凝土冬期施工受冻临界强度、装配式混凝土预制构件出厂时的强度等技术参数都是应重点控制的质量参数与指标。

⑤ 技术间歇。有些工序之间必须留有必要的技术间歇时间以保证质量的达成，如砌块砌筑与抹灰之间应有间歇，在墙体砌筑后留 6~10 日的时间，让墙体充分沉陷、稳定、干燥，然后再抹灰，抹灰层干燥后，才能喷白、刷浆；混凝土浇筑与模板拆除之间应有间歇，让混凝土有一定的硬化时间，达到规定拆模强度后方可拆除等。

⑥ 施工顺序。某些工序之间必须严格控制施工顺序的先后，如对卷拉的钢筋应当先焊接后冷拉，否则会失去冷强；屋架的安装固定，应采取对角同时施焊方法，否则会由于焊接应力导致校正好的屋架发生倾斜。

⑦ 易发生或常见的质量通病。如混凝土工程的蜂窝、麻面、空洞，墙、地面、屋面工程渗水、漏水、空鼓、起砂、裂缝等，都与工序操作有关，均应事先研究对策，提出预防措施。

⑧ 新技术、新材料及新工艺的应用。由于缺乏经验，施工时应将其作为重点进行控制。

⑨ 产品质量不稳定和不合格率较高的工序应列为重点，认真分析，严格控制。

⑩ 特殊地基或特殊结构。对于湿陷性黄土、膨胀土、红黏土等特殊土地基的处理，以及大跨度结构、高耸结构等技术难度较大的施工环节和重要部位，均应予以特别的重视。

质量控制点的质量控制，需要从质量控制点的关键控制对象着手，项目参与各方协调配合、落实各自责任，要求施工承包方的质量控制工程师、技术员把质量控制点的质量特性及控制措施向施工人员交底，务必使有关人员真正理解，树立以预防为主的思想；监理公司和巡视的各专业工程师、质量控制工程师在施工现场要进行重点抽检、检查，对关键的质量控制点要进行旁站监督。严格要求施工人员按规程规范认真作业，保证每个环节的质量；各方按规定做好检查，认真记录检查结果。运用数据统计方法对控制要素进行分析，不断地进行改进，直至质量控制点验收合格。

（2）质量控制点的控制程序

质量控制点的控制程序与控制点级别有关，具体程序如下：

① A 级工程质量控制点。在确认施工方自检合格、有自检记录情况下，由施工方填写停检点通知单，报监理公司、业主项目部验收。必要时通知设计现场代表、供货商等参加。根据质量监督站设置的停检点要求，提前 48 小时向质量监督站报验，在自检完成后，按照监督组的要求安排相关责任人员陪检。

施工方技术人员应在规定时间内会同监理公司、项目组等相关人员对报检项目进行质量检查，如不合格，责令施工方在限定时间内进行整改后重新检查；如合格应按规定及时在交工资料上签字确认，要求确认签字时间不超过 3 个工作日。

如业主项目部人员未在规定时间内到达现场，可委托监理先行履行检查，但应对检查结果予以确认。

如施工方未按规定程序进行报检，监理公司和业主项目部专业工程师有权责令施工方对已隐蔽工程进行剥露或返工处理，否则不予计量。

检查完成后，填写质量控制点检查统计记录，以防漏检。

② B 级工程质量控制点。在确认施工方已自检合格、有自检记录情况下，在规定时间内填写停检点通知单，报监理公司进行质量检查。

如施工方未按规定进行报检，监理公司有权责令施工承包方对已隐蔽工程进行剥露或返工处理。

检查完成后，填写质量控制点检查统计记录，以防漏检。

业主项目部专业工程师、设计现场代表等有随时参加 B 级点检查的权利。

③ C 级工程质量控制点。施工方技术人员加强现场巡检，发现质量问题，根据情况填写工作联系单或工程质量整改通知单，下发作业队或班组并跟踪整改。

项目 6.3 控制施工阶段工程质量

[学习目标]

知识目标

1. 掌握施工质量的基本要求。
2. 理解施工质量控制的依据。
3. 掌握成品质量保护的方法。

能力目标

1. 能按照质量控制的基本环节分解任务。
2. 能对生产要素进行质量控制。
3. 能控制施工准备工作的质量。
4. 能控制工序的施工质量。
5. 能控制施工作业的质量。
6. 能对现场施工质量进行检查。
7. 能对隐蔽工程进行质量验收。

素养目标

1. 提升质量管理技术及工程项目管理能力。
2. 培养严谨认真、精益求精的工作态度。

[思维导图]

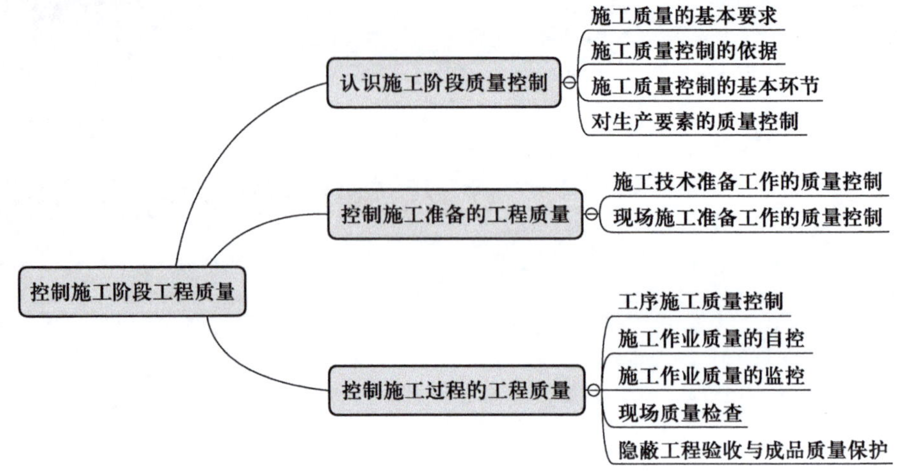

任务 6.3.1 认识施工阶段质量控制

任务 6.3.1

任务引入

基于楚雄职教办公楼地势、地貌、地基的特殊与复杂性，施工单位提前制订了施工计划、施工顺序等，并根据以上几点，提到在制订施工措施时，应注意狠抓以下几点：

① 抓进度，必须抓人工挖孔桩基础，特别是秋季施工雨水多，做好抽水、排水措施。

② 认真科学地布置好施工总平面，紧密有序地、最大效益地发挥各施工平面的利用率。

③ 本工程设置专职安全员、专职质量员，在“质量、安全第一”的前提下，“优质、快速”地完成施工任务。

施工单位可以采取什么措施保证工程质量?

知识准备

（1）施工质量的基本要求

建设工程项目施工是实现项目设计意图、形成工程实体的阶段，是最终形成项目质量和实现项目使用价值的阶段，项目施工质量控制是整个工程项目质量控制的关键和重点。施工质量要达到的最基本要求是：通过施工形成的项目工程实体质量经检查验收合格。建筑工程施工质量验收合格应符合下列规定：

① 符合工程勘察、设计文件的要求。

② 符合现行的《建筑工程施工质量验收统一标准》（GB 50300—2013）和相关专业验收规范的规定。

施工质量在合格的前提下，还应符合施工承包合同约定的要求。施工承包合同的约定具体体现了建设单位的要求和施工单位的承诺，全面反映了对施工形成的工程实体的适用性、安全性、耐久性、可靠性、经济性和环境协调性六个方面质量特性的要求。

（2）施工质量控制的依据

① 共同性依据。共同性依据是指适用于施工质量管理有关的、通用的、具有普遍指导意义和必须遵守的基本法规，主要包括国家和政府有关部门颁布的与工程质量管理有关的法律法规性文件，如《中华人民共和国建筑法》《中华人民共和国招标投标法》和《建设工程质量管理条例》等。

② 专业技术性依据。专业技术性依据是指针对不同的行业、不同质量控制对象制定的专业技术规范文件，包括规范、规程、标准、规定等。例如：工程建设项目质量检验评定标准，有关建筑材料、半成品和构配件质量方面的专门技术法规性文件，有关材料验收、包装和标志等方面的技术标准和规定，施工工艺质量等方面的技术法规性文件，有关新工艺、新技术、新材料、新设备的质量规定和鉴定意见等。

③ 项目专用性依据。项目专用性依据是指本项目的工程建设合同、勘察设计文件、设计交底及图纸会审记录、设计修改和技术变更通知，以及相关会议记录和工程联系单等。

（3）施工质量控制的基本环节

施工质量控制应贯彻全面、全员、全过程质量管理的思想，运用动态控制原理，进行质量的事前控制、事中控制和事后控制。

① 事前质量控制。事前质量控制是在正式施工前进行的事前主动质量控制，通过编制施工质量计划、明确质量目标、制订施工方案、设置质量控制点、落实质量责任，分析可能导致质量目标偏离的各种影响因素，针对这些影响因素制订有效的预防措施，防患于未然。

② 事中质量控制。事中质量控制是在施工质量形成过程中，对影响施工质量的各种因素进行全面的动态控制。事中质量控制也称作业活动过程质量控制，包括质量活动主体的自我控制和他人监控的控制方式。自我控制是第一位的，即作业者在作业过程中对自己质量活动行为的约束和技术能力的发挥，以完成符合预定质量目标的作业任务；他人监控是对作业者的质量活动过程和结果，由来自企业内部管理者和企业外部有关方面的监督检查，如工程监理机构、政府质量监督部门等的监管。

事中质量控制的目标是确保工序质量合格，杜绝质量事故发生；控制的关键是坚持质量标准；控制的重点是工序质量、工作质量和质量控制点的控制。

③ 事后质量控制。事后质量控制也称为事后质量把关，以使不合格的工序或最终产品（包括单位工程或整个工程项目）不流入下道工序、不进入市场。事后控制包括对质量活动结果的评价、认定，对工序质量偏差的纠正，对不合格产品进行整改和处理。控制的

重点是发现施工质量方面的缺陷，并通过分析提出施工质量改进的措施，保证质量处于受控状态。

以上三大环节不是互相孤立和截然分开的，它们共同构成有机的系统过程，实质上也就是质量管理 PDCA 循环的具体化，在每一次滚动循环中不断提高，达到质量管理和质量控制的持续改进。

（4）对生产要素的质量控制

施工生产要素是施工质量形成的物质基础，其质量的含义包括：作为劳动主体的施工人员，即直接参与施工的管理者、作业者的素质及其组织效果；作为劳动对象的建筑材料、构件、半成品、工程设备等的质量；作为劳动方法的施工工艺及技术措施的水平；作为劳动手段的施工机械、设备、工具、模具等的技术性能；以及施工环境——现场水文、地质、气象等自然条件，通风、照明、安全等作业环境设置，以及协调配合的管理水平。可总结为“人、材、机、法、环”五个方面。

① 施工人员的质量控制。施工人员的质量包括参与工程施工各类人员的施工技能、文化素养、生理体能、心理行为等方面的个体素质，以及经过合理组织和激励发挥个体潜能综合形成的群体素质。因此，企业应通过择优录用、加强思想教育及技能方面的教育培训，合理组织、严格考核，并辅以必要的激励机制，使企业员工的潜在能力得到充分的发挥和最好的组合，使施工人员在质量控制系统中发挥自控主体作用。

施工企业必须坚持执业资格注册制度和作业人员持证上岗制度；对所选派的施工项目领导者、组织者进行教育和培训，使其质量意识和组织管理能力满足施工质量控制的要求；对所属施工队伍进行全员培训，加强质量意识的教育和技术训练，提高每个作业者的质量活动能力和自控能力；对分包单位进行严格的资质考核和施工人员的资格考核，其资质、资格必须符合相关法规的规定，与其分包的工程相适应。

② 材料设备的质量控制。对原材料、半成品及工程设备进行质量控制的主要内容：控制材料设备的性能、标准、技术参数与设计文件的相符性；控制材料、设备各项技术性能指标、检验测试指标与标准规范要求的相符性；控制材料、设备进场验收程序的正确性及质量文件资料的完备性；优先采用节能低碳的新型建筑材料和设备，禁止使用国家明令禁用或淘汰的建筑材料和设备等。

施工单位应按照现行的《建筑工程检测试验技术管理规范》（JGJ 190—2010），在施工过程中贯彻执行企业质量程序文件中关于材料和设备封样、采购、进场检验、抽样检测及质保资料提交等方面明确规定的一系列控制程序和标准。

装配式建筑的混凝土预制构件的原材料质量、钢筋加工和连接的力学性能、混凝土强度、构件结构性能、装饰材料、保温材料及拉结件的质量等均应根据国家现行有关标准进行检查和检验，并应具有生产操作规程和质量检验记录。企业应建立装配式建筑部品部件生产和施工安装全过程质量控制体系，对装配式建筑部品部件实行驻厂监造制度，混凝土预制构件出厂时的混凝土强度不宜低于设计混凝土强度等级值的 75%。

③ 施工机械的质量控制。施工机械设备是所有施工方案和施工方法得以实施的重要物质基础，合理选择和正确使用施工机械设备是保证施工质量的重要措施。

a. 对施工所用的机械设备，应根据工程需要从设备选型、主要性能参数及使用操作要求等方面加以控制，符合安全、适用、经济、可靠和节能、环保等方面的要求。

b. 对施工中使用的模具、脚手架等施工设备，除可按适用的标准定型选用之外，一般需按设计及施工要求进行专项设计，对其设计方案及制作质量的控制及验收应作为重点进行控制。

c. 按现行施工管理制度要求，工程所用的施工机械、模板、脚手架，特别是危险性较大的现场安装的起重机械设备，在安装前要编制专项安装方案并经过审批后实施，安装完毕不仅必须经过自检和专业检测机构检测，而且要经过相关管理部门验收合格后方可使用。同时，在使用过程中尚需落实相应的管理制度，以确保其安全正常使用。

④ 工艺技术方案的质量控制。对施工工艺技术方案的质量控制主要包括以下内容：

a. 深入正确地分析工程特征、技术关键及环境条件等资料，明确质量目标、验收标准、控制的重点和难点。

b. 制订合理有效的有针对性的施工技术方案和组织方案，前者包括施工工艺、施工方法，后者包括施工区段划分、施工流向及劳动组织等。

c. 合理选用施工机械设备和设置施工临时设施，合理布置施工总平面图和各阶段施工平面图。

d. 根据施工工艺技术方案选用和设计保证质量和安全的模具、脚手架等施工设备；批量生产的混凝土预制构件模具应具有足够的强度、刚度和整体稳固性。

e. 编制工程所采用的新材料、新技术、新工艺的专项技术方案和质量管理方案。

f. 针对工程具体情况，分析气象、地质等环境因素对施工的影响，制订应对措施。

⑤ 施工环境因素的控制。环境因素对工程质量的影响，具有复杂多变和不确定性的特点，具有明显的风险特性，要减少其对施工质量的不利影响，主要是采取预测、预防的风险控制方法。

a. 对施工现场自然环境因素的控制。对地质、水文等方面影响因素，应根据设计要求，分析工程岩土地质资料，预测不利因素，并会同设计等方面制订相应的措施，采取如基坑降水、排水、加固围护等技术控制方案。

对天气气象方面的影响因素，应在施工方案中制订专项应急预案，明确在不利条件下的施工措施，落实人员、器材等方面的准备，加强施工过程中的预警与监控。

b. 对施工质量管理环境因素的控制。要根据工程承发包的合同结构，理顺管理关系，建立统一的现场施工组织系统和质量管理的综合运行机制，确保质量保证体系处于良好的状态，创造良好的质量管理环境和氛围，使施工顺利进行，保证施工质量。

c. 对施工作业环境因素的控制。要认真实施经过审批的施工组织设计和施工方案，落实相关管理制度，严格执行施工平面规划和施工纪律，保证各种施工条件良好，制订应对停水、停电、火灾、食物中毒等方面的应急预案。

任务 6.3.2
控制施工准备的工程质量

任务 6.3.2

任务引入

楚雄职教办公楼项目总施工天数 365 天，首先第一项工作为现场准备，工期 5 天，主要包括现场场地布置，临设搭建，定位测量放线，主要机械进场安排，施工人员熟悉图纸，施工计划安排，周转材料进场等。其中，测量放线采用了放样机器人，如图 6–2 所示，系统内置 BIM 模型，机器人根据模型数据自动放线，可对接平台自动生成报告。

图 6–2　放样机器人

请帮助项目管理人员策划一下在现场准备工作过程中可以如何进行质量控制？

知识准备

（1）施工技术准备工作的质量控制

施工技术准备是指在正式开展施工作业活动前进行的技术准备工作。这类工作内容繁多，主要在室内进行。例如：熟悉施工图纸，组织设计交底和图纸审查；进行工程项目检查验收的项目划分和编号；审核相关质量文件、细化施工技术方案和施工人员、机具的配置方案，编制施工作业技术指导书，绘制各种施工详图（如测量放线图、大样图及配筋、配板、配线图表等），进行必要的技术交底和技术培训。如果施工准备工作出错，必然影响施工进度和作业质量，甚至直接导致质量事故的发生。

技术准备工作的质量控制，包括对上述技术准备工作成果的复核审查，检查这些成果是否符合设计图纸和施工技术标准的要求；依据经过审批的质量计划审查、完善施工质量控制措施；针对质量控制点，明确质量控制的重点对象和控制方法；尽可能地提高上述工作成果对施工质量的保证程度等。

（2）现场施工准备工作的质量控制

① 计量控制。计量控制是施工质量控制的一项重要基础工作，包括施工生产时的投料计量、施工测量、监测计量以及对项目、产品或过程的测试、检验、分析计量等。开工前要建立和完善施工现场计量管理的规章制度；明确计量控制责任者和配置必要的计量人员；严格按规定对计量器具进行维修和校验；统一计量单位，组织量值传递，保证量值统一，从而保证施工过程中计量的准确。

② 测量控制。工程测量放线是建设工程产品由设计转化为实物的第一步。施工测量质量的好坏，直接决定工程的定位和标高是否正确，并且制约施工过程有关工序的质量。因此，施工单位在开工前应编制测量控制方案，经项目技术负责人批准后实施。要对建设单位提供的原始坐标点、基准线和水准点等测量控制点、线进行复核，并将复测结果上报

监理工程师审核，批准后施工单位才能建立施工测量控制网，进行工程定位和标高基准的控制。

③ 施工平面图控制。建设单位应按照合同约定并充分考虑施工的实际需要，事先划定并提供施工用地和现场临时设施用地的范围，协调、平衡和审查批准各施工单位的施工平面设计图。施工单位要严格按照批准的施工平面布置图，科学合理地使用施工场地，正确安装设置施工机械设备和其他临时设施，维护现场施工道路畅通无阻和通信设施完好，合理控制材料的进场与堆放，保持良好的防洪排水能力，保证充分的给水和供电。建设（监理）单位应会同施工单位制定严格的施工场地管理制度、施工纪律和相应的奖惩措施，严禁乱占场地和擅自断水、断电、断路，及时制止和处理各种违纪行为，并做好施工现场的质量检查记录。

任务 6.3.3 控制施工过程的工程质量

任务 6.3.3

任务引入

楚雄职教办公楼项目的项目部在组织机构中设置了质检科，专门负责工程质量的检查、监督，请分析一下质检科工作人员的具体工作内容是什么？

知识准备

施工过程的质量控制，是在工程项目质量实际形成过程中的事中质量控制，一般可称为过程控制。

建设工程项目施工是由一系列相互关联、相互制约的作业过程（工序）构成，因此施工质量控制，必须对全部作业过程，即各道工序的作业质量持续进行控制。从项目管理的立场看，工序作业质量的控制，首先是质量生产者即作业者的自控，在施工生产要素合格的条件下，作业者能力及其发挥的状况是决定作业质量的关键。其次，是来自作业者外部的各种作业质量检查、验收和对质量行为的监督，也是不可缺少的设防和把关的管理措施。

（1）工序施工质量控制

工序是人、材料、设备、机械、施工方法和环境因素对工程质量综合起作用的过程，所以对施工过程的质量控制，必须以工序作业质量控制为基础和核心。因此，工序的质量控制是施工阶段质量控制的重点。只有严格控制工序质量，才能确保施工项目的实体质量。工序施工质量控制主要包括工序施工条件质量控制和工序施工效果质量控制。

① 工序施工条件质量控制。工序施工条件是指从事工序活动的各生产要素质量及生产环境条件。工序施工条件控制就是控制工序活动的各种投入要素质量和环境条件质量。控制的手段主要有检查、测试、试验、跟踪监督等。控制的依据主要是设计质量标准、材

料质量标准、机械设备技术性能标准、施工工艺标准以及操作规程等。

② 工序施工效果质量控制。工序施工效果是工序产品的质量特征和特性指标的反映。对工序施工效果的控制就是控制工序产品的质量特征和特性指标能否达到设计质量标准以及施工质量验收标准的要求。工序施工效果控制属于事后质量控制，其控制的主要途径是实测获取数据、统计分析所获取的数据、判断认定质量等级和纠正质量偏差。

（2）施工作业质量自控

① 施工作业质量自控的程序。施工作业质量自控强调的是施工作业者的岗位质量责任，向后道工序提供合格的作业成果（中间产品）。因此，施工方是施工阶段质量自控主体。

施工作业质量的自控过程是由施工作业组织的成员进行的，其基本的控制程序包括作业技术交底、作业活动的实施和作业质量的自检自查、互检互查以及专职管理人员的质量检查等。

a. 施工作业技术的交底。技术交底是施工组织设计和施工方案的具体化，施工作业技术交底的内容必须具有可行性和可操作性。

从项目的施工组织设计到分部分项工程的作业计划，在实施之前都必须逐级进行交底，其目的是使管理者的计划和决策意图为实施人员所理解。施工作业交底是最基层的技术和管理交底活动，施工总承包方和工程监理机构都要对施工作业交底进行监督。作业交底的内容包括作业范围、施工依据、作业程序、技术标准和要领、质量目标以及其他与安全、进度、成本、环境等目标管理有关的要求和注意事项。

b. 施工作业活动的实施。施工作业活动是由一系列工序所组成的。为了保证工序质量的受控，首先要对作业条件进行再确认，即按照作业计划检查作业准备状态是否落实到位，其中包括对施工程序和作业工艺顺序的检查确认，在此基础上，严格按作业计划的程序、步骤和质量要求展开工序作业活动。

c. 施工作业质量的检验。施工作业的质量检查是贯穿整个施工过程的最基本的质量控制活动，包括施工单位内部的工序作业质量自检、互检、专检和交接检查，以及现场监理机构的旁站检查、平行检验等。施工作业质量检查是施工质量验收的基础，已完检验批及分部分项工程的施工质量，必须在施工单位完成质量自检并确认合格之后，才能报请现场监理机构进行检查验收。

前道工序作业质量经验收合格后，才可进入下道工序施工；未经验收合格的工序，不得进入下道工序施工。

② 施工作业质量自控的要求。工序作业质量是直接形成工程质量的基础，为达到对工序作业质量控制的效果，在加强工序管理和质量目标控制方面应坚持以下要求。

a. 预防为主。严格按照施工质量计划的要求，进行各分部分项施工作业的部署，同时根据施工作业的内容、范围和特点，制订施工作业计划，明确作业质量目标和作业技术要领，认真进行作业技术交底，落实各项作业技术组织措施。

b. 重点控制。在施工作业计划中，一方面要认真贯彻落实施工质量计划中的质量控制点的控制措施，同时要根据作业活动的实际需要，进一步建立工序作业控制点，深化工序作业的重点控制。

c. 坚持标准。工序作业人员对工序作业过程应严格进行质量自检，通过自检不断改善作业，并创造条件开展作业质量互检，通过互检加强技术与经验的交流。对已完工序作业产品，即检验批或分部分项工程，应严格坚持质量标准。对不合格的施工作业质量，不得进行验收签证，必须按照规定的程序进行处理。

d. 记录完整。施工图纸、质量计划、作业指导书、材料质保书、检验试验及检测报告、质量验收记录等，是形成可追溯性质量保证的依据，也是工程竣工验收不可缺少的质量控制资料。因此，对工序作业质量，应有计划、有步骤地按照施工管理规范的要求进行填写记载，做到及时、准确、完整、有效，并具有可追溯性。

（3）施工作业质量的监控

为了保证项目质量，建设单位、监理单位、设计单位及政府的工程质量监督部门，在施工阶段依据法律法规和工程施工承包合同，对施工单位的质量行为和项目实体质量实施监督控制。

设计单位应当就审查合格的施工图纸设计文件向施工单位作出详细说明；应当参与建设工程质量事故分析，并对因设计造成的质量事故，提出相应的技术处理方案。

建设单位在领取施工许可证或者开工报告前，应当按照国家有关规定办理工程质量监督手续。

作为监控主体之一的项目监理机构，在施工作业实施过程中，根据其监理规划与实施细则，采取现场旁站、巡视、平行检验等形式，对施工作业质量进行监督检查，如发现工程施工有不符合工程设计要求、施工技术标准和合同约定的地方，有权要求施工单位改正。监理机构应进行检查，而没有检查或没有按规定进行检查的，给建设单位造成损失时应承担赔偿责任。

必须强调，施工质量的自控主体和监控主体，在施工全过程是相互依存、各尽其责的，共同推动着施工质量控制过程的展开和最终实现工程项目的质量总目标。

（4）现场质量检查

现场质量检查是施工作业质量监控的主要手段。

① 现场质量检查的内容。

a. 开工前的检查，主要检查是否具备开工条件，开工后是否能够保持连续正常施工，能否保证工程质量。

b. 工序交接检查，对于重要的工序或对工程质量有重大影响的工序，应严格执行“三检”（即自检、专检、互检）制度，未经监理工程师（或建设单位本项目技术负责人）检查认可，不得进行下道工序施工。

c. 隐蔽工程的检查，施工中凡是隐蔽工程必须检查认证后方可进行隐蔽掩盖。

d. 停工后复工的检查，因客观因素停工或处理质量事故等停工复工时，经检查认可后方能复工。

e. 分项、分部工程完工后的检查，应经检查认可并签署验收记录后，才能进行下一工程的施工。

f. 成品保护的检查，检查成品有无保护措施以及保护措施是否有效可靠。

② 现场质量检查的方法。

a. 目测法，即凭借感官进行检查，也称观感质量检验，其手段可概括为“看、摸、敲、照”四个字。

看——根据质量标准要求进行外观检查。例如，清水墙面是否洁净，喷涂的密实度和颜色是否良好、均匀，工人的操作是否正常，内墙抹灰的大面及口角是否平直，混凝土外观是否符合要求等。

摸——通过触摸手感进行检查、鉴别。例如，油漆的光滑度是否足够，浆活是否牢固、不掉粉等。

敲——运用敲击工具进行音感检查。例如，对地面工程、装饰工程中的水磨石、面砖等，均应进行敲击检查。

照——通过人工光源或反射光照射，检查难以看到或光线较暗的部位。例如，管道井、电梯井等内部管线、设备安装质量，装饰吊顶内连接及设备安装质量等。

b. 实测法，就是通过实测数据与施工规范、质量标准的要求及允许偏差值进行对照，以此判断质量是否符合要求，其手段可概括为“靠、量、吊、套”四个字。

靠——用直尺、塞尺检查诸如墙面、地面、路面等的平整度。

量——指用测量工具和计量仪表等检查断面尺寸、轴线、标高、湿度、温度等的偏差。例如，大理石板拼缝尺寸、混凝土硬化的温度、混凝土坍落度的检测等。

吊——利用托线板以及线坠吊线检查垂直度。例如，砌体垂直度检查、门窗的安装等。

套——以方尺套方，辅以塞尺检查。例如，对阴阳角的方正、踢脚线的垂直度、预制构件的方正、门窗口及构件的对角线检查等。

c. 试验法，是指通过必要的试验手段对质量进行判断的检查方法，主要包括如下内容：

- 理化试验。工程中常用的理化试验包括物理力学性能方面的检验、化学成分及化学性能的测定两个方面。物理力学性能的检验，包括各种力学指标的测定，如抗拉强度、抗压强度、抗弯强度、抗折强度、冲击韧性、硬度、承载力等，以及各种物理性能方面的测定，如密度、含水率、凝结时间、安定性及抗渗、耐磨、耐热性能等。化学成分及化学性质的测定，包括钢筋中的磷、硫含量，混凝土粗骨料中的活性氧化硅成分，以及耐酸、耐碱、抗腐蚀性等。此外，根据规定有时还需进行现场试验，例如对桩或地基的静载试验、下水管道的通水试验、压力管道的耐压试验、防水层的蓄水或淋水试验等。
- 无损检测。利用专门的仪器仪表从表面探测结构物、材料、设备的内部组织结构或损伤情况，常用的无损检测方法有超声波探伤、X 射线探伤、γ 射线探伤等。

③ 技术核定与见证取样送检。

a. 技术核定。在建设工程项目施工过程中，因施工方对施工图纸的某些要求不甚明白，图纸内部存在某些矛盾，工程材料调整与代用，改变建筑节点构造、管线位置或走向等，需要通过设计单位明确或确认的，施工方必须以技术核定单的方式向监理工程师提出，报送设计单位核准确认。

b. 见证取样送检。为了保证建设工程质量，我国规定对工程所使用的主要材料、半成品、构配件以及施工过程留置的试块、试件等应实行现场见证取样送检，见证人员由建设单位及工程监理机构中具有相关专业知识的人员担任；送检的试验室应具备经国家或地方工程检验检测主管部门核准的相关资质；见证取样送检必须严格按规定的程序进行，包括取样见证并记录、样本编号、填单、封箱、送试验室、核对、交接、试验检测、报告等。

（5）隐蔽工程验收与成品质量保护

① 隐蔽工程验收。凡被后续施工所覆盖的施工内容，如地基与基础工程、钢筋工程、预埋管线等均属隐蔽工程，在后续工序施工前，必须进行质量验收。进行隐蔽工程质量验收，是施工质量控制的重要环节。其程序要求如下：施工方应首先完成自检并合格，然后填写专用的隐蔽工程验收单，验收单所列的验收内容应与已完的隐蔽工程实物相一致；提前通知监理机构及有关方面，按约定时间进行验收。验收合格的隐蔽工程由各方共同签署验收记录；验收不合格的隐蔽工程，应按验收整改意见整改后重新验收。严格隐蔽工程验收的程序和记录，对于预防工程质量隐患，提供可追溯质量记录具有重要作用。

② 施工成品质量保护。对建设工程项目已完工程的成品进行保护，目的是避免已完施工成品受到来自后续施工以及其他方面的污染或损坏。已完施工的成品保护问题和相应措施，在工程施工组织设计与计划阶段就应该从施工顺序上进行考虑，防止施工顺序不当或交叉作业造成相互干扰、污染和损坏。成品形成后，可采取防护、覆盖、封闭、包裹等相应措施进行保护。

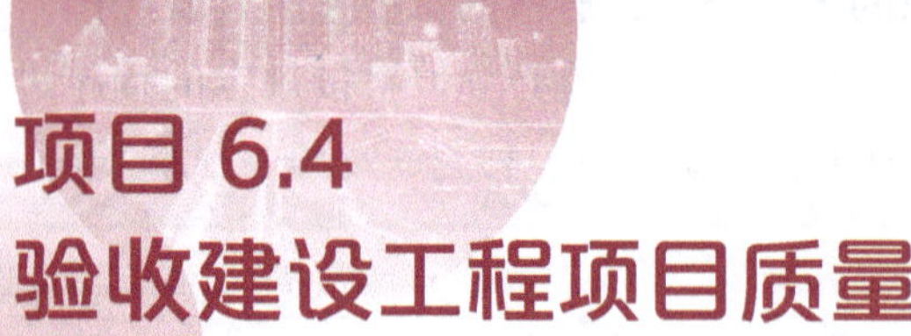

项目 6.4 验收建设工程项目质量

[学习目标]

知识目标

1. 掌握施工过程质量验收的内容和要求。
2. 掌握施工质量验收的流程。
3. 掌握竣工验收的标准。
4. 熟悉竣工验收报告的内容。

能力目标

1. 能组织施工过程质量验收。
2. 能组织竣工质量验收。

素养目标

1. 提升个人的组织能力。
2. 培养严谨认真、精益求精的工作态度。
3. 树立自觉抵制腐败现象的意识。

[思维导图]

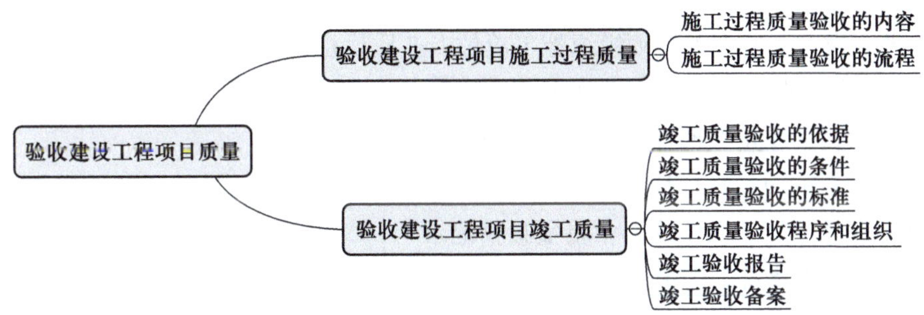

项目 6.4

任务 6.4.1 验收建设工程项目施工过程质量

任务引入

楚雄职教办公楼筏板基础大体积混凝土约 50 780 m³，其施工流程为基层清理找平—桩头及细部节点处理—混凝土垫层浇筑—防水层施工—保护层施工。施工完毕后，应按要求组织基础工程的验收，该验收工作应由谁来组织？谁参加？基础工程验收规定有哪些？

知识准备

工程项目质量验收，应将项目划分为单位工程、分部工程、分项工程和检验批进行验收。施工过程质量验收主要是指检验批和分项、分部工程的质量验收。

（1）施工过程质量验收的内容

现行的《建筑工程施工质量验收统一标准》（GB 50300—2013）规定了各分项工程的施工质量的基本要求，规定了分项工程检验批量的抽查办法和抽查数量，规定了检验批主控项目、一般项目的检验方法、检查内容和允许偏差，规定了各分部工程验收的方法和需要的技术资料等，同时对涉及人民生命财产安全、人身健康、环境保护和公共利益的内容以强制性条文作出规定。要求坚决、严格遵照执行。

检验批和分项工程是质量验收的基本单元；分部工程是在所含全部分项工程验收的基础上进行验收的，在施工过程中随完随验收，并要留下完整的质量验收记录和资料；单位工程作为能够独立发挥作用的建筑产品，应进行竣工质量验收。

（2）施工过程质量验收的流程

施工过程的质量验收通过后留下完整的质量验收记录和资料，为工程项目竣工质量验收提供依据。

① 检验批质量验收。检验批是指按同一生产条件或按规定的方式汇总起来供检验用的，由一定数量样本组成的检验体。检验批是工程验收的最小单位，是分项工程乃至整个建筑工程质量验收的基础。

检验批应由专业监理工程师组织施工单位专业质量检查员、专业工长等进行验收。

检验批质量验收合格应符合下列规定：

a. 主控项目的质量经抽样检验均应合格。

b. 一般项目的质量经抽样检验合格。

c. 具有完整的施工操作依据、质量验收记录。

主控项目是指建筑工程中的对安全、性能、环境保护和主要使用功能起决定性作用的检验项目。主控项目的验收必须从严要求，不允许有不符合要求的检验结果。因此，主控项目的检查具有否决权。除主控项目以外的检验项目称为一般项目。

② 分项工程质量验收。分项工程的质量验收在检验批验收合格的基础上进行。一般情况下，两者具有相同或相近的性质，只是批量的大小不同而已，分项工程可由一个或若干检验批组成。

分项工程应由监理工程师组织施工单位项目专业技术负责人等进行验收。

分项工程质量验收合格应符合下列规定：

a. 所含检验批的质量均应验收合格。

b. 所含检验批的质量验收记录应完整。

③ 分部工程质量验收。分部工程的验收在其所含各分项工程验收的基础上进行。

分部工程应由总监理工程师组织施工单位项目负责人和项目技术负责人等进行验收。勘察、设计单位项目负责人和施工单位技术、质量部门负责人应参加地基与基础分部工程验收；设计单位项目负责人和施工单位技术、质量部门负责人应参加主体结构、节能分部工程验收。

分部工程质量验收合格应符合下列规定：

a. 所含分项工程的质量均应验收合格。

b. 质量控制资料应完整。

c. 有关安全、节能、环境保护和主要使用功能的抽样检验结果应符合相应规定。

d. 观感质量应符合要求。

必须注意的是，由于分部工程所含的各分项工程性质不同，因此它并不是在所含分项验收基础上的简单相加，即所含分项验收合格且质量控制资料完整，只是分部工程质量验收的基本条件，还必须在此基础上对涉及安全、节能、环境保护和主要使用功能的地基基础、主体结构和设备安装分部工程进行见证取样试验或抽样检测，而且还需要对其观感质量进行验收，并综合给出质量评价，对于评价为“差”的检查点应通过返修处理等进行补救。

任务 6.4.2
验收建设工程项目竣工质量

任务引入

楚雄职教办公楼工程项目建设质量要求为合格。项目按照我国基本建设程序进行了项目立项、规划、设计、工程报建、施工，在工程建设过程中严格执行国家现行法律法规和有关规范规定及标准要求，严格执行工程合同条款。工程于 2022 年 1 月 1 日开工，2022 年 12 月 31 日完工。已具备竣工验收条件，特组织竣工验收。作为竣工验收小组的成员，应该如何进行分组安排验收工作？每组的验收内容是什么？

知识准备

建设工程项目竣工质量验收是施工质量控制的最后一个环节，是对施工过程质量控制成果的全面检验，是从终端把关方面进行质量控制的重要手段。未经验收或验收不合格的工程，不得交付使用。

（1）竣工质量验收的依据

① 国家相关法律法规和建设主管部门颁布的管理条例和办法。

② 建筑工程施工质量验收统一标准。

③ 专业工程施工质量验收规范。

④ 经批准的设计文件、施工图纸及说明书。

⑤ 工程施工承包合同。

⑥ 其他相关文件。

（2）竣工质量验收的条件

① 完成工程设计和合同约定的各项内容。

② 施工单位在工程完工后对工程质量进行了检查，确认工程质量符合有关法律、法规和工程建设强制性标准，符合设计文件及合同要求，并提出工程竣工报告。工程竣工报告应经项目经理和施工单位有关负责人审核签字。

③ 对于委托监理的工程项目，监理单位对工程进行了质量评估，具有完整的监理资料，并提出工程质量评估报告。工程质量评估报告应经总监理工程师和监理单位有关负责人审核签字。

④ 勘察、设计单位对勘察、设计文件及施工过程中由设计单位签署的设计变更通知书进行了检查，并提出质量检查报告。质量检查报告应经该项目勘察、设计负责人和勘察、设计单位有关负责人审核签字。

⑤ 有完整的技术档案和施工管理资料。

⑥ 有工程使用的主要建筑材料、建筑构配件和设备的进场试验报告，以及工程质量

检测和功能性试验资料。

⑦ 建设单位已按合同约定支付工程款。

⑧ 有施工单位签署的工程质量保修书。

⑨ 对于住宅工程，进行分户验收并验收合格，建设单位按户出具住宅工程质量分户验收表。

⑩ 建设主管部门及工程质量监督机构责令整改的问题全部整改完毕。

⑪ 法律、法规规定的其他条件。

（3）竣工质量验收的标准

单位工程是工程项目竣工质量验收的基本对象。单位工程质量验收合格应符合下列规定：

① 所含分部工程的质量均应验收合格。

② 质量控制资料应完整。

③ 所含分部工程有关安全、节能、环境保护和主要使用功能的验收资料应完整。

④ 主要使用功能的抽查结果应符合相关专业质量验收规范的规定。

⑤ 观感质量应符合要求。

（4）竣工质量验收程序和组织

单位工程中的分包工程完工后，分包单位应对所承包的工程项目进行自检，并应按规定的程序进行验收。验收时，总包单位应派人参加。

单位工程完工后，施工单位应组织有关人员进行自检。总监理工程师应组织各专业监理工程师对工程质量进行竣工预验收。存在施工质量问题时，应由施工单位及时整改。

工程竣工质量验收由建设单位负责组织实施。建设单位组织单位工程质量验收时，分包单位负责人应参加验收。

竣工质量验收应当按以下程序进行：

① 工程完工并对存在的质量问题整改完毕后，施工单位向建设单位提交工程竣工报告，申请工程竣工验收。实行监理的工程，工程竣工报告必须经总监理工程师签署意见。

② 建设单位收到工程竣工报告后，对符合竣工验收要求的工程，组织勘察、设计、施工、监理等单位组成验收组，制订验收方案。对于重大工程和技术复杂工程，根据需要可邀请有关专家参加验收组。

③ 建设单位应当在工程竣工验收 7 个工作日前将验收的时间、地点及验收组名单书面通知负责监督该工程的工程质量监督机构。

④ 建设单位组织工程竣工验收。

a. 建设、勘察、设计、施工、监理单位分别汇报工程合同履约情况和在工程建设各个环节执行法律、法规和工程建设强制性标准的情况。

b. 审阅建设、勘察、设计、施工、监理单位的工程档案资料。

c. 实地查验工程质量。

d. 对工程勘察、设计、施工、设备安装质量和各管理环节等方面作出全面评价，形成经验收组人员签署的工程竣工验收意见。参与工程竣工验收的建设、勘察、设计、施工、监理等各方不能形成一致意见时，应当协商提出解决的方法，待意见一致后，重新组织工程竣工验收。

（5）竣工验收报告

工程竣工验收合格后，建设单位应当及时提出工程竣工验收报告。工程竣工验收报告主要包括工程概况，建设单位执行基本建设程序情况，对工程勘察、设计、施工、监理等方面的评价，工程竣工验收时间、程序、内容和组织形式，工程竣工验收意见等内容。

工程竣工验收报告还应附有下列文件：

① 施工许可证。

② 施工图设计文件审查意见。

③ 上述（2）竣工质量验收的条件中②、③、④、⑧项规定的文件。

④ 验收组人员签署的工程竣工验收意见。

⑤ 法规、规章规定的其他有关文件。

（6）竣工验收备案

建设单位应当自建设工程竣工验收合格之日起15日内，向工程所在地的县级以上地方人民政府建设主管部门备案。

建设单位办理工程竣工验收备案应当提交下列文件：

① 工程竣工验收备案表。

② 工程竣工验收报告。

③ 法律、行政法规规定应由规划、环保等部门出具的认可文件或者准许使用文件。

④ 法律规定应当由公安消防部门出具的对大型的人员密集场所和其他特殊建设工程验收合格的证明文件。

⑤ 施工单位签署的工程质量保修书。

⑥ 法规、规章规定必须提供的其他文件。

项目 6.5
处理建设工程项目质量不合格问题

[学习目标]

知识目标

1. 理解质量不合格和质量缺陷的概念。
2. 理解质量问题和质量事故的概念。
3. 掌握质量问题的分类。

能力目标

1. 能针对质量不合格问题提出处理方案。
2. 能按照流程处理质量问题。

素养目标

1. 提升分析问题、解决问题的能力。
2. 提升质量管理技术及工程项目管理能力。
3. 提升职业责任感。

[思维导图]

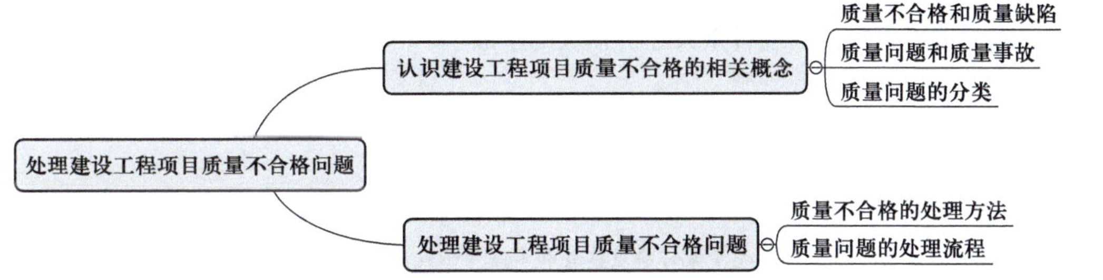

项目 6.5

任务 6.5.1 认识建设工程项目质量不合格的相关概念

任务引入

楚雄职教办公楼项目采用筏板基础。筏板养护施工完毕后出现了大量裂缝，这属于什么质量问题？

知识准备

（1）质量不合格和质量缺陷

根据我国国家标准《质量管理体系 基础和术语》（GB/T 19000—2016）的定义，工程产品未满足质量要求，即为质量不合格；与预期或规定用途有关的质量不合格，称为质量缺陷。

（2）质量问题和质量事故

凡是工程质量不合格，影响使用功能或工程结构安全，造成永久质量缺陷或存在重大质量隐患，甚至直接导致工程倒塌或人身伤亡，必须进行返修、加固或报废处理，按照由此造成人员伤亡和直接经济损失的大小区分，在规定限额以下的为质量问题，在规定限额以上的为质量事故。

（3）质量问题的分类

① 工程质量缺陷。工程质量缺陷是指建筑工程施工质量中不符合规定要求的检验项或检验点，按其程度可分为严重缺陷和一般缺陷。严重缺陷是指对结构构件的受力性能或安装使用性能有决定性影响的缺陷。一般缺陷是指对结构构件的受力性能或安装使用性能无决定性影响的缺陷。

② 工程质量通病。工程质量通病是指各类影响工程结构、使用功能和外形观感的常见性质量损伤，犹如“多发病”一样，故称质量通病，例如混凝土结构表面不平整、安装

管线不顺直等。

③ 工程质量事故。工程质量事故是指由于建设、勘察、设计、施工、监理等单位违反工程质量有关法律法规和工程建设标准，使工程产生结构安全、重要使用功能等方面的质量缺陷，造成人身伤亡或者重大经济损失的事故。

知识拓展

工程质量事故的分类

根据住房和城乡建设部《关于做好房屋建筑和市政基础设施工程质量事故报告和调查处理工作的通知》（建质〔2010〕111号），工程质量事故是指由于建设、勘察、设计、施工、监理等单位违反工程质量有关法律法规和工程建设标准，使工程产生结构安全、重要使用功能等方面的质量缺陷，造成人身伤害或者重大经济损失的事故。

工程质量事故具有成因复杂、后果严重、种类繁多、往往与安全事故共生的特点。建设工程质量事故的分类有多种方法，不同专业工程类别对工程质量事故的等级划分也不尽相同。

（1）按事故造成损失的程度分级

上述建质〔2010〕111号文件根据工程质量事故造成的人员伤亡或者直接经济损失，将工程质量事故分为4个等级：

① 特别重大事故，是指造成30人以上死亡，或者100人以上重伤，或者1亿元以上直接经济损失的事故。

② 重大事故，是指造成10人以上30人以下死亡，或者50人以上100人以下重伤，或5 000万元以上1亿元以下直接经济损失的事故。

③ 较大事故，是指造成3人以上10人以下死亡，或者10人以上50人以下重伤，或者1 000万元以上5 000万元以下直接经济损失的事故。

④ 一般事故，是指造成3人以下死亡，或者10人以下重伤，或者100万元以上1 000万元以下直接经济损失的事故。

该等级划分所称的“以上”包括本数，所称的“以下”不包括本数。

（2）按事故责任分类

① 指导责任事故。由于工程实施指导或领导失误而造成的质量事故。例如，由于工程负责人片面追求施工进度，放松或不按质量标准进行控制和检验，降低施工质量标准等。

② 操作责任事故。在施工过程中，由于实施操作者不按规程和标准实施操作而造成的质量事故。例如，浇筑混凝土时随意加水，或振捣疏漏造成混凝土质量事故等。

③ 自然灾害事故。由于突发的严重自然灾害等不可抗力造成的质量事故。例如，地震、台风、暴雨、洪水等对工程造成破坏甚至倒塌，这类事故虽然不是人为原因导致的，但事故造成的损失程度也往往与人们是否在事前采取了有效的预防措施有关，相关责任人员也可能负有一定责任。

任务 6.5.2
处理建设工程项目质量不合格问题

任务引入

楚雄职教办公楼项目筏板养护施工完毕后出现了大量裂缝，总工程师立即组织大家分析原因，并讨论了处理方法，作为质量员，你会提出什么处理方案呢？处理流程是什么？

知识准备

（1）质量不合格的处理方法

① 返修处理。当工程某些部分的质量虽未达到规范、标准或设计规定的要求，存在一定的缺陷，但经过采取整修等措施后可以达到要求的质量标准，又不影响使用功能或外观的要求时，可采取返修处理的方法。如屋面漏水，经查是卷材接缝处理不好导致的，可在接缝处用热熔法覆盖卷材处理。

② 加固处理。加固处理主要是针对危及结构承载力的质量缺陷的处理方法。通过加固，使建筑结构恢复或提高承载力，重新满足结构安全性与可靠性的要求，使结构能继续使用或改做其他用途。对混凝土结构常用的加固方法主要有增大截面加固法、外包角钢加固法、粘钢加固法、增设支点加固法、增设剪力墙加固法、预应力加固法等。

③ 返工处理。当工程质量经返修、加固处理后仍不能满足规定的质量标准，或不具备补救可能性，则必须采取重新制作、重新施工的返工处理措施。例如，某防洪堤坝道填筑压实后，其压实土的干密度未达到规定值，经核算将影响土体的稳定且不满足抗渗的要求，需挖除不合格土，重新填筑，重新施工。又如，某高架桥工程预应力按规定张拉系数为 1.3，而实际仅为 0.8，属严重的质量缺陷，也无法修补，只能重新制作。

④ 限制使用。当工程质量缺陷按修补方法处理后仍不能保证达到规定的使用要求和安全要求，而又无法返工处理，可做出诸如结构卸荷或减荷等限制使用的决定。

⑤ 不做处理。当出现工程质量问题，但其情况不严重，对结构安全或使用功能影响很小，经过分析、论证、法定检测单位鉴定和设计单位等认可后可不做专门处理。一般可不做专门处理的情况有以下几种：

a. 不影响结构安全和使用功能的。例如：有的工业建筑物出现放线定位的偏差，且严重超过规范标准规定，若要纠正会造成重大经济损失，但经过分析、论证，其偏差不影响生产工艺和正常使用，在外观上也无明显影响，可不做处理。又如，基础混凝土表面出现轻微裂缝，经检查分析，属于表面养护不够的干缩微裂，不影响安全和外观，也可不做处理。

b. 后道工序可以弥补的质量缺陷。例如：混凝土结构表面的轻微麻面，可通过后续的抹灰弥补，也可不做处理。

c. 法定检测单位鉴定合格的。例如：某检验批混凝土试块经测定强度不足，但经法定检测单位对混凝土实体强度实际检测，其实际强度达到了规范和设计允许值范围，可不做处理。对经检测未达到要求值，但相差不多的，经分析论证，只要使用前经再次检测达到设计强度，也可不做处理，但应严格控制施工荷载。

d. 出现的质量缺陷，经检测鉴定达不到设计要求，但经原设计单位核算，仍能满足结构安全和使用功能的，也可不做处理。例如：某检验批混凝土试块经测定强度不足，影响结构承载力，但按实际情况进行复核验算后仍能满足设计要求的承载力时，可不进行专门处理。这种做法实际上是挖掘设计潜力或降低设计的安全系数，应谨慎处理。

⑥ 报废处理。出现大的质量问题或质量事故的项目，通过分析或实践，采取上述处理方法后仍不能满足规定的质量要求或标准，则需予以报废处理。

（2）质量问题的处理流程

工程质量事故发生后，事故现场有关人员应当立即向工程建设单位负责人报告；工程建设单位负责人接到报告后，应于 1 小时内向事故发生地县级以上人民政府住房和城乡建设主管部门及有关部门报告；如果同时发生安全事故，施工单位应当立即启动生产安全事故应急救援预案，组织抢救遇险人员，采取必要措施，防止事故危害扩大和次生、衍生灾害发生。情况紧急时，事故现场有关人员可直接向事故发生地县级以上政府主管部门报告，其一般处理流程如图 6-3 所示。

当其处理方法不同时，其处理流程略有不同：

① 对可以通过返修或返工弥补的质量问题可签发监理通知，责令施工单位写出质量问题调查报告，提出处理方案，填写监理通知回复单，报监理工程师审核后，批复承包单位处理，必要时应经建设单位和设计单位认可，处理结果应重新进行验收。

② 对需要加固处理的质量问题，或质量问题的存在影响下道工序和分项工程的质量时，应签发工程暂停令，指令施工单位停止有质量问题部位和其有关部位及下道工序的施工。必要时，应要求施工单位采取防护措施，责成施工单位写出质量问题调查报告，由设计单位提出处理方案，并征得建设单位同意，批复承包单位处理。处理结果应重新进行验收。

施工单位接到监理通知后，在监理工程师的组织参与下，尽快进行质量问题调查并完成报告编写。调查的主要目的是明确质量问题的范围、程度、影响和原因，为问题处理提供依据，调查应力求全面、详细、客观准确。

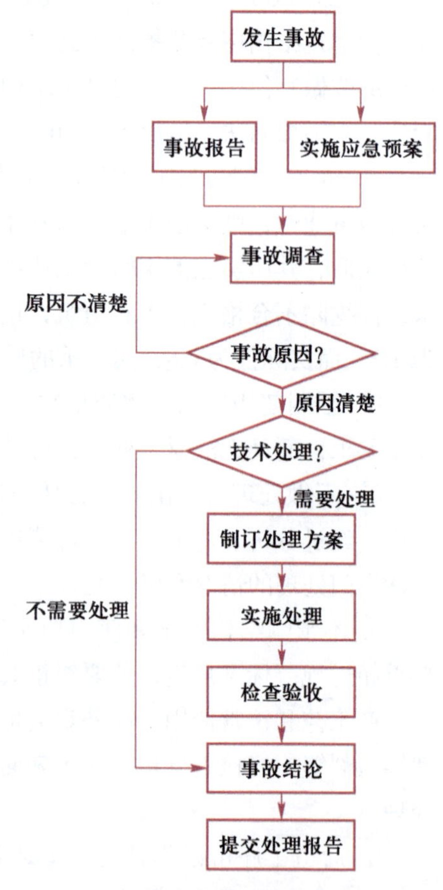

图 6-3　质量事故处理的一般流程

项目 6.6
开展智慧质量控制

[学习目标]

知识目标

1. 理解智慧质量控制的概念。
2. 理解智慧质量控制应用的原理。

能力目标

1. 能将传统质量控制工作任务分解，与数字化管理工具相结合。
2. 能合理利用智慧管理手段解决问题。

素养目标

1. 提升分析问题、解决问题的能力。
2. 提升数字化工具综合应用能力。

[思维导图]

项目 6.6

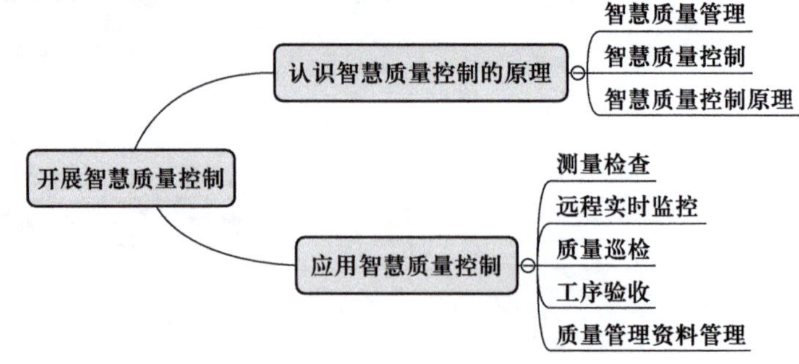

任务 6.6.1 认识智慧质量控制的原理

任务引入

楚雄职教办公楼项目在施工过程中采用了放样机器人、桩基数字化监测设备、智能张拉监测系统、混凝土浇灌养护所用智能设备、智能压浆监测系统等数字化智能设备。这些智能设备与互联网连接，形成强大的物联网系统，实现任何时间点人、机、物的互联。你认为物联网系统应用到建筑工程质量控制领域，会带来什么好处？

知识准备

（1）智慧质量管理

建设工程项目智慧质量管理，是利用数字工程项目管理平台，将智能建造、大数据技术、物联网等数字手段整合，系统有效地应用质量管理和质量控制的基本原理和方法，建立和完善工程项目质量保障体系，落实项目各参与方的质量责任，收集、处理、存储项目参与各方的质量活动数据，以有效预防和正确处理可能发生的工程质量事故，在政府的监督下实现建设工程项目的质量目标。

（2）智慧质量控制

智慧质量控制是在智慧质量管理的模式下，应用 BIM 数字模型、物联网技术、5G 网络技术、虚拟现实技术、数据可视化集成平台等智慧手段，在施工中从事质量控制的相关活动，从而实现质量控制目标。

（3）智慧质量控制原理

智慧质量控制原理是基于建设工程质量控制的原理，利用数字化手段进行质量控制活动，进而建立高效的质量反馈体系，提升质量控制活动的效率，形成有效的质量保障体系。

任务 6.6.2
应用智慧质量控制

任务引入

楚雄职教办公楼工程项目管理工作引入了数字项目管理平台开展智慧质量控制，作为质量员，你认为通过数字项目管理平台可以实现哪些智慧质量控制和管理活动？

知识准备

（1）测量检查

在数字项目管理平台中，工作人员可通过手机端查看项目的 BIM 模型，在软件中对模型的具体位置进行测量、标注、截图，从而实现实体与 BIM 模型的尺寸、面积等参数的测量对比、实时对照，将误差控制在允许的范围内。

（2）远程实时监控

通过数字项目管理平台，可以实现项目质量管理人员不到现场对项目进行实时监控，如图 6–4 所示。数字项目管理平台连接全息摄像头、无人机、AI 等设备，构建了强大的物联网系统。项目的质量管理人员可通过数字项目管理平台的手机端、网页端调控监控画面、操作无人机、聚焦需监控工程实体的具体位置，对工程细节进行把控，查看施工人员操作是否符合规程、监督工序施工是否规范、质量控制点的关键影响因素控制是否符合要求等，必要时还可以通过智能广播功能实现远程施工指导，实现对现场施工情况的实时监控，达成质量控制目标。

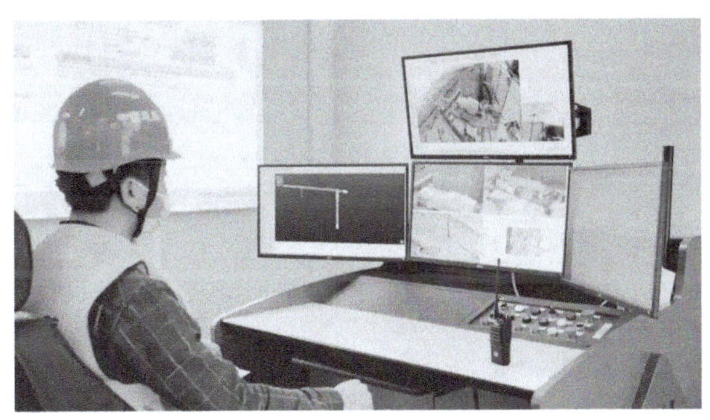

图 6–4　远程实时监控系统

远程实时监控可大大提高施工管理人员的工作效率，可以满足各方管理人员远程协同工作的需求，基于 BIM 模型、现场摄像头系统、无人机等工具实现多方管理人员召开线上会议，高效解决问题。

（3）质量巡检

项目质量管理人员进行质量巡检时可随时把质量问题拍照上传至数字项目管理平台，根据实际情况设置该质量问题的紧急程度，并设置到具体的整改人和整改期限，全流程实施监控整改过程和整改效果，并形成完整的整改记录。另外，企业领导和项目相关各方管理人员可随时监督质量问题的整改情况，解决了传统质量巡查中整改缺乏监管、信息流转慢、反馈不及时等问题。

（4）工序验收

在数字项目管理平台中，可根据验收的级别发起工序验收或其他验收点的验收。该任务单可通过关联 BIM 模型中具体的验收位置最终构成完整的验收内容体系，可通过关联项目各参与方的具体验收人员、监督人员形成完整的闭环管理，提高验收效率。

（5）质量管理资料的管理

数字项目管理平台可将所有发起的质量巡检、质量验收等质量管理活动形成质量管理台账记录，可直接以文件形式导出，形成过程管理资料，这大大节省了管理人员整理资料的时间，提高管理效率。

另外，这些质量管理资料形成质量数据库，应用科学方法进行统计分析，可获得质量方面的有关数据，例如某分包单位的一次性验收通过率、某质量管理员的质量管理工作效果等，为质量管理工作效果的评价和提升提供了依据。

【场景案例】

项目主体阶段质量巡检与质量验收场景案例请扫二维码学习。

场景案例：项目主体阶段质量巡检与质量验收

【习题与思考】

一、单选题

1. 建筑工程中的对安全、卫生、环境保护和公共利益起决定作用的检验项目是（　　）。

A. 主控项目　　B. 一般项目

C. 主要项目　　D. 允许偏差项目

2. 施工质量控制就是对（　　）的控制。

A. 施工工艺和操作规程　　B. 作业活动效果和质量

C. 施工人员行为　　D. 质量控制点

3. 对拟验收的单位工程，总监理工程师组织验收合格后对承包单位的工程竣工报验单予以签认，并上报建设单位，同时提出工程质量评估报告，工程质量评估报告要由（　　）共同签署。

A. 建设单位、设计单位、施工单位、监理单位

B. 总监理工程师、监理单位技术负责人

C. 项目经理、总监理工程师

D. 建设单位项目负责人、项目经理、总监理工程师

4. 工程常用检测方法有目测法、量测法和（　　）三种。

A. 试验法　　B. 探伤法

C. 回弹法　　D. 理化试验

5. 建筑工程项目质量管理应坚持的方针是（　　）。

A. 质量第一，预防为主　　B. 质量第一，持续改进

C. 质量为本，预防为主　　D. 百年大计，质量为本

二、多选题

1. 监理单位可通过（　　）实现在施工阶段的质量控制目标。

A. 审核施工质量文件、报告报表

B. 现场旁站检查、平行检测

C. 施工指令和结算支付控制手段

D. 施工全过程的全面质量自控

E. 采纳变更设计的合理化建议

2. 工程质量事故处理方案类型可分为（　　）。

A. 修补处理

B. 返工处理

C. 限制使用

D. 观察研究

E. 不做处理

3. 施工准备质量控制的内容主要有（　　）。

A. 作业技术交底

B. 施工承包单位资质的核查

C. 施工组织设计审查

D. 现场施工准备的质量控制

E. 质量控制点的设置

4. 质量检验的三检制度是（　　）。

A. 检验

B. 自检

C. 验收

D. 互检

E. 专检

5. 按有关施工质量验收规范规定，必须进行现场质量检测且质量合格后方可进行下道工序的有（　　）。

A. 地基基础工程

B. 主体结构工程

C. 模板工程

D. 建筑幕墙工程

E. 钢结构及管道工程

三、简答题

1. 简述质量管理的概念。
2. 质量不合格的含义是什么？
3. 在质量验收时，如遇施工质量不符合要求，正确的处理方法是什么？
4. 简述工程项目质量的特点。
5. 在工程质量事故中，哪些情况必须返工处理？

四、操作题

请在数字项目管理平台的质量管理系统下补录一个质量排查记录。

模块 7

工程项目智慧安全与环境管理

项目 7.1 认识安全与安全相关知识

[学习目标]

知识目标

1. 理解安全、安全管理相关概念。
2. 掌握安全生产的基本方针。
3. 理解建设工程安全生产管理的特点。

能力目标

1. 能识别建筑施工安全管理的不安全因素。
2. 能识别并判断危险源、重大风险。

素养目标

1. 提升建设工程安全生产的管理能力。
2. 提升爱岗敬业的奉献精神。

[思维导图]

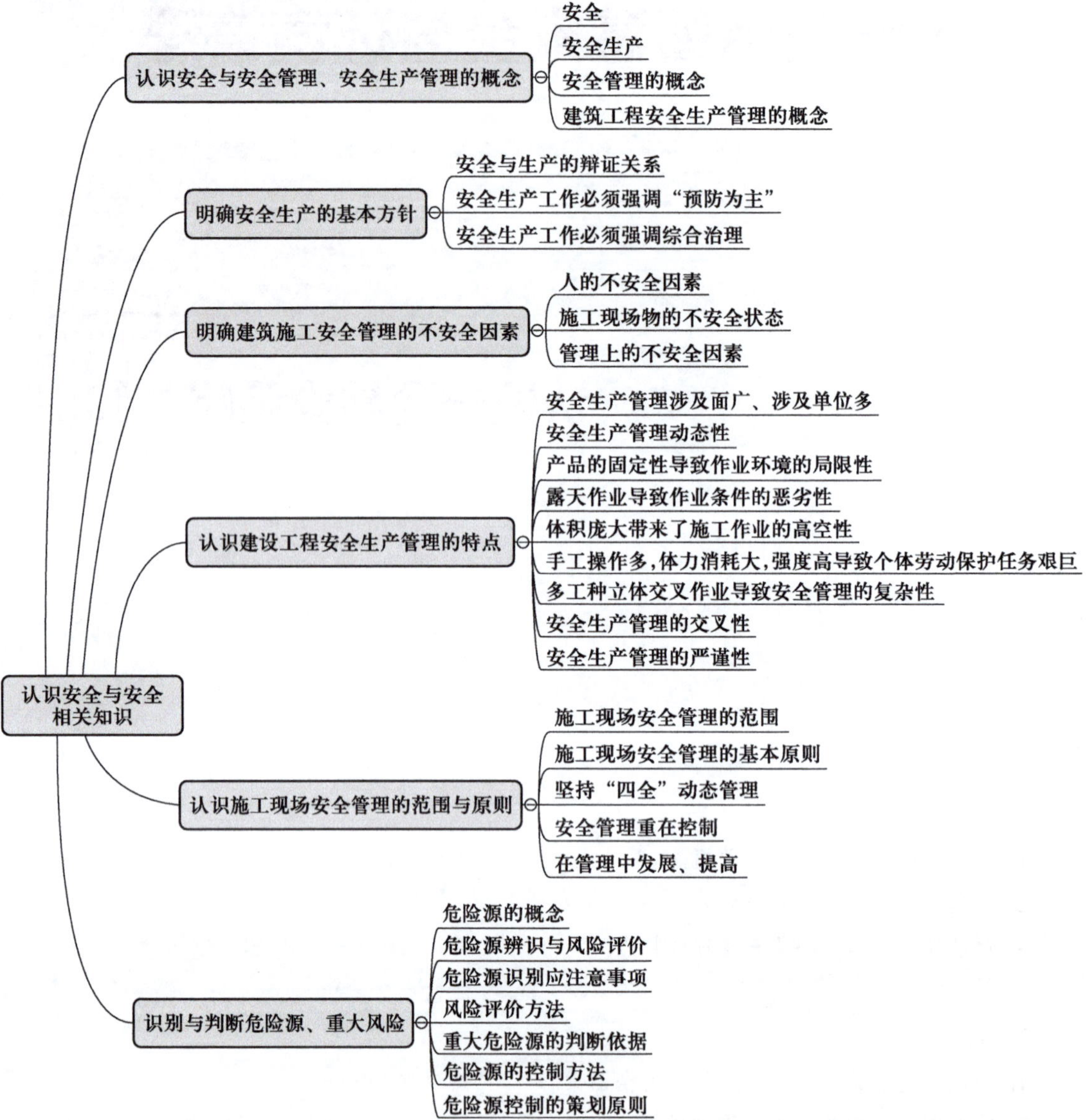
认识安全与安全相关知识
认识安全与安全管理、安全生产管理的概念
安全
安全生产
安全管理的概念
建筑工程安全生产管理的概念
明确安全生产的基本方针
安全与生产的辩证关系
安全生产工作必须强调“预防为主”
安全生产工作必须强调综合治理
明确建筑施工安全管理的不安全因素
人的不安全因素
施工现场物的不安全状态
管理上的不安全因素
认识建设工程安全生产管理的特点
安全生产管理涉及面广、涉及单位多
安全生产管理动态性
产品的固定性导致作业环境的局限性
露天作业导致作业条件的恶劣性
体积庞大带来了施工作业的高空性
手工操作多,体力消耗大,强度高导致个体劳动保护任务艰巨
多工种立体交叉作业导致安全管理的复杂性
安全生产管理的交叉性
安全生产管理的严谨性
认识施工现场安全管理的范围与原则
施工现场安全管理的范围
施工现场安全管理的基本原则
坚持“四全”动态管理
安全管理重在控制
在管理中发展、提高
识别与判断危险源、重大风险
危险源的概念
危险源辨识与风险评价
危险源识别应注意事项
风险评价方法
重大危险源的判断依据
危险源的控制方法
危险源控制的策划原则

任务 7.1.1 认识安全与安全管理、安全生产管理的概念

任务引入

任务 7.1.1、任务 7.1.2

安全生产是施工企业各项工作的前提，“安全第一”不是一句空洞的口号。安全的目标是要通过一系列的管理活动来实现的，作为楚雄职教办公楼项目的安全管理人员，如何理解安全与安全管理的相关概念？

知识准备

（1）安全

安全就是没有危险不出事故，是指人的身体健康不受伤害，财产不受损伤保持完整无损的状态。安全可分为人身安全和财产安全两种情形。

（2）安全生产

狭义的安全生产，是指生产过程处于避免人身伤害、物的损坏及其他不可接受的损害风险（危险）的状态。不可接受的损害风险（危险）通常是指超出了法律、法规和规章的要求；超出了安全生产的方针、目标和企业的其他要求；超出了人们普遍接受的（通常是隐含）要求。

广义的安全生产除直接对生产过程的控制外，还应包括劳动保护和职业卫生健康。

安全是一个相对的概念，没有绝对的安全，任何事物都存在不安全的因素，都具有一定的危险性，当危险降低到人们普遍接受的程度时，就认为是安全的。

（3）安全管理的概念

安全管理是企业管理系统中具有某种特定功能的子系统之一，由企业中有关部门的相应人员组成，主要目的是通过管理的手段，实现控制事故、消除隐患、减少损失的目的，使整个企业达到最佳的安全水平，为劳动者创造一个安全舒适的工作环境。

安全管理的定义：以安全为目的，进行有关决策、计划、组织和控制方面的活动。

控制事故是安全管理工作的核心，控制事故最好的方式是实施事故预防，通过管理和技术手段的结合，消除事故隐患，控制不安全行为，保障劳动者的安全，这也是“预防为主”的本质所在。

根据事故的特性可知，由于受技术水平、经济条件等各方面的限制，有些事故是难以避免的，控制事故的第二个手段是应急措施，即通过抢救、疏散、抑制等手段，在事故发生后控制事故的蔓延，把事故的损失减到最小。

事故总是会带来损失，一个重大事故带来的损失有时是不可估量的，因此在预防和应急措施的基础上，通过购买财产、工伤、责任等保险，以保险补偿的方式，保证企业的经济平衡和在发生事故后恢复生产的基本能力，也是控制事故的手段之一。

安全管理就是利用管理的活动，将事故预防、应急措施与保险补偿三种手段有机地结合在一起，以达到保障安全的目的。

在企业安全管理系统中，专业安全工作者（安全员）起着非常重要的作用。

（4）建筑工程安全生产管理的概念

建筑工程安全生产管理是指为保证建筑生产安全所进行的计划、组织、指挥、协调和控制等一系列管理活动，目的在于保护职工在生产过程中的安全与健康，保证国家和人民的财产不受损失，保证建筑生产任务的顺利完成。

建筑工程安全生产管理包括：建设行政主管部门对于建筑活动过程中安全生产的行业管理；安全生产行政主管部门对建筑活动过程中安全生产的综合性监督管理；从事建筑活动的主体（包括建筑施工企业、建筑勘察单位、设计单位和工程监理单位）为保证建筑生产活动的安全生产所进行的自我管理等。

任务 7.1.2 明确安全生产的基本方针

任务引入

安全生产不仅是企业的自发行为，也是国家依据法律、法规的强制性行为，作为楚雄职教办公楼项目的安全管理人员，如何正确理解安全生产的基本方针，并通过该方针实施安全管理？

知识准备

“安全第一、预防为主、综合治理”是我国安全生产管理的基本方针。

《中华人民共和国建筑法》规定，建筑工程安全生产管理必须坚持安全第一，预防为主的方针。《中华人民共和国安全生产法》（2021 年修订版）在总结我国安全生产管理的经验的基础上，将“安全第一、预防为主、综合治理”规定为我国安全生产的基本方针。

我国安全生产方针经历了一个从“安全生产”到“安全生产、预防为主”再到“安全生产、预防为主、综合治理”的过程，强调在生产中要做好预防工作，尽可能地将事故消灭在萌芽状态。因此，对于我国安全生产方针的含义，应从这一方针的产生和发展去理解，归纳起来主要有以下几个方面内容：

① 安全与生产的辩证关系。在生产建设中，必须用辩证统一的观点处理好安全与生产的关系。这就是说，项目的领导者必须善于安排好安全工作与生产工作。特别是在生产任务繁忙的情况下，安全工作与生产工作发生矛盾时，更要处理好两者之间的关系，不要把安全工作忽略掉。越是生产任务忙，越要重视安全，把安全工作搞好，否则，招致工伤事故，既妨碍生产，又影响企业信誉，这是多年来经生产实践证明了的一条重要经验。

② 安全生产工作必须强调“预防为主”。安全生产工作的预防为主是现代生产发展的

需要。现代科学技术日新月异，往往又是多学科的综合运用，安全问题十分复杂，稍有疏忽就会酿成事故。“预防为主”就是要在事故前做好安全工作，防患于未然。依靠科技进步，加强安全科学管理，搞好科学预测与分析工作；把工伤事故和职业危害消灭在萌芽状态中。“安全第一、预防为主”两者是相辅相成、相互促进的。“预防为主”是实现“安全第一”的基础。要做到“安全第一”，首先要搞好预防措施，预防工作做好了，就可以保证安全生产，实现“安全第一”，否则“安全第一”就是一句空话，这也是实践中证明的一条重要经验。

③ 安全生产工作必须强调综合治理。由于现阶段我国的安全生产工作出现的严峻形势，原因是多方面的，既有安全监管体制和制度方面的原因，也有法律制度不健全的原因，也有科技发展落后的原因，还与整个民族安全文化素质有密切的关系等，所以要搞好安全生产工作就要在完善安全生产管理的体制机制、加强安全生产法制建设、推动安全科学技术创新、弘扬安全文化等方面进行综合治理，才能真正搞好安全生产工作。

任务 7.1.3 明确建筑施工安全管理的不安全因素

任务引入

任务 7.1.3、任务 7.1.4

作为工程的安全管理人员，要对楚雄职教办公楼项目实施安全管理，对生产因素状态的控制，应该当作安全管理的重点。请思考建筑施工安全管理的不安全因素有哪些？

知识准备

（1）人的不安全因素

人的不安全因素是指对安全产生影响的人的因素，也就是说，能够使系统发生故障或发生性能不良问题的人的不安全因素或违背设计及安全要求的错误行为。人的不安全因素可分为个人的不安全因素和人的不安全行为两大类。

① 个人的不安全因素。个人的不安全因素是指人员的心理、生理、能力中所具有不能适应工作、作业岗位要求的影响安全的因素。个人的不安全因素主要包括：

a. 心理上的不安全因素，是指人在心理上具有影响安全的性格、气质和情绪，如急躁、懒散、粗心等。

b. 生理上的不安全因素，包括视觉、听觉等感觉器官，体能、年龄、疾病等不适合工作或作业岗位要求的影响因素。

c. 能力上的不安全因素，包括知识技能、应变能力、资格等不能适应工作和作业岗位要求的影响因素。

② 人的不安全行为。人的不安全行为是指造成事故的人为错误，是人为地使系统发生故障或发生性能不良事件，是违背设计和操作规程的错误行为。

不安全行为在施工现场的类型，按《企业职工伤亡事故分类标准》(CB 6441—86)，可分为13个大类：

a. 操作失误、忽视安全、忽视警告。

b. 造成安全装置失效。

c. 使用不安全设备。

d. 手代替工具操作。

e. 物体存放不当。

f. 冒险进入危险场所。

g. 攀坐不安全位置。

h. 在起吊物下作业、停留。

i. 在机器运转时进行检查、维修、保养等工作。

j. 有分散注意力行为。

k. 没有正确使用个人防护用品、用具。

l. 不安全装束。

m. 对易燃易爆等危险物品处理错误。

不安全行为产生的原因：系统、组织的原因，思想责任心的原因，工作的原因。诸多事故分析表明，绝大多数事故不是因技术解决不了造成的，多是违规、违章所致。由于安全上降低标准、减少投入；安全组织措施不落实、不建立安全生产责任制；缺乏安全技术措施；没有安全教育、安全检查制度；不做安全技术交底、违章指挥、违章作业、违反劳动纪律等人为的原因造成的，所以必须重视和防止产生人的不安全因素。

(2) 施工现场物的不安全状态

物的不安全状态是指能导致事故发生的物质条件，包括机械设备等物质或环境所存在的不安全因素。

① 物的不安全状态的内容。

a. 物（包括机器、设备、工具、物质等）本身存在的缺陷。

b. 防护保险方面的缺陷。

c. 物的放置方法的缺陷。

d. 作业环境场所的缺陷。

e. 外部的和自然界的不安全状态。

f. 作业方法导致的物的不安全状态。

g. 保护器具信号、标志和个体防护用品的缺陷。

② 物的不安全状态的类型。

a. 防护等装置缺乏或有缺陷。

b. 设备、设施、工具、附件有缺陷。

c. 个人防护用品用具缺少或有缺陷。

d. 施工生产场地环境不良。

(3) 管理上的不安全因素

管理上的不安全因素，通常也称为管理上的缺陷，也是事故潜在的不安全因素，作为间接的原因共有以下方面：

① 技术上的缺陷。

② 教育上的缺陷。

③ 生理上的缺陷。

④ 心理上的缺陷。

⑤ 管理工作上的缺陷。

⑥ 教育和社会、历史上的原因造成的缺陷。

任务 7.1.4 认识建设工程安全生产管理的特点

任务引入

作为工程的安全管理人员，要对楚雄职教办公楼项目实施安全管理，如何正确认识建设工程安全生产管理的特点？

知识准备

（1）安全生产管理涉及面广、涉及单位多

建设工程规模大、生产周期长，生产工艺复杂、工序多，在施工过程中流动作业多，高处作业多，作业位置多变及多工种的交叉作业等，遇到不确定因素多，所以安全管理工作涉及范围大，控制面广。建筑施工企业是安全管理的主体，但安全管理不仅是施工单位的责任，材料供应单位、建设单位、勘察设计单位、监理单位以及建设行政主管部门等，这些单位也要为安全管理承担相应的责任与义务。

（2）安全生产管理动态性

① 建设工程项目的单件性及建筑施工的流动性。由于建设工程项目的单件性，使每项工程所处的条件不同，所面临的危险因素和防范措施也会有所改变，员工在转移工地后，熟悉一个新的工作环境需要一定的时间，有些制度和安全技术措施会有所调整，员工同样有个熟悉的过程。

② 工程项目施工的分散性。现场施工是分散于施工现场的各个部位，尽管有各种规章制度和安全技术交底的环节，但是面对具体的生产环境时，仍然需要自己的判断和处理，有经验的人员还必须适应不断变化的情况。

③ 产品多样性，施工工艺多变性。如一栋建筑物从基础、主体至竣工验收，各道施工工序均有其不同的特性，其不安全因素各不相同。同时，随着工程建设进度，施工现场的不安全因素也在随时变化，要求施工单位必须针对工程进度和施工现场实际情况不断及时地采取安全技术措施和安全管理措施。

（3）产品的固定性导致作业环境的局限性

建筑产品坐落在一个固定的位置上，导致必须在有限的场地和空间上集中大量的人力、物资、机具来进行交叉作业，使作业环境产生较大的局限性，因而容易产生物体打击等伤亡事故。

（4）露天作业导致作业条件的恶劣性

建设工程施工大多是在露天空旷的场地上完成的，工作环境相当艰苦，容易发生伤亡事故，导致作业条件具有恶劣性。

（5）体积庞大带来了施工作业的高空性

建设产品的体积十分庞大，操作工人大多在十几米，甚至几百米的高空进行作业，因而容易产生高空坠落的伤亡事故。

（6）手工操作多，体力消耗大，强度高导致个体劳动保护任务艰巨

在恶劣的作业环境下，施工工人的手工操作多，体能耗费大，劳动时间和劳动强度都比其他行业要大，其职业危害严重，带来了个人劳动保护的艰巨性。

（7）多工种立体交叉作业导致安全管理的复杂性

近年来，建筑由低向高发展，劳动密集型的施工作业只能在极其有限的空间展开，致使施工作业的空间要求与施工条件的供给矛盾日益突出，这种多工种的立体交叉作业，将导致机械伤害、物体打击等事故增多。

（8）安全生产管理的交叉性

建设工程项目是开放系统，受自然环境和社会环境影响很大，安全生产管理需要把工程系统、环境系统及社会系统相结合。

（9）安全生产管理的严谨性

安全状态具有触发性，安全管理措施必须严谨，一旦失控，就会造成损失和伤害。

任务 7.1.5 认识施工现场安全管理的范围与原则

任务 7.1.5

任务引入

作为工程的安全管理人员，要对楚雄职教办公楼项目实施安全管理，如何正确认识施工现场安全管理的范围与原则？

知识准备

（1）施工现场安全管理的范围

安全管理的中心问题是保护生产活动中人的健康、安全以及财产不受损伤，保证生产顺利进行。

宏观的安全管理概括地讲包括劳动保护、施工安全技术和职业健康安全，是既相互联

系又相互独立的三个方面。

① 劳动保护偏重于以法律、法规、规程、条例、制度等形式规范管理或操作行为，从而使劳动者的劳动安全与身体健康，得到应有的法律保障。

② 施工安全技术侧重于对“劳动手段与劳动对象”的管理，包括预防伤亡事故的工程技术和安全技术规范、规程、技术规定、标准条例等，以规范物的状态，减轻对人或物的威胁。

③ 职业健康安全着重于施工生产中粉尘、振动、噪声、毒物的管理。通过防护、医疗、保健等措施，防止劳动者的安全与健康，受到有害因素的危害。

（2）施工现场安全管理的基本原则

① 管生产的同时管安全。安全寓于生产之中，并对生产发挥促进与保证作用，安全管理是生产管理的重要组成部分，安全与生产在实施过程中，两者存在着密切联系，没有安全就绝不会有高效益的生产。无数事实证明，只抓生产忽视安全管理的观念和做法是极其危险和有害的。因此，各级管理人员必须负责管理安全工作，在管生产的同时管安全。

② 明确安全生产管理的目标。安全管理的内容是对生产中人、物、环境因素状态的管理，有效地控制人的不安全行为和物的不安全状态，消除或避免事故，达到保护劳动者安全与健康和财物不受损的目标。

有了明确的安全生产目标，安全管理就有了清晰的方向。安全管理的一系列工作才可能朝着这一目标有序展开。没有明确的安全生产目标，安全管理就成了一种盲目的行为。盲目的安全管理，人的不安全行为和物的不安全状态就不会得到有效的控制，危险因素就会依然存在，事故最终就不可避免。

③ 必须贯彻预防为主的方针。安全生产的方针是“安全第一，预防为主”。安全第一是把人身和财产安全放在首位，安全为了生产，生产必须保证人身和财产安全，充分体现“以人为本”的理念。

“预防为主”是实现安全第一的重要手段，采取正确的措施和方法进行安全控制，使安全生产形势向安全生产目标的方向发展。进行安全管理不是处理事故，而是在生产活动中，针对生产的特点，对各生产因素进行管理，有效地控制不安全因素的发生、发展与扩大，把事故隐患消灭在萌芽状态。

（3）坚持“四全”动态管理

安全管理涉及生产活动中的方方面面，涉及参与安全生产活动的各个部门和任何一个人，涉及从开工到竣工交付的全部生产过程，涉及全部的生产时间，涉及一切变化着的生产因素。因此，生产活动中必须坚持全员、全过程、全方位、全天候的动态安全管理。

（4）安全管理重在控制

进行安全管理的目的是预防、消灭事故，防止或消除事故伤害，保护劳动者的安全健康与财产安全。在安全管理的前四项内容中，虽然都是为了达到安全管理的目标，但是对安全生产因素状态的控制与安全管理的关系更直接，显得更为突出，因此对生产中的人的不安全行为和物的不安全状态的控制，必须看作是动态的安全管理的重点。事故的发生，是由于人的不安全行为运动轨迹与物的不安全状态运动轨迹的交叉。事故发生的原理，也说明了对生产因素状态的控制，应该当作安全管理的重点。把约束当作安全管理的重点是不正确的，是因为约束缺乏带有强制性的手段。

（5）在管理中发展、提高

安全管理是在变化着的生产活动中的管理，是一种动态的过程，其管理就意味着是不断发展的、不断变化的，以适应变化的生产活动。然而，更为重要的是要不间断地摸索新的规律，总结管理、控制的办法与经验，掌握新的变化后的管理方法，从而使安全管理不断地上升到新的高度。

任务 7.1.6 识别与判断危险源、重大风险

任务 7.1.6

任务引入

作为楚雄职教办公楼项目的安全管理人员，要对项目实施安全管理，就需要识别和判断项目在施工过程中存在哪些潜在的危险和风险，只有能够识别和判断出存在的危险源，才能够有针对性地制订相关措施。那么，楚雄职教办公楼项目如何识别与判断危险源和重大风险呢？

知识准备

（1）危险源的概念

① 危险源的定义。危险源是可能导致人身伤害或疾病、财产损失、工作环境破坏或这些情况组合的危险因素和有害因素。

危险因素强调突发性和瞬间作用的因素，有害因素强调在一定时期内的慢性损害和累积作用。

危险源是安全控制的主要对象，所以，有人把安全控制也称为危险控制或安全风险控制。

② 两类危险源。在实际生活和生产过程中的危险源是以多种多样的形式存在的，危险源导致的事故可归结为能量的意外释放或有害物质的泄漏。根据危险源在事故发生发展中的作用把危险源分为两大类，即第一类危险源和第二类危险源。

a. 第一类危险源。可能发生意外释放的能量的载体或危险物质称作第一类危险源（如炸药是能够产生能量的物质；压力容器是拥有能量的载体）。能量或危险物质的意外释放是事故发生的物理本质。通常把产生能量的能量源或拥有能量的能量载体作为第一类危险源来处理。

b. 第二类危险源。造成约束、限制能量措施失效或破坏的各种不安全因素称作第二类危险源（如电缆绝缘层、脚手架、起重机钢绳等）。

在生产、生活中，为了利用能源，人们制造了各种机器设备，让能量按照人们的

意图在系统中流动、转换和做功，为人类服务，而这些设备设施又可看成是限制约束能量的工具。正常情况下，生产过程的能量或危险物质受到约束或限制，不会发生意外释放，即不会发生事故。但是，一旦这些约束或限制能量或危险物质的措施受到破坏或失效（故障），则将发生事故。第二类危险源包括人的不安全行为、物的不安全状态和不良环境条件三个方面。

③ 危险源与事故。事故的发生是两类危险源共同作用的结果，第一类危险源是事故发生的前提，第二类危险源的出现是第一类危险源导致事故的必要条件。在事故的发生和发展过程中，两类危险源相互依存、相辅相成。第一类危险源是事故的主体，决定事故的严重程度；第二类危险源出现的难易，决定事故发生的可能性大小。

（2）危险源辨识与风险评价

危险源辨识是识别危险源的存在并确定其特性的过程。施工现场危险源识别方法有专家调查法、安全检查表法、现场调查法、工作任务分析法、危险与可操作性研究、事件树分析、故障树分析等，其中现场调查法是主要采用的方法。

危险源辨识的方法包括以下几种：

① 专家调查法，是通过向有经验的专家咨询、调查，辨识、分析和评价危险源的一类方法，其优点是简便、易行，其缺点是受专家的知识、经验和占有资料的限制，可能出现遗漏。常用的有头脑风暴法（Brainstorming）和德尔菲（Delphi）法。

a. 头脑风暴法是通过专家创造性的思考，从而产生大量的观点、问题和议题的方法。其特点是多人讨论，集思广益，可以弥补个人判断的不足，常采取专家会议的方式来相互启发、交换意见，使危险、危害因素的辨识更加细致和具体。常用于目标比较单纯的议题，如果涉及面较广，包含因素多，可以分解目标，再对单一目标或简单目标使用本方法。

b. 德尔菲法是采用背对背的方式对专家进行调查，其特点是避免了集体讨论中的从众性倾向，更代表专家的真实意见。要求对调查的各种意见进行汇总统计处理，再反馈给专家反复征求意见。

② 安全检查表（Safety Check List）实际上就是实施安全检查和诊断项目的明细表。运用已编制好的安全检查表，进行系统的安全检查，辨识工程项目存在的危险源。检查表的内容一般包括分类项目、检查内容及要求、检查以后处理意见等。可以用“是”“否”作回答或“√”“×”符号作标记，同时注明检查日期，并由检查人员和被检单位同时签字。

安全检查表法的优点是简单易懂、容易掌握，可以事先组织专家编制检查项目，使安全检查做到系统化、完整化。缺点是一般只能做出定性评价。

③ 现场调查法，通过询问交谈、现场观察、查阅有关记录，获取外部信息，加以分析研究，可识别有关的危险源。

a. 询问交谈。对于施工现场的某项作业技术活动，有经验的人往往能指出其作业技术活动中的危险源，从中可初步分析出该项作业技术活动中存在的各类危险源。

b. 现场观察。通过对施工现场作业环境的现场观察，可发现存在的危险源，但要求从事现场观察的人员具有安全生产、劳动保护、环境保护、消防安全等法律法规知识，掌握建设工程安全生产、职业健康安全等法律法规和标准规范知识。

c. 查阅有关记录。查阅企业的事故、职业病记录，可从中发现存在的危险源。

d. 获取外部信息。从有关类似企业、类似项目、文献资料、专家咨询等方面获取有关危险源信息，加以分析研究，有助于识别本工程项目施工现场有关的危险源。

e. 检查表。运用已编制好的检查表，对施工现场进行系统的安全检查，可以识别出存在的危险源。

（3）危险源识别应注意事项

① 充分了解危险源的分布，从范围上讲，应包括施工现场内受到影响的全部人员、活动与场所，以及受到影响的毗邻社区等，也包括相关方（分包单位、供应单位、建设单位、工程监理单位等）的人员、活动与场所可能施加的影响。从内容上，应涉及所有可能的伤害与影响，包括人为失误，物料与设备过期、老化、性能下降造成的问题。从状态上讲，应考虑三种状态：正常状态、异常状态、紧急状态。从时态上讲，应考虑三种时态：过去、现在、将来。

② 弄清危险源伤害的方式或途径。

③ 确认危险源伤害的范围。

④ 要特别关注重大危险源，防止遗漏。

⑤ 对危险源保持高度警觉，持续进行动态识别。

⑥ 充分发挥全体员工对危险源识别的作用，广泛听取每一个员工（包括供应商、分包商的员工）的意见和建议，必要时还可征求设计单位、工程监理单位、专家和政府主管部门等的意见。

（4）风险评价方法

风险是某一特定危险情况发生的可能性和后果的结合。风险评价是评估危险源所带来的风险大小及确定风险是否可容许的全过程。根据评价结果对风险进行分级，弄清楚哪些是高度风险，哪些是一般风险，哪些可忽略，按不同级别有针对性地进行风险控制。

评价应围绕可能性和后果两个方面综合进行，评价方法很多，一般通过定量和定性相结合的方法进行危险源的评价，主要采用专家评估法直接判断，必要时可采用定量风险评价法、作业条件危险性评价法、安全检查表法判断。

① 专家评估法。组织有丰富知识，特别是有系统安全工程知识的专家、熟悉本工程项目施工生产工艺的技术和管理人员组成评价组，通过专家的经验和判断能力，对管理、人员、工艺、设备、设施、环境等方面已识别的危险源，评价出本工程施工安全有重大影响的重大危险源。

② 定量风险评价法。将安全风险的大小用事故发生的可能性（P）与发生事故后果的严重程度（f）的乘积来衡量。即：

$$R=Pf \tag{7-1}$$

式中 R——风险大小；

P——事故发生的概率（频率）；

f——事故后果的严重程度。

根据上述的估算结果，可按表 7–1 对风险的大小进行分级。

表 7–1　风险分级表

后果（f） 风险级别（大小） 可能性（P）	轻度损失 （轻微伤害）	中度损失 （伤害）	重大损失 （严重损害）
很大	Ⅲ	Ⅳ	Ⅴ
中等	Ⅱ	Ⅲ	Ⅳ
极小	Ⅰ	Ⅱ	Ⅲ

注：Ⅰ—可忽略风险；Ⅱ—可容许风险；Ⅲ—中度风险；Ⅴ—重大风险；Ⅴ—不容许风险。

③ 作业条件危险性评价法。将可能造成安全风险的大小用事故发生的可能性（L）、人员暴露于危险环境中的频繁程度（E）和事故后果的严重程度（C）三个自变量的乘积衡量，即：

$$S=LEC \tag{7–2}$$

式中　S——风险大小；

L——事故发生的可能性，按表 7–2 所给的定义取值；

E——人员暴露于危险环境中的频繁程度，按表 7–3 所给的定义取值；

C——事故后果的严重程度，按表 7–4 所给的定义取值。

此方法因为引用了 L、E、C 三个自变量，故也称为 LEC 方法。

表 7–2　事故发生的可能性（L）

分数值	事故发生的可能性	分数值	事故发生的可能性
10	必然发生的	0.5	很不可能，可以设想
6	相当可能	0.2	极不可能
3	可能，但不经常	0.1	实际不可能
1	可能性极小，完全意外		

表 7–3　人员暴露于危险环境中的频繁程度（E）

分数值	人员暴露于危险环境中的频繁程度	分数值	人员暴露于危险环境中的频繁程度
10	连续暴露	2	每月一次暴露
6	每天工作时间暴露	1	每年几次暴露
3	每周一次暴露	0.5	非常罕见的暴露

表 7-4　发生事故产生的后果严重程度（C）

分数值	事故发生造成的后果严重程度	分数值	事故发生造成的后果严重程度
100	大灾难，许多人死亡	7	严重，重伤
40	灾难，多人死亡	3	较严重，受伤较重
15	非常严重，一人死亡	1	引人关注，轻伤

根据经验，危险性量值在 20 分以下为可忽略风险；危险性量值在 20~70 之间为可容许风险；危险性量值在 70~160 之间为中度风险；危险性量值在 160~320 之间为重大风险；当危险性量值大于 320 为不容许风险，见表 7–5。

表 7–5　危险性等级划分

危险性量值（S）	危险程度	危险性量值（S）	危险程度
≥ 320	不容许风险，不能继续作业	20~70	可容许风险，需要注意
160~320	重大风险，需要立即整改	≤ 20	可忽略风险，可以接受
70~160	中度风险，需要整改		

④ 安全检查表法。把过程加以展开，列出各层次的不安全因素，然后确定检查项目，以提问的方式把检查项目按过程的组成顺序编制成表，按检查项目进行检查或评审。

（5）重大危险源的判断依据

凡符合以下条件之一的危险源，均可判定为重大危险源：

① 严重不符合法律法规、标准规范和其他要求。

② 相关方有合理抱怨和要求。

③ 曾经发生过事故，且未采取有效防范控制措施。

④ 直接观察到可能导致危险且无适当控制措施。

⑤ 通过作业条件危险性评价方法，总分 >160 分是高度危险的。

重大危险源具体评价时，应结合工程和服务的主要内容进行，并考虑日常工作中的重点。安全风险评价的结果应形成记录，一般可与危险源识别结果合并记录，通常列表记录，对确定的重大危险源还应另列清单，并按优先考虑的顺序排列。

（6）危险源的控制方法

① 第一类危险源的控制方法。

a. 防止事故发生的方法：消除危险源、限制能量或危险物质、隔离。

b. 避免或减少事故损失的方法：隔离、个体防护、设置薄弱环节、使能量或危险物质按人们的意图释放、避难与援救措施。

② 第二类危险源的控制方法。

a. 减少故障：增加安全系数、提高可靠性、设置安全监控系统。

b. 故障－安全设计：故障－消极方案（即故障发生后，设备、系统处于最低能量状态，直到采取校正措施之前不能运转）；故障－积极方案（即故障发生后，在没有采取校正措施之前使系统、设备处于安全的能量状态之下）；故障－正常方案（即保证在采取校正行动之前，设备、系统正常发挥功能）。

（7）危险源控制的策划原则

① 尽可能完全消除有不可接受风险的危险源，如用安全品取代危险品。

② 如果是不可能消除有重大风险的危险源，应努力采取降低风险的措施，如使用低压电器等。

③ 在条件允许时，应使工作适合于人，如考虑降低人的精神压力和体能消耗。

④ 应尽可能利用技术进步来改善安全控制措施。

⑤ 应考虑保护每个工作人员的措施。

⑥ 将技术管理与程序控制结合起来。

⑦ 应考虑引入诸如机械安全防护装置的维护计划的要求。

⑧ 在各种措施还不能绝对保证安全的情况下，作为最终手段，还应考虑使用个人防护用品。

⑨ 应有可行、有效的应急方案。

⑩ 预防性测定指标是否符合监视控制措施计划的要求。不同的组织可根据不同的风险量选择适合的控制策略。表 7–6 所示为简单的风险控制策划表。

表 7–6　风险控制策划表

序号	风险	措　　施
1	可忽略的	不采取措施且不必保留文件记录
2	可容许的	不需要另外的控制措施，应考虑投资效果更佳的解决方案或不增加额外成本的改进措施，需要监视来确保控制措施得以维持
3	中度的	应努力降低风险，但应仔细测定并限定预防成本，并在规定的时间期限内实现降低风险的措施。在中度风险与严重伤害后果相关的场合，必须进一步评价，以更准确地确定伤害的可能性和是否需要改进控制措施
4	重大的	直至风险降低后，才能开始工作。为降低风险，有时必须配给大量的资源。当风险涉及正在进行的工作时，就应采取应急措施
5	不容许的	只有当风险已经降低时，才能开始或继续工作。如果无限的资源投入也不能降低风险，就必须禁止工作

项目 7.2
建立健全安全生产管理制度

[学习目标]

知识目标

1. 理解各项安全生产管理制度的内容。
2. 掌握各项安全生产管理制度的具体要求。

能力目标

1. 能依据法律、规范的要求建立各项安全生产管理制度。
2. 能依据各项安全生产管理制度履行安全管理职责。

素养目标

1. 提升建设工程安全生产的检查、预控能力。
2. 提升安全事故应急处理能力。

[思维导图]

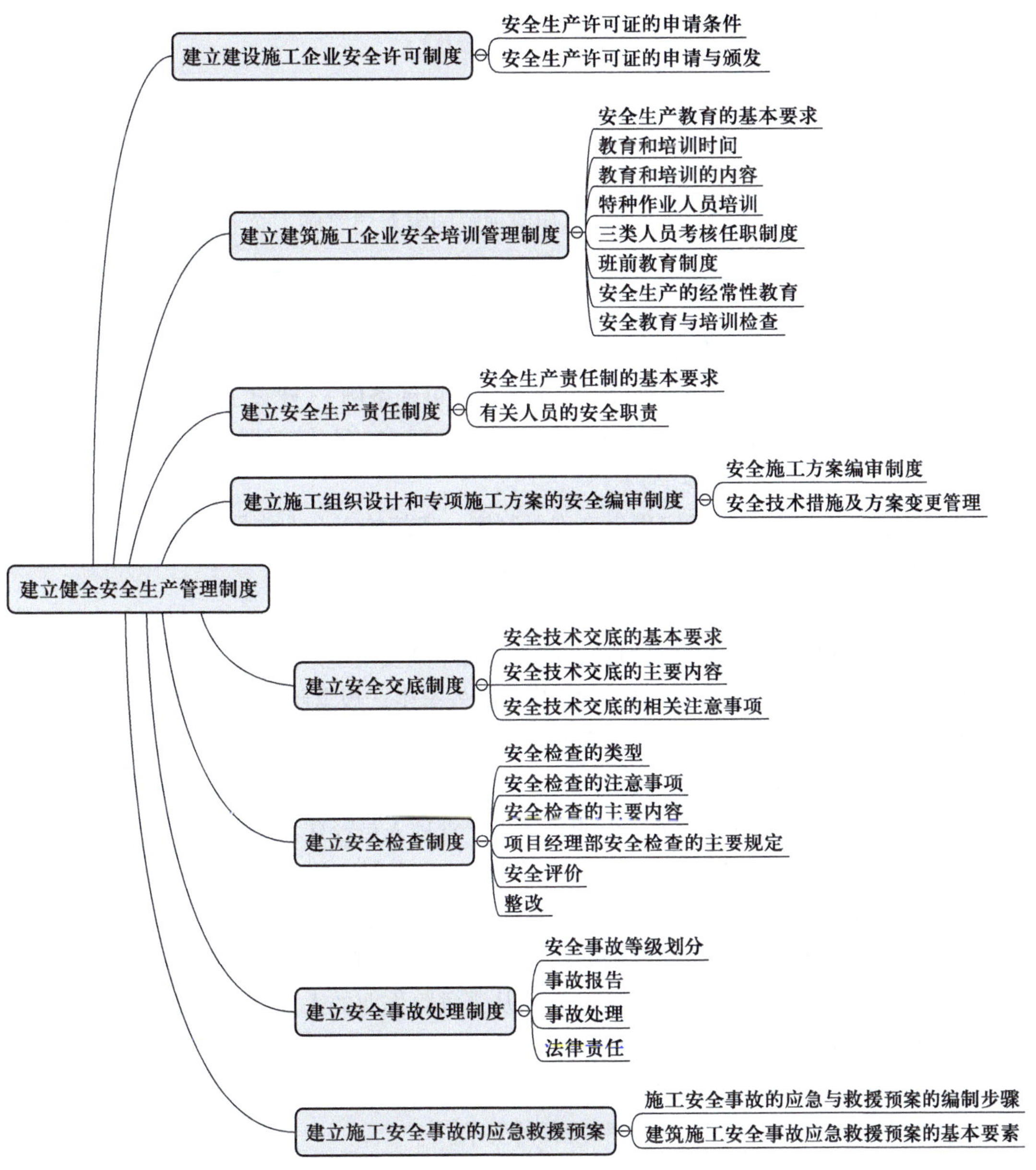

建立健全安全生产管理制度
建立建设施工企业安全许可制度
安全生产许可证的申请条件
安全生产许可证的申请与颁发
建立建筑施工企业安全培训管理制度
安全生产教育的基本要求
教育和培训时间
教育和培训的内容
特种作业人员培训
三类人员考核任职制度
班前教育制度
安全生产的经常性教育
安全教育与培训检查
建立安全生产责任制度
安全生产责任制的基本要求
有关人员的安全职责
建立施工组织设计和专项施工方案的安全编审制度
安全施工方案编审制度
安全技术措施及方案变更管理
建立安全交底制度
安全技术交底的基本要求
安全技术交底的主要内容
安全技术交底的相关注意事项
建立安全检查制度
安全检查的类型
安全检查的注意事项
安全检查的主要内容
项目经理部安全检查的主要规定
安全评价
整改
建立安全事故处理制度
安全事故等级划分
事故报告
事故处理
法律责任
建立施工安全事故的应急救援预案
施工安全事故的应急与救援预案的编制步骤
建筑施工安全事故应急救援预案的基本要素

任务 7.2.1 建立建设施工企业安全许可制度

任务 7.2.1

任务引入

作为楚雄职教办公楼项目的一员，你如何理解国家对建筑施工企业安全许可的规定？

知识准备

为了严格规范建筑施工企业安全生产条件，进一步加强安全生产监督管理，防止和减少生产安全事故的发生，建设部根据《安全生产许可证条例》《建设工程安全生产管理条例》等有关行政法规，于 2004 年 7 月发布建设部令第 128 号《建筑施工企业安全生产许可证管理规定》（以下简称《规定》）。

国家对建筑施工企业实行安生生产许可制度。建筑施工企业未取得安全生产许可证的，不得从事建筑施工活动。《规定》主要内容如下：

（1）安全生产许可证的申请条件

建筑施工企业取得安全生产许可证，应当具备下列安全生产条件：

① 建立、健全安全生产责任制，制定完备的安全生产规章制度和操作规程。

② 保证本单位安全生产条件所需资金的投入。

③ 设置安全生产管理机构，按照国家有关规定配备专职安全生产管理人员。

④ 主要负责人、项目负责人、专职安全生产管理人员经建设主管部门或者其他有关部门考核合格（统称为“安全生产管理三类人员”，证书封皮颜色分为红、绿、蓝三种）。

⑤ 特种作业人员经有关业务主管部门考核合格，取得特种操作资格证书。

⑥ 管理人员和作业人员每年至少进行一次安全生产教育培训并考核合格。

⑦ 依法参加工伤保险，依法为施工现场从事危险作业的人员办理意外伤害保险，为从业人员缴纳保险费。

⑧ 施工现场的办公、生活区作业场所和安全防护用具、机械设备、施工机具及配件符合有关安全生产法律、法规、标准和规程的要求。

⑨ 有职业危害防止措施，并为作业人员配备符合国家标准或行业标准的安全防护用具和安全防护服装。

⑩ 依法进行安全评价。

⑪ 有对危险性较大的分部分项工程及施工现场易发生重大事故的部位、环节的预防、监控措施和应急预案。

⑫ 有安全事故应急救援预案、应急救援组织或应急救援人员，配备必要的应急救援器材、设备。

⑬ 法律、法规规定的其他条件。

（2）安全生产许可证的申请与颁发

建筑施工企业从事建筑施工活动前，应当依照《规定》向省级以上建设行政主管部门申请领取安全生产许可证。中央管理的建筑施工企业（集团公司、总公司）应当向国务院建设行政主管部门申请领取安全生产许可证，其他的建筑施工企业，包括中央管理的建筑施工企业（集团公司、总公司）下属的建筑施工企业，应当向企业注册所在地省、自治区、直辖市人民政府建设行政主管部门申请领取安全生产许可证。

任务 7.2.2 建立建筑施工企业安全培训管理制度

任务引入

任务 7.2.2

作为楚雄职教办公楼项目的安全管理人员，你认为对新进场的工人或新转换工种的工人应该如何进行安全培训与教育，如何进行安全培训检查？假设你作为一名项目负责人或专职安全生产管理人员，你要如何取得相关资格并参加考核？

知识准备

（1）安全生产教育的基本要求

安全教育和培训要体现全面、全员、全过程。施工现场所有人员均应接受过安全培训与教育，确保他们先接受安全教育，懂得相应的安全知识后才能上岗。建设部印发的《建筑施工企业主要责任人、项目负责人和专职安全生产管理人员安全生产考核管理暂行规定》（建质〔2004〕59 号）规定，企业主要责任人、项目负责人和专职安全生产管理人员必须经建设行政主管部门或其他有关部门安全生产考核，考核合格取得安全生产合格证书后方可担任相应职务；安全教育要做到经常性。根据工程项目的不同、工程进展和环境的不同，对所有人员，尤其是施工现场的一线管理人员和工人实行动态的教育，做到经常化和制度化。为达到经常性安全教育的目的，教育可采用出板报、上安全课、观看安全教育影视资料片等形式，但更重要的是必须认真落实班前安全教育活动和安全技术交底制度，通过日常的班前教育活动和安全技术交底，告知工人在施工中应注意的问题和措施，可以让工人了解和掌握相关的安全知识，起到反复性和经常性的教育和学习的作用。《建筑施工安全检查标准》（JGJ 59—2011）对安全教育提出如下要求：

① 企业和项目部必须建立安全教育制度。

② 新工人应进行三级安全教育，凡公司招收的新工人，及分配来的实习和代培人员，分别由公司进行一级安全教育，项目经理部进行二级安全教育，现场施工员及班组长进行三级安全教育，并要有安全教育的内容、时间及考核结果记录。

③ 安全教育要有具体的安全教育内容。

④ 工人变换工种时，要进行安全教育。

⑤ 工人应掌握和了解本专业的安全规程和技能。

⑥ 施工管理人员应按规定进行年度培训。

⑦ 专职安全管理人员应按规定参加年度考核培训，年度考核培训合格才能上岗。

（2）教育和培训时间

建设部印发的《建筑业企业职工安全培训教育暂行规定》（建教〔1997〕83 号）文件的要求如下：

① 企业法人代表、项目经理每年不少于 30 学时。

② 专职管理和技术人员每年不少于 40 学时。

③ 其他管理和技术人员每年不少于 20 学时。

④ 特殊工种每年不少于 20 学时。

⑤ 其他职工每年不少于 15 学时。

⑥ 待、转、换岗位重新上岗前，接受一次不少于 20 学时的培训。

⑦ 新工人的公司、项目、班组三级培训教育时间分别不少于 15 学时、15 学时、20 学时。

（3）教育和培训的内容

教育和培训按等级、层次和工作性质分别进行，三级安全教育是每个刚进企业的新工人必须接受的首次安全生产方面的基本教育，三级安全教育是指公司（即企业）、项目（或工程处、施工处、工区）、班组这三级。对新工人或调换工种的工人，必须按规定进行安全教育和技术培训，经考核合格，方准上岗。各级安全培训教育的主要内容如下：

① 公司教育。公司教育的主要内容如下：

a. 国家和地方有关安全生产、劳动保护的方针、政策、法律、法规、规范、标准及规章。

b. 企业及其上级部门（主管局、集团、总公司、办事处等）印发的安全管理规章制度。

c. 安全生产与劳动保护工作的目的、意义等。

② 项目（或工程处、施工处、工区）级教育。项目级教育是新工人被分配到项目以后进行的安全教育。项目教育的主要内容如下：

a. 建设工程施工生产的特点，施工现场的一般安全管理规定、要求。

b. 施工现场的主要事故类别，常见多发性事故的特点、规律及预防措施、事故教训等。

c. 本工程项目施工的基本情况（工程类型、施工阶段、作业特点等），施工中应当注意的安全事项。

③ 班组教育（又称岗位教育）。班组教育的主要内容如下：

a. 本工种作业的安全技术操作要求。

b. 本班组施工生产概况，包括工作性质、职责、范围等。

c. 本人及本班组在施工过程中所使用、所遇到的各种生产设备、设施、电气设备、机械、工具的性能、作用、操作要求、安全防护要求。

d. 个人使用和保管的各类劳动防护用品的基本原理、主要功能和穿戴、使用方法。

e. 发生伤亡事故或其他事故。如火灾、爆炸、设备及管理事故等，应采取的措施（救助抢险、保护现场、报告事故等）要求。

④ 三级教育的要求如下：

a. 三级教育一般由企业的安全、教育、劳动、技术等部门配合进行。

b. 受教育者必须经过考试合格后才准予进入生产岗位。

c. 给每一名职工建立职工劳动保护教育卡，记录三级教育、变换工种教育等教育考核情况，并由教育者与受教育者双方签字后入册。

（4）特种作业人员培训

① 建筑企业特种作业人员一般包括建筑电工、焊工、建筑架子工、司炉工、爆破工、机械操作工、起重工、塔吊司机及指挥人员、人货两用电梯司机等。

② 建筑企业特种作业人员除进行一般安全教育外，还要执行《特种作业人员安全技术培训考核管理规定》（安全监管总局令第30号）及《建筑施工安全检查标准》（JGJ 59—2011）的有关规定，按国家、行业、地方和企业规定进行本工种专业培训、资格考核，取得特种作业人员操作证后上岗。

③ 特种作业人员取得岗位操作证后，每年仍应接受有针对性的安全培训。

（5）三类人员考核任职制度

依据住房和城乡建设部《关于印发〈建筑施工企业主要负责人、项目负责人和专职安全生产管理人员安全生产管理规定实施意见〉的通知》（建质〔2015〕206号）的规定，为贯彻落实《中华人民共和国安全生产法》《建设工程安全生产管理条例》和《安全生产许可证条例》，提高建筑施工企业主要负责人、项目负责人和专职安全生产管理人员的安全生产知识水平和管理能力，保证建筑施工安全生产，对建筑施工企业三类人员进行考核认定，三类人员应当经建设行政主管部门或其他有关部门考核合格后方可任职。

（6）班前教育制度

《建筑施工安全检查标准》（JGJ 59—2011）对班前活动提出如下的要求：

① 建立班前活动制度，班前活动是安全管理的一个重要环节，是提高工人的安全素质，落实安全技术措施，减少事故发生的有效途径。班前安全活动是班组长或管理人员，在每天上班前，检查了解班组的施工环境、设备和工人的防护用品的佩戴情况，总结前一天的施工情况，根据当天施工任务特点和分工情况，讲解有关的安全技术措施，同时预知操作中可能出现的不安全因素，提醒大家注意和采取相应的防范措施。

② 班前安全活动要有记录，每次班前活动均应简单记录重点活动内容，活动记录应收录为安全管理档案资料。

（7）安全生产的经常性教育

企业在做好新工人入场教育、特种作业人员安全生产教育和各级领导干部、安全管理干部的安全生产培训的同时，还必须把经常性的安全教育贯穿于管理工作的过程，并根据接受教育对象的不同特点，采用多层次、多渠道和各种方法进行。安全生产教育多种多样，应贯彻及时性、严肃性、真实性，做到简明、醒目，具体形式如下：

① 施工现场（车间）入口处的安全纪律牌。

② 举办安全生产训练班、讲座、报告会、事故分析会。

③ 建立安全保护教育室，举办安全保护展览。

④ 举办安全保护广播，印发安全保护简报、通报等，办安全保护黑板报、宣传栏。

⑤ 张挂安全保护标志和标语口号。

⑥ 举办安全保护文艺演出、放映安全保护音像制品。

⑦ 组织家属做好职工的安全生产思想工作。

（8）安全教育与培训检查

《建筑施工安全检查标准》（JGJ 59—2011）对安全教育与培训的监督检查主要有以下几个方面：

① 检查施工单位的安全教育制度。建筑施工企业要广泛开展安全生产宣传教育，使各级领导和广大职工真正认识到安全生产的重要性、必要性，懂得安全生产、文明施工的科学知识，牢固树立安全第一的思想，自觉地遵守各项安全生产法令和规章制度。因此，企业要建立健全安全教育和培训考核制度。

② 检查新入场工人三级安全教育情况。现在临时劳务工多，伤亡事故多发生在临时劳务工之中，因此在三级安全教育上，应把临时劳务工作为新入场工人对待。新工人（包括合同工、临时工、学徒工、实习和代培人员）都必须进行三级安全教育，主要检查施工单位、工区、班组对新入场工人的三级安全教育考核记录。

③ 检查安全教育内容。安全教育要有具体内容，要把《建筑工人安全技术操作规程》作为安全教育的重要内容，做到人手一册。除此以外，企业、工程处、项目经理部、班组都要有具体的安全教育内容。电工、焊工、架子工、司炉工、爆破工、机械工及起重工、打桩机和各种机动车辆司机等特殊工种要有相应的安全教育内容。经教育合格后，方准独立操作，每年还要复审。对从事有尘毒危害作业的工人，要进行尘毒危害和防治知识教育，也应有安全教育内容。

主要检查每个工人包括特殊工种工人是否人手一册《建筑工人安全技术操作规程》，检查企业、工程处、项目经理部、班组的安全教育资料。

④ 检查交换工种时是否进行安全教育。各工种工人及特殊工种工人除懂得一般安全生产知识外，还要懂各自的安全技术操作规程，当采用新技术、新工艺、新设备施工和调换工作岗位时，要对操作人员进行新技术操作和新岗位的安全教育，未经教育不得上岗操作。主要检查变换工种的工人在调换工种时重新进行安全教育的记录；检查采用新技术、新工艺、新设备施工时，应进行新技术操作安全教育的记录。

⑤ 检查工人对本工种安全操作规程的熟悉程度。该条是考核各工种工人掌握《建筑工人安全技术操作规程》的熟悉程度，也是施工单位对各工种工人安全教育效果的检查。按《建筑工人安全技术操作规程》的内容，到施工现场（车间）随机抽查各工种工人对本工种安全技术操作规程的问答，各工种工人宜抽 2 人以上进行问答。

⑥ 检查施工管理人员的年度培训。若各级建设行政主管部门行文规定施工单位的施工管理人员进行年度有关安全生产方面的培训，施工单位应按各级建设行政主管部门文件

规定，安排施工管理人员去培训。施工单位内部也要规定施工管理人员每年进行一次有关安全生产工作的培训学习。主要检查施工管理人员是否有进行年度培训的记录。

⑦ 检查专职安全员的年度培训考核情况。住房和城乡建设部及各省、自治区、直辖市建设行政主管部门规定专职安全员要进行年度培训考核，具体由县级、地区（市）级建设行政主管部门经办。建筑企业应根据上级建设行政主管部门的规定，对本企业的专职安全员进行年度培训考核，提高专职安全员的专业技术水平和安全生产工作的管理水平。按上级建设行政管理部门和本企业有关安全生产管理文件，考核专职安全员是否进行年度培训考核及考核是否合格，未进行安全培训或考核不合格的是否仍在岗工作等。

任务 7.2.3 建立安全生产责任制度

任务引入

任务 7.2.3

作为楚雄职教办公楼项目的项目负责人或专职安全生产管理人员，你知道你的安全生产责任有哪些吗?

知识准备

安全生产责任制度就是对各级负责人、职能部门以及各类施工人员在管理和施工过程中，应当承担的责任作出明确的规定。具体来说，就是将安全生产责任分解到施工单位的主要负责人、项目负责人、班组长以及每个岗位的作业人员身上。安全生产责任制度是施工行业最基本的安全管理制度，是施工企业安全生产管理的核心和中心环节。依《建设工程安全生产管理条例》和《建筑施工安全检查标准》的相关规定，安全生产责任制度的主要内容如下：

（1）安全生产责任制的基本要求

① 公司和项目部必须建立健全安全生产责任制，制订各级人员和部门的安全生产职责，并要打印成文。

② 各级管理部门及各类人员均要认真执行责任制。公司及项目部应制订与安全生产责任制相应的检查和考核办法，执行情况的考核结果应有记录。

③ 经济承包合同中必须有具体的安全生产指标和要求。在企业与业主、企业与项目部、总包单位与分包单位、项目部与劳务队的承包合同中都应确定安全生产指标、要求和安全生产责任。

④ 项目部应为项目的主要工种印制相应的安全技术操作规程，并应将安全技术操作规程列为日常安全活动和安全教育的主要内容，并悬挂在操作岗位前。

⑤ 施工现场应按规定配备专职安全员。建筑工程、建筑装饰、装修工程应按规定配置足够的专职安全员（一般建筑面积 1 万平方米以下的工程至少 1 人；1 万 ~5 万平方米的

工程至少 2 人；5 万平方米以上的工程至少 3 人），并应设置安全主管，按土建、机电、设备等专业设置专职安全生产管理人员。专职安全员必须有安全员证。

⑥ 管理人员责任制考核要合格。企业或项目部要根据责任制的考核办法定期进行考核，督促和要求各级管理人员的责任制考核都要达到合格。各级管理人员也必须清楚了解自己的安全生产工作职责。

（2）有关人员的安全职责

① 项目经理的职责。项目经理是本项目安全生产的第一责任者，负责整个项目的安全生产工作，对所管辖工程项目的安全生产负直接领导责任。

a. 依据合同对工程项目生产经营过程中的安全生产负全面领导责任。

b. 在项目施工生产全过程中，认真贯彻落实安全生产方针政策、法律法规和各项规章制度，结合项目工程特点及施工全过程的情况，制订本工程项目各项安全生产管理办法，或有针对性地提出安全管理要求并监督其实施。严格履行安全考核指标和安全生产奖惩办法。

c. 在组织工程项目业务承包、聘用业务人员时，必须本着安全工作只能加强的原则，根据工程特点确定安全工作的管理制度、配备人员，并明确各业务承包人的安全责任和考核指标，支持、指导安全管理人员的工作。

d. 健全和完善用工管理手续，录用外包队必须及时向有关部门申报，严格用工制度与管理，适时组织上岗安全教育，要对外包工队的健康与安全负责，加强劳动保护工作。

e. 认真落实施工组织设计中的安全技术措施及安全技术管理的各项措施，严格执行安全技术审批制度，组织并监督项目工程施工中的安全技术交底制度和设备、设施验收制度的实施。

f. 领导、组织施工现场定期的安全生产检查，发现施工生产中的不安全问题，组织采取措施，及时解决。对上级提出的安全生产与管理方面的问题，要定时、定人、定措施予以解决。

g. 发生事故及时上报，保护好现场，做好抢救工作，积极配合事故的调查，认真落实纠正和防范措施，吸取事故教训。

② 项目技术负责人职责。

a. 对工程项目生产经营中的安全生产负技术责任。

b. 贯彻、落实安全生产方针、政策，严格执行安全技术规程、规范、标准，结合工程项目特点，主持工程项目的安全技术交底。

c. 参加或组织编制施工组织设计；编制、审查施工方案时，要制订、审查安全技术措施，保证其可行性与针对性，并随时检查、监督、落实。

d. 主持制订专项施工方案、技术措施计划和季节性施工方案的同时，制订相应的安全技术措施并监督执行，及时解决执行中出现的问题。

e. 及时组织工程项目应用新材料、新技术、新工艺及相关人员的安全技术培训。认真执行安全技术措施与安全操作规程，预防施工中因化学物品引起的火灾、中毒或新工艺实施中可能造成的事故。

f. 主持安全防护设施和设备的检查验收，发现设备、设施的不正常情况应及时采取措施，严格控制不符合标准要求的防护设备、设施投入使用。

g. 参加安全生产检查，对施工中存在的不安全因素，从技术方面提出整改意见和办法，并及时予以消除。

h. 参加、配合工伤及重大未遂事故的调查，从技术上分析事故的原因，提出防范措施、意见。

③ 施工员的职责。

a. 严格执行安全生产各项规章制度，对所管辖单位工程的安全生产负直接领导责任。

b. 认证落实施工组织设计中的安全技术措施，针对生产任务特点，向作业班组进行详细的书面安全技术交底，履行签认手续并对规程、措施、交底要求的执行情况随时检查，随时纠正违章作业。

c. 随时检查作业内的各项防护设施、设备的安全状况，随时消除不安全因素，不违章指挥。

d. 配合项目安全员定期和不定期地组织班组学习安全操作规程，开展安全生产活动，督促、检查工人正确使用个人防护用品。

e. 对分管工程项目应用的新材料、新工艺、新技术严格执行申报和审批制度，发现问题及时停止使用，并报有关部门或领导。

f. 发生工伤事故、未遂事故要立即上报，保护好现场；参与工伤及其他事故的调查处理。

④ 安全员的职责。

a. 认真贯彻执行劳动保护安全生产的方针、政策、法令、法规、规范标准，做好安全生产的宣传教育和管理工作，推广先进经验。对本项目的安全生产负检查、监督的责任。

b. 深入施工现场，负责施工现场生产巡视督查，并做好记录，指导下级安全技术人员工作，掌握安全生产情况，调查研究生产中的不安全问题，提出改进意见和措施，并对执行情况进行监督检查。

c. 协助项目经理组织安全活动和安全检查。

d. 参加审查施工组织设计和安全技术措施计划，并对执行情况进行监督检查。

e. 组织本项目新工人的安全技术培训、考核工作。

f. 制止违章指挥、违章作业，发现现场存在安全隐患时，应及时向企业安全生产管理机构和工程项目经理报告。遇有险情，有权暂停生产，并报告领导处理。

g. 进行工伤事故统计分析和报告，参加工伤事故调查、处理。

h. 负责本项目部的安全生产、文明施工、劳务手续的办理及治安保卫的管理工作。

⑤ 班组长的职责。

a. 认真执行安全生产规章制度及安全操作规程，合理安排班组人员工作，对本班组人员在生产中的安全和健康负责。

b. 经常组织班组人员学习安全操作规程，监督班组人员正确使用个人劳保用品，不断提高自保能力。

c. 认真落实安全技术交底，做好班前教育工作，不违章指挥、冒险蛮干。

d. 随时检查班组作业现场安全生产状况，发现问题及时解决并上报有关领导。

e. 认真做好新工人的岗位教育。

f. 发生工伤及未遂事故，保护好现场，立即上报有关领导。

任务 7.2.4 建立施工组织设计和专项施工方案的安全编审制度

任务 7.2.4、任务 7.2.5

任务引入

作为楚雄职教办公楼项目的技术负责人，你如何编制包含安全措施在内的施工组织设计文件或专项安全施工方案呢？如何报审？

知识准备

施工组织设计或专项施工方案是组织建筑工程施工的纲领性文件，是指导施工准备和组织施工的全面性的技术、经济文件，是指导现场施工的规范性文件。

（1）安全施工方案编审制度

《建筑施工安全检查标准》（JGJ 59—2011）对施工组织设计或施工方案提出如下要求：

① 施工组织设计中要有安全技术措施。《建设工程安全生产管理条例》规定施工单位应在施工组织设计中编制安全技术措施和施工现场临时用电方案。

② 施工组织设计必须经审批以后才能实施施工。工程技术人员编制的安全专项施工方案，由施工企业技术部门专业技术人员及专业监理工程师进行审核，审核合格后由施工企业技术负责人、监理单位的总监理工程师签字。无施工组织设计（方案）或施工组织设计（方案）未经审批的不能开始该项目的施工，实施过程中，也不得擅自更改。

③ 对专业性较强的项目，应单独编制专项施工组织设计（方案）。建筑施工企业应按规定对达到一定规模的危险性较大的分部、分项工程在施工前由使用企业专业工程技术人员编制安全专项施工方案，并附具安全验算结果，由施工企业技术部门专业技术人员及专业监理工程师进行审核，审核合格后由施工企业技术负责人、监理单位的总监理工程师签字，由专职安全生产管理人员监督执行。超过一定规模危险性较大的分部分项工程，施工单位应组织专家对专项施工方案进行论证。

④ 安全技术措施要全面且有针对性。编制安全技术措施时要结合现场实际、工程具体特点以及企业或项目部的安全技术装备和安全管理水平等来制订，把施工中的各种不利因素和安全隐患考虑周全，并制订详尽的措施一一予以解决。

⑤ 安全技术措施要落实。安全技术措施不仅要具体且有针对性，并要在施工中落到实处，防止应付检查编计划，空喊口号不落实，使安全措施流于形式。

（2）安全技术措施及方案变更管理

① 施工过程中，如发生设计变更，原定的安全技术措施也必须随着变更，否则不准施工。

② 施工过程中确实需要修改拟定的技术措施时，必须经编制人同意，并办理修改审批手续。

任务 7.2.5 建立安全交底制度

任务引入

作为楚雄职教办公楼项目的安全管理人员，你知道如何对参与建设的人员进行安全技术交底吗?

知识准备

安全技术交底制度是安全制度的重要组成部分。为贯彻落实国家安全生产方针、政策、规程规范、行业标准及企业各种规章制度，及时对安全生产、工人职业健康进行有效预控，提高施工管理、操作人员的安全生产管理水平及其操作技能，努力创造安全生产环境。根据《中华人民共和国安全生产法》《建设工程安全生产管理条例》《建筑施工安全检查标准》等有关规定，在进行工程技术交底的同时要进行安全技术交底。《建筑施工安全检查标准》（JGJ 59—2011）对安全技术交底提出如下要求：

（1）安全技术交底的基本要求

① 项目经理部必须实行逐级安全技术交底制度，纵向延伸到班组全体作业人员。

② 技术交底必须具体、明确，针对性强。

③ 技术交底的内容应针对分部分项工程施工中给作业人员带来的潜在危害和存在问题。

④ 应优先采用新的安全技术措施。

⑤ 应将工程概况、施工方法、施工程序和安全技术措施等向工长、班组长进行详细交底。

⑥ 定期向由两个以上作业队和多工种进行交叉施工的作业队伍进行书面交底。

⑦ 保持书面安全技术交底签字记录。

（2）安全技术交底的主要内容

① 本工程项目的施工作业特点和危险点。

② 针对危险点的具体预防措施。

③ 应注意的安全事项。

④ 相应的安全操作规程和标准。

⑤ 发生事故后应及时采取的避难和急救措施。

（3）安全技术交底的相关注意事项

① 单位工程开工前，项目经理部的技术负责人必须将工程概况、施工方法、施工工艺、施工程序、安全技术措施，向承担施工的作业队负责人、工长、班组长和相关人员进行交底。

② 结构复杂的分部分项工程施工前，项目经理部的技术负责人应有针对性地进行全面、详细的安全技术交底。

③ 项目经理部应保存双方签字确认的安全技术交底记录。

任务 7.2.6 建立安全检查制度

任务 7.2.6

任务引入

作为楚雄职教办公楼项目的安全管理人员，你知道如何开展安全检查工作吗？具体安全检查都包括哪些内容呢？

知识准备

工程项目安全检查的目的是消除隐患、防止事故、改善劳动条件及提高员工安全生产意识，是安全控制工作的一项重要内容。通过安全检查可以发现工程中的危险因素，以便有计划地采取措施保证安全生产。施工项目的安全检查应由项目经理组织，定期进行。

（1）安全检查的类型

安全检查可分为日常性检查、专业性检查、季节性检查、节假日前后的检查和不定期检查。

① 日常性检查。日常性检查即经常的、普遍的检查。企业一般每年进行 1~4 次；工程项目组、车间、科室每月至少进行一次；班组每周、每班次都应进行检查。专职安全技术人员的日常检查应该有计划，针对重点部位周期性地进行。

② 专业性检查。专业性检查是针对特种作业、特种设备、特殊场所进行的检查，如电焊、气焊、起重设备、运输车辆、锅炉压力容器、易燃易爆场所等。

③ 季节性检查。季节性检查是指根据季节特点，为保障安全生产的特殊要求所进行的检查。如春季风大，要着重防火、防爆；夏季高温多雨、多雷电，要着重防暑、降温、防汛、防雷击、防触电；冬季着重防寒、防冻等。

④ 节假日前后的检查。节假日前后的检查是针对节假日期间容易产生麻痹思想的特点而进行的安全检查，包括节日前进行安全生产综合检查，节日后要进行遵章守纪的检查等。

⑤ 不定期检查。不定期检查是指在工程或设备开工和停工前、检修中、竣工及试运转时进行的安全检查。

（2）安全检查的注意事项

① 安全检查要深入基层、紧紧依靠职工，坚持领导与群众相结合的原则，组织好检查工作。

② 建立检查的组织领导机构，配备适当的检查力量，挑选具有较高技术业务水平的专业人员参加。

③ 做好检查的各项准备工作，包括思想、业务知识、政策法规、检查设备、奖金的准备。

④ 明确检查的目的和要求。既要严格要求，又要防止一刀切，要从实际出发，分清主、次矛盾，力求实效。

⑤ 把自查与互查有机结合起来，基层以自检为主，企业内相应部门间互相检查，取长补短，相互学习和借鉴。

⑥ 坚持查改结合。检查不是目的，只是一种手段，整改才是最终目的。发现问题，要及时采取切实有效的防范措施。

⑦ 建立检查档案。结合安全检查表的实施，逐步建立健全检查档案，收集基本的数据，掌握基本安全状况，为及时消除隐患提供数据，同时也为以后的职业健康安全检查奠定基础。在编制安全检查表时，应根据用途和目的具体确定安全检查表的种类。安全检查表的主要种类有设计用安全检查表、厂级安全检查表、车间安全检查表、班组及岗位安全检查表、专业安全检查表等。编制安全检查表要在安全技术部门的指导下，充分依靠职工来进行。初步编制出来的检查表，要经过群众的讨论，反复试行，再加以修订，最后由安全技术部门审定后方可正式实行。

（3）安全检查的主要内容

安全检查的主要内容包括查思想、查管理、查隐患、查整改和查事故处理。

安全检查的重点是违章指挥和违章作业。安全检查后应编制安全检查报告，说明已达标项目、未达标项目、存在问题、原因分析、纠正和预防措施。

（4）项目经理部安全检查的主要规定

① 项目经理应组织项目经理部定期对安全控制计划的执行情况进行检查考核和评价。对施工和作业中存在的不安全行为和隐患，须签发安全整改通知，项目经理部应分析原因并制订落实相应整改防范措施，实施整改后应予复查。

② 项目经理部应根据施工过程的特点和安全目标的要求，确定安全检查内容。

③ 项目经理部安全检查应配备必要的设备或器具，确定检查负责人和检查人员，并明确检查内容及要求。

④ 项目经理部安全检查应采取随机抽样、现场观察、实地检测相结合的方法，并记录检测结果。对现场管理人员的违章指挥和操作人员的违章作业行为应进行纠正。

⑤ 安全检查人员应对检查结果进行分析，找出安全隐患部位，确定危险程度。

⑥ 项目经理部应编写安全检查报告并上报。

（5）安全评价

安全检查后要认真、全面地进行系统分析，并进行安全评价。哪些检查项目已达标；哪些检查项目虽然基本上达标，但具体还有哪些方面需要进行完善，哪些项目没有达标，存在哪些问题需要整改。要及时填写安全检查评分表（安全检查评分表应记录每项扣分的原因）、事故隐患通知书、违章处罚通知书或停工通知等。受检单位（即使本单位自检，也需要安全评价）根据安全评价结果，研究对策，进行整改和加强管理。

（6）整改

整改是安全检查工作的重要组成部分，是检查结果的归宿。整改工作包括隐患登记、整改、复查、销案。

检查中发现的隐患应该进行登记，不仅是作为整改的备查依据，而且是提供安全动态分析的重要信息渠道。如各单位或多数单位（工地、车间）安全检查都发现同类型隐患，说明是"通病"。若某单位安全检查中经常出现相同隐患，说明没有整改或整改不彻底形成"顽固症"。根据隐患记录信息流，可以作出指导安全管理的决策。

安全检查中查出的隐患除进行登记外，还应发出隐患整改通知单，引起整改单位重视。对凡是有继发性事故危险的隐患，检查人员应责令停工，被查单位必须立即整改。对于违章指挥、违章作业行为，检查人员可以当场指出，进行纠正。被检查单位领导对查出的隐患，应立即研究整改方案，进行"三定"（即定人、定期限、定措施），立项进行整改，负责整改的单位、人员在整改完成后要及时向安全等有关部门反馈信息，有关部门要立即派人进行复查，经复查整改合格，进行销案。

任务 7.2.7 建立安全事故处理制度

任务 7.2.7

任务引入

作为楚雄职教办公楼项目的安全管理人员，假如项目施工过程中发生了安全事故，你知道应当如何处理吗？

知识准备

（1）安全事故等级划分

《生产安全事故报告和调查处理条例》规定，根据生产安全事故造成的人员伤亡或者直接经济损失，事故一般分为以下等级（此处以下不含本数，以上包含本数）：

① 特别重大事故，是指造成 30 人以上死亡，或者 100 人以上重伤（包括急性工业中毒，下同），或者 1 亿元以上直接经济损失的事故。

② 重大事故，是指造成 10 人以上 30 人以下死亡，或者 50 人以上 100 人以下重伤，或者 5 000 万元以上 1 亿元以下直接经济损失的事故。

③ 较大事故，是指造成 3 人以上 10 人以下死亡，或者 10 人以上 50 人以下重伤，或者 1 000 万元以上 5 000 万元以下直接经济损失的事故。

④ 一般事故，是指造成 3 人以下死亡，或者 10 人以下重伤，或者 1 000 万元以下直

接经济损失的事故。

（2）事故报告

《生产安全事故报告和调查处理条例》规定：

① 事故发生后，事故现场有关人员应当立即向本单位负责人报告；单位负责人接到报告后，应当于 1 小时内向事故发生地县级以上人民政府安全生产监督管理部门和负有安全生产监督管理职责的有关部门报告。

情况紧急时，事故现场有关人员可以直接向事故发生地县级以上人民政府安全生产监督管理部门和负有安全生产监督管理职责的有关部门报告。

② 安全生产监督管理部门和负有安全生产监督管理职责的有关部门接到事故报告后，应当依照下列规定上报事故情况，并通知公安机关、劳动保障行政部门、工会和人民检察院。

a. 特别重大事故、重大事故逐级上报至国务院安全生产监督管理部门和负有安全生产监督管理职责的有关部门。

b. 较大事故逐级上报至省、自治区、直辖市人民政府安全生产监督管理部门和负有安全生产监督管理职责的有关部门。

c. 一般事故上报至设区的市级人民政府安全生产监督管理部门和负有安全生产监督管理职责的有关部门。

③ 安全生产监督管理部门和负有安全生产监督管理职责的有关部门逐级上报事故情况，每级上报的时间不得超过 2 小时。

④ 事故报告后出现新情况的，应当及时补报。

自事故发生之日起 30 日内，事故造成的伤亡人数发生变化的，应当及时补报。道路交通事故、火灾事故自发生之日起 7 日内，事故造成的伤亡人数发生变化的，应当及时补报。

⑤ 事故发生单位负责人接到事故报告后，应当立即启动事故相应的应急预案，或者采取有效措施，组织抢救，防止事故扩大，减少人员伤亡和财产损失。

⑥ 事故发生地地方人民政府、安全生产监督管理部门和负有安全生产监督管理职责的有关部门接到事故报告后，其负责人应当立即赶赴事故现场，组织事故救援。

⑦ 事故发生后，有关单位和人员应当妥善保护事故现场以及相关证据，任何单位和个人不得破坏事故现场、毁灭相关证据。

因抢救人员、防止事故扩大以及疏通交通等原因，需要移动事故现场物件的，应当做出标志，绘制现场简图并做出书面记录，妥善保存现场重要痕迹、物证。

⑧ 事故发生地公安机关根据事故的情况，对涉嫌犯罪的，应当依法立案侦查，采取强制措施和侦查措施。犯罪嫌疑人逃匿的，公安机关应当迅速追捕归案。

⑨ 安全生产监督管理部门和负有安全生产监督管理职责的有关部门应当建立值班制度，并向社会公布值班电话，受理事故报告和举报。

⑩ 报告事故应当包括下列内容：

a. 事故发生单位概况。

b. 事故发生的时间、地点以及事故现场情况。

c. 事故的简要经过。

d. 事故已经造成或者可能造成的伤亡人数（包括下落不明的人数）和初步估计的直接经济损失。

e. 已经采取的措施。

f. 其他应当报告的情况。

（3）事故处理

《生产安全事故报告和调查处理条例》规定：

① 重大事故、较大事故、一般事故，负责事故调查的人民政府应当自收到事故调查报告之日起 15 日内做出批复；特别重大事故，30 日内做出批复，特殊情况下，批复时间可以适当延长，但延长的时间最长不超过 30 日。

有关机关应当按照人民政府的批复，依照法律、行政法规规定的权限和程序，对事故发生单位和有关人员进行行政处罚，对负有事故责任的国家工作人员进行处分。

事故发生单位应当按照负责事故调查的人民政府的批复，对本单位负有事故责任的人员进行处理。负有事故责任的人员涉嫌犯罪的，依法追究刑事责任。

② 事故发生单位应当认真吸取事故教训，落实防范和整改措施，防止事故再次发生。防范和整改措施的落实情况应当接受工会和职工的监督。

安全生产监督管理部门和负有安全生产监督管理职责的有关部门应当对事故发生单位落实防范和整改措施的情况进行监督检查。

③ 事故处理的情况由负责事故调查的人民政府或者其授权的有关部门、机构向社会公布，依法应当保密的除外。

④ 事故发生单位主要负责人有下列行为之一的，处上一年年收入 40%~80% 的罚款；属于国家工作人员的，依法给予处分；构成犯罪的，依法追究刑事责任：

a. 不立即组织事故抢救的。

b. 迟报或者漏报事故的。

c. 在事故调查处理期间擅离职守的。

（4）法律责任

《生产安全事故报告和调查处理条例》规定：

① 事故发生单位及其有关人员有下列行为之一的，对事故发生单位处 100 万元以上 500 万元以下的罚款；对主要负责人、直接负责的主管人员和其他直接责任人员处上一年年收入 60%~100% 的罚款；属于国家工作人员的，依法给予处分；构成违反治安管理行为的，由公安机关依法给予治安管理处罚；构成犯罪的，依法追究刑事责任：

a. 谎报或者瞒报事故的。

b. 伪造或者故意破坏事故现场的。

c. 转移、隐匿资金、财产，或者销毁有关证据、资料的。

d. 拒绝接受调查或者拒绝提供有关情况和资料的。

e. 在事故调查中作伪证或者指使他人作伪证的。

f. 事故发生后逃匿的。

② 事故发生单位对事故发生负有责任的，依照下列规定处以罚款：

a. 发生一般事故的，处 10 万元以上 20 万元以下的罚款。

b. 发生较大事故的，处 20 万元以上 50 万元以下的罚款。

c. 发生重大事故的，处 50 万元以上 200 万元以下的罚款。

d. 发生特别重大事故的，处 200 万元以上 500 万元以下的罚款。

③ 事故发生单位主要负责人未依法履行安全生产管理职责，导致事故发生的，依照下列规定处以罚款；属于国家工作人员的，依法给予处分；构成犯罪的，依法追究刑事责任：

a. 发生一般事故的，处上一年年收入 30% 的罚款。

b. 发生较大事故的，处上一年年收入 40% 的罚款。

c. 发生重大事故的，处上一年年收入 60% 的罚款。

d. 发生特别重大事故的，处上一年年收入 80% 的罚款。

④ 有关地方人民政府、安全生产监督管理部门和负有安全生产监督管理职责的有关部门有下列行为之一的，对直接负责的主管人员和其他直接责任人员依法给予处分；构成犯罪的，依法追究刑事责任：

a. 不立即组织事故抢救的。

b. 迟报、漏报、谎报或者瞒报事故的。

c. 阻碍、干涉事故调查工作的。

d. 在事故调查中作伪证或者指使他人作伪证的。

⑤ 事故发生单位对事故发生负有责任的，由有关部门依法暂扣或者吊销其有关证照；对事故发生单位负有事故责任的有关人员，依法暂停或者撤销其与安全生产有关的执业资格、岗位证书；事故发生单位主要负责人受到刑事处罚或者撤职处分的，自刑罚执行完毕或者受处分之日起，5 年内不得担任任何生产经营单位的主要负责人。

⑥ 参与事故调查的人员在事故调查中有下列行为之一的，依法给予处分；构成犯罪的，依法追究刑事责任：

a. 对事故调查工作不负责任，致使事故调查工作有重大疏漏的。

b. 包庇、袒护负有事故责任的人员或者借机打击报复的。

⑦ 违反本条例规定，有关地方人民政府或者有关部门故意拖延或者拒绝落实经批复的对事故责任人的处理意见的，由监察机关对有关责任人员依法给予处分。

⑧ 本条例规定的罚款的行政处罚，由安全生产监督管理部门决定。

法律、行政法规对行政处罚的种类、幅度和决定另有规定的，依照其规定。

任务 7.2.8 建立施工安全事故的应急救援预案

任务引入

任务 7.2.8

作为楚雄职教办公楼项目的安全管理人员，为保障在发生紧急情况和突发事故、事件时能及时有效地采取应急控制，最大限度地预防和减少可能造成的疾病、伤害、损失和环境影响，你认为如何根据建筑企业自身特点，制定建筑施工安全事故应急救援预案呢？

知识准备

《中华人民共和国安全生产法》（2021 修订版）第八十一条明确规定：生产经营单位应当制定本单位生产安全事故应急救援预案，与所在地县级以上地方人民政府组织制定的生产安全事故应急救援预案相衔接，并定期组织演练。第八十二条也要求建筑施工单位应当建立应急救援组织，生产经营规模较小的，可以不建立应急救援组织，但应当指定兼职的应急救援人员。《建设工程安全生产管理条例》第四十九条规定：施工单位应当根据建设工程施工的特点、范围，对施工现场易发生重大事故的部位、环节进行监控，制定施工现场生产安全事故应急救援预案。实行施工总承包的，由总承包单位统一组织编制建设工程生产安全事故应急救援预案，工程总承包单位和分包单位按照应急救援预案，各自建立应急救援组织或者配备应急救援人员，配备救援器材、设备，并定期组织演练。

为贯彻落实国家安全生产的法律法规，促进建筑企业依法加强对建筑安全生产的管理，执行安全生产责任制度；预防和控制施工现场、生活区、办公区潜在的事故、事件或紧急情况，做好事故、事件应急准备，以便发生紧急情况和突发事故、事件时能及时有效地采取应急控制，最大限度地预防和减少可能造成的疾病、伤害、损失和环境影响，建筑企业应根据自身特点，制定建筑施工安全事故应急救援预案。

重大事故安全预案由企业（现场）应急计划和场外的安全预案组成。现场应急计划由企业负责，场外应急计划由政府主管部门负责。现场应急计划和场外应急计划应分开，但应协调一致。

（1）施工安全事故的应急与救援预案的编制步骤

编制施工安全事故的应急与救援预案一般分三个阶段进行，各阶段主要步骤和内容如下：

① 准备阶段：明确任务和组建编制组（人员）→调查研究、收集资料→危险源识别与风险评价→应急救援力量的评估→提出应急救援的需求→协调各级应急救援机构。

② 编制阶段：制定目标管理→划分应急预案的类别、区域和层次→组织编写→分析汇总→修改完善。

③ 演练评估阶段：应急救援演练→全面评估→修改完善→审查批准→定期评审。

（2）建筑施工安全事故应急救援预案的基本要素

① 基本原则与方针。建筑施工安全事故应急救援预案要本着“安全第一、安全责任重如泰山”“预防为主、自救为主、统一指挥、分工负责”的原则；坚持优先保护人和优先保护大多数人，优先保护贵重财产的方针；保证建筑施工事故应急处理措施的及时性和有效性。

② 工程项目的基本情况。

a. 工程概况：介绍项目的工程建设概况、工程建筑结构设计概况；项目施工特点；项目所在地的地理位置，地形特点；现场周边环境、交通和安全注意事项等；现场气候特点等。

b. 施工现场内及施工现场周边医疗设施及人员情况：说明现场及附近医疗机构的情况，如医院（医务所）名称、位置、距离、联系电话等，并要说明施工现场医务人员名单、联系电话，有哪些常用医药和抢救设施。

c. 施工现场内及施工现场周边消防、救助设施及人员情况：介绍工地消防组成机构和成员，成立的义务消防队成员，消防、救助设施及其分布，消防通道等情况，应附施工消防平面布置图，画出消火栓、灭火器的设置位置，易燃易爆的位置，消防紧急通道，疏散路线等。

③ 风险识别与评价。风险识别与评价即分析可能发生的事故与影响。

根据施工特点和任务，分析可能发生的事故类型、地点；事故影响范围（应急区域范围划定）及可能影响的人数；按所需应急反应的级别，划分事故严重程度；分析本工程可能发生安全控制设备失灵、特殊气候、突然停电等潜在事故或紧急情况和发生位置、影响范围（应急区域范围划定）等。工程中常见的事故包括：建筑质量安全事故、施工毗邻建筑坍塌事故、土方坍塌事故、气体中毒事故、架体倒塌事故、高空坠落事故、掉物伤人事故、触电事故等；对于土方坍塌、气体中毒事故等应分析和预知其可能对周围的不利影响和严重程度。

④ 应急机构及职责分工。

a. 指挥机构、成员及其职责与分工。

b. 应急专业组、成员及其职责与分工。

⑤ 报警信号与通信。

a. 有关部门、人员的联系电话或联系方式，各种救援电话。

b. 施工现场报警联系地址及注意事项。

⑥ 事故的应急与救援。

a. 应急响应和解除程序。

• 重大事故。首先发现者应紧急大声呼救，同时可用手机或对讲机立即报告工地当班负责人→条件许可紧急施救→报告联络有关人员（紧急时立刻报警、打求助电话）→成立指挥部（组）→必要时向社会发出请求→实施应急救援、上报有关部门、保护事故现场等→善后处理。

• 一般伤害事故或潜在危害。首先发现者应紧急大声呼救→条件许可紧急施救→报告联络有关人员→实施应急救援、保护事故现场等→事故调查处理。

• 应急救援的解除程序和要求。如写明决定终止应急、恢复正常秩序的负责人；确保不会发生未授权而进入事故现场的措施；应急取消、恢复正常状态的条件。

b. 事故的应急与救援措施。

• 各有关人员接到报警救援命令后，应迅速到达事故现场，尤其是现场急救人员要在第一时间到达事故地点，以便能使伤者得到及时、正确的救治。

• 当医生未到达事故现场之前，急救人员要按照有关救护知识立即救护伤员，在等待医生救治或送往医院抢救过程中，不要停止和放弃施救。

- 当事故发生后或发现事故预兆时，应立即分析事故的情况及影响范围，积极采取措施，迅速组织疏散无关人员撤离事故现场，并组织治安队人员建立警戒，不让无关人员进入事故现场，保证事故现场的救援道路畅通，以便救援的实施。
- 安全事故的应急和救援措施应根据事故发生的环境、条件、原因、发展状态和严重程度的不同，而采取相应合理的措施。在应急和救援过程中应防止二次事故的发生而造成救援人员的伤亡。

⑦ 有关规定和要求。有关规定和要求包括有关学习、救援训练、规章、纪律设施的保养维护等。要写明有关的纪律、救援训练、学习和应急设备的保管和维护，更新和修订应急预案等各种制度和要求。

⑧ 附有关常见事故的自救和急救常识等。因建筑施工安全事故的发生具有不确定性和多样性，所以全体施工人员掌握或了解常见的自救和急救的常识是非常必要的。应急救援预案应根据本工程的具体情况附有常见事故的自救和急救常识，方便学习了解。

项目 7.3
组织安全文明施工与绿色施工

[学习目标]

知识目标

1. 掌握文明施工的概念、内容及方法。
2. 理解施工现场场容管理的相关内容。
3. 理解环境卫生与环境保护的相关内容。

能力目标

1. 能编制文明施工专项方案。
2. 能对施工现场场容进行管理。
3. 能针对施工现场实际情况组织绿色施工。

素养目标

1. 提升建设工程文明施工的管理能力。
2. 提升绿色施工的能力。

[思维导图]

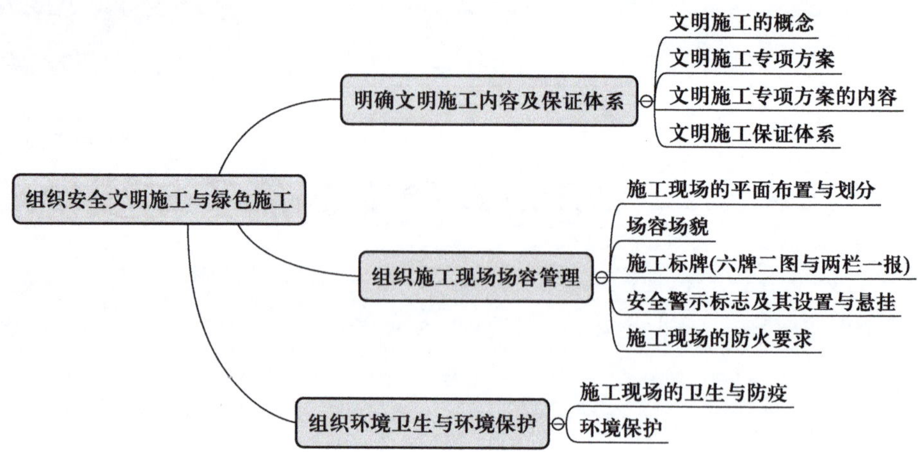

任务 7.3.1 明确文明施工内容及保证体系

任务 7.3.1

任务引入

作为楚雄职教办公楼项目的安全管理人员，你认为应该如何理解并实施文明施工呢？

知识准备

文明施工是指在建设工程施工过程中以一定的组织机构为依托，建立文明施工管理系统，采取相应措施，保持施工现场良好的作业环境、卫生环境和工作秩序，避免对作业人员身心健康及周围环境产生不良影响的活动过程。为了规范建设工程施工现场的文明施工，改善作业人员的工作环境和生活条件，防止和减少安全事故的发生，防止施工过程对环境造成污染和各类疾病的发生，保障建设工程的顺利进行，现行法律法规要求建筑施工企业，必须建立健全文明施工管理及监督检查制度，切实抓好安全文明施工的各项工作。

（1）文明施工专项方案

工程开工前，施工单位需将文明施工纳入施工组织设计，编制文明施工专项方案，制订相应的文明施工措施，并确保文明施工措施费的投入；文明施工专项方案应由工程项目技术负责人组织人员编制，送施工单位技术部门的专业技术人员审核，报施工单位技术负责人审批，经项目总监理工程师（建设单位项目负责人）审查同意后执行。

（2）文明施工专项方案的内容

① 施工现场平面布置图，包括临时设施、现场交通、现场作业区、施工设备机具、

安全通道、消防设施及通道的布置、成品、半成品、原材料的堆放等。

大型工程平面布置因施工变动较大，可按基础、主体、装修三阶段进行施工平面图设计。

② 施工现场围挡的设计。

③ 临时建筑物、构筑物、道路场地硬化等单体的设计。

④ 现场污水排放、现场给水（含消防用水）系统设计。

⑤ 粉尘、噪声控制措施。

⑥ 现场卫生及安全保卫措施。

⑦ 施工区域内及周边地上建筑物、构造物及地下管网的保护措施。

⑧ 制订并实施防高处坠落、物体打击、机械伤害、坍塌、触电、中毒、防台风、防雷、防汛、防火灾等应急救援预案（包括应急网络）。

（3）文明施工保证体系

文明施工是施工企业、建设单位、监理单位、材料供应单位等参建各方的共同目标和共同责任，建筑施工企业是文明施工的主体，也是主要责任者。

① 施工单位应当根据不同施工阶段和周围环境及季节、气候的变化，在施工现场采取相应的文明施工措施。施工现场暂时停止施工的，施工单位应做好现场的封闭管理，所需费用由责任方承担，或遵照合同约定执行。

② 建设单位组织监理单位、施工单位对围挡、临建设施进行验收，验收合格后方可使用，并建立巡查制度和验收、巡查档案。恶劣天气条件下必须进行重点检查，确保围挡、临建设施的稳固安全。

③ 施工现场应悬挂质量管理、安全生产和文明施工标语，危险区域需设置明显的安全警示标志。标语要规范、整齐、美观，安全警示标志需符合国家标准。

④ 施工现场应设置宣传栏、读报栏、黑板报，及时更换宣传内容。设置报栏应牢固美观，并有防雨措施。

⑤ 建设工程完工后，施工单位应在 1 个月内拆除工地围墙、安全防护设施和其他临时设施，并将工地及四周环境清理整洁，做到工完、料净、场地清。

任务 7.3.2 组织施工现场场容管理

任务引入

任务 7.3.2

根据楚雄职教办公楼项目建设规划，施工现场需要对场区进行规划建设，如何组织施工现场场容管理？

知识准备

施工现场场容是体现文明施工的一个重要方面，做好场容管理要与施工相结合，只有这样才能确保场容整洁，保证施工井然有序，改变过去脏乱差的面貌，对提高投资效益和保证工程质量也具有深远意义。

（1）施工现场的平面布置与划分

施工现场按照功能可划分为施工作业区、辅助作业区、材料堆放区和办公生活区。施工现场的办公生活区应当与作业区分开设置，并保持安全距离。办公生活区应当设置在建筑物坠落半径之外，与作业区之间设置防护措施，进行明显的划分隔离，以免人员误入危险区域；办公生活区如果设置在建筑物坠落半径之内，必须采取可靠的防砸措施。各功能区在规划设置时，还应考虑交通、水电、消防、卫生、环保等因素。

（2）场容场貌

① 施工场地。

a. 施工现场的场地应当整平，清除障碍物，无坑洼和凹凸不平，雨季不积水，暖季应适当绿化。

b. 施工现场应具有良好的排水系统，设置排水沟及沉淀池，不应有跑、冒、滴、漏等现象，现场废水不得直接排入市政污水管网和河流。

c. 现场存放的油料、化学溶剂等应设有专门的库房，地面应进行防渗漏处理。

d. 地面应当经常洒水，对粉尘源进行覆盖遮挡。

e. 施工现场应设置密闭式垃圾站，建筑垃圾、生活垃圾应分类存放，并及时清运出场。

f. 建筑物内外的零散碎料和垃圾渣土应及时清理。

g. 楼梯踏步、休息平台、阳台等处不得堆放料具和杂物。

h. 建筑物内施工垃圾的清运必须采用相应容器或管道运输，严禁凌空抛掷。

i. 施工现场严禁焚烧各类垃圾和有毒有害物质。

j. 禁止将有毒、有害废弃物用作土方回填。

k. 施工机械应按照施工总平面图规定的位置和线路布置，不得侵占场内外道路，保持车容机貌整洁，及时清理油污和施工造成的污染。

l. 施工现场应设吸烟处，严禁在现场随意吸烟。

② 道路。

a. 施工现场的道路应畅通，应当有循环干道，满足运输、消防要求。

b. 主干道应当平整坚实，且有排水措施，硬化材料可以采用混凝土、预制块或用石屑、焦渣、砂等压实整平，保证不沉陷、不扬尘，防止将泥土带入市政道路。

c. 道路应当中间起拱，两侧设排水设施，主干道宽度不宜小于 3.5 m，载重汽车转弯半径不宜小于 15 m。

d. 道路的布置要与现场的材料、构件、仓库等料场、吊车位置相协调、配合。

e. 施工现场主要道路应尽可能利用永久性道路，或先建好永久性道路的路基，在土建工程结束之前再铺路面。

③ 现场围挡。

a. 施工现场必须设置封闭围挡，围挡高度不得低于 1.8 m，其中各地市区主要路段和市容景观道路及机场、码头、车站广场的工地围挡的高度不得低于 2.5 m。

b. 围挡需沿施工现场四周边连续设置，不得留有缺口，做到坚固、平直、整洁、美观。

c. 围挡应采用砌体、金属板材等硬质材料，禁止使用彩条布、竹笆、石棉瓦、安全网等易变形材料。

d. 围挡应根据施工场地地质、周围环境、气象、材料等进行设计，确保围挡的稳定性、安全性。围挡禁止用于挡土、承重，禁止依靠围挡堆放物料、器具等。

e. 砌筑围墙厚度不得小于 180 mm，应砌筑基础大放脚和墙柱，基础大放脚埋地深度不小于 500 mm（在混凝土或沥青路上有坚实基础的除外），墙柱间距不大于 4 m，墙顶应做压顶。墙面应采用砂浆批光抹平、涂料刷白。

f. 板材围挡底里侧应砌筑 300 mm 高、不小于 180 mm 厚砖墙护脚，外立压型钢板或镀锌钢板通过钢立柱与地面可靠固定，并刷上与周围环境协调的油漆和图案。围挡应横不留隙、竖不留缝，底部用直角扣牢。

g. 施工现场设置的防护栏杆应牢固、整齐、美观，并应涂上红白或黄黑相间的警戒油漆。

h. 雨后、大风后以及春融季节应当检查围挡的稳定性，发现问题及时处理。

④ 封闭管理。

a. 施工现场应有一个以上的固定出入口，出入口应设置大门，门高度不得低于 2 m。

b. 大门应庄重美观，门扇应做成密闭不透式，主门口应立门柱，门头设置企业标志。

c. 大门处应设门卫室，实行人员出入登记和门卫人员交接班制度，禁止无关人员进入施工现场。

d. 施工现场人员均应佩戴证明其身份的证卡，管理人员和施工作业人员应戴（穿）分颜色区别的安全帽（工作服）。

⑤ 临建设施。临建设施是指施工期间临时搭建、租赁的各种房屋临时设施。

临时设施的种类主要有办公设施、生活设施、生产设施、辅助设施，包括道路、现场排水设施、围墙、大门、供水处、吸烟处等。

⑥ 料具管理。

a. 施工现场外临时存放施工材料，必须经有关部门批准，并应按规定办理临时占地手续。

b. 建设工程现场施工材料（包括料具和构配件）必须严格按照平面图确定的场地码放，并设立标志牌。材料码放整齐，不得妨碍交通和影响市容，堆放散料时应进行围挡，围挡高度不得低于 0.5 m。

c. 施工现场各种料具应分规格码放整齐、稳固，做到一头齐、一条线。砖应成丁、成行，高度不得超过 1.5 m；砌块材料码放高度不得超过 1.8 m；砂、石和其他散料应成堆，界限清楚，不得混杂。

d. 预制圆孔板、大楼板、外墙板等大型构件和大模板存放时，场地应平整夯实，有排水措施，并设 1.2 m 高的围栏进行防护。

e. 施工大模板需要搭插放架时，插放架的两个侧面必须做剪刀撑。清扫模板或刷隔离剂时，必须将模板支撑牢固，两模板之间有不少于60 cm的走道。

f. 施工现场的材料保管，应依据材料性能采取必要的防雨、防潮、防晒、防冻、防火、防爆、防损坏等措施。贵重物品、易燃、易爆和有毒物品应及时入库，专库专管，加设明显标志，并建立严格的领退料手续。

g. 施工中使用的易燃易爆材料，严禁在结构内部存放，并严格以当日的需求量发放。

h. 施工现场应有用料计划，按计划进料，使材料不积压，减少退料。同时做到钢材、木材等料具合理使用，长料不短用，优材不劣用。

i. 材料进、出现场应有查验制度和必要手续。现场用料应实行限额领料，领退料手续齐全。

j. 施工组织设计（方案）应有节约能源技术措施。施工现场应节约用水用电，消灭长流水和长明灯。

k. 施工现场剩余料具、容器应及时回收，堆放整齐并及时清退。水泥库内外散落灰必须及时清用，水泥袋认真打包、回收。

l. 砖、砂、石和其他散料应随用随清，不留料底。工人操作应做到活完料净脚下清。

m. 搅拌机四周、拌料处及施工现场内无废弃砂浆和混凝土。运输道路和操作面落地料及时清用。砂浆、混凝土倒运时，应用容器或铺垫板。浇筑混凝土时，应采取防撒落措施。

n. 施工现场应设垃圾站，及时集中分拣、回收、利用、清运。垃圾清运出现场必须到批准的消纳场地倾倒，严禁乱倒乱卸。

（3）施工标牌（六牌二图与两栏一报）

① 施工现场在明显处，应有必要的安全内容的标语。六牌两图（工程概况牌、管理人员名单监督电话牌、消防保卫牌、安全生产牌、文明施工牌、入场须知牌、施工现场平面图、施工现场立面图）。其中，工程概况牌要标明工程规模、性质、用途、发包人、设计人、承包人、监理单位名称和开、竣工日期、施工许可证批准文号。施工现场周围设围栏、围挡并涂刷宣传画或标语。

② 工地内要设立“两栏一报”（宣传栏、读报栏、黑板报），针对施工现场情况，适当更换内容，切实起到鼓舞士气、表扬先进的作用。

（4）安全警示标志及其设置与悬挂

① 安全警示标志。

a. 安全警示标志是指提醒人们注意的各种标牌、文字、符号以及灯光等。一般来说，安全警示标志包括安全色和安全标志。

b. 安全色分为红、黄、蓝、绿四种颜色，分别表示禁止、警告、指令和提示。

c. 安全标志分为禁止标志、警告标志、指令标志和提示标志。安全标志的图形、尺寸、颜色、文字说明和制作材料等，均应符合国家标准规定。

② 安全警示标志的设置与悬挂。根据国家有关规定，施工现场入口处、施工起重机械、临时用电设施、脚手架、出入通道口、楼梯口、电梯井口、孔洞口、桥梁口、隧道口、基坑边沿、爆破物及有害危险气体和液体存放处等属于危险部位，应当设置明显的安全警示标志。

（5）施工现场的防火要求

① 各单位在编制施工组织设计时，施工总平面图、施工方法和施工技术均要符合消防安全要求。

② 施工现场应明确划分用火作业、易燃可燃材料堆场、仓库、易燃废品集中站和生活区等区域。

③ 施工现场夜间应有照明设备；保持消防车通道畅通无阻，并要安排力量加强值班巡逻。

④ 施工作业期间需搭设临时性建筑物，必须经施工企业技术负责人批准，施工结束应及时拆除。不得在高压架空下面搭设临时性建筑物或堆放可燃物品。

⑤ 施工现场应配备足够的消防器材，指定专人维护、管理、定期更新，保证完整好用。

⑥ 在土建施工时，应先将消防器材和设施配备好，有条件的应敷设好室外消防水管和消火栓。

⑦ 焊、割作业点与氧气瓶、电石桶、乙炔发生器等危险物品的距离不得少于 10 m，与易燃易爆物品的距离不得少于 30 m。如达不到上述要求的，应执行动火审批制度，并采取有效的安全隔离措施。

⑧ 乙炔发生器和氧气瓶之间的存放距离不得小于 2 m；使用时，两者的距离不得小于 5 m。

⑨ 氧气瓶、乙炔发生器等焊割设备上的安全附件应完整有效，否则不准使用。

⑩ 施工现场的焊、割作用，必须符合防火要求，严格执行“十不烧”规定。

⑪ 施工现场的动火作业，必须执行审批制度。

a. 一级动火作业由所在单位行政负责人填写动火申请表，编制安全技术措施方案，报公司保卫部门及消防部门审查批准后，方可动火。

b. 二级动火作业由所在工地、车间的负责人填写动火申请表，编制安全技术措施方案，报本单位主管部门审查批准后，方可动火。

c. 三级动火作业由所在班组填写动火申请表，经工地、车间负责人及主管人员审查批准后，方可动火。

d. 古建筑和重要文物单位等场所动火作业，按一级动火手续上报审批。

任务 7.3.3
组织环境卫生与环境保护

任务引入

任务 7.3.3

作为楚雄职教办公楼项目的安全管理人员，为最大限度地预防和减少可能造成的疾病、伤害、损失和环境影响，应该如何组织环境卫生与环境保护？

知识准备

（1）施工现场的卫生与防疫

① 卫生保健。

a. 施工现场应设置保健卫生室，配备保健药箱、常用药及绷带、止血带、颈托、担架等急救器材，小型工程可以用办公用房兼作保健卫生室。

b. 施工现场应当配备兼职或专职急救人员，处理伤员和职工保健，对生活卫生进行监督和定期检查食堂、饮食等卫生情况。

c. 要利用板报等形式向职工介绍防病的知识和方法，做好对职工卫生防病的宣传教育工作，特别是季节性流行病、传染病等。

d. 当施工现场作业人员发生法定传染病、食物中毒、急性职业中毒时，必须在 2 小时内向事故发生所在地建设行政主管部门和卫生防疫部门报告，并应积极配合调查处理。

e. 现场施工人员患有法定的传染病或成为病源携带者时，应及时进行隔离，并由卫生防疫部门进行处置。

② 保洁。办公区和生活区应设专职或兼职保洁员，负责卫生清扫和保洁，应有灭鼠、蚊、蝇、蟑螂等措施，并应定期投放和喷洒药物。

③ 食堂卫生。

a. 食堂必须有卫生许可证。

b. 炊事人员必须持有身体健康证，上岗应穿戴洁净的工作服、工作帽和口罩，并应保持个人卫生。

c. 炊具、餐具和饮水器具必须及时清洗消毒。

d. 必须加强食品、原料的进货管理，做好进货登记，严禁购买无照、无证商贩经营的食品和原料，施工现场的食堂严禁出售变质食品。

④ 社区服务。施工现场应当建立不扰民措施，有责任人管理和检查。应当与周围社区定期联系，听取意见，对合理意见应当及时采纳处理。工作应当有记录。

（2）环境保护

① 环境保护总体措施。建设单位与施工单位在施工过程中都要保护施工现场周围的环境，防止对自然环境造成不应有的破坏；防止和减轻粉尘、噪声、振动对周围居住区的污染和危害。建筑业企业应当遵守有关环境保护和安全生产方面的法律、法规的规定，采取控制施工现场的各种粉尘、废气、废水、固体废弃物以及噪声、振动对环境的污染和危害的措施。根据建设部发布的《建设工程施工现场管理规定》，采取以下六个方面措施：

a. 妥善处理泥浆水，未经处理不得直接排入城市排水设施和河流。

b. 除设有符合规定的装置外，不得在施工现场熔融沥青或者焚烧油毡、油漆以及其他会产生有毒有害烟尘和恶臭气体的物质。

c. 使用密封式的圈筒或者采取其他措施处理高空废弃物。

d. 采取有效措施控制施工过程中的扬尘。

e. 禁止将有毒有害废弃物用作土方回填。

f. 对产生噪声、振动的施工机械，应采取有效控制措施，减轻噪声扰民。

② 防治大气污染。

a. 施工现场宜采取措施硬化，其中主要道路、料场、生活办公区域必须进行硬化处理，土方应集中堆放。裸露的场地和集中堆放的土方应采取覆盖、固化或绿化等措施。

b. 使用密目式安全网对在建建筑物、构筑物进行封闭，防止施工过程扬尘；拆除旧有建筑物时，应采用隔离、洒水等措施防止扬尘，并应在规定期限内将废弃物清理完毕；不得在施工现场熔融沥青，严禁在施工现场焚烧含有有毒、有害化学成分的装饰废料、油毡、油漆、垃圾等各类废弃物。

c. 从事土方、渣土和施工垃圾运输应采用密闭式运输车辆或采取覆盖措施。

d. 施工现场出入口处应采取保证车辆清洁的措施。

e. 施工现场应根据风力和大气湿度的具体情况，进行土方回填、转运作业。

f. 水泥和其他易飞扬的细颗粒建筑材料应密闭存放，砂石等散料应采取覆盖措施。

g. 施工现场混凝土搅拌场所应采取封闭、降尘措施。

h. 建筑物内施工垃圾的清运，应采用专用封闭式容器吊运或传送，严禁凌空抛撒。

i. 施工现场应设置密闭式垃圾站，施工垃圾、生活垃圾应分类存放并及时清运出场。

j. 城区、旅游景点、疗养区、重点文物保护地及人口密集区的施工现场应使用清洁能源。

k. 施工现场的机械设备、车辆的尾气排放应符合国家环保排放标准要求。

③ 防治水污染。

a. 施工现场应设置排水沟及沉淀池，现场废水不得直接排入市政污水管网和河流。

b. 现场存放的油料、化学溶剂等应设有专门的库房，地面应进行防渗漏处理。

c. 食堂应设置隔油池并应及时清理。

d. 厕所的化粪池应进行抗渗处理。

e. 食堂、盥洗室、淋浴间的下水管线应设置隔离网，并应与市政污水管线连接，保证排水通畅。

④ 防治施工噪声污染。

a. 施工现场应按照现行国家标准《建筑施工场界噪声限值》及《建筑施工场界噪声测量方法》制订降噪措施，并应对施工现场的噪声值进行监测和记录。

b. 施工现场的强噪声设备宜设置在远离居民区的一侧。

c. 控制强噪声作业的时间：凡在人口稠密区进行强噪声作业时，必须严格控制作业时间，一般晚 10 点到次日早 6 点之间停止强噪声作业。确系特殊情况必须昼夜施工时，尽量采取降低噪声措施，并会同建设单位找当地居委会、村委会或当地居民协调，出安民告示，求得群众谅解。

d. 夜间运输材料的车辆进入施工现场严禁鸣笛，装卸材料应做到轻拿轻放。

e. 对产生噪声和振动的施工机械、机具的使用，应当采取消声、吸声、隔声等有效控制和降低噪声措施。

⑤ 防治施工照明污染。

a. 根据施工现场情况，照明强度要求选用合理的灯具，“越亮越好”并不科学，也应减少不必要的浪费。

b. 建筑工程尽量多采用高品质、遮光性能好的荧光灯，其工作频率在 20 kHz 以上，使荧光灯的闪烁度大幅度下降，改善了视觉环境，有利于人体健康。少采用黑光灯、激光灯、探照灯、空中玫瑰灯等不利光源。

c. 施工现场应采取遮蔽措施，限制电焊眩光、夜间施工照明光、具有强反光性建筑材料的反射光等污染光源外泄，使夜间照明只照射施工区域而不影响周围居民休息。

d. 施工现场大型照明灯应采用俯视角度，不应将直射光线射入空中。利用挡光、遮光板或利用减光方法将投光灯产生的溢散光和干扰光降到最低的限度。

e. 加强个人防护措施，对紫外线和红外线等这类看不见的辐射源，必须采取必要的防护措施，如电焊工要佩戴防护眼镜和防护面罩。光污染的防护镜有反射型防护镜、吸收型防护镜、反射－吸收型防护镜、光电型防护镜、变色微晶玻璃型防护镜等，可依据防护对象选择相应的防护镜。例如可佩戴黄绿色镜片的防护眼镜来预防雪盲和防护电焊发出的紫外光。绿色玻璃既可防护 UV（气体放电），又可防护可见光和红外线，而蓝色玻璃对 UV 的防护效果较差，所以在紫外线的防护中，要考虑防护镜的颜色对防护效果的影响。

f. 对有红外线和紫外线污染以及应用激光的场所制订相应的卫生标准并采取必要的安全防护措施，注意张贴警告标志，禁止无关人员进入禁区。

⑥ 防治施工固体废弃物污染。

施工车辆运输砂石、土方、渣土和建筑垃圾，采取密封、覆盖措施，避免泄漏、遗撒，并按指定地点倾卸，防止固体废物污染环境。

项目 7.4
认识智慧安全与环境管理

[学习目标]

知识目标

1. 理解智慧安全与环境管理的概念。
2. 理解智慧安全与环境管理的原理。

能力目标

1. 能将传统工作任务分解，与数字化管理工具相结合。
2. 能合理利用智慧手段解决问题。

素养目标

1. 提升分析问题、解决问题的能力。
2. 提升数字化工具综合应用能力。

[思维导图]

认识智慧安全与环境管理

- 认识智慧安全与环境管理的原理
  - 物联网技术
  - 大数据技术
  - 人工智能技术
  - 清洁生产
  - 环保监管
- 体验智慧安全与环境管理应用
  - 实时监控系统
  - 预警预测分析
  - 应急响应联动
  - 环保数据整台
  - 智能巡检管理
  - 数字化管理平台
  - 大数据分析技术
  - 物联网技术应用
  - 人工智能辅助决策

项目 7.4

任务 7.4.1 认识智慧安全与环境管理的原理

任务引入

楚雄职教办公楼项目在施工安全与环境管理过程中采用了物联网、大数据、人工智能等先进技术，提升安全管理效率和预警能力，保障企业的生产安全和员工的人身安全，控制和减少生产经营活动对环境的影响，实现经济效益和环境效益的共赢。你认为这些技术应用到建筑工程安全与环境管理领域，会带来什么好处？

知识准备

（1）物联网技术

物联网技术是智慧安全的核心技术之一。通过物联网技术，企业可以将各类设备、传感器等连接在一起，实现数据共享和实时监测。这使得企业能够及时发现安全隐患，采取有效措施防止事故发生。

（2）大数据技术

大数据技术为智慧安全提供了强大的数据支持。通过对海量数据的采集、分析和挖掘，企业可以发现数据背后的规律和趋势，从而更好地预测和应对安全风险。

（3）人工智能技术

人工智能技术是实现智慧安全的重要手段。通过人工智能算法，企业可以对收集到的数据进行自动分析，及时发现异常情况并发出预警，提高安全管理效率和预警能力。

（4）清洁生产

清洁生产是环境管理的重要手段之一。通过采用先进的生产技术和设备，优化生产流程和减少能耗，企业可以降低生产过程中的污染物排放，提高资源利用效率。

（5）环保监管

企业应建立完善的环保监管体系，对生产过程中产生的废弃物进行分类处理和达标排放。同时，企业还应加强对环保设备的日常维护和管理，确保设备正常运行。

任务 7.4.2 体验智慧安全与环境管理应用

任务引入

楚雄职教办公楼工程项目管理工作中引入了数字项目管理平台，作为安全管理人员可以如何通过数字项目管理平台实现质量控制和管理活动？

知识准备

（1）实时监控系统

实时监控系统是智慧安全与环境管理应用的核心组成部分。通过安装各类传感器和监控设备，实时监控系统能够实现对环境参数、设备运行状态、人员活动等各方面的实时监测。这些数据通过物联网技术进行传输，最终在智慧监管综合管理平台上进行展示和分析（图 7–1）。

图 7–1　智慧监管综合管理平台

（2）预警预测分析

预警预测分析是智慧安全与环境管理应用的另一个重要功能。基于大数据分析技术，预警预测分析能够对收集到的实时数据进行深入分析，提前发现可能存在的安全和环境风险。在此基础上，系统还能够预测未来的风险趋势，为企业和组织的决策提供有力支持。

（3）应急响应联动

在应对突发环境事件的过程中，应急响应联动系统发挥着至关重要的作用。通过整合各种资源，包括人力、物力、信息等，应急响应联动系统能够在最短时间内对事件进行响应和处理。此外，人工智能辅助决策功能还能够为应急响应提供智能化的建议和方案。

（4）环保数据整合

环保数据整合是智慧安全与环境管理应用的另一个关键功能。通过对各类环保数据的整合，企业和组织能够全面了解自身的环保状况，及时发现和解决环保问题。此外，环保数据整合还能够为企业和组织的决策提供有力的数据支持。

（5）智能巡检管理

智能巡检管理是保障设施和设备正常运行的重要手段。通过物联网技术和大数据分析技术，智能巡检管理能够实现巡检工作的智能化和自动化。这不仅能够提高巡检效率，还能够减少人为因素导致的问题和误差。

（6）数字化管理平台

数字化管理平台是智慧安全与环境管理应用的基础设施。通过构建数字化管理平台，企业和组织能够实现对各类安全与环境数据的集中管理和展示。这不仅能够提高管理效率，还能够加强各部门之间的信息共享和协作。

（7）大数据分析技术

大数据分析技术是智慧安全与环境管理应用的核心技术之一。通过对海量的实时数据和非实时数据进行深入分析，大数据分析技术能够帮助企业和组织挖掘出有价值的信息，为决策提供有力支持。同时，大数据分析技术还能够发现数据之间的潜在联系和规律，预测未来的发展趋势。

（8）物联网技术应用

物联网技术应用是实现智慧安全与环境管理应用的重要手段之一。通过物联网技术，企业和组织能够实现对各类设备和传感器的远程监控和管理。这不仅能够提高设备的运行效率和安全性，还能够降低运维成本和维护难度。同时，物联网技术还能够实现设备和传感器之间的互联互通，提高信息传递的效率和准确性。

（9）人工智能辅助决策

人工智能辅助决策是智慧安全与环境管理应用的未来发展方向之一。通过人工智能技术，系统能够根据收集到的数据和信息进行自主学习和智能决策。这不仅能够提高决策的准确性和科学性，还能够降低人为因素导致的问题和误差。同时，人工智能辅助决策还能够为企业和组织提供更加个性化和定制化的服务体验。

【场景案例】

风险分级管控场景案例、项目主体阶段隐患排查治理场景案例请扫二维码学习。

场景案例：
风险分级管控

场景案例：
项目主体阶段
隐患排查治理

【习题与思考】

一、单选题

1.《中华人民共和国安全生产法》明确了安全生产三大目标，即（　　），保障人民群众生命和财产安全，促进经济社会持续健康发展。

A. 保护环境卫生　　B. 防止和减少生产安全事故

C. 保证产品质量　　D. 健全安全生产体系

2.《中华人民共和国安全生产法》规定，生产经营单位应当在较大危险因素的生产经营场所和有关设施、设备上，设置明显的（　　）。

A. 安全宣传标语　　B. 安全宣教挂图

C. 安全警示标志　　D. 登记备案标志

3.《中华人民共和国建筑法》规定，建筑施工企业在编制施工组织设计时，应当根据建筑工程的特点制订相应的（　　）。

A. 安全技术交底　　B. 安全防护方案

C. 安全技术措施　　D. 安全保障体系

4.《中华人民共和国建筑法》规定，施工现场安全由（　　）负责。

A. 建筑施工企业　　B. 总承包单位

C. 分包单位　　D. 工程监理单位

5.《中华人民共和国环境保护法》规定，企业事业单位和其他生产经营者违法排放污染物，受到罚款处罚，被责令改正，拒不改正的，依法作出处罚决定的行政机关可以自责令更改之日的次日起，按照原处罚数额按（　　）连续处罚。

A. 年　　B. 月　　C. 周　　D. 日

6.《中华人民共和国消防法》规定，禁止在具有火灾、爆炸危险的场所使用明火；因特殊情况需要使用明火作业的，应当按照规定事先办理（　　）。

A. 审批手续　　B. 许可手续　　C. 保险手续　　D. 备案手续

7.《实施工程建设强制性标准监督规定》规定，建筑安全监督管理机构负责对工程建设（　　）执行施工安全强制性标准的情况实施监督。

A. 勘察设计阶段　　B. 招标投标阶段　　C. 施工阶段　　D. 保修阶段

8. 建筑起重机械在使用过程中需要顶升的，使用单位委托原（　　）或者具有相应资质的安装单位按照专项施工方案实施后，即可投入使用。

A. 租赁单位　　B. 安装单位　　C. 使用单位　　D. 总承包单位

9.《建筑施工安全检查标准》（　　），自 2012 年 7 月 1 日施行。

A. JGJ 130—2011　　B. JGJ 59—2011

C. JGJ 59—1999　　D. GB 59—2011

10. 在生产经营活动中存在可能导致事故发生的物的危险状态、人的不安全行为和管理上的缺陷是指（　　）。

A. 危险　　B. 事故隐患

C. 危险因素　　D. 重大危险源

11. 安全生产责任制度是安全生产制度体系中最基础、最重要的制度，其实质是（　　）。

A. 安全生产重于泰山　　B. 安全生产，人人有责

C. 制定并落实安全管理制度　　D. 管生产必须管安全

12. 三不伤害原则是不伤害自己、不伤害他人、（　　）。

A. 不被他人伤害　　B. 不伤害群众

C. 不伤害领导　　D. 不被宠物伤害

13. 分包单位应当服从建筑施工总承包单位的安全生产管理，分包单位不服从管理导致生产安全事故的，由分包单位承担（　　）责任。

A. 全部　　B. 主要　　C. 次要　　D. 连带

14. 专项施工方案需专家论证时，专家组成员应当由（　　）名及以上符合相关专业要求的专家组成。

A. 3　　B. 4　　C. 5　　D. 6

15. 下列不属于建筑施工企业安全检查内容的是（　　）。

A. 安全目标的实现程度　　B. 安全生产职责的落实情况

C. 各项安全管理制度的执行情况　　D. 农民工工资发放情况

16. 施工单位负责人接到报告后，应当于（　　）小时内向事故发生地县级以上人民政府建设主管部门和有关部门报告。

A. 2　　B. 3　　C. 1　　D. 4

17. 建筑施工现场的围挡高度，一般路段应高于（　　）。

A. 1.5 m　　B. 1.8 m　　C. 2.0 m　　D. 2.5 m

18. 施工现场“五牌一图”中的“一图”是指（　　）。

A. 施工现场总平面图

B. 建筑工程立面效果图

C. 施工现场安全标志平面图

D. 施工现场排水平面图

19. 施工现场某种安全标志几何图形为黄底黑色图形加三角形黑边的图案，则该安全标志是（　　）。

A. 禁止标志　　B. 警告标志　　C. 指令标志　　D. 提示标志

20. 施工现场出入口应满足消防车通行要求，且宜在不同方向布置，其总数不宜少于（　　）个。

A. 2　　B. 3　　C. 4　　D. 5

21. 智慧安全与环境管理应用的主要目的是（　　）。

A. 提高生产效率　　B. 保障人员安全

C. 降低环境影响　　D. 增强企业竞争力

22.（　　）不是智慧安全与环境管理应用的核心技术。

A. 大数据分析技术　　B. 物联网技术

C. 人工智能技术　　D. 自动化技术

23. 实时监控系统主要应用于（　　）场景。

A. 工厂生产过程监控　　B. 城市交通监控

C. 家庭安全监控　　D. 所有以上选项

24. 在智慧安全与环境管理应用中，（　　）技术不是实现实时监控的关键技术。

A. 传感器技术　　B. 物联网技术

C. 大数据技术　　D. 传统的监控技术

25. 在预警预测分析中，主要依赖（　　）技术对环境风险进行预测。

A. 机器学习技术　　B. 数据分析技术

C. 物联网技术　　D. 人工智能技术

26.（　　）不是智能巡检管理的基本功能。

A. 自动巡检　　B. 自动识别问题

C. 手动记录巡检结果　　D. 自动报警提示

二、多选题

1. 脚手架工程专项施工方案通常应包括（　　）等内容。

A. 编制依据　　B. 施工工艺技术

C. 施工计划　　D. 施工安全保证措施

E. 计算书及相关图纸

2. 超过一定规模的危险性较大脚手架工程验收合格后，应由（　　）签字确认，方可进入下一道施工工序。

A. 总承包单位项目负责人　　B. 总承包单位安全部门负责人

C. 总承包单位技术负责人　　D. 监理单位现场总监

E. 专业施工单位现场负责人

3. 预警预测分析的功能是（　　）。

A. 对收集到的实时数据进行深入分析，提前发现可能存在的安全和环境风险。

B. 对企业和组织的决策提供有力支持。

C. 预测未来的风险趋势。

4. 应急响应联动系统在应对突发环境事件中的作用有（　　）。

A. 对事件进行响应和处理。

B. 整合各种资源，包括人力、物力、信息等。

C. 为应急响应提供智能化的建议和方案。

5. 智慧安全与环境管理应用主要包括（　　）功能。

A. 实时监控系统　　B. 预警预测分析

C. 应急响应联动　　D. 环保数据整合

6. 实时监控系统主要监控（　　）对象。

A. 环境参数　　B. 设备运行状态

C. 人员活动　　D. 产品质量

7. 预警预测分析主要基于（　　）技术进行风险预测。

A. 大数据分析技术　　B. 物联网技术

C. 人工智能技术　　D. 自动化技术

三、简答题

1.“三宝”“四口”“五临边”分别指什么？

2. 建设工程安全管理中“三违”“三级安全教育”“三类人员”“四不放过”“三不伤害”具体含义分别是什么？

模块 8 工程项目智慧信息管理

项目 8.1 区分建设工程项目信息管理的目的和任务

[学习目标]

知识目标

1. 了解建设工程项目信息管理的含义及核心目的。
2. 了解建设工程项目信息管理的范围。

模块 8

能力目标

1. 掌握信息管理的具体内容，具有项目信息管理规划的能力。
2. 能在具体项目中抓住信息管理的重点内容。

素养目标

1. 培养理论结合实践的应用能力。
2. 提升工程项目管理能力。

区分建设工程项目信息管理的目的和任务
- 认识建设工程项目信息管理
- 明确建设工程项目信息管理的任务

任务 8.1.1 认识建设工程项目信息管理

任务引入

楚雄职教办公楼项目是一个房建施工项目，现场存在大量数据，纸质资料比较多，大量的信息需要通过口头或纸质资料进行传递和收集，过程中如果没有行之有效的信息管理方式，势必造成各类信息传递效率低下，进而影响项目目标的达成。作为项目管理人员，需要如何开展项目信息管理呢？

知识准备

建设工程项目信息管理是通过对各个系统、各项工作和各种数据的管理，使项目的信息能方便和有效地获取、存储、处理、交流。其目的旨在通过有效的项目信息传输的组织和控制为项目建设的信息提供高效边界的交互，为项目增值服务。

① 信息是指用口头、书面的方式或电子的方式传输（传达、传递）的知识、新闻，或可靠或不可靠情报。声音、文字、数字和图像等都是信息表达的形式。建设工程项目的实施需要人力资源和物质资源，应认识到信息也是项目实施的重要资源之一。

② 信息管理是指信息传输的合理组织与控制。施工方在投标过程中、承包合同洽谈过程中、施工准备工作中、施工过程中、验收过程中，以及在保修期工作中形成大量的各种信息。这些信息不但在施工方内部各部门间流转，其中许多信息还必须提供给政府建设主管部门、业主方、设计方、相关的施工合作方和供货方等，还有许多有价值的信息应有序地保存，可供其他项目施工借鉴。上述过程包含了信息传输的过程，由谁（哪个工作岗位或工作部门等）、在何时、向谁（哪个项目主管和参与单位的工作岗位或工作部门等）、以什么方式、提供什么信息等属于信息传输的组织与控制，这就是信息管理的内涵。信息管理不能简单理解为仅对产生的信息进行归档和一般的信息领域的行政事务管理。为充分发挥信息资源的作用和提高信息管理的水平，施工单位和其项目管理部门都应设置专门的工作部门（或专门的人员）负责信息管理。

③ 建设工程项目的信息管理是通过对各个系统、各项工作和各种数据的管理，使项目的信息能方便和有效地获取、存储、处理和交流。

④ 建设工程项目的信息管理目的旨在通过有效的项目信息传输的组织与控制，为项目建设提供增值服务。

⑤ 建设工程项目的信息包括在项目决策过程、实施过程（设计准备、设计、施工和物资采购过程等）和运行过程中产生的信息，以及其他与项目建设有关的信息。

综上所述，建设工程项目信息管理的目的是信息的沟通，有助于提高建设工程项目的管理工作，更好地服务于工程的建设，工程项目信息管理是工程在实施过程中能够得到最新信息的重要途径。

任务 8.1.2 明确建设工程项目信息管理的任务

任务引入

楚雄职教办公楼项目有大量的信息需要通过口头或纸质资料进行收集和传递，收集过程中需要完成哪些信息管理的任务呢?

知识准备

工程项目相关的信息管理的主要任务如下：

（1）收集并整理相关公共信息

公共信息包括法律、法规和部门规章信息，市场信息以及自然条件信息。

（2）收集并整理工程总体信息

以房屋建设工程为例，工程总体信息包括：工程名称、工程编号、建筑面积、总造价；建设单位、设计单位、施工单位、监理单位和参与建设其他各单位等基本项目信息；基础工程、主体工程、设备安装工程、装饰装修工程、建筑造型等信息；工程实体信息、场地与环境、施工合同信息等。

（3）收集并整理相关施工信息

施工信息内容包括施工记录信息和施工技术资料信息。

（4）收集并整理相关项目管理信息

项目管理信息包括：项目管理规划信息、项目管理实施规划信息、项目进度控制信息、项目质量控制信息、项目安全控制信息、项目成本控制信息、项目现场管理信息、项目合同管理信息、项目材料管理信息、构配件管理信息、工器具管理信息、项目人力资源信息、项目机械设备管理信息、项目资金管理信息、项目技术管理信息、项目组织协调信息、项目竣工验收信息、项目考核评价信息等。

业主方和项目参与各方都有各自的信息管理任务，各方都应编制各自的信息管理手册，以规范信息管理工作。

未来工程建设的信息资源的组织和管理将具有以下特征：

① 在工程建设各阶段，参与各方都能随时随地获得所需要的各种项目信息；

② 用基于虚拟现实的、逼真的工程项目模型指导工程建设的设计与施工全过程；

③ 避免信息在工程项目各组成部分之间，工程建设实施各阶段之间以及在参与建设的各方之间的分离现象；

④ 减少距离的影响，使项目团队成员相互进行信息交流和沟通时有同处一地的感觉；

⑤ 对信息的产生、保存及传播进行有效管理。

信息交流与沟通也是实现虚拟建设模式的思想、组织及方法的基础手段，是研究虚拟建设模式信息系统的前提。

知识拓展

信息管理过程就是交换和共享数据、信息和知识的过程，可理解为工程参与各方在项目建设全过程中，运用现代信息和通信技术及其他合适的手段，相互传递、交流和共享项目信息和知识的行为及过程。这一含义的要点如下：

① 信息的交流与沟通，包括建设项目参与各方。

② 时间，贯穿工程建设全过程。

③ 信息交流与沟通手段，主要指基于计算机网络的现代信息技术和通信技术，但也不排除传统的信息交流与沟通方式。

④ 信息交流与沟通内容，包括与项目建设有关的所有知识和信息，特别是需要在参与各方之间共享的核心知识和信息。

项目 8.2
理解建设工程项目智慧信息管理的内涵与意义

[学习目标]

知识目标

1. 理解建设工程项目管理信息化的内涵。
2. 认识建设工程项目管理信息化的意义。

能力目标

1. 掌握建设工程行业项目信息化的基本知识，具有项目信息化建设把握全局的能力。
2. 理论结合实践，能举一反三对项目现场的工作进行智慧化改造。

素养目标

1. 培养理论结合实践的应用能力。
2. 举一反三、开阔思路。

[思维导图]

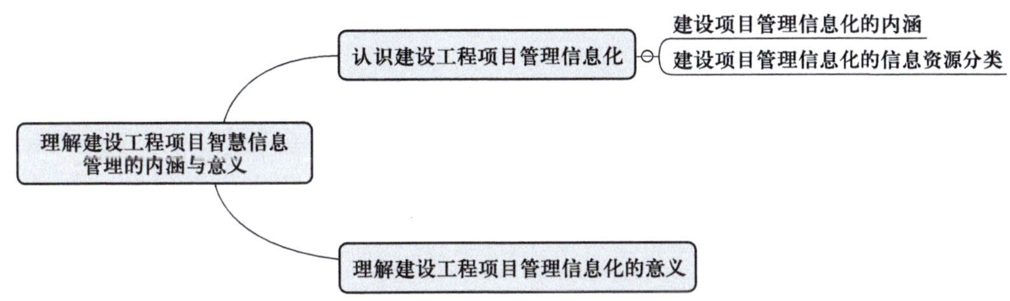

任务 8.2.1 认识建设工程项目管理信息化

任务引入

楚雄职教办公楼项目采用数字项目管理平台进行项目级管理，作为项目管理人员要如何理解项目管理信息化的内涵呢?

知识准备

与发达国家和地区相比，我国建筑业和基本建设领域应用信息技术的程度尚存在一定的差距。它反映在信息技术在工程管理中应用的观念上，也反映在有关的知识管理上，还反映在有关技术的应用方。

工程管理信息化是指工程管理信息资源的开发和利用，以及信息技术在工程管理中的开发和应用。建设项目管理信息化是工程管理信息化的一个分支。

建设项目管理信息化的内涵是指在建设项目管理涉及的各方主体及各个阶段广泛应用信息技术、开发信息资源，以促进建设项目管理水平不断提高的过程。由于信息技术的渗透性强、发展快，以及建设项目自身的复杂性，建设项目信息化的内涵极为丰富，并处于不断的发展变化之中，建设项目信息化具有信息收集自动化、信息存储电子化、信息交换网络化、信息检索工具化及信息利用科学化等特征。

建设项目管理信息化的信息资源包括以下几种：

① 组织类工程信息，如建筑业的组织信息、项目参与方的组织信息、与建筑业有关的组织信息和专家信息等。

② 管理类工程信息，如与投资控制、进度控制、质量控制、合同管理和信息管理有关的信息等。

③ 经济类工程信息，如建设物资的市场信息、项目融资的信息等。

④ 技术类工程信息，如与设计、施工和物资有关的技术信息等。

⑤ 法规类信息等。

任务 8.2.2 理解建设工程项目管理信息化的意义

任务引入

楚雄职教办公楼项目体量大，专业交叉多，工期紧，迫切需要引入数字项目平台，提升项目管理的效率。作为项目管理人员，你认为项目管理信息化的意义有哪些呢？

知识准备

建设工程项目信息化管理的意义包括：

① 项目管理利用信息网络作为项目信息交流的载体，可以大大加快信息交流的速度，减轻项目参与者日常管理的负担，加快项目管理系统中信息反馈速度和响应速度，人们可以及时查询项目进展信息，进而及时发现问题，及时决策，提高工作效率。它为所有项目参与者提供完整、准确的历史信息，方便浏览，支持在计算机上进行信息的粘贴和复制，大大提高了不同部门、内容基本一致的项目管理效率，减少了传统管理模式下的大量重复复制工作。

② 项目管理利用公共信息管理平台，方便各参与方共享信息、协同工作，一方面有助于提高工作效率，另一方面有助于提高管理水平。建设项目信息化增加了项目的透明度，人们可以了解企业和项目的全貌。总体目标容易实现，项目经理和领导容易发现问题。下级的管理者和上级的管理者也更容易理解和领会更高级管理者的意图，这样更容易协调各方面。在信息共享环境下，通过自动完成一些常规的信息通知，减少了项目参与方需要人工沟通的次数，保证了信息传递的快速、及时、顺畅。

③ 项目管理适应了建设项目管理中信息的快速增长，允许每天实时收集各种项目管理活动的信息和数据，并对所有管理环节进行及时方便的监督检查，实行规范化管理，从而促进项目管理质量的提高。建设项目信息化增加了信息容量，提高了信息的可靠性。例如，项目管理人员可以直接从互联网上查询新的项目招标信息和原材料市场。人们可以直接查询和使用其他部门的信息，不仅可以减少对信息的处理和加工，还可以保持信息在传输过程中不失真。

④ 建设项目的所有信息都以系统化、结构化的方式

> **小启示**
>
> 工程项目管理信息系统的建设不仅是一个单纯的IT技术应用过程，也是一个现代项目管理理念、项目管理组织、项目管理制度、项目管理指标和项目管理人才体系建设的过程。作为未来的项目管理人员，我们需要认真学习项目管理知识，并应用到项目管理过程中，更好地为项目服务。

进行存储，甚至对前期项目积累的信息进行有效分析，便于施工后的分析和数据复用，从而为项目管理提供量化分析数据，支持项目科学决策。因此，对建设工程项目实施信息化管理，可以有效利用有限的资源，以尽可能少的成本、尽可能快的速度保证优良的工程质量，以获得更大的社会效益和经济效益。

⑤ 建设项目信息化极大地提高了项目风险管理的能力和水平。由于现代市场经济的特点，建设项目的风险越来越大。现代信息技术使人们能够有效、快速地预测、分析、预防和控制风险。因为风险管理需要大量的信息，而要快速获取这些信息，需要非常复杂的信息处理过程。现代信息技术为风险管理提供了良好的方法和工具。

项目 8.3
搭建建设工程项目管理信息系统

[学习目标]

知识目标

1. 了解建设工程项目管理信息系统建设的内容和目标。
2. 掌握基于 BIM 的数字项目管理平台应用的基本功能。

能力目标

1. 能借助建设工程项目管理信息系统开展管理工作。
2. 能在具体的项目中构思应用选择，同时可以解决现场遇到的实际问题。

素养目标

1. 培养理论结合实践的应用能力。
2. 培养灵活创新、深入挖掘、刻苦钻研的数字化应用能力。

搭建建设工程项目管理信息系统
- 明确建设工程项目管理信息系统建设的内容
- 认识建设工程项目智慧信息管理系统的基本功能

任务 8.3.1 明确建设工程项目管理信息系统建设的内容

任务引入

楚雄职教办公楼项目进行信息化建设之前要深入理解项目管理信息系统建设的内容和具体功能。作为项目管理人员，你认为建设工程项目管理信息系统建设的内容有哪些呢?

知识准备

建设工程信息管理手段的核心是实现工程管理信息化。近些年，我国大力推广以 BIM 为核心的建筑信息化发展规划，BIM 技术作为国家科技部“十一五”的重点研究项目，被确认为建筑信息化的最佳解决方案。BIM 是建设项目物理和功能特性的数字化表达，BIM 是共享的知识资源，通过共享建设工程项目的信息，为建设项目从概念设计阶段到拆除阶段的全生命周期中的所有决策提供可靠的依据；在项目不同的阶段，不同的利益相关方通过在 BIM 中插入、提取、更新和修改信息，以支持和反映其各自职责的协同作业。

以下介绍基于 BIM 的建设工程项目信息管理平台系统建设的内容：

（1）搭建 BIM 平台

实现项目 BIM 模型结构的创建及项目 BIM 模型文件、属性管理，为各业务管理平台提供 BIM 模型数据，形成 BIM 模型数据容器。设计、勘察资料的三维数据以及现场进度、施工质量、关键业务指标信息等实时业务数据能够科学的获取，并合理地嵌入 BIM 模型，实现三维和二维可视化展示。系统可以基于 BIM 应用场景，实现对项目投资、进度、质量、安全的多维度展示，具备综合查询、大屏综合信息展示、专项管理内容查询等功能，为工程管理人员、参观人员提供直观、统一的信息展示窗口，为业主把控工程整体建设提供数据化、可视化的视角，辅助领导者进行管理指导与决策。

（2）实现全业务流程的信息化管理

建设基于 BIM+ 技术的项目管理平台，实现项目管理各业务模块与 BIM 模型的结合，包括但不限于生产进度管理、采购（物资）管理、合同管理、质量管理、安全管理、成本管理、文档管理。

（3）支撑智慧工地管理

利用移动互联网技术，将工程质量、安全管理业务与流程相结合，实现施工作业现场质量验收评定、安全检查过程的数字化管理。在移动端完成质量、安全过程管理以及标准表格电子化、流程化。

劳务人员管理：劳务用工管理系统，管理范围主要是现场相关的管理与作业人员，系统中登记录入的人员包括现场劳务人员。通过信息化手段，强化施工现场施工队伍的规范化管理。

安全质量在线管控：突出现场施工安全质量管理，实现 BIM 技术与安全质量管理相结合。主要利用 BIM 模型构件与质量验评单元结合，实现对单元工程质量全过程跟踪。BIM 技术与安全管理结合，主要利用 BIM 模型构件标记、发现施工过程中存在的安全风险，展示工程现场整体安全管理的动态信息，为现场管理者提供直观的安全警示。

（4）项目过程管理资料和档案数字化交付

伴随项目业务推进进程，BIM 模型属性信息同步扩展与维护，实时生成过程管理资料，并进行信息化统计、分析、处理和归档，系统提供基于名称、代码、内容等关键字的资料检索能力，让资料检索更智能、更精准。单元工程完成，即完成资料归档；项目机械完工，电子档案基本同步实现数字化交付。

（5）安全保密

工程信息化系统在局域网内独立运行，与外部网络物理隔离，不与任何不受控的网络、系统相通信，确保系统信息安全受控。系统要设置科学合理的授权管理功能和信息保密管理功能，结合各项业务管理权限，按照“信息知悉范围最小化”的原则，配置业务管理员和流程审批人员，实行分层授权、分层负责的综合控制体系，对产生的业务数据处理、转发、下载、打印、存储、备份等采取严格的技术控制措施，确保信息保密设置科学合理。

任务 8.3.2 认识建设工程项目智慧信息管理系统的基本功能

任务引入

楚雄职教办公楼项目进行智慧信息管理，从项目施工阶段开始需要在不同的管理过程中进行哪些具体的信息管理模块应用？具体流程和应用价值如何？

知识准备

工程信息化系统在建设项目工程管理中广泛应用，工程项目管理信息系统充分利用 BIM 模型、信息管理软件、移动 App 等现代信息网络技术，开展工程项目信息管理系统建设，打造智慧工地，为业主及参建各方提供规范统一、协同管理的一体化平台。工程项目信息管理系统功能模块内容，涵盖工程各专业的管理业务、管理流程的全部范畴。

以下介绍工程信息化系统建设的基本功能。

（1）项目基本信息

项目基本信息主要是登记单项工程的项目信息、立项资料等附件列入工程立项的基本信息。内容主要包括单项目基本信息、项目参建方信息、项目干系人信息等。

（2）技术管理

技术管理包括方案管理、技术交底、图纸管理和图纸发布管理、检验试验管理、样板管理、模型上传等内容。

（3）生产管理

生产管理以进度任务派分为主线，形成进度完成情况的数字化跟踪反馈，每日上传施工任务完成情况并自动统计，对现场施工实时动态监控，确保总体进度计划按期进行。对影响施工因素的原因进行数据分析，找到对应的解决方案。系统制订“总计划—月进度计划—周进度计划”的进度管理模型，并以这些管理模型为基础，进行现场施工任务计划的编制和跟踪工作。

（4）合同管理

合同管理主要实现从合同信息登记、合同清单费用归集、合同计量与支付、合同结算的全流程管理，合同结算完成后自动进行合同关闭评价。合同登记过程中，系统应基于合同 BOQ（价格清单）项归集概预算科目数据形成合同清单，或直接读取相关算量软件导出 Excel 格式的工程量清单，形成合同清单。针对每个 BOQ 项，能追溯其概预算数据，在后期计量和支付过程中，能记录其变更数据和结算数据，实现合同数据全过程追溯。

（5）质量管理

项目质量管理模块要涵盖事前、事中、事后整个质量管理 PDCA 循环过程，主要包括质量策划管理、质量体系管理、质量巡检及质量评定等主要功能。基于项目进行质量管理策划是项目质量管理的起点和依据；质量管理体系是质量管理的制度保证，包括制度、组织和人员等；质量巡检包括质量隐患发现、质量问题整改、质量事故处理、质量奖惩等日常工作内容；质量验评要基于质量 App 在线质量验评系统，质量管理模块可以动态获取工程重点部位、关键工序的质量评定信息。

（6）安全管理

安全管理应包括安全管理策划、安全计划编制、安全体系建设、安全巡视、安全培训、安全事故管理等功能。通过安全策划识别项目潜在的安全风险因素，通过安全体系建设为项目安全管理提供制度保证；通过安全计划制订安全管控计划并跟踪监督；安全巡视主要是对现场的安全情况进行定期巡查，监督现场施工安全活动，同时利用安全 App 能展示现场发现的安全隐患处理全过程并形成安全台账。

（7）采购管理

项目招标采购管理主要针对物资、设备、工程、服务的采购过程进行管理，也包括对合格供应商进行管理。系统主要功能包括分标方案、招标采购计划、采购申请、招标管理、标书协同编制、采购合同签署、供应商准入及评价，基于全过程的标准化管理和规范流程，实现采购的全过程跟踪，并合理地控制采购资金、工期、质量等管理目标。

（8）文档管理

提供完整的档案管理功能，提供全宗、目录及相关规则配置管理，具备文件登记、文件库、整编库、移交库、档案库、超期鉴定库、回收站等全套档案过程管理，同时对外提供标准的档案库接口，可接驳第三方档案系统的目录结构或业务系统的文件类型，并按照目录对应关系。

知识拓展

什么是建筑工程全生命周期信息管理?

在建设工程项目从规划、设计、施工、运营、维护、拆除到再利用的全生命周期中，存在着规模庞大的信息。为推进建筑业数字化转型，使大数据成为推动建筑行业高质量发展的新动能，建筑工程全生命周期信息管理应运而生。

建筑工程全生命周期信息管理（Building Lifecycle Management，BLM），指贯穿于建筑全过程，用数字化的方法来创建、管理和共享所建造资本的信息。其以信息管理为核心，旨在聚合数据、集成信息、赋能监管，从而实现建筑业管理数字化改革。

BIM 技术是实现 BLM 理念的关键。BIM（Building Information Modeling）从根本上改变了建筑工程信息的创建过程与创建方式，将数字化信息形式应用于规划设计、生产制造、建造施工、运营维护各阶段，能够以建筑工程项目各项数字化信息为基础创建 3D（实体）+1D（进度）+1D（造价）的五维建筑信息模型。这种数字化信息模式的创建，也从根本上改变了建筑工程信息的共享与管理方式，使数字化建筑物形成完整的、有层次的信息管理系统。

【场景案例】

项目信息化管理系统建设场景案例请扫二维码学习。

场景案例：项目信息化管理系统建设

知识拓展

周全的项目管理信息系统实施以下策略：

① 全员参与是项目管理信息系统成功运用的保障。

② 要以项目管理信息门户网站作为项目管理信息系统的战略目标。

③ 建立不同项目生命周期信息系统之间的数据流程和接口是项目信息系统规划的核心任务和目标。

④ 项目管理信息系统的规划设计必须列入工程项目概念阶段方案拟定和认证的必备内容。

⑤ 以造价（概预算）、合同、财务管理为主线和重心构建项目信息管理系统。

⑥ 建立进度项目划分、造价项目划分和质量验评项目划分三者之间编码的统一或对应关系是项目管理信息系统开发的重点和难点。

【习题与思考】

一、单选题

1. 建设工程项目信息管理的目的是（　　）。

A. 通过有效的项目信息收集组织和控制为项目参与各方的沟通搭建平台

B. 通过有效的项目信息传输的组织和控制为项目建设提供增值服务

C. 通过项目信息存储的有效组织和控制为项目运营期的维护保养提供依据

D. 通过项目信息处理的有效组织和控制为项目业主方协调各方关系提供依据

2. 当今时代进行信息管理的核心手段是（　　）。

A. 基于网络的信息处理平台　　B. 委托咨询公司

C. 设立信息管理部门　　D. 信息的分类

3. 工程管理信息化属于（　　）的范畴。

A. 领域信息化　　B. 区域信息化　　C. 企业信息化　　D. 社会信息化

4. 工程管理信息系统的功能不包括（　　）。

A. 投资控制和成本控制　　B. 进度控制

C. 合同管理和质量控制　　D. 信息自动化控制

5. 关于建筑信息模型（BIM）的含义描述错误的是（　　）。

A. BIM 是建设项目物理和功能特性的数字表达

B. BIM 仅是为施工阶段的决策提供可靠依据的信息模型

C. 在我国 BIM 已投入应用，并与项目管理平台相结合

D. BIM 是一个共享的知识资源库

二、多选题

1. 建设工程项目的信息包括在项目决策过程、实施过程和运行过程中产生的信息及其他有关信息，包括（　　）。

A. 项目的组织类信息　　B. 项目的管理类信息

C. 项目的经济类信息　　D. 项目的技术类信息

E. 项目的合同类信息

2. 项目信息门户的核心功能包括（　　）。

A. 项目参与各方的信息交流　　B. 工程安全管理

C. 项目参与各方的共同工作　　D. 项目文档管理

E. 工程进度管理

3. 项目信息门户的主持者可以是（　　）。

A. 业主　　B. 总承包商

C. 设计方　　D. 代表业主利益的工程顾问公司

E. 施工方

4. 工程项目信息管理系统功能模块内容，涵盖工程各专业的管理业务、管理流程的全部范畴，其内容包含以下哪些模块（　　）。

A. 进度管理　　B. 质量管理

C. 技术管理　　D. 资料管理

E. 合同管理

三、判断题

1. 建设工程项目的信息管理的目的旨在通过有效的项目信息传输的组织和控制为项目建设提供增值服务。（　　）

2. 对建筑施工项目实行信息化管理，可以有效利用有限的资源，用尽可能少的费用、尽可能快的速度来保证优良的工程质量，获取项目最大的社会经济效益。（　　）

3. 数字化系统管理应用部署的第一步是预警管理。（　　）

4. 授权管理的操作主要是对企业的项目进行项目的产品授权、项目授权、授权激活。（　　）

5. 对系统的各类门户进行设置，包括自定义模块管理、移动应用管理、宣传栏、开屏页、Web 端门户管理。（　　）

四、简答题

1. 建设工程项目信息管理的任务是什么？

2. 工程项目信息管理系统实施范围和目标有哪些？

3. 组织权限管理的设置中有哪些需要进行设定？

实践案例
智能建造在某高品质住宅项目的运用

一、案例背景

（1）项目简介

某高品质住宅项目坐落于四川宜宾的南部新区，该区域为城市未来 5 年核心打造区域，规划政务中心及南岸核心交通要塞，双高铁加持助力区域发展。项目总建筑面积 51 万㎡，为南部新区单盘在售最大规模项目，整个项目是由 12 栋独栋高层和 6 栋洋房及 1 栋独栋商业和 L 形临街底商围合而成，如案例图 1 所示。

案例图 1　项目俯瞰图

（2）项目重难点及管理诉求

公司与项目部是直营关系，推行项目合伙人制，采用“公司 + 项目部”二级管理模式。

本工程占地面积大、楼栋多，施工现场管理、施工道路规划、各种资源的组织和合理统筹、甲方场地移交时间不确定、前期已施工结构质量及安全无法保证、前期资料移交、政府扬尘控制导致间歇性停工是本工程施工的主要难点。

针对上述问题，公司及项目希望通过 BIM+ 智慧工地等信息化手段的应用达成以下效果：

① 精细化管理，提高生产效率，保证工程进度顺利履约。

② 保障工程质量，生产安全可靠。

③ 通过可视化管理，对工程信息要素进行动态实时掌控。

④ 提升管理团队能力及效率，培养一批信息化人才。

二、应用成果

该项目构建了“一平台、多系统”的应用模块，实现了数据的智能集成及整合，对数据进行自动分析统计，极大提高了项目整体管理水平；通过智能科学的管理手段，对于决策层统筹全局，制订企业发展方向及各项规章制度的推广应用，起到了事半功倍的作用。具体应用项如案例表 1 所示。

案例表 1　某高品质住宅项目整体效益分析

应用项	效益分析
生产进度管理	BIM+ 智慧工地落地应用，进行智慧化精细管控。对人员、机械、物料的合理资源调配，有效保障现场施工与方案的统一，经测算有效节约工期 19 天
安全质量管理	降低项目机械设备运行风险，安全质量 0 事故
劳务管理	防止恶意讨薪现象，保障项目用工合法合规
物料管理	监控作弊行为，提高材料管控效率，间接节约成本
技术管理	管理效率提升 50%，组织高效协同，快速查看、省时省力
人才培养及积累	项目人员信息化综合能力显著提升，形成一套 BIM+ 智慧工地标准化管理办法

三、应用内容

（1）BIM+ 智慧工地助力“人”的精细化管理

BIM+ 智慧工地在人员精细化管理中的内容如案例图 2 所示。

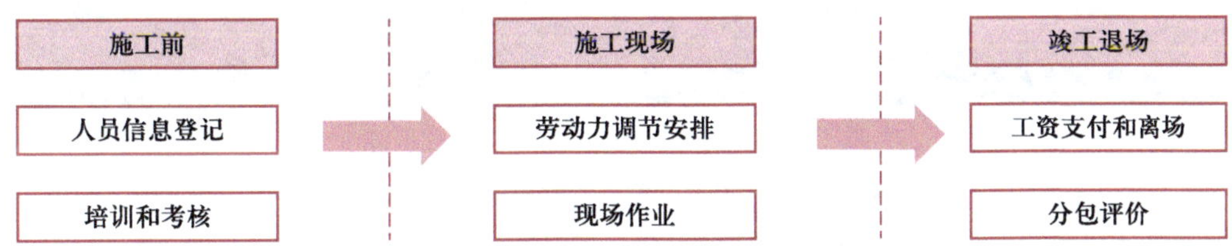

案例图 2　BIM+ 智慧工地在人员精细化管理中的内容

① 人员出勤实时监控，动态掌握现场劳动力资源配置情况，及时纠偏。

项目通过平台查看各分包、班组、工种情况，结合当前的施工生产任务分析在场人数是否满足生产要求，再通过视频监控辅助查看作业面的上工落实情况及工程进展，加强施工现场重点区域部位的把控，避免因上工不足导致的工期延误风险，如案例图 2 和案例图 3 所示。

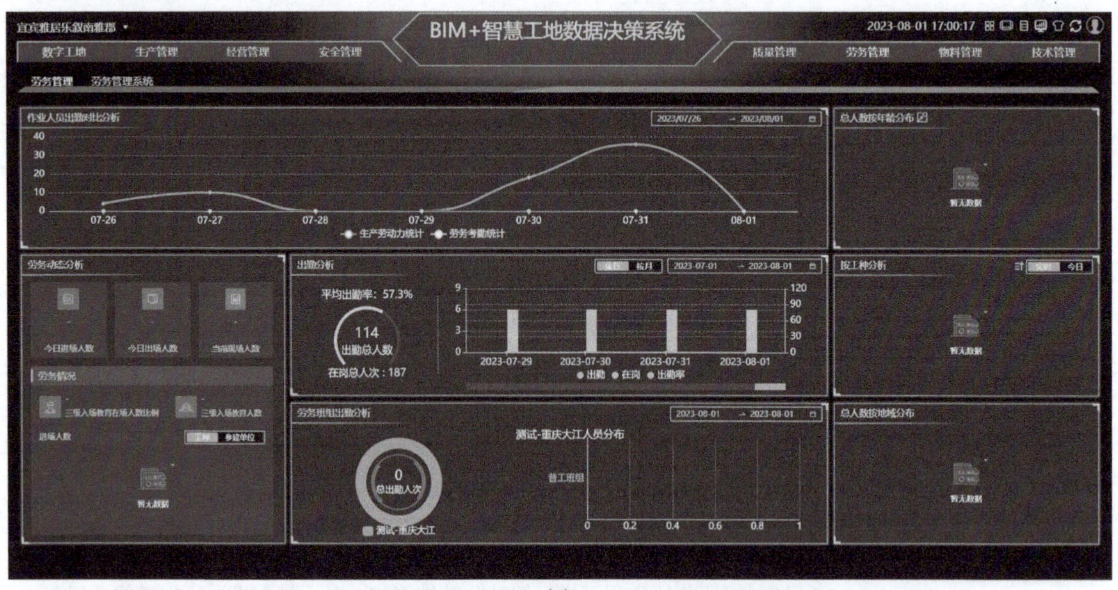

(a)

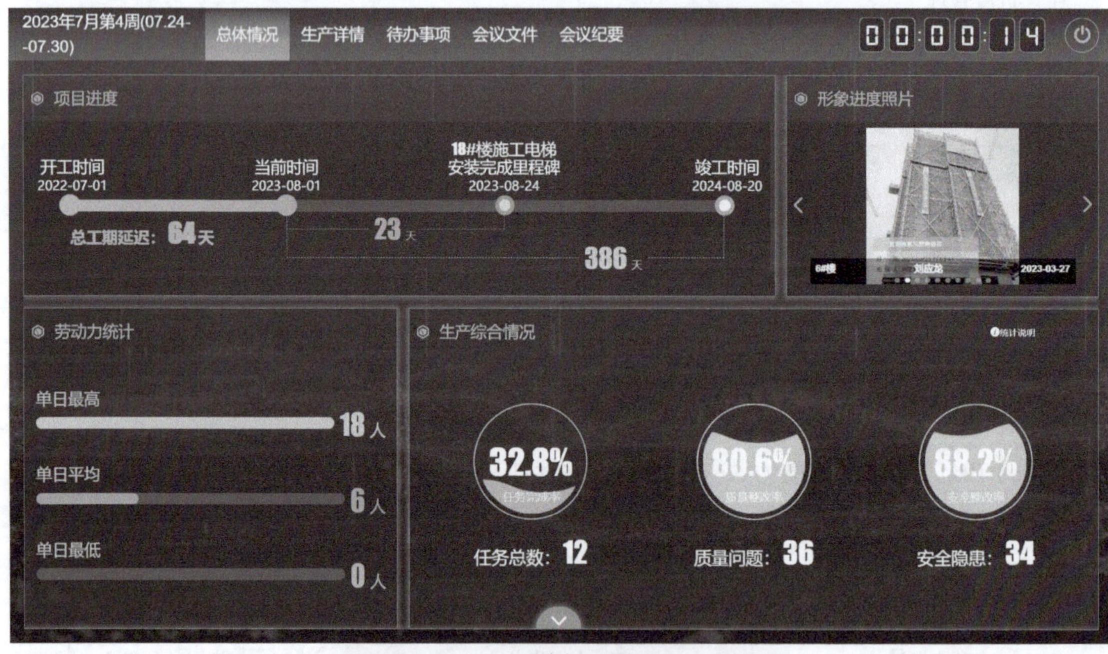

(b)

(c)

案例图 3　平台人员信息展示

② 用工风险速提醒，保障合法合规。

在工地现场维稳方面，当人员发生恶意滋事或超过三次以上违章，项目会将其拉入黑名单，黑名单人员无法通过闸机进入工地现场。当黑名单人员出现在公司其他项目时，平台也会进行登记预警，如案例图 4 所示。另外，平台会将当前未入场教育的人员信息推送给管理人员，加强劳务教育的过程检视，保障在场作业人员三级教育覆盖率达到 100%。

劳务管理系统　首页　实名制　门禁考勤　现场管理　工资管理　培训考试　预警中心　统计分析　评价中心

人员黑名单　奖惩记录

全部(123)　待审核(0)　已发布(123)　审核未通过(0)　请输入姓名/身份证号　人员类别：全部　添加　导入　批量删除

黑名单对象	身份证号码	添加时间	加入黑名单原因	来源组织	上报人	状态	审核人	操作
李	51022***********30	2022-03-11	恶意工伤	永川金科星宸海	郑	已发布	吴	
白	51022***********35	2022-03-11	恶意工伤	永川金科星宸海	郑	已发布	吴	
李	51022***********30	2022-03-10	使用电动工具...	重庆大江建设工程集团有限公司	蒋	已发布	蒋	
杨	51162***********18	2022-03-10	恶意讨薪，围...	万州桐安城万汇城	赵	已发布	蒋	
刘	51162***********23	2022-03-10	恶意讨薪，围...	万州桐安城万汇城	赵	已发布	蒋	
刘	51120***********3X	2022-03-10	恶意讨薪，围...	万州桐安城万汇城	赵	已发布	蒋	
谭	50010***********51	2022-03-10	恶意讨薪，围...	万州桐安城万汇城	赵	已发布	蒋	
白	51022***********35	2022-03-09	使用电动工具...	开州金科四季丰泰	樊	已发布	陈	
李	51022***********30	2022-03-09	敲诈	开州金科四季丰泰	樊	已发布	陈	
罗	51022***********13	2022-03-09	多次聚众闹事...	綦家雅居乐熹玥	万	已发布	陈	
罗	51022***********37	2022-03-09	多次聚众闹事...	綦家雅居乐熹玥	万	已发布	陈	
罗	50038***********54	2022-03-09	多次聚众闹事...	綦家雅居乐熹玥	万	已发布	陈	

共 123 条　20条/页　‹ 1 2 3 4 5 6 7 ›　前往 1 页

案例图 4　人员黑名单

③ 考勤信息全记录，为工资代发提供数据基础。

项目利用平台导出劳务人员有效工时 / 工日的考勤数据，与班组提交的考勤表核对，辅助项目进行劳务工资核算，规范工人工资发放，确保项目方得到真实的劳务成本投入，为项目控制成本提供有效方法，如案例图 5 所示。

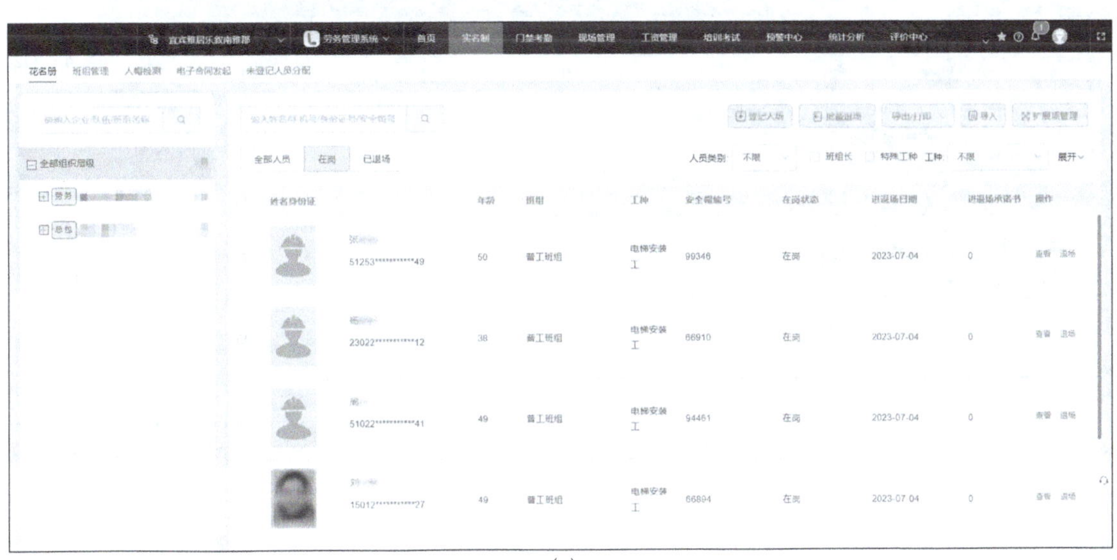

(a)

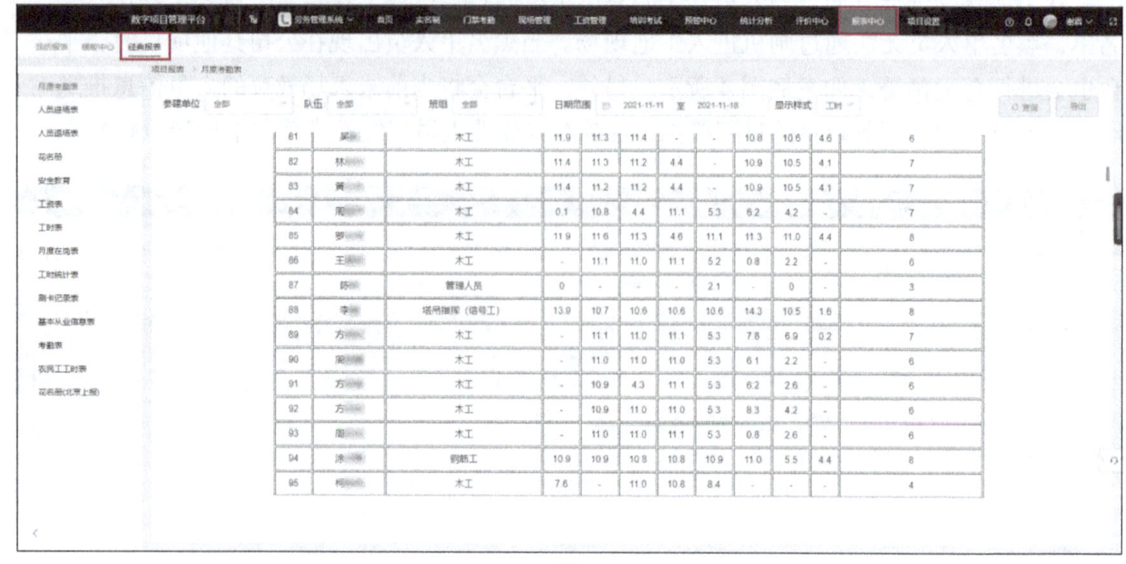

(b)

案例图 5　人员考勤数据

（2）BIM+ 智慧工地助力“机”的精细化管理

① 塔机、电梯监测，实时画面及数据分析助力吊装运输作业，保障安全

项目通过平台查看塔吊、电梯运行情况，当有违规作业时，系统会第一时间发出报警信息并推送给塔机司机及管理人员，加强塔机司机自控及管控能力，提高大型机械安全系数，如案例图 6 所示。

(a)

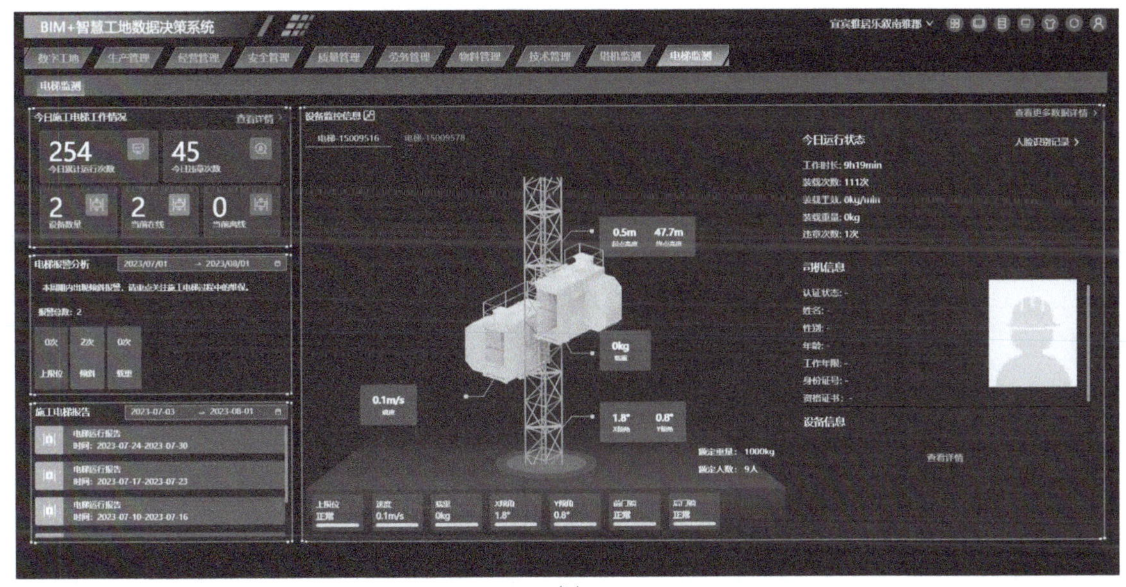

(b)

案例图 6　塔吊等监测数据

② 机械工效分析，数据报告，辅助垂直运输作业，提高效率。

塔吊及施工电梯的工效分析给项目带来一定的生产指导作用，项目领导通过查看各台塔吊、电梯之间的效率对比、利用率饱和度等数据，如案例图 7 所示，合理安排现场垂直运输作业。

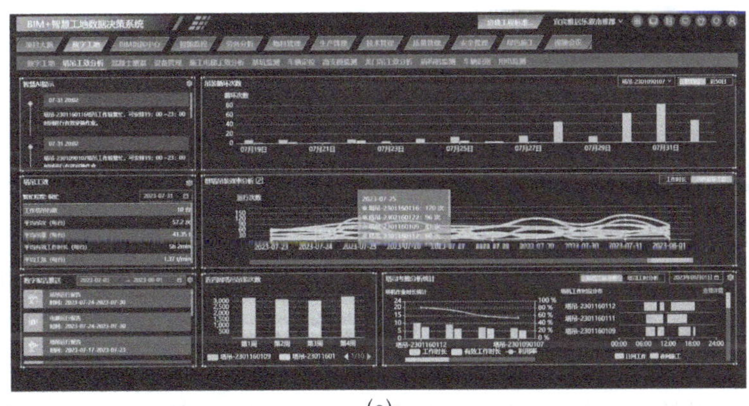

(a)

(b)

案例图 7　塔吊等数据分析

（3）BIM+ 智慧工地助力“料”的精细化管理

① 物资自助过磅、智能验收。

利用无人值守过磅系统，车牌自动识别，提升过磅效率，有效监控作弊行为，运单照片自动拍摄、单位自动换算、偏差自动计算、业务单据一键打印、材料账单一键生成，大幅提高工作效率，如案例图 8 所示。

② 数据自动核算，动态监管超负差情况，提高材料管控效率，间接节约成本。

物资部、实验室通过平台查看超负差车次情况，加强管理分供方，减少项目损失，间接节约成本，如案例图 9 所示。

(a)

(b)

案例图 8　物资过磅系统

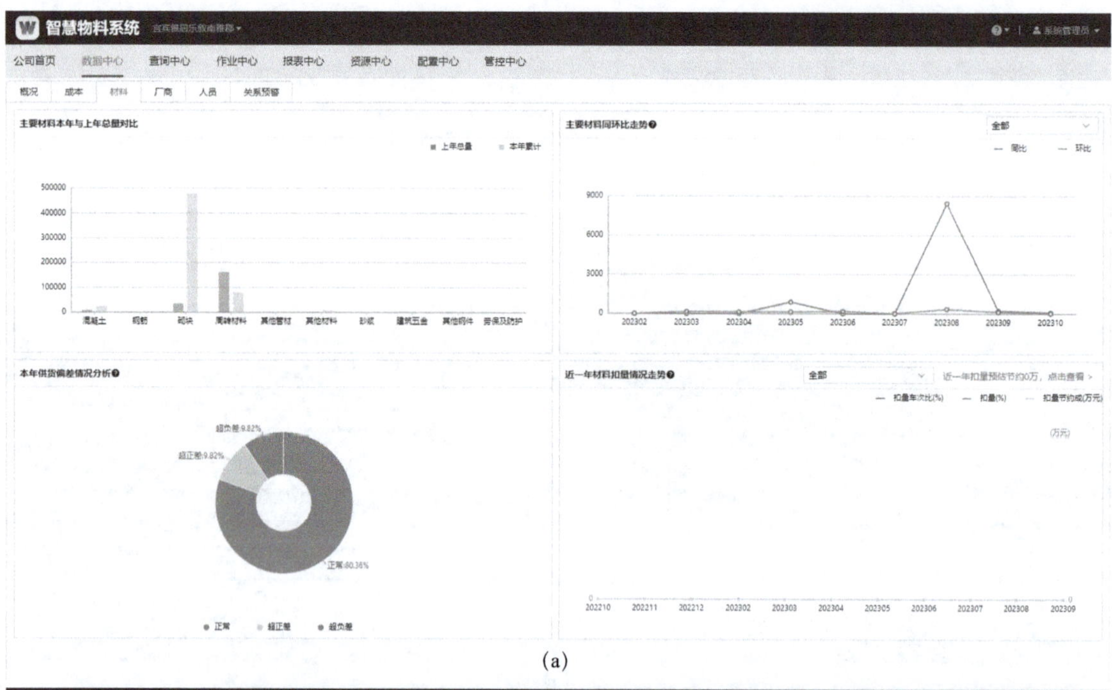

(a)

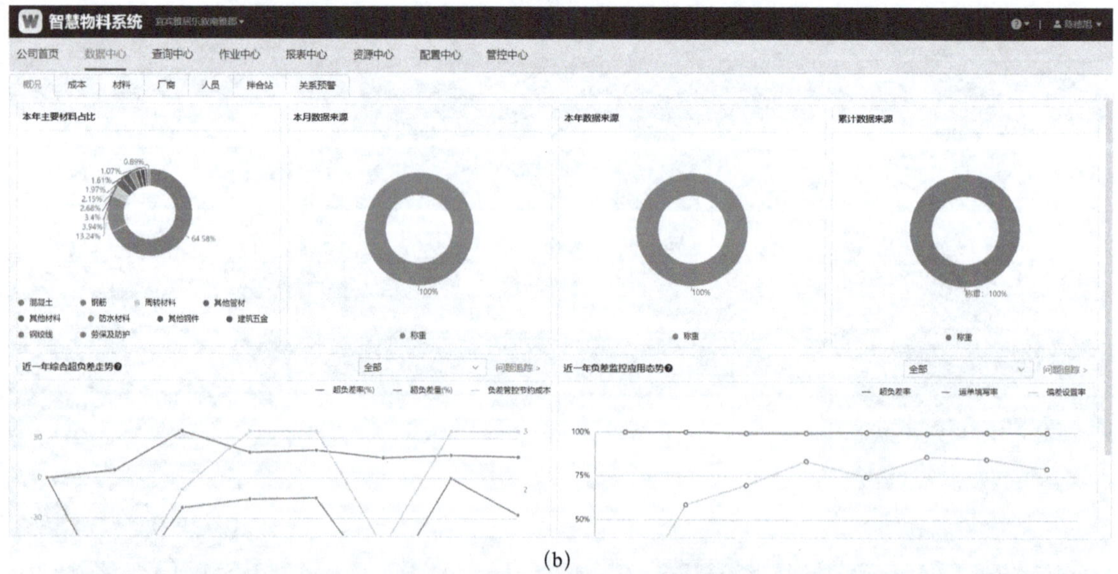

(b)

案例图 9　超负差车次数据

（4）BIM+ 智慧工地助力“法”的精细化管理

① 方案审批、交底流程线上化，技术文件线上协同共享，快速查看省时省力。

项目将资料上传至平台归类共享，方便项目人员在手机端查看；通过方案交底审批线上化，减少无用的“跑腿”，一级、二级、三级交底落实到个人，效率提升 50%，如案例图 10 所示。

宜宾雅居乐叙南雅郡
BIM+智慧工地数据决策系统
2023-08-01 18:39:46
数字工地
生产管理
经营管理
安全管理
质量管理
劳务管理
物料管理
技术管理
技术管理
BIM+技术管理系统
616
0
167
3
557
728
技术公告
方案类型分布图
167个
交底查看趋势图
方案预警
交底状态分布
68

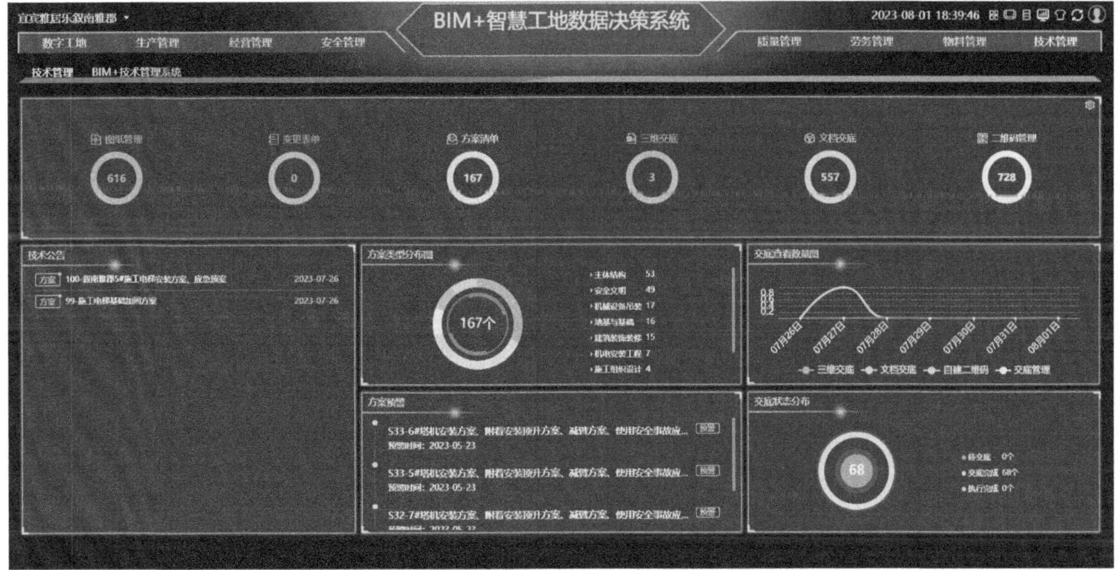

(a)

(b)

(c)

(d)　　　　　　　　　　(e)

案例图 10　线上文件协同共享

② 数字化生产管控，数据引领高效协同。

项目根据总计划及月计划派分周计划，并进行任务跟踪与质安管控，平台自动输出质安报表、周报、施工日志、汇报 PPT 等材料，辅助生产周例会召开，如案例图 11 所示。

(a)

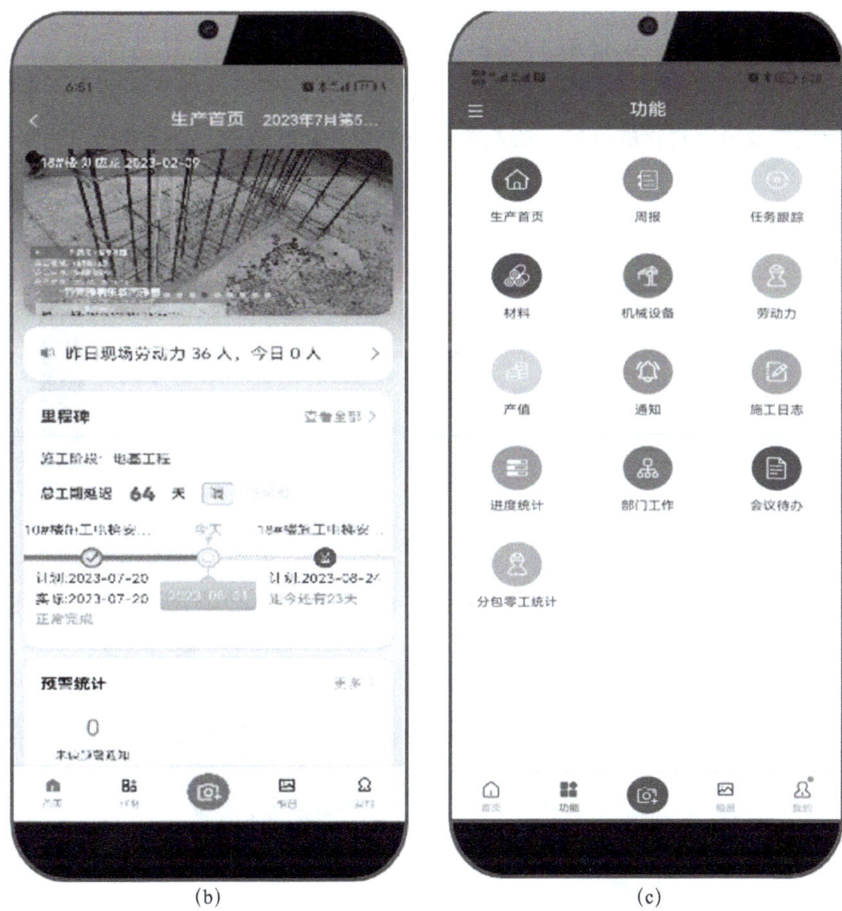

(b)　　　　　　　　　　(c)

案例图 11　任务派分及追踪

通过每周对劳动力、质量安全问题、材料进场数据进行分析，辅助检视每周影响生产进度的关键问题，直观的数据展示和问题定位，能够减少各分包队伍之间的推诿扯皮，如案例图 12 所示。

案例图 12　每周数据分析

③ 三维可视化交底，保证施工质量。

项目通过BIM技术进行三维模型交底，解决各专业图纸及处理复杂节点在平剖面上不易表达、复杂流程及节点对接的问题，提高交底的质量与交底效率，如案例图13所示。

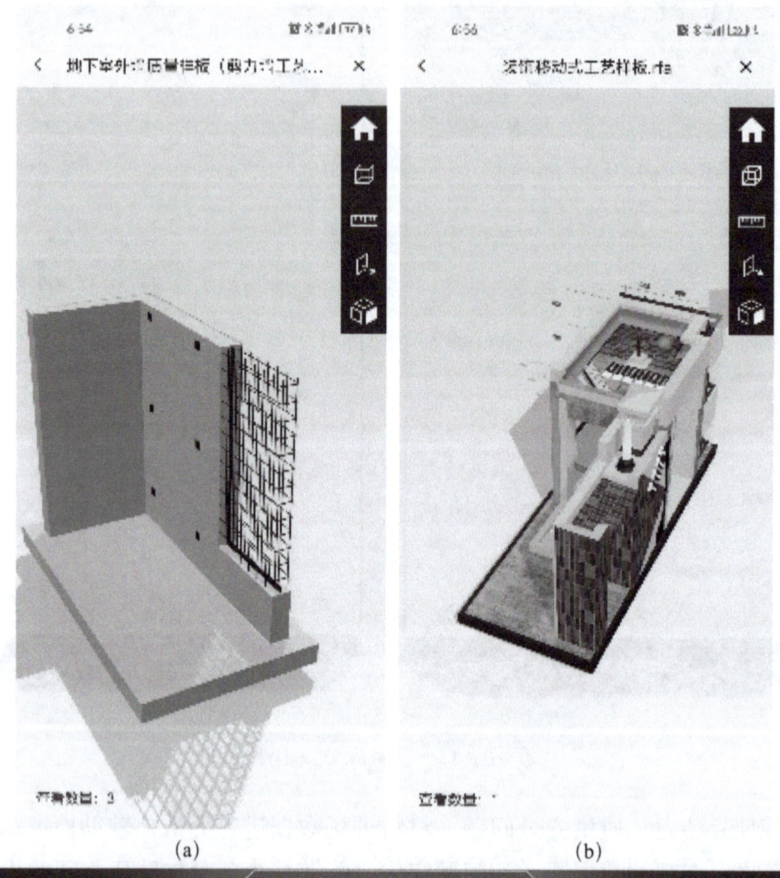

(a)　　(b)

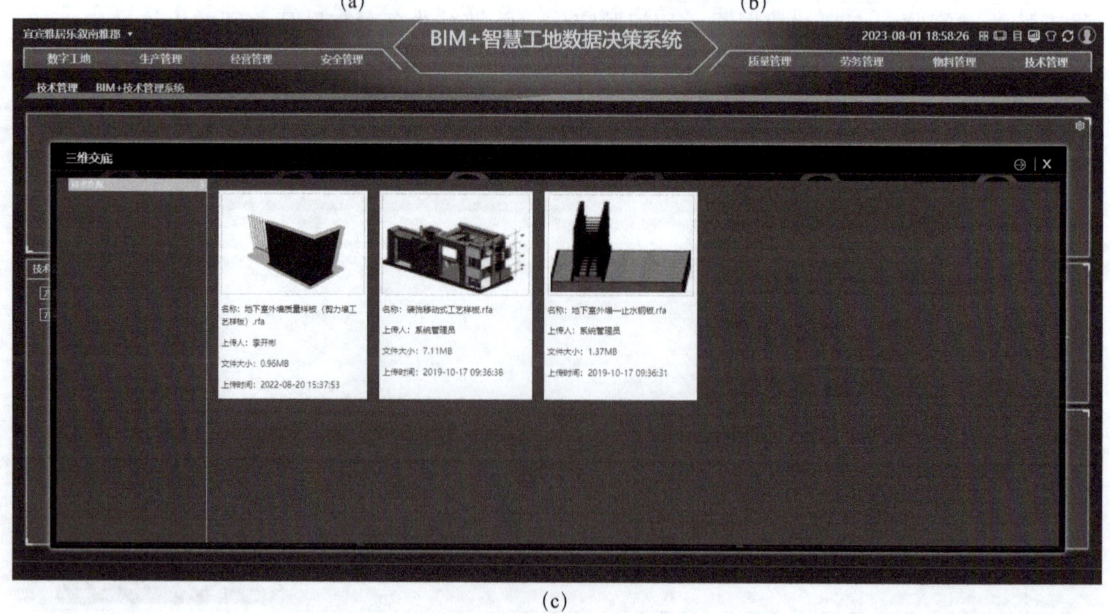

(c)

案例图13　三维可视化交底

（5）BIM+ 智慧工地助力“环”的精细化管理

① 天气状况早知道，科学施工提醒辅助作业安排。

平台根据项目所在地天气预报施工智能提醒，自动记录影响进度的恶劣天气，替代手动查询填写晴雨表，并作为过程中进度延误的分析依据及后期的资料储备，如案例图 14 所示。

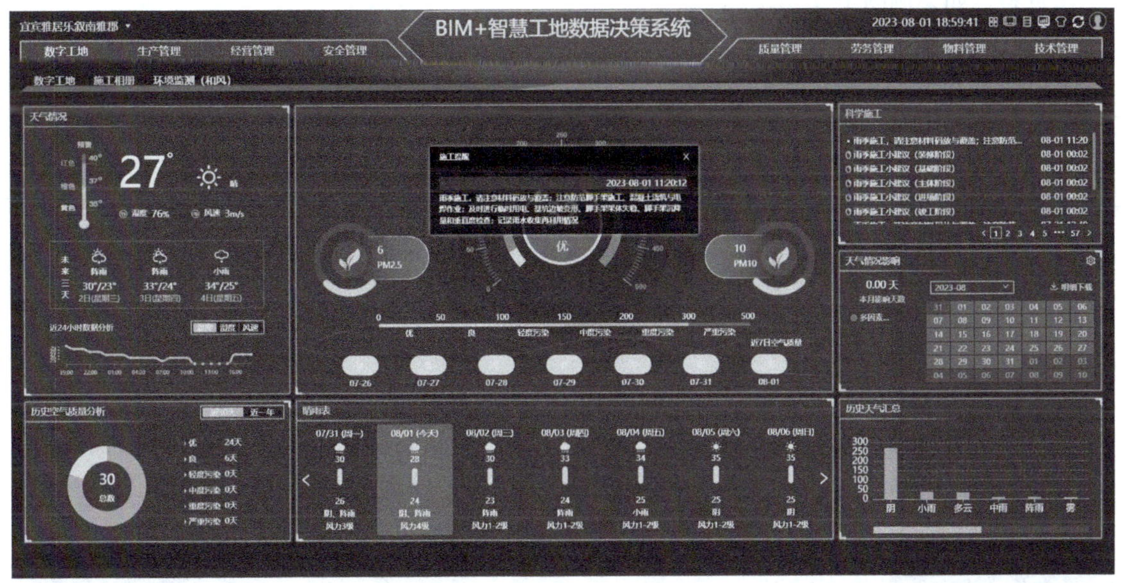

案例图 14　天气情况智能提醒

② 环境实时监测提醒，超标及时发现处置，避免被责罚。

通过环境监测将现场扬尘、噪声等政府监管项进行实时监控，智能预警推送，与喷淋系统联动自动触发，有效降尘，避免因环境超标而被处罚，如案例图 15 所示。

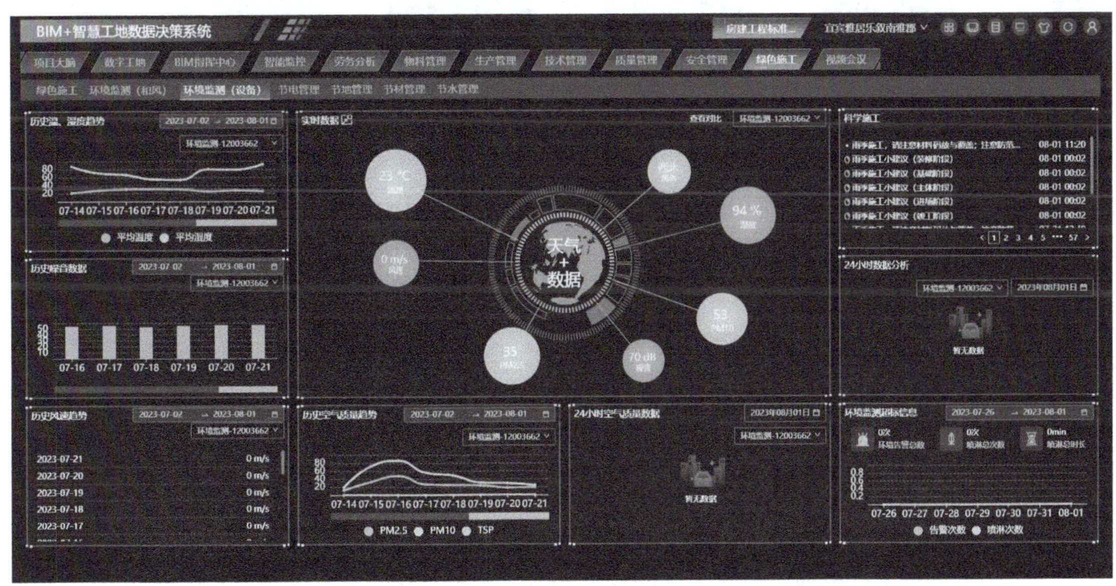

案例图 15　环境监测

③ 施工现场可视化，智能广播随时提醒。

项目通过视频监控 + 智能广播设备，辅助进行现场安全文明施工，包括渣土散落、裸土未覆盖、安全设施移位损坏、人员不安全行为等，为管理提供有效抓手，减少不必要跑现场的次数，通过摄像头定时抓拍生成延时摄影视频，作为工程建设过程中重要节点的影像资料，如案例图 16 所示。

(a)

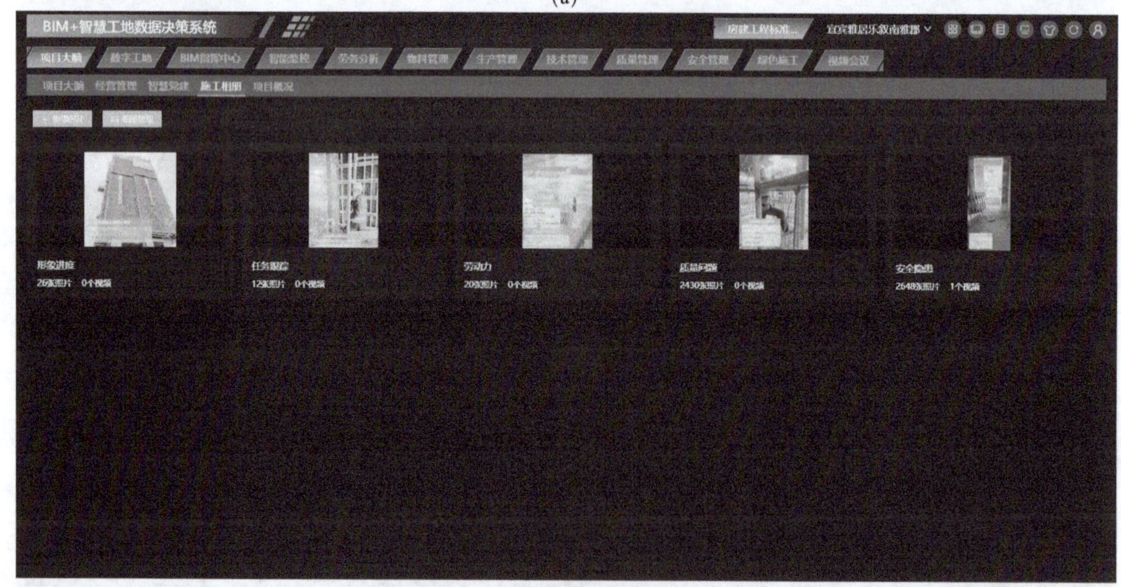

(b)

案例图 16　施工现场可视化监控

（6）BIM+ 智慧工地助力“测”的精细化管理

① 在线化质量管理，保障交圈闭环，实现整改率 100%、实测实量合格率 >90%。

在质量管理方面，通过 PDCA 的流程管理，截至 2023 年 8 月初，项目共发起质量检查问题 992 条，整改率 100%，及时整改率 86.08%，质量问题全部销项。在质量验收方面，每道施工工序均留存验收记录，目前项目的一次验收通过率达 93.93%，实测实量合格率 91.19%，如案例图 17 所示。

案例图 17　质量数据统计

② 数字化安全管理，确保安全生产。

项目每月将辨识到的危险源录入系统，进行风险评价后下发巡检任务，责任人在手机端接到待办任务提醒并落实检查，从隐患的识别到执行能够实现有效闭环，问题整改率达到 100%，安全问题库管理更加规范，目前项目未发生安全事故，如案例图 18 所示。

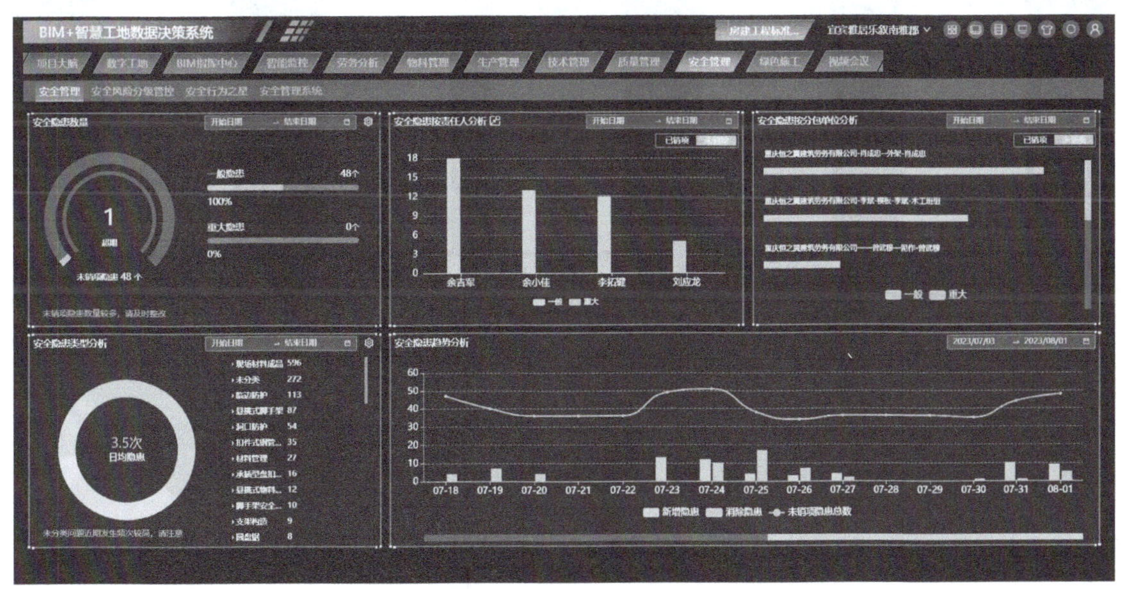

案例图 18　安全数据统计

在危大工程管理方面，项目将安全管理和技术相结合，根据危大工程方案设置对应的管控要点下发巡检任务，将项目安全管理清单化，降低了受限于管理人员的经验、方案的交底质量等不稳定因素，如案例图 19 所示。

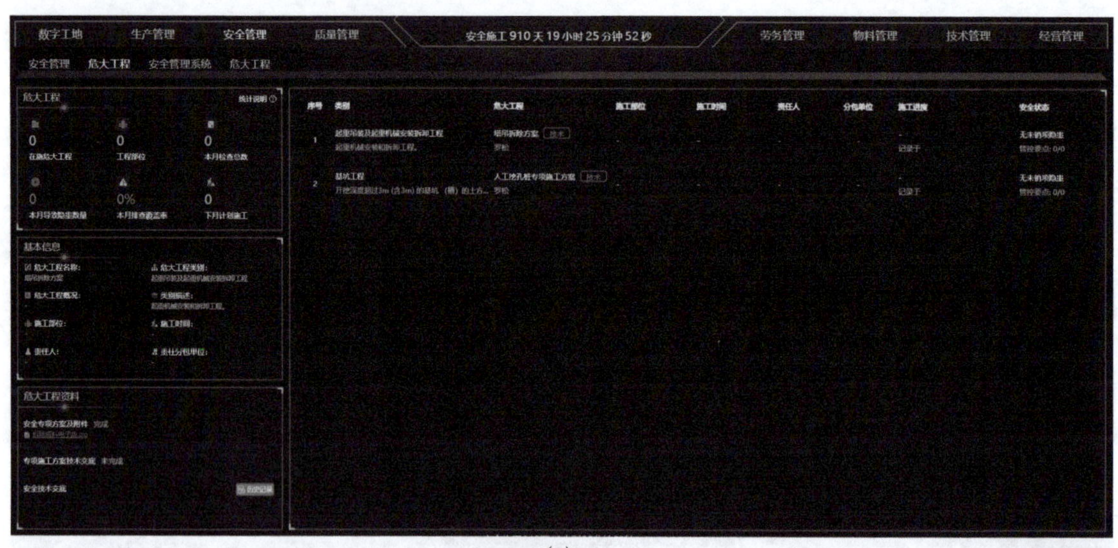

(a)

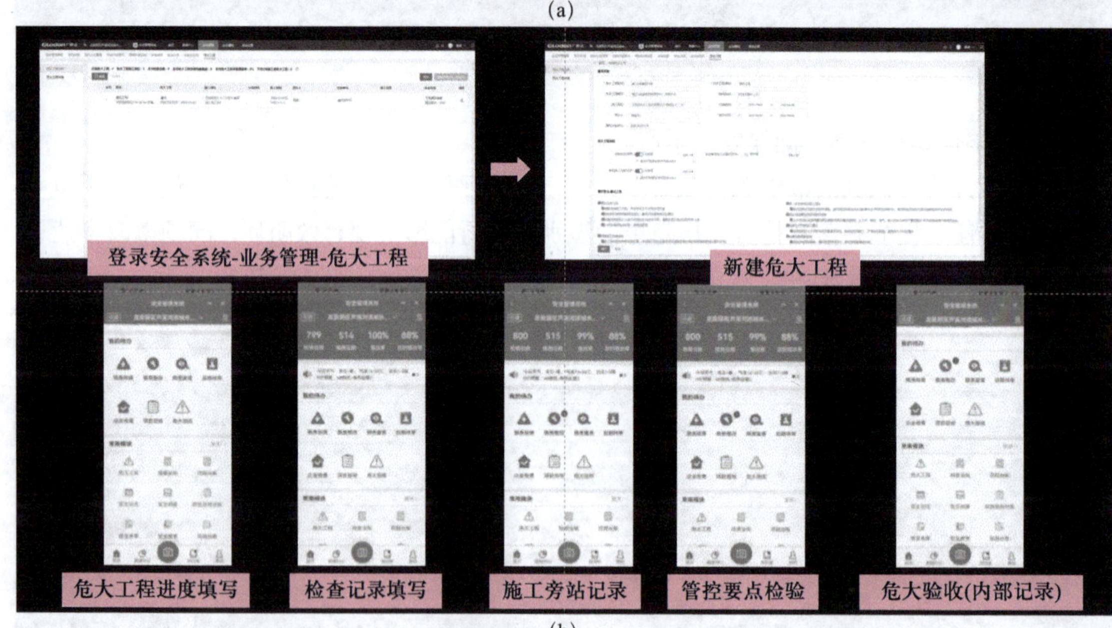

(b)

案例图 19　危大工程管理

参考文献

［1］全国一级建造师执业资格考试用书编写委员会．建设工程项目管理［M］．北京：中国建筑工业出版社，2023.

［2］本书编委会．建设工程项目管理规范实施指南［M］．北京：中国建筑工业出版社，2017.

［3］全国二级建造师执业资格考试用书编写委员会．建筑工程管理与实务［M］．北京：中国建筑工业出版社，2022.

［4］全国造价工程师职业资格考试培训教材编审委员会．建设工程计价［M］．北京：中国计划出版社，2023.

［5］全国造价工程师职业资格考试培训教材编审委员会．建设工程造价管理［M］．北京：中国计划出版社，2023.

［6］丁士昭．工程项目管理［M］．北京：高等教育出版社，2017.

［7］齐宝库．工程项目管理［M］．大连：大连理工大学出版社，2017.

［8］清华大学 BIM 课题组．中国建筑信息模型标准框架研究［M］．北京：中国建筑工业出版社，2011.

［9］何关培．实现 BIM 价值的三大支柱——IFC/IDM/IFD［J］．土木建筑工程信息技术，2011，3（1）.

［10］李华良，杨绪坤，王长进，等．中国铁路 BIM 标准体系框架研究［J］．铁路技术创新，2014（2）.

［11］潘婷，汪霄．国内外 BIM 标准研究综述［J］．工程管理学报，2017，31（1）.

［12］谢明辉，朱倩蓉．基于 IFC 标准探讨国内 BIM 标准的统一［J］．现代商业，2018（26）：169-170.

［13］谢超禄．业主方工程造价控制的现场签证管理思考［J］．建筑技术开发，2020，47（24）：99-100.

读者意见反馈

为收集对教材的意见建议，进一步完善教材编写并做好服务工作，读者可将对本教材的意见建议通过如下渠道反馈至我社。

咨询电话　400-810-0598

反馈邮箱　gjdzfwb@pub.hep.cn

通信地址　北京市朝阳区惠新东街 4 号富盛大厦 1 座

高等教育出版社总编辑办公室

邮政编码　100029

授课教师如需获得本书配套教辅资源，请登录“高等教育出版社产品信息检索系统”（https://xuanshu.hep.com.cn/）搜索下载，首次使用本系统的用户，请先进行注册并完成教师资格认证。